JN418375

International Trade Relations Law

국제무역관계법

김 기 선 저

도서출판 두남

머리말

현재 무역 일선에서 활동하고 있는 무역인들에게 무역실무는 자신들의 최고 전문분야로 인식되고 있을 것이다. 그러나 아쉽게도 실무분야에 근무하고 있는 이들에게 있어 무역실무 전반을 구성하고 있는 국제무역관계법규들과 관련한 지식은 대체로 자신들과는 동떨어진 법률가의 영역이라고 치부되는 경향이 있다.

그러나 무역이라는 경제활동에서 간과해서는 안될 중요한 것이 있다면 그것은 아마도 무역실무 전반을 구성하는 법질서와 법원리에 대한 이해일 것이다. 왜냐하면 이들 법규의 맥락구조에 대한 이해가 반드시 뒷받침되어야만 보다 더 안정적이고 효과적인 실무경영이 가능하기 때문이다. 따라서 무역계약의 체결로부터 그 이행에 이르기까지 제반 법률문제를 포괄하는 종합적인 지식은 무역실무 부문의 필수적인 영역이라 할 수 있다.

무역실무 영역에는 각 분야별로 주요한 법규들이 존재한다. 그중 무역계약의 체결로부터 이행에 이르기까지 전 분야를 규정하고 있는「국제물품매매계약에 관한 유엔협약(CISG)」은 국제무역관계법 중 가장 주된 연구분야의 하나이다.

이 책은 저자가 대학에 근무한 이래 오랜 기간 동안 분석하고 수집한 연구물들을 기초로 하여「국제물품매매계약에 관한 유엔협약(CISG)」을 중심으로 계약체결과 이행 관련의 전 조항을 해설하고 있다. 이와 더불어 무역계약과 직접적인 연관성이 있는 규칙, 즉 국제상업회의소가 제정한 INCOTERMS 2020의 11개 가격조건의 해설과 아울러 FOB와 CIF 계약의 법률적 특징을 알기 쉽게 정리해두었다. 따라서 이 책은 교육현장에서 학생들을 직접 강의하는 교수에게는 강의와 연구의 지침서로, 그리고 관세사 등을 비롯한 각종 고시와 무역관련 자격증을 준비하는 학생들에게는 학습서로써의 역할을 할 수 있을 것으로 기대한다.

이 책이 출간되기까지에는 많은 분들의 격려와 도움이 있었다. 우선 이 책의 출간을 흔쾌히 허락하신 도서출판 두남의 전두표 사장님과 이 책의 저술 작업에 따뜻한 격려를 아끼지 않으신 이승구 상무님께 진심으로 감사의 말씀을 드린다.

2024년 2월

저 자

차례

제 1 장

무역거래조건

무역거래조건

제1장

제1절 Incoterms 개관

1. 무역거래의 특징과 국제규칙의 필요성

무역거래는 국내거래와는 달리 거래의 당사자들이 서로 다른 나라에 거주하고 있어 각국마다 물품거래에 대한 상관습이 상이하기 때문에 특정 거래를 놓고 거래당사자 간에 마찰과 분쟁이 발생할 가능성이 높다. 나아가 무역거래는 물품 가격을 결정함에 있어서도 생산비용과 이윤뿐만 아니라 수출통관비용, 수입국까지의 운송비와 보험료, 수입통관비용 및 수입 관세, 경우에 따라 수입국 내에서의 최종 목적지까지의 운송비 등을 필수적으로 고려하여야 한다.

따라서 서로 다른 국가 간에 이루어지는 무역거래에서는 거래당사자들은 상호 간에 부담해야 하는 제반 비용과 책임 한계를 명확하게 합의해야 할 필요가 있다. 그러나 실질적인 차원에서 볼 때 거래당사자들이 각자가 부담해야 할 제반 비용과 책임 한계를 계약을 체결할 때마다 일일이 합의하는 것은 현실적으로 불가능할 때가 많다.[1)] 이에 따라 무역거래에서는 거래당사자들 간의 효율적 거래행위를 촉진시키기 위해 관습적으로 어느 정도 정형화된 국제규칙을 제정할 필요성이 불가피하게 되었다.[2)]

---

1) 이를 계약에 있어서의 빠진 조항(missing clause)의 문제라 한다. 이를 해결하기 위해서는 관계 다수가 수긍하는 정형 규칙이 필요하다.

2) 정형화된 국제규칙의 필요성에 따라 국제법협회(International Law Association ; ILA)는 CIF에 관한 Warsaw-Oxford 규칙(Warsaw-Oxford Rules for CIF Contract, 1932)을 제정하였고 2차 세계대전이후 세계무역의 지도적 위치에 서게 된 미국에서는 전미무역협의회(National Foreign

2. Incoterms의 제정

무역거래상의 분쟁요소를 없애주고 국제무역의 확대성장을 도모하기 위해서 무역거래관습의 통일화 운동이 제1차 세계대전 이후 국제상업회의소(International Chamber of Commerce ; ICC)에 의해 활발히 전개되어오다 1936년 1월 국제상업회의소의 산하에 무역거래조건위원회의 조사를 토대로 국제상업회의소는「무역거래조건의 해석에 관한 국제규칙(International Rules for the Interpretation of Trade Terms ; Incoterms 1936)」을 제정하였다.[3)]

Incoterms는 그 서문에서 밝히고 있듯이 불확실하고 불명료한 데서 야기되는 거래상의 마찰과 불충분한 자료 및 정보에서 발생하는 오해 등을 제거하기 위해서 매매당사자들 사이의 최소한의 책임관계를 명료하고 정확하게 규정하고자 함을 그 목적으로 하고 있다.

Incoterms는 무역관습의 변화와 새로운 무역관습의 태동 등에 발맞추기 위해 1953년, 1967년, 1980년, 1990년, 2000년, 2010년에 각각 개정되었으며 현재 사용하고 있는 것은 2020년에 개정된 규칙, 즉「Incoterms 2020」이다.

3. Incoterms의 개정 과정

1) Incoterms 1953

제2차 세계대전 이후 변화된 국제무역의 상황에 따라 무역거래조건의 내용을 수정 보완하여 최신의 통일규칙도 제공할 목적으로 EXW(공장인도조건), FOR/FOT(철도화차인도조건), FAS(선측인도조건), FOB(본선인도조건), C&F(운임포함인도조건), CIF(운임·보험료포함인도조건), Freight or Carriage Paid to(운송비지급인도조건), Ex. Ship (착선인도조건), Ex. Quay(부두인도조건)을 확정하였다.

2) Incoterms 1967과 Incoterms 1976

1967년의 제2차 개정에서는 Delivered at Frontier(국경인도조건)와 Delivered Duty

---

Trade Council)가 주축이 되어 개정 미국무역정의(Revised American Foreign Trade Definitions)를 1941년 제정하였다.

3) Incoterms는 International Rules for the Interpretation of Trade Terms의 약칭으로 International Commercial Trade를 사용함으로써 그 머리 문자를 따온 것이다.

Paid(관세인도조건)가 추가되었고, 1976년에는 FOB Airport(공항인도조건)을 확정하였다.

3) Incoterms 1980

무역거래 물품의 운송방식에 있어 컨테이너의 등장으로 소위 복합운송 관행이 태동함에 따라 1980년의 제3차 개정에서는 FRC(Free Carrier ; 운송인인도조건) 조건, CIP(Freight or Carriage and Insurance Paid to ; 운송비 · 보험료포함 지급인도조건) 조건을 신설하였고, 1936년 당시 내륙운송수단에 의해 사용되었던 운송비지급인도조건, 즉 Freight or Carriage Paid to 조건을 DCP 조건으로 개정하였다.

4) Incoterms 1990

1980년대에 접어들면서 상당수의 국가들이 소위 서류 없는 무역의 일환으로 전자정보교환(Electronic Data Interchange ; EDI) 시스템을 과감히 도입하게 됨에 따라 1990년 제4차 개정에서는 운송서류, 상업송장 기타 물품인도의 증거서류를 EDI 방식에 의한 데이터에 의해 대체가능하도록 개정하였다. 또한 운송수단의 혁신으로 그 이용도가 급증하고 있는 복합운송을 활성화하기 위해 FOR/FOT 와 FOB Airport를 FCA로 흡수 · 통합 시키고, Incoterms 1980의 Delivered Duty Paid(관세인도조건)를 DDP(Delivered Duty Paid to ; 관세인도조건)와 DDU(Delivered Duty Unpaid to ; 관세미지급인건)로 나누어 규정하였다.

나아가 1990년 제4차 개정에서는 매도인의 책임관계를 중심으로 4가지의 그룹으로 대별하여 각 거래조건의 성격을 명확히 구분하였다. 즉 매도인의 공장 내에서 자신의 책임이 종결되는 E그룹(EXW), 매수인이 지정하는 운송인에게 매도인이 물품을 인도하면 자신의 책임이 종결되는 F그룹(FAS, FOB, FCA), 매도인이 선적 또는 운송인에게의 인도 후 책임이 종결되는 C그룹(CFR, CIF, CPT, CIP), 그리고 목적지에 물품이 도착한 후 매도인의 책임이 종료되는 D그룹(DAF, DES, DEQ, DDU, DDP)으로 분류하여 각 거래조건의 개념을 명료화하였다.

5) Incoterms 2000

Incoterms 2000의 개정은 경제블럭의 확대, 무역거래에서의 EDI의 사용증가 및 국제운송관습의 변화 등에 그 배경이 있다. Incoterms 2000은 Incoterms 1990에 큰 변화를 주지 않았지만 다음과 같은 몇 가지 주요한 변경사항을 담고 있다.

첫째, FAS 조건의 경우 수출통관 의무는 종전에는 매수인이 부담하였으나 업무의 편의와 효율을 위해 매도인의 부담으로 개정하였다.

둘째, Incoterms 1990에서는 DEQ 조건의 경우 수입통관의 의무는 매도인의 소관이었으나 Incoterms 2000에서는 매수인의 소관으로 변경하였다. 이는 FAS와 마찬가지로 소위 거주자통관원칙과 실무적 관행을 반영한 것이었다.

끝으로, Incoterms 2000에서는 13가지 조건들을 그 성격별로 E그룹(출발지인도조건 : EXW), F그룹(운송비미지급인도조건 : FAS, FOB, FCA), C그룹(운송비지급인도조건 : CFR, CIF, CPT, CIP), 그리고 D그룹(DAF, DES, DEQ, DDU, DDP)등으로 분류하였다.

6) Incoterms 2010

Incoterms 2010의 가장 큰 변화를 살펴보면 다음과 같다.

첫째, 종전의 무역거래조건 DAF, DES, DEQ, DDU가 폐지되고 DAT(Delivered at Terminal : 터미널인도조건)와 DAP(Delivered at Place : 목적지인도조건)가 신설되었다.

둘째, 해상운송이 이루어지는 경우 비용 및 위험의 분기점으로서의 상징적 개념이었던 본선난간(Ship rail) 기준이 본선적재(on board the vessel)의 기준으로 개정되었다.

셋째, Incoterms는 전통적으로 국경을 달리하는 국가간의 거래에 사용되는 것으로 이해하고 있었으나 최근 자유무역지역의 확대로 경제영토가 확장되고 국경의 의미가 퇴색됨에 따라 Incoterms 2010은 국가간 거래뿐만 아니라 국내거래에서도 모두 사용가능하다는 것을 공식적으로 인정하였다. 이에 따라 Incoterms의 부제목도 국내 및 국제거래조건의 사용에 관한 국제상업회의소 규칙(ICC rules for the use of domestic and international trade terms)이라고 명명하고 있다.

끝으로, Incoterms 2010의 11가지 조건을 두 그룹으로 범주화하였다. 즉 해상운송과 내수로 운송에서와 같이 운송수단으로 선박만을 이용하는 데 사용하는 조건(FAS, FOB, CFR, CIF)과 복합운송을 포함하여 운송방식에 구애를 받지 않는 조건(EXW, FCA, CPT, CIP, DAT, DAP, DDP)으로 대별하였다.

7) Incoterms 2020

Incoterms 2020의 주요 개정사항을 살펴보면 다음과 같다.

첫째, Incoterms 2010에서는 CIP, CIF 조건 둘 다 매도인이 최소부보조건으로 보험을 부보하면 의무가 충족되는 것으로 규정하였으나, Incoterms 2020에서는 CIP의 경우, 매도인은 최대 부보의무를 부담하는 것으로 개정하였으며 보다 낮은 수준으로 부보하기로 합의할 수 있도록 하였다. 그러나 CIF는 일차산품의 해상무역에서 널리 사용되므로 개정하지 않고 최소 부보의무를 유지하고 당사자들이 보다 높은 수준으로 부보하기로 합의할 수 있도록 하였다.

둘째, FCA 조건의 경우 물품의 인도가 본선에 적재되기 전에 완료되지만 선적 후에 본선적재 선하증권을 매도인에게 발행하도록 매수인이 운송인에게 지시할 것을 합의할 수 있고, 이 경우 매수인은 자신의 비용과 위험으로 본선적재 선하증권을 매도인에게 발행하도록 운송인에게 지시하여야 하며, 매도인은 매수인 또는 은행(신용장 거래인 경우)에 본선적재 선하증권을 제공할 의무가 있도록 하였다.

셋째, DAT(Delivered at Terminal) 조건을 삭제하고 DPU(Delivered at Place Unloaded : 목적지양하인도조건) 조건을 신설하였다. DAT 조건의 경우 물품을 운송수단에서 양하하여 터미널에 두어 인도하여야 하는 조건이므로 터미널 이외의 장소에서 물품을 인도하고자 하는 경우에는 사용할 수 없는 단점이 있었다. 이에 Incoterms 2020에서는 DPU를 신설하여 매도인이 양하를 완료한 상태로 인도하는 것은 DAT와 동일하나 터미널뿐만 아니라 어떠한 장소라도 인도장소로 지정할 수 있게 되었다.

넷째, FCA, DAP, DPU, DDP에서 매도인과 매수인 자신의 운송수단에 의한 운송을 허용하였다. Incoterms 2010에서는 물품이 매도인으로부터 매수인에게 운송되는 경우 제3자의 독립된 운송인이 물품을 운송하는 것으로 가정하였다. 그러나 실제로 D조건에서 매도인이 본인의 운송수단으로 물품을 목적지까지 운송할 수도 있고, 반대로 FCA조건의 경우 매수인이 본인의 운송수단을 이용하여 이를 운송할 수도 있음을 인정하여 Incoterms 2020부터는 FCA와 D조건의 경우만 자신의 운송수단을 이용한 운송을 허용하고 있다.

다섯째, Incoterms 2010에서는 각 규칙의 큰 개념을 설명해주던 지침서(Guidance Note)가 있었으나, Incoterms 2020에서는 보다 알기 쉽게 설명해둔 '사용자를 위한 설명문(Explanatory Notes for user)'이 지침서를 대신하고 있다.

여섯째, Incoterms 2010에서는 연속매매의 경우에 사용되는 조달은 FAS, FOB, CFR, CIF 조건에서만 인도의무 이행 방법의 하나로 인정되어서 연속매매를 할 경우에 다른 조건에서는 조달이 불가능하였다. 그러나 Incoterms 2020에서는 FCA, CPT, CIP, DAP, DPU, DDP 조건에서도 이미 인도된 물품을 조달하여 인도할 수 있도록 조달구정이 확대되었다.

4. Incoterms 2020의 특징과 성격

1) Incoterms 2020의 특징

Incoterms의 목적은 그 서문에서도 명시되어 있듯이 무역거래에서 가장 일반적으로 사용되고 있는 거래조건들을 해석 적용하기 위한 국제규칙을 제공하는 데 있다. 따라서 그간 Incoterms의 사용으로 국가마다 거래조건들을 적용하는데 따른 불확실성이 감소되었고 그 결과 거래상의 마찰과 분쟁도 제거되었다.

현행 Incoterms 2020은 거래조건별로 매도인의 의무 10개(A)와 매수인의 의무 10개(B)로 구성되어 있다. 즉 모든 조건에서 매도인의 첫째 의무에는 매매계약과 일치하는 물품 및 증명서류 등을 제공해야 하는 일반적 의무가 규정되어 있고, 매수인의 첫 번째 의무도 매매계약에서 정한 대금지급 의무를 일반적 의무로 규정하고 있다. 이어 인도 조항과 위험이전 조항을 두 번째와 세 번째로 옮겨 보다 두드러지게 강조하였다. 그리고 아홉 번째와 마지막 의무로 비용분담 항목과 통지의무를 매도인과 매수인 모두 동일하게 규정함으로써 매도인의 거래 행위에 상응하는 매수인의 대응행위가 무엇인지, 그리고 그러한 의무적 행위가 어떠한 방식으로 이루어져야 하는지를 명료화하였다. 이에 더하여 운송의무 및 비용조항에 보안 관련 요건을 각각 삽입하여 보안 관련 의무를 더욱 명확히 규정하였다.

한편 Incoterms 2020을 이해함에 있어 가장 중요한 것은 매도인과 매수인 각자가 부담해야 하는 책임 한계이다. 책임 한계는 거래를 이행함에 있어서 발생하는 비용(expense)과 위험(risk)을 누가 어디까지 부담해야 하는 가를 의미하는 분기점을 의미한다.

따라서 Incoterms 2020의 11가지 거래조건을 완벽하게 활용하기 위해서는 거래 물품의 인도 내지 인수를 중심으로 비용과 위험의 분기점이 어디인가라는 이해가 그 해석적용의 핵심이 된다.

무역거래에서는 매매당사자들의 비용부담과 책임 한계가 생산비와 이윤에 추가되어 거래 물품의 가격으로 표출되기 때문에 이의 분기점을 규정하고 있는 Incoterms 각각의 거래조건들은 국제물품매매계약에서의 '가격조건'으로 활용된다.

2) Incoterms 2020의 성격

Incoterms는 무역거래에 있어 가격 및 거래조건에 관해 보편적으로 존재하는 국제적인 거래관습에 통일적인 의의를 부여한 규범으로써 국제 상관습의 법원성을 갖는다. 여기서 법원성(Source of Law)이라 함은 법 효력의 타당성의 근원을 의미하는 것으로 상관습과 대비되는 또 다른 법원성을 갖는 형태중 대표적인 것이 상법이다. 상법은 보통 상관습에 법적확신(*opinion juris*)이 가해졌을 때 형성된다.

상관습과 상법의 법률상의 효력에 있어서 근본적 차이점은 상법의 경우는 거래당사자간의 입증여하에 관계없이 의당 그 존재가 확인되고 적용되는 강행규범이고, 이에 반해 상관습은 거래당사자들이 그 존재를 인정하고 이에 따른다는 합의가 전제되어야만 당사자간의 의사해석의 기준으로 적용되는 임의규범이라는 데 있다.

법률제정의 권리를 수권(authorization) 받지 못한 민간단체인 국제상업회의소가 제정한 Incoterms는 국제상관습으로서의 법원성에 머물러 있기 때문에 당사자 간에 그 채택을 두고 합의의 요건을 충족시켜야 하므로 합의 여하에 관계없이 해당 거래에 의당 적용되는 국제상법(*lex mercatoria*)의 법적 지위에 도달한 것은 아니다.

따라서 Incoterms가 무역거래에서 준거규범으로서의 역할을 하기 위해서는 거래 당사자간에 Incoterms를 채택한다는 명시적인 합의가 선결요건이 된다.

나아가 Incoterms는 매도인과 매수인 간의 최소한의 책임과 의무의 한계만을 정하여 준 것이므로 거래당사자들 사이에 별도의 계약조건을 첨가하여 특별조건으로 Incoterms를 보완 또는 보충할 수 있다.

무역거래에서의 Incoterms를 채택하기로 합의 한 경우에는 다음과 같이 약정하는 것이 보통이다.

"The trade terms used in this contract shall be governed and interpreted by the provisions of Incoterms 2020, unless otherwise agreed."

제2절 Incoterms 2020 거래조건의 해설

1. 모든 운송방식에서 사용가능한 거래조건들

이 그룹에 속하는 조건들은 운송방식에 관계없이 사용할 수 있으며 두 가지 이상의 운송방식이 결합된 복합운송방식의 경우에도 사용할 수 있다.

1) 공장인도조건(Ex Works .... named place of delivery : EXW)

공장인도조건은 매도인이 자신의 작업장 영역 또는 다른 지정된 장소, 예를 들어 공장, 작업장, 창고 등에 자신의 계약물품을 매수인의 임의처분 상태에 놓아두었을 때 매도인의 인도 의무가 완료되는 조건이다.[4] 따라서 이 조건에서는 매도인이 자신의 작업장 영역에서 매수인으로 하여금 계약물품을 수령해 갈 수 있도록 인도만 하면 매도인의 매매계약상의 책임과 의무가 종결된다.

공장인도조건은 지정된 장소, 즉 공장을 분기점으로 비용과 위험의 이전이 이루어진다. 따라서 이 조건에서 비용과 위험의 분기 장소와 시점은 계약물품을 지정된 인도 장소에서 매수인의 임의처분상태에 둘 때이며, 그 이후부터 매수인은 당해 계약물품에 대한 위험과 비용을 부담하게 된다.

공장인도조건은 매도인의 입장에서 볼 때 가장 편리하고 유리한 조건으로서 계약물품의 적재와 운송, 나아가 운송중의 위험부담에 대해서도 아무런 책임이 없다. 이 조건은 매수인이 매도인의 작업장까지 와서 계약물품을 인수해 가기 때문에 국내거래와 다를 바가 없다. 따라서 만일 매도인이 계약물품의 적재와 수출통관 업무를 이행할 의무가 없으므로, 만일 이를 이행한다하여도 이는 모두 매수인의 요청에 따라 매수인의 비용과 위험 부담으로 이루어진다.

유럽에서는[5] 이러한 형태의 거래를 'Ex Loco' 또는 'Spot'이라고 표현하여 계약물품이 있는 현장에서 물품을 인도하는 경우에 사용하고 있다. 개정 미국무역정의에서는 매수인이 계약물품을 현장에서 인수해 갈 때까지의 모든 비용과 위험만을 매도인이 부담하며, 그 이후의 모든 책임은 매수인이 지도록 하고 있다.

공장인도조건에서는 수출국 법령에 따라 매수인이 직접 또는 간접으로 수출허가를 취득할 수 없을 때에는 사용할 수 없다. 이러한 경우에는 운송인인도조건(FCA)을 사용하는 것이 보다 더 적절하다.

---

4) 공장인도조건은 그 인도의 장소가 비단 공장만을 의미하는 것은 아니며 "Ex Plantation"이라 하여 농장에서의 인도 및 "Ex warehouse"와 같이 창고에서의 인도, 나아가 기업 관할의 물류창고를 통칭하는 개념이다.

5) 박대위, 구종순, 「무역실무」, 법문사 2012, p.59이하 참조 ; Loco는 라틴어의 Locus라는 장소를 의미하는 말로서 영어의 Spot의 의미와 같으며, 무역거래에서는 물품이 현존하는 장소에서 계약물품을 그대로 매수인에게 인도하는 조건이며, 인수에 필요한 일체의 비용과 위험을 매수인이 부담하게 된다.

〈표 1-1〉 Incoterms 2020 11가지 거래조건

그룹	약어	인도조건	설 명
E	EXW	Ex Work 공장인도조건	매도인의 영업장 내 또는 기타 지정장소(공장, 농장, 창고 등)에서 화물을 적재하지 않은 상태로 인도. 수출통관도 매수인 부담.
F	FCA	Free Carrier 운송인 인도조건	계약서에 지정된 장소에서 수입업자가 지정한 운송인(carrier)에게 수출 통관이 완료된 물품을 인도.
	FAS	Free Alongside Ship 선측인도조건	선적항의 본선의 선측에 수출통관이 완료된 물품을 인도함.
	FOB	Free On Board 본선인도조건	선적항의 본선에 물품을 선적하는 것까지 매도인이 책임짐.
C	CFR	Cost and Freight 운임포함인도조건	선적항의 본선에서 위험은 이전되지만 목적항까지 운임을 매도인이 부담. 보험은 매수인이 부보함.
	CIF	Cost, Insurance and Freight 운임·보험료포함인도조건	CFR + 운송도중에 발생할 수 있는 물품의 멸실이나 손상에 대한 해상보험을 매도인이 매수인을 위하여 부보(최소부보조건)
	CPT	Carriage Paid to 운송비지불인도조건	최초의 운송인에게 물품을 인도할 때 위험은 이전되지만 수입국의 지정된 목적지까지의 므든 운송비를 매도인이 부담.
	CIP	Carriage and Insurance Paid to 운송비·보험료지불인도조건	비용 및 위험부담상으로는 CIF와 같으나 부보조건은 최대부보조건임. CPT + 보험료
D	DAP	Delivered At Place 목적지인도조건	매도인이 화물을 계약에서 지정된 수입국의 일정 지점까지 운송하는데 수반되는 비용과 위험을 부담하지만 목적지에서 양하준비된 상태로 이전 됨. 또한 통관이나 관세지급의 의무가 없음.
	DPU	Delivered At Place Unloaded 목적지양하인도조건	화물을 계약에서 지정된 목적지 장소까지 운반하는 데 수반되는 모든 위험과 비용을 부담하며, 도착운송수단으로부터 양하가 완료된 상태로 인도.
	DDP	Delivered Duty Paid 관세지급 인도조건	매도인이 수입관세를 부담하며 통관을 끝낸 상태로 인도. DAP와 같은 조건에 수입통관만 더하는 것. 양하준비된 상태로 인도.

(1) 매도인의 의무

① 계약과 일치하는 물품의 제공

매도인은 계약과 일치하는 물품 및 이를 증명해주는 상업송장(commercial invoice) 또는 이에 상응하는 전자적 문서, 그리고 계약에서 요구하는 증명서류를 제공하여야 한다.

② 물품의 인도

매도인은 계약물품을 지정된 인도 장소에서 매수인이 준비한 운송차량에 적재할 수 있도록, 그러나 적재는 해주지 않는 상태로 인도하여야 한다. 그러므로 매도인은 계약상 합의된 지점이 있는 경우에 계약에 명시된 장소와 시간에 계약물품을 매수인의 자유처분 상태하에 넘겨줌으로써 물품의 소유권을 이전시켜 주어야 한다.

Incoterms 2020에서는 매매당사자간에 구체적인 지점이 합의되지 않았거나, 이용할 수 있는 지점이 여러 곳이 있을 경우에는 매도인이 자신의 목적에 가장 적합한 지점을 선택할 수 있도록 규정하고 있다.

③ 위험의 이전

매도인은 계약물품이 전항의 규정에 따라 매수인의 임의처분에 맡겨질 때까지 계약물품의 손실이나 멸실에 대한 모든 위험부담을 진다.

④ 운송계약과 보험계약

매도인은 운송계약과 보험계약을 체결할 의무가 없다. 그러나 만일 매수인의 요청이 있다면 매수인의 위험과 비용으로 운송관련 보안요건을 포함하여 매수인이 운송계약을 체결하기 위해 필요한 정보와 보험계약을 체결하는데 필요한 정보를 제공하여야 한다.

⑤ 물품인도 서류

매도인이 매수인에게 계약물품을 적재·운송하여 줄 의무가 없으므로 관련 증명서류 또는 운송서류를 인도할 의무가 없다.

⑥ 허가·인증 및 통관절차

매도인은 매수인의 요청이 있을 경우 매수인의 위험과 부담으로 물품의 수출에 필요한 수출허가 또는 기타 공적인증을 취득하기 위한 모든 협조를 제공하여야 한다.

매도인은 선적지에서 발행되는 수출에 필요한 모든 서류, 즉 수출허가서 및 기타 인증서류 등을 취득할 의무는 없으나 국내의 사정에 대해서는 매수인보다는 오히려 매도인이 더 잘 알고 있는 경우가 많아 이들 서류를 취득해 주는 때가 많으나 이때 조달에 소요되는 비용은 매수인의 필요와 요청에 의한 것이므로 매수인의 부담이 됨은 당연하다.

Incoterms 2020에서도 Incoterms 2010과 마찬가지로 통관절차와 관련한 의무사항에 'where applicable(해당하는 경우에)'이란 단서를 두고 있어 관세가 면제되고 수출입 절차에 제한이 없는 국가나 지역에서는 이러한 허가·인증 및 통관절차의 매수인에 대한 협조의무가 없음을 추가적으로 규정해 놓고 있다.

⑦ 물품의 검수·포장·하인

매도인은 계약에 합치되는 물품을 매수인에게 인도할 의무가 있으므로 계약물품의 품질·무게·수량 등을 검수하는데 드는 일체의 비용을 매도인이 부담하여야 한다. 또한 물품의 포장은 매도인의 부담으로 한다. 다만 특정한 거래에서 물품이 통상적으로 포장되지 않은 형태로 매매되어 운송되는 경우에는 매도인의 포장의무는 없다. 만일 매수인이 매매계약체결 전에 포장에 관한 특별한 요건을 통지하지 않은 경우라면 매도인은 운송에 적합한 방식으로 물품을 포장하면 된다.

일반적으로 어떤 형태가 적절한 포장인가는 각 물품의 종류와 관련 거래의 관습에 따라 다를 수 있기 때문에 포장문제는 역시 계약 시에 명확히 해두어야 한다.

끝으로, 포장에는 하인(Shipping Marks)을 적절하게 표기하여야 한다.

⑧ 비용의 부담

매도인은 지정장소에서 물품이 매수인에게 인도될 때까지 물품에 관한 모든 비용을 부담하여야 한다.

⑨ 물품인도 통지

매도인은 계약물품이 매수인의 임의처분 상태로 인도될 시기와 장소에 대하여 적절히 통지하여야 한다. 물품이 언제쯤 인도될 수 있는가 하는 것은 그 물품을 생산하는 매도인이 가장 잘 알고 있기 때문에 그 인도시기를 사전에 매수인에게 통지함으로써 매수인으로 하여금 적기에 물품을 인수할 준비를 하게 하여야 할 것이다.

⑩ 기타협조 의무

매도인은 시기적절한 방법으로, 해당되는 경우, 매수인의 비용과 위험으로 수출입 통관 서류, 운송에 필요한 서류, 보안에 필요한 서류 등을 매수인이 취득할 수 있도록 모든 협조를 하여야 한다.

(2) 매수인의 의무

① 물품인수 및 대금지불

매수인은 계약에 의한 시간과 장소에서 매도인이 제공한 물품을 인수하고[6], 계약서에서 약정된 바에 따라 물품의 대금을 지급하여야 한다.

---

6) 생산된 제품 중 특별히 매수인의 것이라고 분류·구분된 형태의 물품이어야 한다.

② 위험의 이전

매수인은 계약 내용대로 충당(appropriation)·특정(ascertainment)된 물품이 자신의 임의처분에 맡겨진 이후에 발생하는 물품의 멸실 또는 훼손의 모든 위험을 부담한다. 매수인은 계약에 합의된 인도기일이나 합의된 기간의 만료일에 물품을 인수하지 않음으로써 발생하는 추가 위험도 부담하여야 한다.

③ 운송계약과 보험계약

매수인은 자신의 비용으로 물품을 지정 인도장소로부터 운송하는 계약을 체결하거나 그러한 운송을 마련하는 것은 매수인의 의무이다. 또한 매수인은 매도인에 대하여 보험계약을 체결할 의무가 없다.

④ 인도의 증빙

매수인은 매도인에게 물품의 인수에 관한 적절한 증거를 제공하여야 한다.

⑤ 허가·인증 및 통관절차

해당되는 경우, 매수인은 자신의 위험과 비용으로 수출입 허가 및 기타 공적인증을 획득하여야 하며, 수출·통과·수입통관절차를 밟아야 한다. 또한 별도의 합의가 없으면 매수인은 수출국 정부가 요구하는 검사를 포함한 모든 선적전 검사비용을 부담하여야 한다.

⑥ 비용의 부담

매수인은 물품이 자신의 임의처분에 맡겨진 이후에 발생하는 모든 비용을 부담하여야 한다. 매수인은 계약에 합의된 인도기일이나 합의된 기간의 만료일에 물품을 인수하지 않음으로써 발생하는 추가 비용도 부담하여야 한다.

해당되는 경우 매수인은 수출입 관세 및 제3국을 경유할 경우 부과되는 통과세 등 수출입에 따른 모든 비용과 세금, 관세를 부담한다.

매수인은 수출국에서 발행하는 모든 무역관계 부대서류의 취득에 소요되는 모든 비용을 부담한다. 만일 매도인이 협조에 의해 부담한 비용이 있는 경우 이를 매도인에게 상환하여야 한다.

⑦ 매도인에 대한 물품인도 통지

매수인은 합의된 물품의 인수기간 및/또는 지점에 대해 결정권을 갖고 있는 경우 매도인에게 그에 대한 충분한 통지를 해주어야 한다.

2) 운송인인도조건(Free Carrier.... named place of delivery : FCA)

운송인인도조건은 매도인이 계약에 지정된 장소와 시간에 매수인이 지정·통보한 운송인의 관리하에 수출통관된 물품을 인도하면 자신의 책임이 종료되는 조건이다.

운송인인도조건은 Incoterms 1980에서 처음 적용된 FRC 조건에 화차인도조건(FOR/FOT)과 공항인도조건(FOA)을 흡수 통합한 조건으로 Incoterms 1990부터 정형화된 조건이다.

Incoterms 2010에 이르러서는 매도인이 자신의 영업장 구내 또는 기타 지정장소에서 매수인이 지정한 운송이나 제3자에게 계약물품을 인도하는 조건이라고 규정하고 있으며 이는 Incoterms 2020에서도 동일하다.

따라서 이 조건에서는 지정인도지점에서 위험이 매수인에게 이전하기 때문에 지정인도구역 내라 할지라도 그 특정지점을 가능한 한 명확하게 명시하는 것이 대단히 중요하다.[7] 만일 매매당사자 간에 매도인의 작업장 구내에서 물품을 인도하기로 하였다면, 매도인의 작업장 구내의 주소가 지정된 인도장소가 되며, 만일 또 다른 경우로 매매당사자간에 다른 장소에서 물품을 인도하기로 하였다면 명기된 특정 인도장소가 지정된 인도장소가 된다.

이처럼 Incoterms 2020에서 인도장소의 지정을 강조하고 있는 까닭은 운송인인도조건에서는 지정된 장소에서 운송인에게 계약물품이 인도되는 시점이 매매당사자간의 위험의 이전과 비용부담의 분기점이 되기 때문이다.

운송인인도조건에서 매도인은 계약물품의 수출에 필요한 모든 수출통관 절차를 취한 후 지정된 인도장소에서 지정된 운송인에게 물품을 인도하여야 한다. 지정 운승인은 앞서 설명한 바와 같이 매수인 본인의 운송수단도 가능하며 또한 매수인이 운송계약을 체결하여 매도인에게 그 명의를 통보한 운송인 또는 운송수단을 실제로 보유하지 않은 계약운송인(contract carrier)도 포함하는 개념이다. 따라서 매수인은 실제 운송인(actual carrier)이 아닌 운송주선인(freight forwarder)에게 물품을 인도하라는 지시를 할 수도 있다.

Incoterms 2020에서는 Incoterms 2010과는 달리 조달(procure)규정을 두어 연속적으로 이루어지는 매매를 통해 이미 인도된 물품을 조달하여 인도 물품을 확보할 수 있게

---

7) 매도인의 영업장 구내인 경우 FCA Seller's Warehouse in Seoul, Korea, 별도의 외부 장소가 지정된 경우 FCA Warehouse in Incheon, Korea로 표기하고, 만일 매수인이 항공운송인을 지정하여 통보하면 FCA Incheon Airport, 육상운송인을 지정하면 FCA Seoul Station, 또는 FCA Yongsan Cargo Terminal 등으로 표기한다.

되었다.

더 나아가 FCA 조건의 경우 운송방식에 구애를 받지 않는 조건으로 단일 또는 복합운송을 불문하고 사용할 수 있다. 따라서 해상운송이 아닌 경우라면 FCA 조건에서는 본선적재 선하증권이 발급되는 것이 일반적이지 않으나, 선적이 완료되었다고 기재된 본선적재표기가 있는 선하증권이 필요한 상황이 있을 수 있다. 이때 당사자들이 합의한 경우에 매수인은 본인의 비용과 위험으로 운송인에게 본선적재 선하증권을 매도인에게 발행하도록 지시하여야 하며, 이 경우에 매도인은 매수인에게 본선적재 선하증권을 제공할 의무가 있다.

좀 더 자세히 각 당사자들의 의무와 책임을 살펴보도록 한다.

(1) 매도인의 의무

① 계약과 일치하는 물품의 제공

매도인은 계약과 일치하는 물품 및 이를 증명해주는 상업송장, 또는 이에 상응하는 전자적 문서, 그리고 계약에서 요구하는 증명서류를 제공하여야 한다.

② 물품의 인도

매도인은 합의된 인도기일이나 기간 내에 명시적으로 합의된 장소 또는 관례적으로 인도되는 장소에서 매수인이 지정한 운송인 또는 제3자에게 계약물품을 인도해야 한다. 또는 경우에 따라 그렇게 인도된 물품을 조달함으로써 인도의무를 수행하여야 한다.[8] 운송인인도조건에서는 운송인에게 인도하는 지점은 구체적으로 그 운송방식이 철도·도로·내수로·해상·항공 또는 복합운송 중에 어느 것이냐에 따라 다를 수 있다. 따라서 매매당사자들은 계약을 체결할 때 운송인에게 물품을 인도할 정확한 인도지점과 인도방법을 합의해 두어야 한다.

이 조건하에서의 물품의 인도는 다음과 같은 때에 완료된다.

첫째, 지정된 장소가 매도인의 영업장 구내인 경우에는, 물품이 매수인의 운송용구 또

8) 여기서 조달(procure)이라는 의미는 Incoterms 2010에서 처음 도입된 개념으로써 농·광산물 등과 같은 1차 상품거래(commodity trade)에서 보편적인 연속매매(string sales)를 대비한 것이다. 2차 공산품과는 달리 1차상품은 운송과정 중 여러 차례 매매가 이루어지는데, 이때에는 첫 번째 매도인 이외의 중간조달 매도인은 당해 1차상품의 선적과는 관계가 없고 이를 조달하는 행위만 할 뿐이다. Incoterms 2010에서는 조달규정을 FAS, FOB, CFR, CIF 조건에서만 인정하였으나 Incoterms 2020에서는 EXW를 제외한 모든 조건에 대해서도 조달규정을 적용할 수 있도록 확대되었다.

는 매수인에 의해 지정된 운송인 또는 운송인을 대리하는 제3자에 의하여 제공된 운송수단[9] 상에 적재된 때 인도가 완료된다.

둘째, 지정된 장소가 매도인의 영업장 구내가 아닌 장소로 지정된 경우에는, 물품이 매도인의 운송수단에 적재되어 지정장소에 도착하고 매도인의 운송수단에서 양하되지 않은 채 매수인에 의해 지정된 운송인 또는 기타의 제3자의 임의처분 하에 놓인 때 인도가 완료된다.

만일 인도장소가 합의되지 않아 매수인이 통지한 특정지점이 없거나, 또는 여러 지점이 이용 가능할 때에는 매도인은 '자신의 목적에 가장 적합한 인도장소'를 선택할 수 있다. 그리고 매수인이 정확한 지시를 하지 못한 경우에는 매도인은 운송방식과 물품의 성질 또는 특성상 요구되는 방법으로 운송인에게 물품을 인도할 수 있다.

③ 위험의 이전

매도인은 계약물품이 전항 ②에서 상술한 운송수단에 인도될 때까지의 모든 위험을 부담한다.

④ 운송계약과 보험계약

매도인은 매수인에 대해 운송계약을 체결할 의무가 없다. 그러나 매수인의 요청이 있는 경우, 또는 매도인이 운송계약을 체결해주는 상관습이 존재하지만 이에 대해 매수인이 적기에 그에 반대하는 지시를 하지 않은 경우에는 매도인은 매수인의 위험과 비용으로 통상적인 조건으로 운송계약을 체결할 수 있다. 위 두 경우 모두 매도인은 운송계약의 체결을 거절할 수 있으며, 이때에는 운송계약 체결 거절의 사실을 매수인에게 신속하게 통보해주어야 한다.

한편 보험계약의 경우에도 매도인은 매수인에 대해 보험계약을 체결할 의무가 없다.

그러나 매도인은 매수인의 요청에 따라 매수인의 위험과 비용으로 매수인이 보험계약을 체결하는데 필요한 정보를 제공하여야 한다.

⑤ 물품인도 서류

매도인은 자신의 비용으로 매수인에게 물품이 인도되었다는 통상적인 증빙서류를 제

9) Incoterms 2010에서는 물품이 매도인으로부터 매수인에게 운송되는 경우 제3자의 독립된 운송인이 물품을 운송하는 것으로 가정하였다. 그러나 실제로 D조건에서 매도인이 본인의 운송수단으로 물품을 목적지까지 운송할 수도 있고, 반대로 FCA조건의 경우 매수인이 본인의 운송수단을 이용하여 이를 운송할 수도 있음을 인정하여 Incoterms 2020부터는 FCA와 D조건의 경우 자신의 운송수단을 이용한 운송을 허용하고 있다.

공하여야 한다. 매도인은 매수인의 요청이 있다면 매수인의 위험과 비용으로 매수인이 운송서류를 획득하는데 협조하여야 한다.[10)]

당사자들이 합의한 경우 매수인은 본선적재 선하증권을 매도인에게 발행하도록 운송인에게 지시하여야 하며 이러한 경우에 매도인은 매수인에게 본선적재 선하증권을 제공할 의무가 있다.

⑥ 허가·인증 및 통관절차

해당되는 경우, 매도인은 자신의 위험과 비용으로 수출허가와 기타 공적인가를 획득하여야 하고, 물품의 수출에 필요한 모든 통관절차를 밟아야 한다.

⑦ 검수·포장·하인

매도인은 물품을 인도하기 위한 목적에서 필요한 품질·용적·중량·수량 등의 점검에 필요한 비용 및 수출국 정부 당국에 의해 강제되는 선적전 검사비용을 부담하여야 한다.

포장은 매도인의 비용으로 하되, 통상적으로 포장되지 않은 형태로 운송되는 경우에는 그러하지 아니한다.

매도인은 매매계약시 매수인으로부터 포장에 관한 특별한 요건을 합의한 경우에는 그에 따라야 하지만, 그와 같은 내용이 합의되지 않은 경우에는 당해 운송에 적절한 방식으로 물품을 포장할 수 있다. 포장에는 적절한 하인이 표시되어야 한다.

⑧ 비용의 부담

매도인은 계약물품이 전항 ②에서 언급한 운송수단에 인도될 때까지의 모든 비용을 부담한다. 그리고 해당되는 경우, 수출에 따른 통관 비용 및 수출시에 부과되는 모든 관세, 세금 및 기타 공과금을 부담한다.

⑨ 물품인도의 통지

매도인은 매수인의 위험과 비용으로 물품이 인도되었다는 사실을 매수인에게 통지하여야 한다. 만일 매수인이 지정한 운송인이나 기타의 제3자가 합의된 시기나 기간 내에 물품을 수령하지 않았다면 이에 관한 사실도 매수인에게 충분히 통지하여야 한다.

10) 매도인은 운송인으로부터 물품수령을 증명하는 운송서류를 교부받아 매수인에게 제공하여야 하는데, 매도인이 교부받은 서류가 통상의 운송서류가 아닌 단순한 부두 수령증(dock receipt)과 같은 경우에는 매수인의 위험과 비용으로 당해 계약의 정규운송서류를 취득하는데 필요한 모든 서류를 매수인에게 제공하여야 한다.

⑩ 정보에 관한 협조 및 관련 비용

해당되는 경우, 매수인의 요청으로 매수인의 위험과 비용으로 매수인의 물품수령 및 최종 목적지로의 운송에 필요로 하는 서류와 정보를 시의적절한 방식으로 제공하여야 하며, 매수인이 그러한 서류와 정보를 취득하는데 협조를 하여야 한다.

(2) 매수인의 의무

① 물품인수 및 대금지불

매수인은 매매계약에서 약정된 바에 따라 물품의 대금을 지불하여야 한다.

② 물품인도의 수령

매수인은 매도인으로부터 지정된 운송인에게 물품이 인도되면 이를 수령하여야 한다.

③ 위험의 이전

첫째, 매수인은 계약물품이 자신에 의해 지정된 운송인 또는 제3자에게 적법하게 인도된 이후의 모든 위험과 비용을 부담한다.

둘째, 만일 매수인이 특정 운송인 또는 기타 제3자를 지정하지 못했거나 이를 적기에 통지하지 못한 경우, 나아가 지정한 운송인 또는 제3자가 적법하게 합의된 기간에 물품을 수령하지 못한 경우에는 그로부터 발생하는 모든 위험과 비용을 부담한다. 이때 책임부담의 시점은 합의된 인도기일부터이며, 만일 합의된 특정 인도기일이 없다면 합의된 인도기간 내에 매도인이 통보한 날로부터이다. 경우에 따라 매도인의 통보가 없었다면 인도하기로 합의된 기간의 종료일로부터 매수인은 계약물품의 손상과 멸실에 대한 모든 위험과 비용을 부담한다.

물론 이 같은 위험과 비용의 부담은 계약물품이 명확하게 특정된 것을 전제로 함은 당연하다.

④ 운송계약과 보험계약

매수인은 자신의 비용으로 계약물품을 지정 인도장소로부터 목적지까지의 운송계약을 체결하거나 그러한 운송을 마련해야 한다.

매수인은 매도인에 대해 보험계약을 체결할 의무는 없다. 그러나 여기서 주의할 것은 매수인은 최종목적지까지 운송하는데 발생할 수 있는 운송 중의 위험에 대해서는 자신의 선택과 판단에 따라 자신을 피보험자로 하여 보험계약을 체결할 수는 있다는 점이다. 이는 순전히 자신의 계약물품을 담보하기위한 자율적 판단에 따른 행위이다. 이 같은 행위는 매도인이 계약물품의 운송에 부보의무가 없는 모든 조건에 공히 적용된다.

⑤ 인도의 증빙

매수인은 물품이 계약에서 정한대로 일치하게 인도되었다는 증거를 인수해야 한다.

당사자들이 합의한 경우 매수인은 물품이 적재되었음을 기재한 (본선적재표기가 있는 선하증권과 같은) 운송서류를 자신의 비용과 위험으로 매도인에게 발행하도록 운송인에게 지시하여야 한다.

⑥ 허가·인증·통관 절차

해당되는 경우, 매수인은 자신의 위험과 비용으로 수입허가서를 취득해야 하고 물품의 수입과 제3국을 통과하는 운송에 필요한 모든 수속절차를 이행하여야 한다.

매수인은 강제적 선적전 검사비용을 지불해야 한다. 그러나 그와 같은 검사가 수출국 정부 당국의 강제적 수출검사의 형태일 경우에는 매도인의 부담이 되므로 예외로 한다.

⑦ 비용의 부담

매수인은 전항 ③과 ⑥에 따른 모든 비용을 부담한다.

그리고 매수인은 매도인이 매수인의 수입 또는 제3국 경유 등에 필요한 서류와 정보를 제공하거나 그에 협조해준 경우 발생한 모든 비용을 매도인에게 상환한다.(수출에 필요한 제세공과금은 매도인의 부담이지만 수입 등에 필요한 서류, 제세공과금의 부담은 매수인의 부담이라는 원칙을 의미한다.)

⑧ 매도인에 대한 통지

매수인은 매도인에게 다음의 내용을 통지하여야 한다.

첫째, 지정된 운송인 또는 기타의 지정된 제3자의 명의를 매도인이 물품을 인도할 수 있도록 충분한 기일 내에 통지하여야 한다.

둘째, 지정된 운송인 또는 기타의 지정된 제3자가 물품을 인도받기로 한 기간이 정해져 있는 경우 물품을 수령할 수 있는 특정한 시점을 필요한 경우 통지하여야 한다.

셋째, 매수인으로부터 지정된 자가 채용하는 운송방식이 무엇인지를 통지해주어야 한다.

넷째, 지정된 장소 내에서 물품을 수령하는 특정지점을 통지해주어야 한다.

3) 운송비지불인도조건(Carriage Paid to.... named place of destination : CPT)

운송비지불인도조건은 이미 Incoterms 1953에서 "Freight or Carriage Paid to"로 제정되어 도로, 철도, 내수로를 포함한 내륙수송에만 사용되었던 조건이었다. 이 조건은 Incoterms 1980에서는 복합운송에 적합한 DCP로 바뀌었다가 Incoterms 1990에서는 CPT로 개정되었는데 이는 운송의 형태에 관계없이 매도인이 적출지에서 운송인에게 계약물품을 인도해 주는 조건으로 보완되었다.

Incoterms 2010에 이르러 이 조건은 선택된 운송방식에 구애받지 않고 사용될 수 있었으며, 둘 이상의 운송방식이 채택된 복합운송 방식에서도 사용될 수 있는 조건으로 Incoterms 2020에서도 동일하게 분류하고 있다.

운송비지불인도조건은 매도인이 수입국 지정 목적지까지 운송계약을 체결하고 계약에 합의된 수출국의 지정 장소에서 자신이 운송계약을 체결한 운송인에게 수출통관된 물품을 인도하거나 그렇게 인도된 물품을 조달함으로써 인도하면[11] 매도인의 책임이 종결되는 조건이다. 따라서 이 조건에서 매도인은 자신의 위험과 비용으로 수출에 필요한 모든 통관절차를 이행해야 한다. 그리고 합의된 목적지까지 운송계약을 체결하고 운송비를 지급하여야 한다.

운송비지불인도조건에서 특이할 만한 사항 하나는 위험과 비용이 이전하는 분기점이 각각 다르다는 것이다.

위험의 경우 매도인이 운송인과 운송계약을 체결하고 물품을 인도하는 장소에서 위험이 매수인에게 이전되는 반면, 비용의 경우에는 운송계약상 지정된 목적지까지의 운임을 매도인이 지불하기 때문에 비용의 이전은 합의된 목적지까지의 운임부담으로 추가·연장된다. 따라서 운송비지불인도조건을 활용할 때에는 매매 당사자들은 위험이 분기되는 물품의 인도장소와 비용이 추가적으로 연장되는 목적지를 가능한 한 정확하게 지정할 필요가 있다.

이 조건에서는 여러 운송방식이 사용될 수 있기 때문에 합의된 목적지까지 복수의 운송인이 개입하게 된다. 이 경우 매매당사자 간에 특정한 물품인도지점을 정하여 놓지 않은 때에는 물품이 최초의 운송인(first carrier)에게 인도되는 시점에 위험을 이전한다. 최초의 운송인은 보통 수출국 내의 운송인이므로 매수인의 입장에서는 당해 계약물품의 통제가 불가능하므로 만일 여러 운송단계 중 어느 특정지점에서 위험이 이전하기를 바

11) Incoterms 2020에서부터 CPT조건은 FCA와 마찬가지로 조달을 확대 적용하였다.

란다면 매매계약 당사자들은 매매계약에서 이를 확실하게 명기할 필요가 있다.

나아가 매매계약 당사자들은 목적지를 합의할 경우 가능한 한 명확하게 그 목적지 내의 특정 지점을 지정할 필요가 있다. 지정된 특정한 지점이 비용의 분기점이 되기 때문이다. 따라서 매도인 입장에서는 그 지점까지 비용을 부담해야 하기 때문에 이 같은 내용을 정확하게 만족시키는 운송계약을 체결해야 할 것이다. 한편 매도인은 운송계약의 내용에 의해 지정된 목적지에서 물품의 양하와 관련된 내용을 지불하게 된 때에는 달리 반대합의가 없는 한 매수인으로부터 당해 내용을 구상(求償)받을 수 없음을 주의할 필요가 있다.

앞서 설명한 운송인인도조건(FCA)은 매수인이 계약물품을 입수하기 위해 매수인 자신이 운송계약을 체결하고 운송비를 지급하는 형태이지만 운송비지불인도조건(CPT)은 매도인이 계약물품을 목적지까지 운송해주고 관련 운송비를 지급해주는 조건이다.[12] 운송비지불인도조건은 운송인인도조건과 마찬가지로 물품의 수출통관 절차를 매도인이 이행할 의무를 부담하지만, 수입통관 절차를 수행할 의무는 부담하지 않는다.

4) **운송비·보험료지불인도조건**(Carriage and Insurance Paid to .... named place of destination : CIP)

운송비·보험료지불인도조건이라 함은 매도인이 계약물품에 대한 수출통관을 필하고 수입국 목적지까지 보험계약을 체결하고, 매도인이 운송계약을 체결한 후 당해 계약물품을 운송인에게 인도하는 조건이다.

이 조건은 이미 설명한 운송비지불인도조건(CPT)과 같으나 다만 매도인이 운송중의 물품의 멸실이나 손상의 위험에 대한 보험의 부보까지 책임져야 한다는 점만 다르다. 따라서 이 조건에서는 매도인은 합의된 목적지까지 운송계약과 보험계약을 체결한 뒤 운송비 및 보험료를 지불하고 계약물품을 운송인에게 인도하면 자신의 의무와 책임은 종결된다.

운송비·보험료지불인도조건은 운송비지불인도조건과 마찬가지로 물품이 목적지에 도착한 때가 아니라 수출국에서 운송인에게 물품을 인도하는 시점에 매도인의 책임과

12) Incoterms 상의 C-조건들, 즉 CPT, CIP, CFR, CIF 조건들은 모두 매도인이 목적지까지의 운송비를 부담해주는 조건이지만 매도인의 의무와 책임이 계약의 목적지에서 종결되는 양륙지 인도조건은 아니다. 이들 C-조건들은 적출지, 즉 수출국내에서 물품인도 절차를 완료함으로써 매도인의 의무와 책임이 종결되는 선적지(적출지) 인도조건이다. 보다 자세한 내용은 *infra*. CIF조건 참조.

의무가 종결되는 적출지 매매조건이다.

운송비·보험료지불인도조건에서 보험은 인도지점부터 지정목적지까지 부보되어야 하며, 매도인은 원칙적으로 매수인을 피보험자로 하여(경우에 따라 당해 물품에 피보험이익을 갖는 제3자) 매수인이 보험자에 대해 직접 보험금을 청구할 수 있는 권리를 갖도록 보험계약을 체결해주고 이러한 보험증권이나 보험증명서, 그 밖의 부보의 증거를 매수인에게 제공하여야 한다. 보험계약은 평판이 양호한 보험인수업자나 보험회사와 체결하여야 하며, 명시된 합의가 없는 한 매도인의 판단에 따라 거래의 관례, 환율의 성질이나 위험을 충분히 고려하여 보험계약을 체결해야 한다.[13)]

한편 이 조건의 보험계약에서 주의할 것은 매수인과의 다른 별도의 합의가 없는 한 보험계약은 대부분 로이드시장협회(Lloyd's Market Association ; LMA)/국제보험협의회(International Underwriting Association ; IUA)의 협회적하약관 A-약관이나 그와 유사한 약관에서 제공하는 최대담보조건으로 체결되어야 한다는 것이다.

Incoterms 2020에서는 Incoterms 2010에서처럼 협회적하약관의 C-약관에 의한 제한적인 담보조건이 아니라 협회적하약관 A-약관이나 그와 유사한 약관에 따른 광범위한 담보조건으로 부보하여야 한다는 것을 유의하여야 한다. 그러나 당사자들은 여전히 더 낮은 수준의 담보조건으로 부보하기로 합의할 수 있다.

이하 매도인의 의무와 매수인의 의무는 이미 설명한 운송비지불인도조건과 동일하다.

5) **목적지인도조건**(Delivered At Place .... named place of destination : DAP)

목적지 인도조건이란 매도인이 지정 목적지에서 수입통관을 필하지 않은 계약물품을 도착된 운송수단으로부터 양하하지 않은 채 양하준비된 상태로 매수인의 임의처분하에 인도하는 조건을 말한다.

목적지인도조건은 터미널인도조건과 마찬가지로 Incoterms 2010에서 처음 도입된 조건으로 Incoterms 2010에서 사라진 부두인도조건(DEQ), 착선인도조건(DES), 국경인도조건(DAF), 관제미지급인도조건(DDU)을 보완하고 강화하는 기능을 수행한다.

특히 터미널인도조건(DAT)은 매도인의 인도의무를 목적지 또는 목적항의 터미널로

13) 보험금액은 최소한 매매계약 금액에 10%의 기대이익(expected profit)을 가산한 금액(매매대금의 110%)을 기준으로 하며, 통화는 매매계약의 통화와 같아야 한다.

규정해 놓음으로써 종전의 부두인도조건(DEQ)의 경우 그간 목적항 부두에서 양하하여 보세창고(bonded warehouse)에 입고하여 인도하였던 해상운송조건을 복합운송까지 확대하였다.

Incoterms 2010 규칙에서 DAT와 DAP의 유일한 차이점은 DAT의 경우에 매도인은 물품을 도착운송수단으로부터 양하한 후 "터미널"에 두어 인도하여야 하였고, DAP의 경우에 매도인은 물품을 도착운송수단에 실어둔 채 양하를 위하여 매수인의 처분하에 두었을 때 인도를 한 것으로 되었다는 점이다.

그러나 Incoterms 2020에서는 이 두 가지를 다음과 같이 변경하였다.

첫째, 이러한 두 Incoterms 2020 규칙의 등장순서가 서로 바뀌었고, 양하전에 인도가 일어나는 DAP를 DAT 앞에 두었다.

둘째, DAT규칙의 명칭이 DPU(Delivered at Place Unloaded)로 변경되었다. 이는 '터미널'뿐만 아니라 어떤 장소든지 목적지가 될 수 있다는 현실을 강조하기 위함이다.

목적지인도조건의 경우 역시 해상운송조건으로만 사용되었던 착선인도조건(DES)을 목적지의 특정지점까지 확대하여 항구뿐만 아니라 내륙의 특정지점까지 매도인의 인도의무를 연장함으로써 비단 해상운송뿐만 아니라 운송방식에 구애를 받지 않고, 나아가 복합운송에서까지 활용될 수 있도록 개정하였다.[14)]

따라서 목적지 인도조건의 경우 지정된 목적지는 수입국 목적항이 될 수도 있으며, 경우에 따라 내륙의 매수인의 영업지까지 확대될 수 있다.

이 조건은 목적지양하인도조건(DPU) 및 관세지급인도조건(DDP)과 더불어 모두 양륙지 인도조건으로써 계약물품이 도착지의 특정지점에서 인도되어야 매도인의 책임과 의무가 종결된다.

따라서 목적지인도조건의 경우 매도인은 합의된 목적지의 지정장소까지 물품을 운송하는데 수반되는 모든 위험을 부담한다. 이 조건에서는 합의된 목적지의 지정장소가 매도인과 매수인의 위험 및 비용 분기점이 되기 때문에 양당사자들은 가능한 한 그 지정장소를 명확하게 명시하는 것이 바람직하다. 또한 매도인은 물품을 합의된 목적지의 지정장소까지 운송하는 계약을 체결하거나 그러한 운송을 마련하여야 한다. 그렇게 하지 않은 경우에 매도인은 Incoterms DAP 규칙상 그의 의무를 위반한 것이 되고 매수인에 대하여 그에 따른 손해배상책임을 지게 된다.

한편 목적지인도조건에서는 매도인은 도착지에서 계약물품을 양하할 의무는 없으나

---

14) Incoterms 2010 Introduction 참조.

운송계약이나 관습에 따라 양하작업을 수행, 양하비용을 지출한 경우에는 당사자간의 합의가 없는 한 매도인은 매수인으로 부터 당해 양하비용을 구상(求償)할 수 없다.

목적지인도조건에서 매도인은 물품의 수출통관을 하여야 한다. 그러나 매도인은 물품의 수입통관 및 수입관세를 부담할 의무는 없다. 만일 당사자 간에 매도인에게 계약물품의 수입통관절차를 수행하도록 할 때에는 관세지급인도조건(DDP)을 사용하여야 한다.

6) 목적지양하인도조건(Delivered at Place Unloaded .... named place of destination : DPU)

목적지양하인도조건은 매도인이 계약에서 합의된 지정목적지에서 또는 지정목적지 내에 어떠한 지점이 합의된 경우에는 그 지점까지 가져가서 도착운송수단으로부터 물품을 양하하여 수입통관을 필하지 않고 매수인의 임의처분 상태로 인도하는 조건을 말한다. 목적지양하인도조건은 매도인이 목적지에서 물품을 양하하도록 하는 유일한 규칙이다. 따라서 매도인은 자신이 물품을 인도하고자 하는 장소가 물품의 양하가 가능한 장소인지 꼭 확인하여야 한다.

신설된 목적지양하인도조건은 이전의 조건인 터미널인도조건(DAT)을 대체하는 조건이다. 기존의 터미널인도조건(DAT)은 매도인이 자신의 비용으로 합의된 목적항 또는 목적지까지 물품을 운송하기 위한 운송계약을 체결하고, 양륙지의 터미널까지 운송하여 계약물품을 양하하는데 수반되는 모든 위험을 부담해야 하며, 매수인은 물품이 지정터미널에서 인도된 이후의 모든 위험과 비용을 부담하는 조건이다.

Incoterms 2010의 DAT 조건에서 의미하는 '터미널'이라함은 부두, 창고, 컨테이너장치장(CY), 또는 도로·철도·항공화물 터미널과 같은 장소를 포함하며, 지붕의 유무를 불문하고 모든 장소라 정의하여 용어를 넓게 정의하였다.

반면 Incoterms 2020의 DPU조건에서는 목적지가 터미널뿐만 아니라 어떤 장소든지 될 수 있는 현실을 반영하여 지정목적지를 터미널로 제한하지 않고 수입국 목적지 어디든 가능하게 하였으며, 다만 DAT조건의 가장 중요한 매도인의 의무인 양하비 부담의무를 그대로 유지하고 있다.

합의된 목적지의 지정장소는 매도인과 매수인의 위험 및 비용의 분기점이 되므로 매매 당사자들은 지정목적지 또는 지정목적지 내에 어떠한 지점이 합의된 경우에는 그 지점을 가능한 한 명확하게 명시하는 것이 바람직하다.

이 조건에서 매도인은 수출통관은 필하여야 하나 수입통관에 대해서는 의무가 없다. 만일 매매당사자 간에 매도인이 수입신고를 하고 수입관세나 세금을 납부하고 수입통관절차를 수행하도록 하는 경우에는 관세지급인도조건(DDP)을 활용하여야 한다.

(1) 매도인의 의무

앞서 설명한 목적지인도조건은 매도인이 물품을 지정목적지까지 운송하여 운송수단으로부터 양하하지 않은 채 매수인에게 인도하였으나 목적지양하인도조건에서는 매도인은 지정목적지까지 물품을 운송하고 이때 매도인은 도착한 운송수단으로부터 물품을 양하하여야 하고 또한 물품을 지정목적지에서, 그 지정목적지에 합의된 지점이 있는 때에는 그 지점에서 매수인의 처분하에 두거나 그렇게 인도된 물품을 조달함으로써 인도하여야 한다.

그 외의 매도인의 의무는 목적지인도조건과 동일하다.

(2) 매수인의 의무

목적지인도조건과 마찬가지로 매수인은 수입통관을 필하고 지정목적지에 도착한 물품을 인수해야 한다. 이때 목적지양하인도조건에서는 매수인은 도착한 운송수단으로부터 물품을 양하하는데 드는 비용을 부담할 필요가 없다.

그 외의 매수인의 의무는 목적지인도조건과 동일하다.

7) **관세지급인도조건**(Delivered Duty Paid .... named place of destination : DDP)

관세지급인도조건은 매도인이 계약물품을 매수인 소재국의 지정된 장소까지 운송하여 도착된 운송수단에서 양하하지 않은 채 양하준비 상태로 매수인에게 인도하는 조건을 말한다.

관세지급인도조건은 공장인도조건(EXW)과 대비되는 개념으로 인도가 도착지에서 일어나고 매도인이 수입관세와 해당되는 세금의 납부책임을 지므로 11개의 Incoterms 규칙 중에서 매도인에게 최고수준의 의무를 부과하는 규칙이다.

이 조건에서 매도인은 수출국에서 수출통관을 필하고 수입국에서의 수입통관절차까지 모두 밟은 후 수입에 소요되는 제세공과금을 모두 지불해야 한다.[15] 따라서 매도인이

15) 수입시에 부과되는 부가가치세도 매도인이 부담하나 매도인이 이를 부담하지 않기로 합의할 경우에는 다음과 같이 명확히 계약서에 표기하여야 한다. "Delivered duty paid, VAT unpaid ....

직·간접적으로 수입허가를 취득하지 못할 경우에는 관세지급인도조건을 사용할 수 없으며, 만일 매수인이 수입통관절차를 밟고 관세나 조세 등을 납부하길 원한다면 앞서 설명한 목적지인도조건(DAP)을 사용하여야 한다.

한편 관세지급인도조건은 목적지인도조건과 마찬가지로 매도인은 계약물품을 목적지에서 양하해 줄 의무는 없기에 양하비용은 매수인이 부담한다. 따라서 양하준비 상태로 인도된 후의 모든 위험은 매수인에게 이전된다. 만일 운송계약상 또는 목적지의 관례에 따라 계약물품의 양하작업을 매도인이 수행함으로써 발생한 양하비용이 있다면 당사자 간에 반대합의가 없는 한 매도인은 매수인으로부터 당해 비용을 구상(求償)할 수 없다.

매도인의 의무와 매수인의 의무는 언급한 매도인의 수입통관의무를 제외하고는 앞서 설명한 목적지인조조건과 크게 다르지 않다.

2. 해상 또는 내수로 운송에서만 사용가능한 조건들

Incoterms 2010부터 11가지 조건 중 선측인도조건(FAS), 본선인도조건(FOB), 운임포함인도조건(CFR), 운임·보험료포함인도조건(CIF) 4가지는 해상운송 또는 내수로 운송에서만 사용가능한 조건들이다.

1) 선측인도조건(Free Alongside Ship .... named port of shipment : FAS)

선측인도조건이라 함은 지정된 선적항에서 매수인에 의해 수배된 본선의 선측에 매도인이 계약물품을 놓아둠으로써 인도가 이루어지는 조건을 말한다. 본선의 선측에 계약물품이 인도되면 그 이후에 발생하는 물품의 멸실이나 손상위험, 그리고 모든 비용은 매수인이 부담한다. 선측인도조건에서 위험과 비용의 분기점은 '본선 선측'이 된다는 의미이다.

이 조건은 매도인이 본선 선측까지만 계약물품을 인도하게 되므로 일반화물의 매매에는 별로 사용하지 않으나 주로 본선에 선적하는데 비용이 많이 드는 부피가 큰 물품(bulky cargo), 즉 원목·원면·원맥 등의 매매에 많이 이용되고 있다.[16)]

---

named place of destination".

16) 제2차 세계대전 이후 미국서부의 많은 부두들이 대규모의 인공부두를 E형으로 만들어 그 중간에 창고와 하역이 편리하도록 된 광장을 두어 해상운송과 육상운송의 연결을 부두에서 직접 할 수 있도록 하여 선측인도조건(FAS)은 수출항의 선적부두인도의 의미로 사용케 되었다. ; 박대위,

여기서 본선 선측이라 함은 본선이 지정된 선적항에 정박하고 있을 때 본선상용의 양화기 및 그 밖의 선적용구가 도달할 수 있는 장소를 의미한다. 따라서 본선이 정박 중인 부두(quay)에 계약물품을 반입하였다 하더라도 본선의 선적용구가 도달하지 못하는 지점에 계약물품을 인도한 것은 이 조건에서의 매도인의 의무를 다한 것이라 볼 수 없다. 만일 수출국의 바다가 얕아 본선이 부두로 진입할 수 없는 경우에는 매도인은 바지선(barge)에 계약물품을 실은 채 깊은 바다에 정박하고 있는 본선의 선측, 즉 본선상용의 양화기가 도달할 수 있는 범위에 놓아두면 매도인은 자신의 인도책임을 다하게 된다.

이때 흔히 야기되는 문제로서 본선 선측까지 바지선에 의해 물품이 인도된 후 본선의 양화기로 물품을 본선에 이양하던 중 사고가 나면 이 위험을 누가 부담하느냐가 문제가 된다.17) 이 경우는 그 항구의 관습이다 관례가 특별히 없는 한 이치상 매수인이 위험부담을 해야 하며, 이를 대비해 매수인이 보험계약을 체결할 때 미리 바지선에서부터 보험을 드는 경우가 많다.18)

일반적으로 물품이 컨테이너에 적재되는 경우에는 매도인이 물품을 본선 선측이 아니라 국내의 터미널에서 운송인에게 교부하는 것이 보통이다. 이러한 경우에는 선측 인도조건 보다는 운송인인도조건(FCA)을 사용하는 것이 바람직하다.

선측인도조건에서 매도인은 계약물품의 수출허가 및 수출통관에 관련한 비용을 부담하여야 한다. 무역거래에서 외항선에 반입·인도되는 물품은 관세법상 외국물품으로 간주된다. 그리고 물품을 본선에 반입하려면 수출국의 관계법규에 따라 수출승인과 그 밖의 인증을 받아 수출통관을 필해야 한다. 따라서 물품을 선적함으로 내국물품을 국제 재화화하여야할 의무는 매수인에게 있는 것이므로 원칙적으로는 수출허가 및 수출통관은 매수인의 책임이 된다. 그러나 수출허가나 수출통관 등의 업무는 국내거주자로서 매도인이 이행하는 것이 편리하기 때문에 Incoterms 2000부터 이를 매도인의 부담으로 규정해 놓고 있다.

구종순, 「전게서」, p.69 참조.

17) 한편 Incoterms에는 정의되어 있지 않지만 이와 같은 상황에서 매매당사자들은 소위 "free on lighter"라는 특수한 세부조건을 합의할 수 있다. 이 조건에서는 매도인은 부선(lighter) 또는 바지선(barge)의 난간(rail)을 넘기는 순간부터 자신의 인도의무를 완료하는 것으로 간주되기 때문에 본선의 선측까지 부선을 이동시킬 필요가 없다. ; Clive M. Schmitthoff, *Export Trade : The Law and Practice of International Trade*, 10th ed., Sweet & Maxwell, 2000, p.12

18) 이러한 무보험상태를 예방하기위해 특별히 보험자의 책임시기를 매수인의 위험부담시기와 일치시키는 'FAS Attachment Clause'라는 특약제도가 있다. 이하 박대위. 구종순, 전게서, p.71 참조.

2) **본선인도조건**(Free on Board.... named port of shipment : FOB)

본선인도조건이라 함은 매도인이 계약물품을 지정된 선적항에서 매수인에 의하여 지정·통보된 선박에 적재하여 인도하거나 이미 그렇게 인도된 물품을 조달함으로써 매도인의 의무가 완료되는 조건을 말한다. 따라서 매매당사자간의 위험 및 비용의 책임부담의 분기점은 계약물품이 본선상에 적재되는 시점이 된다.[19)]

이 조건에서 매도인은 합의된 선적기간 내에 매수인이 지정한 운송선박에 계약물품을 선적하면 자신의 책임이 끝나며 선적 이후의 모든 책임과 비용은 매수인이 부담한다. 매수인은 계약물품을 수입지까지 운송할 선박과 운송계약을 체결해야 하며 선박명, 정박지, 선적기일 등을 매도인에게 충분히 통지해야 한다.

본선인도조건은 전형적으로 해상운송조건이기 때문에 국내 터미널에서 인도되는 컨테이너화물과 같이 물품이 본선에 적재되기 전에 운송인에게 교부되는 경우에는 적절하지 않다. 이러한 경우에는 운송수단에 구애를 받지 않고 복합운송에 활용되는 운송인인도조건(FCA)을 사용하는 것이 바람직하다.[20)]

본선인도조건에서 매도인은 물품의 수출통관을 하여야 한다. 그러나 수입관세 등을 부담하는 수입통관절차를 수행할 의무는 없다.

(1) 본선인도조건(FOB)의 특징

(가) 변형된 형태의 본선인도조건

국제무역거래에서 대단히 많이 활용되고 있는 본선인도조건(FOB)[21)]은 그 사용빈도만큼이나 다양한 형태의 변형된 조건으로 활용되고 있다. 그중 가장 대표적인 형태를 살펴보면 다음과 같이 분류된다.[22)]

---

19) Incoterms 제정 당시부터 Incoterms 2010 이전까지는 해상운송조건으로 분류되었던 FOB, CIF, CFR 등과 같은 조건에서 위험의 분기점은 물품이 본선의 난간(ship's rail)을 통과하는 시점이었다. 본디 「본선의 난간을 통과 한다」는 의미는 「안전하게 갑판위에 적재됨」을 전통적으로 뜻하는 것으로 책임의 분기점으로의 판단에 대한 상징적 기준으로서의 역할을 해왔다. 지난 Incoterms 2010부터는 본선 난간이라는 상징적 분기점을 「본선적재」라는 구체적 기준으로 개정하였다.

20) 본선인도조건(FOB)은 원래 영국에서 발생하여 해양무역에 사용되어왔으나 대륙국인 미국은 대륙적인 특수한 사정으로 FOB라는 용어로 6종류의 형태가 있다. 이중 FOB조건이 Incoterms의 운송인인도조건(FCA)과 유사한 형태가 있으므로 미국에서는 Incoterms의 본선인도조건을 의미하기 위해서는 "FOB vessel"이라고 명시해야 한다.

21) 우리나라 기업들은 수출거래에서 FOB조건을 가장 많이 이용하고 있으며 세관에서도 수출통계를 집계할 때 모든 경우에 FOB로 기준으로 한다. 예컨대 CIF조건으로 수출되는 경우에도 환산율에 의하여 FOB로 환산되어 집계된다.

첫째, 고유의 엄격한 본선인도조건(Classic or Strict FOB contract)

이 유형에서는 매수인이 선박을 지명하면 당해 선박이 선적항에 도착한 후 매도인이 선박회사와 운송계약을 체결하고 본선에 계약물품을 선적하게 된다. 이때 운송계약은 매수인의 비용으로 체결한다. 따라서 매도인은 이 조건에서 물품을 선적한 송하인(consignor)이 되며 지시식 선하증권(order B/L)을 발급받은 후 당해 선하증권을 매수인에 양도하는 절차를 밟게 된다. 보험은 매수인이 직접 부보하지만, 경우에 따라 매도인은 매수인의 요청에 따라 머수인의 비용으로 부보를 대행해 줄 수 있다.

둘째, 추가 업무부 본선인도조건(FOB contract with additional services)

이 유형에서는 매도인이 매수인 대신 직접 선박을 수배 · 지정한 후 선박회사와 운송계약을 체결하고, 동시에 보험계약도 체결한다. 물론 소요되는 비용은 매수인의 부담으로 하되 매수인은 선박 수배 · 지정의 의무를 부담하지 않는다. 매도인은 운송계약을 체결한 후 합의된 선적기간에 선적하고 발급받은 선하증권을 매수인에게 양도하는 절차를 밟는다.

셋째, 일반적 본선인도조건(Simple FOB contract)

이 유형에서는 매수인이 본선을 수배 · 지정하고 선박회사와 직접 운송계약을 체결하거나, 또는 매수인의 대리인 역할을 하는 운송주선인(freight forwarder)을 통해 운송계약을 체결하게 된다. 매도인은 매수인의 선적지시에 따라 지정된 기간 또는 일자에 본선에 계약물품을 선적하기만 하면 자신의 인도의무는 완료된다. 선하증권은 매수인이 직접 수령하거나, 매수인의 대리인이 인도받기 때문에 매도인은 선하증권을 선박회사로부터 발급받아 이를 매수인에게 양도해줄 의무는 없다.

(나) 매수인의 대리인으로서의 매도인의 대행업무

이상에서 보듯 Incoterms의 규정에서와 같이 선박의 수배 및 지정, 그리고 해상운송계약은 매수인의 의무이지만 이를 매도인에게 위임하는 경우가 있다. 이러한 이유는 정기선 운송의 경우 매수인이 수입국에서 선박을 수배하기 보다는 정기선의 출항일자와 국내 항구의 관습을 잘 알고 있는 매도인이 자국 내에서 선박을 수배하고 해상운송계약을 체결하는 것이 보다 현실적이고 편리할 수 있기 때문이다.

Incoterms에서는 이러한 실무적 편의성에 대비하기 위해 매도인의 의무「운송계약과

22) Clive M. Schmitthoff, *op.cit.*, p.18 ; D. M. Sassoon & H. Orren Merren, *CIF and FOB Contract*, 3rd ed., London : Stevens & Sons, 1984, p.333 참조.

보험계약」 조항에서 "매도인은 매수인에 대해 운송계약을 체결할 의무는 없다. 그러나 매수인의 요청이 있는 경우 또는 매도인이 운송계약을 체결해 주는 상관습이 존재하지만 이에 대해 매수인이 적기에 그에 반대하는 지시를 하지 않는 경우에는 매도인은 매수인의 위험과 비용으로 통상적인 조건의 운송계약을 체결할 수 있다"라고 규정해 둠으로써 무역거래에서의 본선인도조건의 다양성을 포괄해 주고 있다.

이는 매도인이 본인의 자격이 아니라 매수인의 대리인으로서의 법률적 자격으로 대행해주는 것으로 본다. 이 같은 대행 업무에는 매도인이 선복을 구하고 운임을 대납하는 업무, 매도인이 해상보험계약을 체결하고 보험료를 대납하는 업무 등이 있다. 이 경우 모든 비용과 위험은 매수인이 부담한다.[23)]

우리나라 법원에서도 이와 같은 취지이다.[24)]

"본선인도조건(FOB)으로 체결된 수출입 매매계약에 있어서는 당사자 사이에 특별한 약정이 없는 한, 매수인이 용선계약을 체결하거나 기타 선복을 확보하여 화물을 선적할 선박을 매도인에게 통지하여 줄 의무가 있는 것이고, 매도인에게는 스스로 확보하여 화물을 선적할 의무가 없는 것이므로, 매도인과 매수인이 본선인도조건으로 수출입 매매계약을 체결하면서도 매수인이 선복을 확보하지 않고 매도인이 수출지에서 선복을 확보하여 운송계약을 체결하되, 운임은 후불로 하여 운임후불(freight collect)로 된 선하증권을 발행받아, 매수인이 수하인 또는 선하증권의 소지인으로서 화물을 수령할 때 운송인에게 그 운임을 지급하기로 약정하였다면, 이는 매수인이 매도인과의 내부관계에서는 운임을 부담하되, 운송인과의 관계에서는 매도인이 매수인의 대리인이 아닌 본인으로서 운송계약을 체결하는 것으로 볼 것이 아니라, 매수인이 매도인에게 자신을 대리하여 운송계약을 체결하는 권한까지 부여하였다고 봄이 상당하다."

(다) 비용부담의 제 문제

Incoterms의 규정에 따라 본선인도조건에서는 매도인은 매수인이 제3국 통과시 및 수입통관시 필요한 수출국 발행의 제반 서류를 매수인의 요청에 따라 매수인의 위험과 비용으로 매수인이 입수할 수 있도록 모든 노력과 편의를 제공하여야 한다. 원산지증명서, 영사송장 등은 수출지에서 발행하는 서류로서 매수인의 수입통관시 필요한 서류이다. 그러나 이들 서류는 비록 수입에 관계되는 서류라 할지라도 사실상 매도인이 자신의 부담으로 매수인에게 제공하고 있다.[25)]

---

23) D.M. Sasson, *op. cit.*, p.347, 360.

24) 대법원 1996.2.9., 94다27144.

또한 Incoterms상 본선인도조건에서는 수출통관비용 및 수출에 관련된 제세공과금은 당연히 매도인 부담이지만 영국 및 개정미국무역정의의 FOB Vessel 조건에서는 수출세 및 수출을 위해 부과되는 비용은 매수인의 부담으로 하고 있다.

또 경우에 따라 선적항에서의 적재비용에 있어서도 각 항구의 관습이나 해상운송계약의 종류에 따라 비용부담의 주체가 달라질 수 있다.

예컨대 본선인도조건에서는 계약물품이 본선에 적재될 때까지 모든 비용을 매도인이 부담한다고 Incoterms는 규정하고 있지만 계약물품을 본선에 적재 완료한다는 것은 단순히 본선갑판위에 무질서하게 적재하는 비용만을 말하는지 아니면 선창내 적재비용(stowage), 화물 정리비용(trimming fee), 선내 하역비(stevedorage) 등의 선적에 요하는 모든 비용을 포함하는지 여부는 매수인과 매도인 사이에 이견이 있을 수 있다.[26)]

일반화물의 경우는 선박회사가 운임에 이들을 포함시켜 선박회사 측에서 부담하는 형식을 취해 선박회사와 운송계약을 체결하는 매수인이 궁극적으로는 부담하는 결과가 되지만, 하역비용이 많이 드는 시멘트·석탄 등의 경우는 선박회사가 부담하지 않기 때문에 문제가 발생할 수 있다. 또한 유럽의 스톡홀름(Stockholm) 항구에서는 FOB Stockholm 조건으로 목재가 거래될 때에는 마치 선측인도조건(FAS)처럼 본선적재 비용을 매수인이 부담해야 하는 경우도 있다.[27)] 따라서 언급한 이들 비용의 부담주체에 대해 매매 당사자들은 사전에 명백히 해둘 필요가 있다.

(라) 지정 선박의 적합성과 대선

본선인도조건에서 매수인은 자신의 위험과 비용으로 선박을 수배·지정하여야 한다. 선박의 수배·지정이 완료되면 매수인은 선박의 이름, 선적항 및 인도기일에 관하여 매도인에게 충분한 통지(sufficient notice)를 해주어야 한다. 만일 통지의무를 해태한 경우에는 매수인은 합의된 인도기일 또는 인도기간의 종료일부터 물품의 위험을 부담하며, 발생한 추가비용이 있다면 이것도 부담해야 한다.

매수인의 선박 수배 및 지정 의무는 본선인도조건의 계약에서 '물품을 선적할 매도인

25) 실제로 이들 서류 취득비용은 전체 수출액수에 비하면 극히 미미한 금액이어서 별도로 금액을 청구하는 것은 실무상 무의미할 수도 있다. 대개 매도인은 매수인에게 가격제시를 할 때 이미 원가상에 이런 제반 부대비용까지 포함해서 FOB가격을 산출해 내므로 형식상으로는 매도인이 비용을 부담하는 것처럼 보이나 사실은 매수인이 부담하고 있는 결과이다. ; 박대위, 「무역실무」, 법문사 1988, p.81 참조.

26) 만일 당사자 간에 "FOB Stowed" 또는 "FOB Stowed/trimmed", "FOB in"과 같은 특약을 하면 본선적재후 이들 비용까지 매도인이 부담하는 것이 관례이다. ; Clive M. Schmitthoff, *op.cit.*, p.15.

27) *Ibid.*

의 의무에 대한 선결조건'이기 때문에 매수인이 합리적인 기간 내에 이를 이행하지 않을 경우에는 매도인이 선적의무를 이행하지 않더라도 매수인은 그로 인한 계약위반을 주장할 수 없다.[28] 반면에 매도인은 매수인의 계약위반을 이유로 계약을 해제하거나 손해배상을 청구할 수 있다.

한편 여기서 주의해야 할 것은 매수인이 수배·지정한 선박은 반드시 적합선박(suitable ship) 또는 유효선박(effective ship)이어야 한다.

적합선박이란 다음의 두 가지 요건을 구비한 선박을 의미한다.

첫째, 지정선박은 반드시 계약물품과 같은 종류의 물품을 운송하는데 적합하여야 하며, 계약물품의 특성을 수용할 수 있는 형태여야 한다.

예컨대 계약물품이 기름과 같은 액체류이면 일반 잡화선에는 선적을 못하고 반드시 Tanker를 이용하여야 한다. 석탄이나 기타 광산물 같은 경우에는 광산물을 전문으로 운송하는 데 사용되는 선박이어야 한다. 냉장이나 냉동을 요하는 화물일 때에는 지정선박은 반드시 적절한 냉동·냉장 장치가 구비되어있어야 할 것이다.

매도인은 매수인으로부터 선박명, 선박의 형태 등을 통보받을 때 매수인이 수배한 당해 지정선박이 적합선박인지를 확인하여야 한다. 만일 확인 없이 이를 수락한 후 추후에 문제가 발생하면 이에 대해 매도인이 책임을 감수할 수밖에 없다.[29]

둘째, 지정선박은 반드시 선적기간 내에 계약물품을 선적할 수 있어야 한다. 일반적으로 매매계약서에는 선적을 위한 기간이 명시되어 있다. 예컨대 "Shipment must be effected within August/September"의 형태로 명시하는데 이는 선적이 가능한 포괄적 기간을 의미하는 것이지 항상 이 기간 중 선박이 매도인의 계약물품을 싣기 위해 적재대기하고 있다는 것은 아니다.

따라서 매수인은 당해 선적기간 중 합의된 선박명, 적재지점, 그리고 필요한 경우 반드시 선적기간 중의 특정한 인도시점을 매도인에게 충분히 통지하여야 한다.

경우에 따라 'FOB European continental port', 또는 'FOB United Kingdom port'와 같이 선적항이 지역으로 표기된 경우가 있다. 이때 실제 선적이 이루어지는 항구는 당사자간의 의사가 어떠한지에 달려있다. 일반적으로 선박의 수배와 지정의 책임이 있는 매

28) 매수인의 선박 수배 및 지정 의무는 FOB 계약의 정지조건(condition precedent)이다. 반드시 이 조건이 성취되어야 그 다음의 계약이행이 순차적으로 가능해진다. ; D.M. Sasson, *CIF and FOB Contract*, 4^{rd}ed., Sweet & Maxwell, 1995, p.415.

29) *Compagnie de Renflouement de Récuperation et de Travaux Sous-Marines v. Baroukh et Cie V.W. Seymour Plant Sales Hire* [1981] 2 Lloyd's Rep. 466, HL at 482.

수인이 선적항을 선정하고 이를 매도인에게 통보하여야 한다. 그러나 만일 매도인이 선박수배와 지정을 대행할 경우에는 선적항의 선정과 통보는 매도인의 의무가 된다.[30)]

또한 매도인은 매수인에 의한 충분한 선적통지가 있을 때까지는 선적의무가 발생하지 않으며, 매수인의 선적지시의무의 해태에 기인한 매도인의 인도지체 또한 계약위반이 아니다.[31)]

매수인이 선택한 특정 선적일자(인도일자)가 매도인에게 충분히 통지되면 매도인은 매수인의 지시에 따라 반드시 당해 일자에 언제라도 지정 선박이 선적할 수 있도록 계약물품을 인도하여야 한다.

이 때 지정선박은 매도인으로부터 인도된 물품을 반드시 수령하여야 하는데, 만일 당해 지정선박이 적시에 도착하지 않거나, 매도인의 물품을 수령하지 않거나, 또는 매수인에 의해 매도인에게 통지된 물품의 특정 인도시점 보다 일찍 선적을 마감하는 경우 매수인은 계약위반의 책임까지 질 수 있음을 유의하여야 한다.[32)] 현행 Incoterms 2020에서도 매수인 의무로 적합선박의 요건을 B-(3), B-(9)에서 규정해 놓고 있다.

한편 매수인은 자신에 의해 지정된 선박이 지정기간 내에 선적항에 도착하지 못한다든지, 또는 도착한 경우라도 벌써 만선이 되어 매도인의 계약물품을 선적할 수 없게 되었을 때에는 매수인은 계약기간 내에 반드시 적합선박을 대선(substitute vessel)하여야 한다.[33)]

때때로 매수인은 합의된 선적기간 애에 적합선박을 수배·지정하지 못할 경우 추후의 계약위반을 면하기 위해 부적합선박을 임시방편으로 대선하는 때가 있다.[34)]

그러나 무엇보다도 중요한 점은 당초 적합선박을 수배·지정하지 못해 대선을 하는 경우라 할지라도 이는 반드시 계약에서 합의된 지정 선적기간(shipping period) 내에 이루어져야 한다는 것이다. 매수인은 적기에 이를 이행하지 못하는 경우 합의된 선적기간 만

---

30) Clive M. Schmitthoff, *op.cit.*, p.27.

31) *Olearia Tirrena S.P.A. v. Algameene Oliehandel*, The Osterbek [1972] 2 Lloyd's Rep. 341.

32) 무역계약에서 기간 또는 시점에 대한 약정은 계약의 필수부분(essence of contract)으로 간주된다.

33) 그러나 계약서에 명시적으로 최초의 선박지정이 최종적(final)이거나 확정적(definite)이라고 규정하였다면 매수인의 대선은 허용되지 않는다. 따라서 이 같은 경우에 대비하기 위해서라도 매수인은 매매계약시 대선에 대한 권리가 있음을 확실하게 해둘 필요가 있다. ; Clive M. Schmitthoff, *op.cit.*, p.24.

34) 이 같은 고의적이고 저열한 선박의 수배·지정에 대해 매도인은 매수인과의 계약을 취소할 권리가 있다. *Taxaco Ltd. v. The Eurogulf Shipping Co. Ltd.* [1987] 2 Lloy's Rep. 54 at 545. 한편 이 같은 형태의 선박지정을 Mickey Mouse Nomination이라 일컫기도 한다. ; Clive M. Schmitthoff, *op.cit.*, p.23

료 후부터 발생하는 모든 추가비용과 위험을 부담하여야 한다.

대선일지라도 매수인이 합의된 지정 선적기간 내에 선박을 수배·지정하지 못하면 매도인은 계약위반을 이유로 당해 계약을 취소하거나 관련된 손해의 배상을 매수인에게 요구할 수 있다.[35)]

일단 유효한 대선이 이루어진 경우라면 매도인은 반드시 당해 선박에 선적하여야 한다.

(마) 화환어음 취결방식의 본선인도조건

본선인도조건은 선적지에서 인도가 이루어지는 선적지 인도조건이다. FOB Busan이라고 표시하는 경우에 'Busan'은 계약의 목적물인 물품의 선적장소 또는 인도장소이며, 동시에 당사자 간에 위험 및 비용부담의 분기점이 된다. 따라서 물품의 인도가 이루어지는 장소인 선적항은 추후 분쟁에 적용될 준거법의 확정과 관련하여 중요한 의미가 있다.

본선인도조건은 매도인이 계약물품을 지정선박에 적재하여 인도를 완료하고 그러한 인도의 통상적인 증거서류를 매수인에게 제공하면 매수인은 인도된 계약물품을 인수하고 대금을 지불해야 하는 현물인도(actual delivery)조건이다. 즉 당사자 간의 특약이 없는 한 물품인도와 대금지급은 동시이행의 관계에 있다.[36)]

여기서 말하는 통상적인 증거서류는 본선수취증(Mate's Receipt : M/R)이나 선박수취증(Ship's Receipt) 또는 부두수취증(Dock Receipt) 등의 서류를 말한다.[37)] 본선인도조건은 현실적 인도조건이기 때문에 통상적 증거서류가 반드시 선하증권일 필요는 없다. 지정된 선박에 물품을 인도하였다는 것을 증명할 수 있는 통상적인 서류인면 족하다.

그러나 현물인도계약인 본선인도조건은 실무적으로는 매도인이 선하증권을 포함한 선적서류들과 함께 화환어음을 발행함으로써 은행으로부터 물품대금을 회수하는 것이 일반적인 관행인데, 만일 매도인이 본선적재 후 권리증권(소유권증권)인 선하증권(Bill of Lading : B/L)을 선박회사로부터 인도받는다면 당해 계약물품에 대한 소유권리는 해

---

35) 이때 매도인이 청구할 수 있는 손해배상금액은 현재 매도인이 판매한 물품을 인도하지 못하고 소유하고 있는 관계로 총손실액에서 당해 물품의 가치만큼을 공제한 금액이 된다. 당해 물품의 가치는 해당 물품의 시장가치가 존재하는지 유무에 관계없이 결정되므로 매도인은 이에 대비해 기준이 되는 물품가치를 계약서상에 특정 일자로 지정할 필요가 있다. ; *Ibid.*

36) 따라서 매수인의 물품검사권 또는 물품인수거절권과 상관없이 매수인이 물품을 인수한 때 대금지급의무가 발생한다.

37) 화물이 본선에 반입되면 일등항해사가 선박회사에서 발급한 선적지시서(Shipping Oder : S/O)와 대조해가면서 화물을 수취하여 선창내에 적재한다. 이때 화물을 수취한 증거로서 본선의 일등항해사가 발행한 수취서가 본선수취증(M/R)이다. 선박수취증이란 선박회사가 발행한 화물수취증이며, 부두수취증은 본선에 적재하기 위해 부두내에서 운송인에게 인도되었음을 증명하는 서류로써 대개 선박회사 대리인이 발행하는 화물수취증이다.

당 선하증권이 유효하게 매수인게게 양도될 때까지 매도인에게 유보된다.

다시 말해 실무상 본선인도조건에서는 물품의 인도와 동시에 대금을 받는 경우는 드물고 대금회수의 목적상 매도인이 물품의 적재완료 후 매도인 또는 하주 지시식(to the order of seller or consignor) 또는 개설은행 지시식(to the order of issuing bank)으로 선하증권을 발급받아 기타의 선적서류 등과 함께 화환어음(Bill of Exchange)을 발행하고, 이를 거래은행에 제시한 후 대금결제가 이루어질 때까지 물품에 대한 소유권을 자신에게 유보한 상태에서 수출대금을 회수하는 화환어음 취결방식을 이용하는 경우가 많다.

이 같은 본선인도조건의 실무적 운용은 결국 아래에서 설명하는 선적서류이전을 통한 추상적 인도조건인 운임·보험료포함인도조건(CIF)과 같은 방식으로 대금결제가 이루어지게 된다.

본선인도조건에서 화환어음에 의한 대금결제방식은 화환어음결제특약에 의해 이루어지며, 운임·보험료포함인도조건(CIF)과 더불어 국제무역에서 주요 계약조건으로 자리매김하고 있다.

(바) 본선인도조건의 기타 법률문제

① 점유권과 소유권의 이전

본선인도조건은 현실인도조건으로서 매도인은 매수인이 지정한 선박에 물품을 인도하게 되는데 이때 운송인은 매도인의 관점에서 볼 때 매수인의 이행보조자의 입장에 서게 된다. 따라서 매수인의 이행보조자인 운송인의 귀책사유에 의해서 선적이 불가능하게 된 경우에는 매수인은 매도인에게 인도의무의 위반을 주장할 수 없고, 오히려 선적을 하지 못함으로 말미암아 매도인에게 손해가 생긴 때에는 매수인은 매도인에게 손해배상의 책임을 진다.

그러나 여기서 주의해야 할 것은 매수인의 이행보조자인 운송인은 매수인 물품의 수탁자(bailee)에 머무른다는 점이다. 다시 말해 매도인이 운송인에게 물품을 인도한다는 것은 소위 물품의 점유권을 이전한다는 것이지 그 물품의 소유권의 이전을 뜻하는 것은 아니라는 점이다.

이러한 부분에 대해 현행 Incoterms에서는 본선인도조건에 따라 계약이 체결된 경우 물품의 소유권의 이전에 관한 규정은 두고 있지 않다. 따라서 FOB 계약에서 물품의 소유권 이전은 당사자가 계약에서 정한 바에 따라 이루어질 수밖에 없다. 그러나 실제로 FOB 계약에서 소유권의 이전조항을 따로 합의하는 것은 드물다.

다만 일반적 관점에서 볼 때 FOB 계약은 물품인도와 대금지급이 동시이행관계에 있기 때문에 매도인이 계약물품을 본선 적재하는 때에 소유권은 이전한다는 것이 전통적인 견해이다.

그러나 FOB 계약의 경우에도 이미 앞서 설명한 바와 같이 매도인이 선하증권을 취득하는 경우, 그리고 환어음이 발행되는 경우 당해 선적서류의 교부와 상환으로 발행된 환어음의 결제가 이루어질 때까지 소유권의 이전이 유보된다.

좀 더 엄밀히 말한다면 앞서 언급한 본선인도조건의 변형형태 중 추가 업무부 본선인도조건(FOB with additional services)에서와 같이 매도인이 직접 선박회사와 해상운송계약을 체결하는 형태에서는 매도인이 매수인에게 소위 '하주지시식 선하증권'을 양도할 때 계약물품의 소유권은 매수인에게 이전한다. 그러나 최근의 국제 판례들의 흐름을 보면 이 같은 경우에도 매매계약상 명시적이든 묵시적이든 소유권에 대한 유보조건이 없어야 하며 또 매도인에게 대금의 완전결제가 이루어져야만 소유권이 이전한다는 견해가 지배적이다.[38)]

그리고 일반적인 본선인도조건에서처럼 매수인이 해상운송계약을 직접 체결할 경우에는 선하증권이 매수인 또는 매수인의 대리인에게 직접 교부될 때 소유권이 이전한다. 물론 이 경우에도 매매계약상 명시적이든 묵시적이든 소유권에 대한 유보조건이 없어야 하며 또 매도인에게 대금의 완전결제가 이루어져야 한다.

한편 선박에 선적된 대량화물 또는 산적화물(bulky cargo)이 여러 매수인에게 매도되는 경우 물품이 불특정물 상태에 있을 때에는 이들 물품이 계약에 특정되지 않는 한 선적만으로는 소유권이 이전하지 않으며, 추후 목적지에서의 할당과 분배의 과정(process of exhaustion)을 통해 특정되어야만 비로소 소유권이 이전된다.[39)]

② 위험의 이전

FOB 계약에서는 물품이 계약에 특정되기까지는 물품의 멸실 위험이 매수인에게 이전되지 않는다.

국제매매계약에 관한 유엔협약(UN Convention on Contracts for the International Sale of Goods ; CISG)에서도 제67조 (2)항에서 물품이 하인, 선적서류, 매수인에 대한 통지 또는 그 밖의 방법에 의하여 계약상 명확히 특정될 때까지 위험이 매수인에게 이전

---

38) *Mitsui & Co. Ltd. v. Flota Mercane Grandcolombiana* SA [988] 2 Lloyd's Rep. 208 ; The Kaptan Marcos (No.2) [1987] 2 Lloyd's Rep. 321 ; *Concodia Trading BV v. Richco International Ltd.* [1991] 1 Lloyd's Rep. 475. ; *ibid.*, 99. 25-26.

39) 소유권이 이전되기 위해서는 불특정물의 특정이 반드시 이루어져야 한다.

하지 않는다고 규정하여 물품의 특정이 계약물품의 위험의 이전에 결정적인 기준이 됨을 천명하고 있다.

한편 본선 적재라는 위험의 분기점은 매도인과 매수인간의 위험의 이전 시점을 정해주는 것일 뿐 운송인에 대해서까지 확대 적용되는 것은 아니라는 점을 유의할 필요가 있다.

즉 해상운송계약에서 선적작업은 전체 운송작업의 일부로써 분리될 수 없는 것이기 때문에 운송인이 선적작업 중에 자신의 주의의무 위반으로 물품을 멸실 또는 훼손한 때에는 그 위반 행위가 본선상의 어느 쪽에서 벌어졌는지에 관계없이 운송인은 당연히 이에 대해 책임을 지는 것이다.[40)]

③ 포장의 의무

매도인은 계약체결시 반대합의나 그러한 관습이 없는 한, 자기의 비용으로 물품운송에 필요한 포장을 해야 한다. 포장에는 적절한 하인이 표시되어 있어야 한다.

이때 포장은 내항성 포장(seaworthy packing)이어야 한다. 즉 해상운송에 적합한 포장이어야 하고, 해상보험에 부보되는 물품에 요구되는 수준의 포장이어야 한다.

왜냐하면 선적시에 물품의 포장이 내항성을 갖추지 못하면 물품이 해상보험에 부보되었다 할지라도 이는 보험자의 면책 사유에 속하기 때문에 피보험자인 매수인은 손해를 보상받지 못하기 때문이다. 나아가 불충분한 포장은 해상운송인의 면책사유에 속하기 때문에 이로 인한 손해는 매도인이 부담해야 한다.

포장이 충분한지 여부의 판단은 상거래상의 통념에 따라 당사자간에 합의된 구체적인 포장조건을 고려하여 합리적으로 이루어져야 한다.

국제물품매매계약에 관한 UN협약(CISG)에서는 포장에 관해 다음과 같이 규정하고 있다.

- 제35조 (1)항 : 매도인은 계약에서 정한 수량, 품질 및 품명에 적합하고, 계약에서 정한 방법으로 용기에 담겨지거나 포장된 물품을 인도하여야 한다.
- 제35조 (2)항 d)호 : (계약의 통상목적과 특별목적을 충족시키는) 그러한 물품에 대하여 통상의 방법으로, 또는 통상의 방법이 없는 경우에는 그 물품을 보존하고 보호하는데 적절한 방법으로 용기에 담겨지거나 또는 포장되지 아니하면 계약에 부적합 물품의 인도가 된다.

40) Clive M. Schmitthoff, *op.cit.*, p.24-25 참조 ; Hague Rules 제3조, 상법 제794조, 제795조 참조.

3) **운임포함인도조건**(Cost and Freight .... named port of destination : CFR)

운임포함인도조건이라 함은 매도인이 물품을 본선에 적재하여 인도하거나 또는 이미 그렇게 인도된 물품을 조달함으로써 인도가 완료되는 조건을 의미한다. 물품의 멸실 또는 손상의 위험은 물품이 본선에 적재된 때 매도인으로부터 매수인에게 이전한다. 그리고 매도인은 물품을 지정 목적항까지 운송하는데 필요한 해상운송계약을 체결하고 그에 따른 비용과 운임을 부담하여야 한다.

운송비지불인도조건(CPT), 운송비·보험료지불인도조건(CIP), 운임포함인도조건(CFR), 운임·보험료포함인도조건(CIF) 등과 같은 C-조건들은 물품이 목적지에 도착할 때까지 매도인의 인도의무가 연장되는 것이 아니라 계약조건에 명시된 방법으로 수출국 내의 운송인에게 물품을 교부하는 때에 매도인의 인도의무가 완료된 것으로 본다.

운임포함인도조건은 전형적으로 수출국내 터미널에서 인도되는 컨테이너화물과 같이 물품이 본선에 적재되기 전에 운송인에게 인도되는 경우에는 적절하지 않다. 이러한 경우에는 운송비지불인도조건(CPT)이 사용되어야 한다.

이 운임포함인도조건은 앞서 설명한 운송비지불인도조건(CPT)과 운송비·보험료지불인도조건(CIP)과 마찬가지로 위험과 비용이 서로 다른 장소에서 이전되기 때문에 두 가지의 분기점을 갖는다.

우선 위험은 선적항에서 본선에 적재시에 매수인에게 이전한다. 반면에 합의된 목적항까지의 운임과 비용을 매도인이 부담하기 때문에 목적항이 비용의 분기점이 된다. 매도인은 목적항에 도착한 계약화물을 양하할 의무는 없다. 그러나 만일 매도인이 자신이 체결한 운송계약 하에서 목적항에서의 양륙비용을 부담한 경우에는, 당사자 간에 반대 합의가 없는 한 비용을 매수인에게 구상(求償) 할 수 없다.

일반적으로 목적항에서의 부선료(lighterage)나 양륙비용(unloading charge)이 운임에 포함되어 있지 않은 경우에는 이 비용은 관례적으로 매수인이 부담하지만, 정기선운송 운임과 같이 이들 비용이 운임에 포함되어 있을 때에는 결과적으로 매도인이 부담하는 형태가 되므로 당사자 간에 별도의 반대합의가 없다면 이 비용을 구태여 따로 매수인에게 청구하는 것은 무역거래에서 큰 의미가 없다는 의미이다.

운임포함인도조건에서 매도인은 계약물품의 수출허가를 포함해 수출통관에 필요한 제세공과금을 부담한다. 그러나 당해 물품을 수입통관하거나 수입관세를 부담하는 등 수입통관절차를 수행할 의무는 없다.

4) 운임·보험료포함인도조건(Cost, Insurance and Freight ... named port of destination : CIF)

운임·보험료포함인도조건은 앞서 설명한 운임포함인도조건(CFR)에 보험만 추가한 조건으로 다른 모든 내용은 운임포함인도조건과 똑같다.

Incoterms 2020 규정에 따라 운임·보험료포함인도조건의 사용설명서를 살펴보면 다음과 같다.

운임·보험료포함인도조건이라 함은 매도인이 물품을 본선에 적재하여 인도하거나 또는 이미 그렇게 인도된 물품을 조달함으로써 인도가 완료되는 조건을 의미한다. 물품의 멸실 또는 손상의 위험은 물품이 본선에 적재될 때 매도인으로부터 매수인에게 이전한다. 매도인은 물품을 지정 목적항까지 운송하는데 필요한 운송계약을 체결하고 그에 따른 비용과 운임을 부담해야 한다.

또한 매도인은 운송중 물품의 멸실이나 손상의 위험에 대비하여 보험계약을 체결한다. 이때 매수인이 유의할 것은 본 조건에서 매도인은 단지 최소부보조건(minimum cover)으로 부보되도록 요구된다는 것이다. 따라서 보다 광범위한 보험의 부보를 원한다면 매수인은 매도인과 명시적으로 그러한 내용을 합의하든지 아니면 스스로 추가보험을 들어야 한다.

매도인은 매수인과 다른 별도의 합의가 없는 한 보험계약은 대부분 로이드시장협회/국제보험업협의회의 협회적하약관 C-약관이나 그와 유사한 약관으로 최소담보조건으로 체결된다. 따라서 매수인은 필요하다면 자신의 비용으로 보험의 부담 범위가 넓은 A-약관이나 B-약관 또는 그와 유사한 약관을 포함해 전쟁위험이나 파업·폭동·내란 등의 위험도 담보되는 보험을 구매하여야 할 것이다.

운송비지불인도조건(CPT), 운송비·보험료지불인도조건(CIP), 운임포함인도조건(CFR), 운임·보험료포함인도조건(CIF) 등과 같은 C-조건들은 물품이 목적지에 도착한 때가 아니라 수출국에서 운송인에게 물품을 인도하는 때에 매도인의 인도의무가 이행된 것으로 본다.

운임·보험료포함인도조건은 앞서 설명한 운임포함인도조건과 마찬가지로 위험과 비용이 서로 다른 장소에서 이전하기 때문에 두 가지의 분기점을 갖는다. 우선 위험은 선적항에서 본선 적재시에 매수인에게 이전한다. 따라서 매수인이 위험의 이전과 관련하여 선적항에 특별한 이해관계가 있다면 계약에서 가능한 한 명확하게 선적항을 특정해 놓는 것이 필요하다.

또한 당사자간에 합의된 목적항까지 매도인이 비용을 부담하기 때문에 목적항은 비용의 분기점이 된다. 따라서 매도인은 합의된 목적항내에서도 자신의 비용부담의 분기점이 될 수 있는 특정 지점을 가급적 명확하게 특정해 놓는 것이 바람직하다.

만일 매도인은 자신이 체결한 운송계약 하에서 목적항의 약륙비용을 부담한 경우에는 당사자간에 반대합의가 없는 한 이 비용을 매수인에게 구상(求償) 할 수 없다. 운임·보험료포함인도조건은 전형적으로 터미널에서 인도되는 컨테이너화물과 같이 물품이 본선에 인도되기 전에 운송인에게 인도되는 경우에는 적절하지 않다. 이러한 경우에는 운송비·보험료지불인도조건(CIP)이 사용되어야 한다.

이 조건에서는 매도인은 계약물품의 수출허가를 포함해 수출통관에 필요한 제세공과금 등을 부담한다. 그러나 당해 물품을 수입통관하거나 수입관세를 부담하는 등 수입통관절차를 수행할 의무는 없다.

이하 매도인과 매수인의 의무는 매도인의 보험계약체결의무를 제외하고는 운임포함인도조건(CFR)과 동일하다.

(1) 운임·보험료포함인도조건(CIF)의 특징

(가) 운임·보험료포함인도조건(CIF)의 의의

운임·보험료포함인조조건(CIF)은 물품의 원가(cost), 보험료(insurance) 및 목적항까지의 운임(freight) 등 세 가지 요소가 하나의 거래계약조건에 통합된 합리적 가격조건으로 평가되고 있다.

CIF 조건은 이처럼 가격구성 요소를 약어로 사용하고 있지만, 가격산정조건만을 뜻하는 것은 아니며 계약당사자간의 위험과 비용의 분배 및 계약상 의무의 이행방법 등에 대해 상세한 내용을 담고 있는 대단히 중요한 거래조건이라 할 수 있다.

이 조건은 법률적 관점에서 본다면 세 가지 계약으로 구성된 형태이다. 즉 대매당사자간의 매매계약(contract of sale), 매도인과 운송회사간의 해상운송계약(contract of carriage by sea), 매도인과 보험자간의 해상보험계약(contract of marine insurance) 등이 통합된 복합매매조건이라 할 수 있다.

따라서 진정한 의미의 CIF 계약에서 매도인은 자신의 위험과 비용으로 지정된 목적항까지 해상운송계약을 체결한 후 약정된 기간내에 계약물품을 선적하고, 운송 중 계약물품의 멸실 및 손상의 위험에 대해 해상보험계약을 체결한 후 선적서류를 완비하여 매수인에게 제공하면 매수인으로부터 계약물품의 대금을 지불받는다.

이 같은 특색을 갖고 있는 CIF 조건은 매매당사자의 입장에서 보면 다음과 같은 장·단점이 있다.[41]

첫째, 매도인의 입장에서의 장점은,

① 선적완료와 동시에 계약물품의 멸실 및 손상위험으로부터 자유로워질 수 있다.

② 선적서류와 상환으로 물품대금을 받을 수 있으므로 현금화가 빠르다.

③ 선박회사 및 보험회사가 많으면 운임과 보험료를 가장 유리하게 정할 수 있다.

반면, 매도인의 입장에서 단점은,

① 환시세 변동에 따른 환차손을 부담하는 경우가 있다.

② 선복수배와 복잡한 수속을 밟아야 한다.

둘째, 매수인의 입장에서의 장점은,

① 선복수배와 보험계약체결의 수고를 할 필요가 없어 편리하다.[42]

② 각국의 동일품의 가격을 자국의 도착항 가격으로 비교할 수 있어 유리하다.[43]

③ 선적서류에 배서하여 제2의 후속 구매인(sub-purchaser)에게 전매할 수 있어 계약물품의 도착전이라도 수수료 및 기타 이익을 빨리 취득할 수 있다.

④ 계약물품이 부보되어 있어 손실을 보상받을 수 있다.

반면, 매수인의 입장에서의 단점은,

① 수출항으로부터 수입항까지 해상보험계약이 체결되어 있다고 해도 담보범위가 협소하여 모든 위험이 담보되는 것은 아니며, 보험사고가 발생하면 매도인이 계약한 보험으로 손해배상을 요구하기 때문에 수수료와 비용을 부담하게 된다.

② 이 조건은 선적서류의 인수와 더불어 대금을 지불하기 때문에 실제로 계약물품이 도착한 후 검사하게 되므로 당해 계약물품에 하자가 발견되면 그것이 선적이전의 것임을 증명해야 하는 번거로움이 따른다.

---

41) 이하, 박대위, 「전개서」, pp. 87-88 참고.

42) 이제까지 한 번도 거래해 본 적이 없는 나라에서 물품을 구입할 때 본선인도가격(FOB)으로 거래한다면 매수인은 선박회사와 보험회사에 운임과 보험료를 알아보고, 다시 관세, 물품세 등을 가산해서 소비자까지 물품을 인도하는데 드는 실제비용을 계산하려면 복잡할 뿐더러 또 정확하지 못하다.

43) 매수인 입장에서는 같은 물품에 대해 여러 나라에서 가격 제시를 받을 수 있는데 이들을 비교할 때는 서로 거리가 다른 출발지에서 본선인도가격(FOB)으로 비교하는 것은 무의미하다. 모든 수출상으로부터 자국의 수입항까지 도착하는 가격을 운임·보험료포함인도조건(CIF)에서는 비교할 수 있어 어느 가격이 가장 유리한지 즉시 알 수 있게 된다.

③ 가격책정시 매도인은 운임과 보험료를 여유있게 계산하므로 만일 계산보다 운임과 보험료가 낮게 산정되어도 이 때 발생하는 이득은 매도인 몫이 된다.

(나) 운임·보험료포함인조조건의 본질

CIF 조건은 물품이 지정된 선적항에서 본선에 적재되면 매도인의 인도의무가 종료되는 적출지(선적지) 매매조건이다. 따라서 이 조건은 계약물품이 목적지에 도착할 것을 물품대금의 지급조건으로 하는 것이 아니다.

다시 말해 CIF 조건은 계약물품이 목적항에 도착할 것을 계약조건으로 하는 것이 아니라 계약물품의 선적을 계약내용의 핵심으로 하여 적출지에서의 선적을 매매당사자간의 책임한계의 분기점으로 하는 계약조건이라 할 수 있다. 이 조건은 적출지 매매계약에서의 매수인의 지나친 부담과 양륙지 매매계약에서의 매도인의 과중한 부담을 잘 조화시켜 매도인과 매수인의 부담을 적절히 안배한 매매조건이라고 볼 수 있다.

이 조건은 매도인이 계약물품을 선적하고 운송중의 위험에 대해 부보를 한 후 선적서류를 구비하여 매수인에게 제공하여야 하며, 매수인은 매도인으로부터 제공받은 선적서류와 상환으로 계약물품의 대금을 지불하여야 하는 선적서류상환불(cash against documents : CAD) 형식의 서류인도계약조건이다.[44]

나아가 이 조건은 매도인의 비용부담이 목적지까지 연장되기는 하지만 적출지 인도조건이므로 계약물품이 선적후 운송과정에서 멸실되어도 당해 계약물품의 도착 여부와 관계없이 매도인은 계약의 내용을 충족시킨 선적서류의 제공만으로 대금결제를 받을 수 있다. 반대로 계약물품이 목적항까지 안전하게 도착했다고 할지라도 매도인이 계약의 내용과 일치하지 않는 선적서류를 제공한다면 매수인은 대금의 결제를 거부할 수 있다.

그러나 여기서 주의할 것은 CIF 조건의 서류인도적 측면을 지나치게 강조한 나머지 CIF 조건의 계약을 서류매매계약으로 보는 수도 있지만,[45] CIF 계약에서도 매도인이 유효한 서류를 제시했다 하더라도 매수인은 목적지에 도착한 물품이 계약에 일치하지 않은 때에는 물품을 거절할 권리를 가진다는 점에서 CIF 계약은 물품매매계약이라는 점이다.[46]

---

44) 본선인도조건(FOB)은 현물인도조건(actual delivery)인 반면 운임·보험료포함인도조건(CIF)은 상징적 또는 추상적인도조건(symbolic delivery)이 된다.

45) Ireland v. Livington [1872] L.R. 5 H.L 395("CIF 조건은 선적서류의 인도에 의해 대금이 지급되는 운임 및 보험료가 포함되어 있는 계약이다").

46) D.M Day & Bernardette Griffin, *The Law of International Trade*, 2^{rd}ed., Butterworth, 1993, p.58.

요컨대 CIF 계약은 선적서류의 인도를 조건부로 하는 물품매매계약이므로 매도인은 계약과 일치하는 물품을 선적할 의무가 있고, 동시에 계약과 일치하는 서류를 제공할 의무가 있다.

일반적으로 CIF 조건의 뒤에는 CIF New York과 같이 목적항을 기재한다. 이는 매도인이 어느 항구까지의 운임을 부담하는가를 나타내기 위함이다. FOB의 경우 FOB Busan은 Busan항이 수출항이 되며 이 Busan항이 매도인과 매수인의 책임분기점이 된다. 따라서 CIF New York에서 목적항인 New York을 매도인의 책임의 분기점으로 간주해서는 안된다. CIF계약에서는 수출항에서 매도인의 책임은 이미 종료된다.

(다) 운임·보험료포함인도조건(CIF)의 법률문제

CIF 조건은 FOB 조건과 더불어 무역거래에 대단히 활발하게 사용되는 조건이다. CIF 조건은 그 본질이 서류상의 거래이기 때문에 선적서류를 담보로 결제가 이루어지고 화환어음 취결방식의 결제방식과 결합되어 복잡한 법률관계를 구성하게 된다.

국제물품매매거래에서 매수인이 물품의 최종 소비자가 아닌 경우에는 가능한 한 빨리 물품에 대한 권리를 획득하여 그 물품을 전매하거나 또는 이를 담보로 은행으로부터 자금을 대출받고자 원할 것이다. 반면에 매도인의 입장에서는 해상운송계약과 해상보험계약을 체결하는 수고로움이 있다 할지라도[47] 대금의 결제와 함께 물품의 처분권을 매수인에게 양도하고 추후 만일의 경우 물품이 훼손되거나 멸실되더라도 그 책임으로부터 자유로워지고 싶을 것이다. 이러한 매도인과 매수인의 목적에 부합하는 계약의 형태가 CIF 계약이라 할 수 있다.

CIF 계약에서는 매도인으로서는 선적서류와 상환으로 물품이 목적지에 도착하기 전이라도 대금을 지급받을 수 있고, 매수인으로서는 인도받은 선적서류를 통하여 물품이 운송 중이라 하여도 자유로이 매매할 수 있기 때문에 선적서류의 양도를 통하여 실제로 물품이 도착하기 전이라도 이를 제3자에게 전매할 수 있다는 이점이 있다. 이 때문에 선하증권은 지시식 또는 유통성으로 발행되어야 한다.[48]

---

47) CIF 계약에서는 매도인이 직접 해상운송계약과 해상보험계약을 체결하기 때문에 매도인으로서는 가장 적합한 운송인과 보험자를 선택할 수 있다. 뿐만 아니라 운임과 보험료를 자국의 시장에 유보할 수 있어 불필요한 외화의 유출을 줄이고 위험은 선적과 동시에 매수인에게 이전할 수 있다.

48) CIF 조건의 이 같은 특징 때문에 항공운송이 수반되는 계약에서는 사용의 제약이 있을 수 있다. 왜냐하면 항공운송에 있어서 항공화물운송장(AWB)은 권리증권도 아니고 유통성도 없는 서류이기 때문이다. ; 이용근, 「전게서」, pp. 286-287.

그러나 CIF 조건이 사용되는 거래에서 분쟁이나 마찰이 발생하게 되면 과연 문제가 된 그 거래가 '진정한 의미의 CIF 계약'의 본질을 유지하고 있는지 여부가 대단히 중요한 판단기준이 된다.

일반적으로 다음과 같은 두 가지 요건이 CIF 조건에서 요구되거나 포함되면 '진정한 의미의 CIF 계약'으로 보지 않는다.

첫째, 매매계약시 CIF 조건이 사용되었으나 선적서류의 인도에 의해 대금결제가 이루어지는 것이 아니라 당사자 간의 합의에 따라 현물인도(actual delivery)가 계약이행의 필수조건(condition)으로 계약될 경우 당해 계약은 더 이상 '진정한 의미의 CIF 계약'이 아니라고 간주한다.

예를 들어 선하증권을 포함한 선적서류의 인도 대신 목적항에서 계약물품이 인도되어야 대금결제가 이루어진다든지 하는 형태의 조건이 이에 해당한다.

둘째, 선적서류의 양도가 있었음에도 불구하고 양수인인 매수인과 운송인간에 직접적인 법률관계가 인정되지 않는 경우,[49] 또는 양도가 이루어졌음에도 불구하고 양수인인 매수인과 보험자간에 직접적인 법률관계가 성립하지 않은 경우 더 이상 '진정한 의미의 CIF 계약'이 아니라고 본다.

예를 들어 선하증권을 양도받은 매수인이 목적항에서 운송인에게 계약화물을 청구할 수 있는 권리가 없는 경우, 또는 보험서류를 양도받은 매수인이 물품의 멸실이나 손상에 대해 피보험자로써 보험자에게 보험금을 청구할 수 없는 상태가 이에 해당한다.

결론적으로 CIF 계약의 본질적인 요건은 다음과 같이 요약해 볼 수 있다.

① 매도인은 대금지급과 상환으로 매수인에게 선적서류 일체를 인도해야 한다는 점,
② 해상운송계약과 해상보험계약의 당사자인 매도인의 모든 권리와 의무가 선하증권과 보험증권의 양도를 통해 매수인에게 문제없이 이전되어야 한다는 점,
③ 이에 의해 매수인과 운송인 사이에, 그리고 매수인과 보험자 사이에 직접적인 법률관계가 형성되어 계약물품이 멸실·훼손된 경우에 매수인이 필요에 따라 운송인이나 보험자에게 직접 손해배상이나 보험금 지급의 청구를 할 수 있어야 한다는 점이다.

49) 단순히 하주인 매도인의 대리인 역할만을 하는 운송주선인(freight forwarder)이 발행한 운송주선인 선하증권은 CIF 계약에서 적격선하증권으로 간주되지 않는다. 또한 항공운송이 이루어진 경우 항공운송의 증거서류인 항공화물운송장(AWB)은 유통성이 없고, 권리증권이 아니므로 매수인의 권리행사에 제한이 있다. ; Clive M. Schmitthoff, *op.cit.*, p.45-46.

(라) 운임·보험료포함인도조건(CIF)에서의 소유권 이전문제

CIF 조건에서 물품에 대한 소유권리는 일반적으로 선하증권이 매수인에게 양도될 때 이전한다. 그러나 이때 선하증권의 양도에 의한 권리의 이전에서 유의해야 할 다음과 같은 세 가지 중요한 요인이 있다.

첫째, 소유권의 이전은 선하증권이 매도인으로부터 매수인으로 양도되어 인도될 때 이전한다.[50] 이는 선하증권이 매도인(하주)지시식, 은행지시식, 매수인지시식으로 발행되는 모든 경우에 해당하며, 다만 매수인 기명식으로 선하증권(straight B/L)이 발행된 경우에만 선박회사로부터 당해 선하증권을 교부받으면 이 시점에 물품의 소유권이 이전한다.

둘째, 매매계약체결시 명시적으로 매도인이 대금을 지급받을 때까지 물품의 처분권을 유보한다는 의사표시를 한 경우 또는 기타의 소유권 유보에 관한 특약을 한 경우에는 물품의 소유권리는 선하증권이 매수인에게 양도되어도 이전하지 않는다. 매수인이 이처럼 소유권을 이전받지 못하게 되면 실제로 물품의 법적인 소유주로 인정되지 않기 때문에 비록 선하증권을 소지하고 있다 할지라도 경우에 따라서는 해상운송인의 운송 중 과실에 대한 손해배상의 청구권과 같은 권리주장에 제약을 받는다.[51]

셋째, 명시적으로 소유권 유보조건을 표시하지 않은 경우라 할지라도 선하증권의 양도로 매수인은 물품에 대한 처분권을 취득할 수는 있겠지만, 이는 매수인의 물품검사 후 당해 물품이 계약에 적합할 것을 요건[52]으로 하는 조건부 권리이다.

---

50) 지시식선하증권이 발행되면 소유권은 선적시에 이전되지 않는다. 매도인이 선하증권의 인도와 함께 매수인으로부터 물품대금을 수취할 때까지는 소유권이 이전되지 않는다.

51) 일본의 철강제조업자로부터 철강코일(steel coils)을 C&F조건(지금의 CFR조건)으로 수입하기로 한 영국의 매수인은 물품이 도착하기 전 시장상황의 악화로 당해 철강코일의 재판매가 불가능하다는 사실을 알고 매도인과의 새로운 합의에 따라 매수인은 매도인의 대리인으로서 목적항에 도착한 물품을 수령하고 이를 보관하기로 하였고, 매도인의 지시가 있을 때까지 소유권은 매도인에게 계속 유보되는 것으로 하였다. 매수인은 매도인에게 물품대금을 지급하고 물품을 수령하던 중 해상운송인의 과실로 물품에 손상이 있는 것을 인지하고 해상운송인의 과실을 이유로 손해배상을 청구하였다. 이에 대해 이 사건 담당 귀족원(House of Lords)에서는 이미 물품의 위험은 선적과 동시에 매수인에게 이전하였지만, 화물의 손상 당시 매수인은 당해 물품에 대해 법적인 소유권자가 아니었으므로 소송의 당사자가 될 수 없다는 판결을 내렸다. ; *Leigh and Silvian Shipping Co. Ltd., The Aliakmon* [1986] A.C. 785.(Clive M. Schmitthoff, *op.cit.*, p.40).

52) 이를 해제조건(condition subsequent)이라 한다. 지금까지의 계약이행은 이 해제조건이 충족되어야 유효해진다. 매매계약에서 가장 중요한 해제조건은 물품의 검사결과 당해 물품이 계약에 일치해야 한다는 조건이다.

이는 CIF 계약 역시 본질적으로 물품의 매매를 그 핵심내용으로 하고 있기 때문에 인도된 물품이 계약에 일치하지 않을 경우에는 매수인은 당해 불일치 물품을 머도인에게 반환할 수 있고, 반대로 매수인이 대금지급을 거절하거나 상당 기간이 지나도록 대금결제를 해태하는 경우에는 매도인은 물품을 제3자에게 매각할 수 있다.

(마) 추가조건부 변형 운임·보험료포함인조조건

CIF 조건은 여러 형태의 조건들이 추가적으로 결합하면서 다양한 형태로 사용되기도 한다.

다음과 같은 형태들은 CIF 조건의 본질에 수수료, 이자비용, 양륙비, 물품가격 조정요인 등을 포함시킨 것으로 '진정한 의미의 CIF 계약'의 형태로 간주한다. 가장 많이 사용되는 조건들은 다음과 같다.

ⓐ CIF & C (운임·보험료 및 수수료 포함가격)

이 조건에서 마지막 C는 국내외의 무역중개상 또는 대리점에 지급하는 수수료(Commission)를 의미한다. 보통 줄여서 CIFC5 등과 같이 숫자를 포함시켜 백분율을 타낸다. 즉 CIF가격의 5%를 수수료로 중개업자에게 지불한다는 의미이다. 많은 나라에서는 수입업자가 직접 외국으로부터 물품을 수입하지 않고 무역중개상을 통해 물품을 수입한다. 이는 수입업자가 수출국 상인이나 시장상황을 잘 모르는 경우가 많고 수입에 따르는 복잡한 업무를 위임하고자 하기 때문이다. 대금결제 시에는 매도인은 물품의 CIF 전액을 지급받고 그 후에 별도로 수수료를 중개상에게 송금해주는 것이 상례이다.

ⓑ CIF & E (운임·보험료 및 외환비용 포함가격)

이 조건은 CIF 가격에 외환위험에서 올 수 있는 외환비용의 부담을 가격의 일부로 포함시키는 조건이다. 이 조건은 예상되는 환율변동에 따른 환차손을 미리 산정하기 어려워 활용도는 미미하다. 실제로 환위험을 회피하기 위해서는 선물환계약(foreign exchange forward contract)을 체결하거나, 매매계약서상에 계약체결 시점과 대금결제 시점 간의 환율변동에 대비해 어느 당사자 일방이 부담한다는 등의 명시적 약정을 하는 것이 바람직하다.

ⓒ CIF & I (운임·보험료 및 이자 포함가격)

이 조건은 CIF 가격에 매도인이 대금결제를 받는 날과 매수인이 실제 대금결제하는 날 동안의 이자(interest)를 포함한 가격이다.

대부분의 경우 CIF 거래에서는 선적과 동시에 매도인은 환어음 매입은행으로부터 CIF에 대한 전액을 대금지불 받는다. 이때 매입은행은 매도인으로부터 제시된 서류를 수입국 은행으로 보내 자금이 추심(collection)될 때까지의 이자를 별도로 수입국 은행 앞으로 청구하게 되는데 이 경우 원칙적으로는 매수인이 그 기간 동안의 이자를 부담하게 되나 CIF & I 특약이 있으면 매도인이 매입은행의 자금회수시까지의 이자를 부담하게 된다.

ⓓ CIF & landed

이 조건은 CIF 가격에 매도인이 목적항에서의 양륙비용을 부담한다는 조건이다. 일반적으로 해상운송계약이 정기선(liner)을 이용하는 개품운송계약(contract of affreightment)에서는 선적비(loading charges)와 부선료(lighterage), 항구사용료(wharfage)를 포함한 양륙비(unloading charges)는 운임에 포함되어 있어 결과적으로는 매도인이 부담하는 형태이다. 그러나 이 같은 양륙비를 관례상 매수인이 부담하게 되는 운송계약이나 항구의 관습이 있는 경우 이 조건을 사용하게 되면 이를 매도인이 부담하게 된다.

ⓔ CIF & Net landed we ghts/delivered weight/quantity or quality

CIF 조건에 이 같은 조건이 추가되는 경우는 보통 목적항에 도착한 계약화물의 중량이나 품질상태를 보고 단순히 가격을 조정하겠다는 의도로 해석된다. 왜냐하면 이미 계약물품의 대금을 지불한 후 목적지에 도착한 물품의 최종적 중량이나 상태를 보고 그 부족분이나 상태만큼을 환불 내지 조정하겠다는 단순한 의도로 간주되기 때문에 이들 가격조건들을 CIF 계약의 본질을 위배하는 것은 아니라 볼 수 있다.

한편 여기서 유의할 것은 'CIF cleared'와 같은 조건은 위의 변형조건들과는 달리 CIF 계약의 본질을 변화시키는 조건으로서 이른바 '진정한 의미의 CIF 계약'이라고 볼 수 없다는 점이다. 다시 말해 이 조건은 수입국에서의 수입통관비용을 가격에 포함시켜 매도인이 부담하는 형태여서 실제로는 양륙지 매매계약으로 바뀌기 때문이다.

(바) 서류인수거절권과 물품인수거절권

CIF 계약에서 빼놓을 수 없는 본질적 특징 중 하나는 매수인은 서류인수거절권(right to reject the documents)과 물품인수거절권(right to reject the goods)이라는 각각 별개의 권리를 갖는다는 사실이다.

CIF 조건은 이미 설명한 바와 같이 선적서류상환불(CAD)이라는 서류인도조건이므로 계약에 일치하는 선적서류들이 매도인으로부터 제시되면 매수인은 반드시 매도인에게 대금을 지불하여야 한다. 반대로 매도인으로부터 계약과 일치하지 않는 선적서류가 제시되면 의당 매수인은 이의 인수를 거절하고 대금결제를 거부할 수 있다. 계약에 일치하는 서류가 제시된다는 의미는 계약과 일치하는 물품이 제공된다는 것과 같은 의미를 주기 때문이다.

따라서 실제로 목적지에 도착한 계약물품에 계약과 일치하지 않는 하자가 있을 경우 매수인은 당연히 당해 계약물품의 하자의 경중에 따라 물품의 손해배상을 청구하거나 물품의 인수를 거절할 수 있다.

문제는 매도인으로부터 제시된 서류들이 계약과 일치하지 않았음에도 불구하고 매수인이 이를 간과한 채 대금지불을 한 연후에 실제 목적지에 도착한 물품에 하자가 있는 경우, 과연 매수인은 당해 계약물품에 대해 클레임을 제기할 수 있는 권리가 있느냐는 것이다. 왜냐하면 매도인으로부터 선적서류가 제시될 당시 선적서류의 하자에도 불구하고 매수인이 대금을 지불했다는 사실은 일견 계약물품의 하자를 용인한 것으로 추론될 수 있기 때문이다.

그러나 '진정한 의미의 CIF 계약'에서는 매도인으로부터 제시된 선적서류들이 계약과 불일치하는 경우 비록 매수인이 착오 또는 과실로 이를 인수하고 대금을 결제하여 비록 그 당시 서류인수거절권을 상실하였다 하여도 추후 목적지에 도착한 물품에 하자가 있는 경우 물품인수거절권은 별개의 권리로서 행사할 수 있다.

'진정한 의미의 CIF 계약'에서는 서류인수거절권은 서류가 제시된 때 발생하는 것이며, 물품인수거절권은 물품이 목적지에 도착하여 이를 검사한 후 발생하는 권리로 이 두 가지 권리는 매수인이 행사할 수 있는 별개의 권리다.

한편 여기서 또 한 가지 유의할 점은 매수인이 매도인으로부터 제시된 서류를 인수함으로써 서류인수거절권을 상실하고, 추후 목적항에 도착한 물품을 이의없이 인수하고 이를 처분하여 물품인수거절권마저 상실한 경우라 할지라도, 매도인이 제시한 서류가 애당초 위조(forgery) 등과 같은 기망행위가 있었던 때에는 매수인은 서류의 위조에 근거하여 재차 서류인수거절권을 행사함으로써 계약위반에 따른 손해배상을 청구할 수 있다는 것이다.[53)]

---

53) *Kwei Tek Chao v. British Traders and Shipper Ltd.* [1954] 2 Q.B. 459 ; Clive M. Schmitthoff, *op.cit.*, pp.37-38.(B/L상의 선적일자가 위조된 것을 인지하지 못하고 대금을 결제한 매수인이 물품을 인수하고 이를 창고에 임치한 후 창하증권(go-down warrants)을 견질로 은행과 질권설정계약을 체결한 후 해당 B/L의 위조 사실을 발견하게 된 사례이다).

신의칙에 따라 행해져야 할 국제물품매매계약에 있어 매도인이 제시한 서류에 위조가 있는 등 사기(fraud)가 발생한 경우에는, 매수인이 서류의 인수 당시 이를 인지하지 못하고 대금결제를 함으로써 서류인수거절권을 상실하였다 해도 매수인의 서류인수거절권은 계속 유효하게 존속한다. 이때의 손해배상액은 매수인이 매도인의 계약위반을 발견했던 시점의 계약물품가격과 계약가격(contract price)과의 차액만큼이 된다.[54)]

54) *ibid.*

제 2 장

무역계약의 성립과 이행

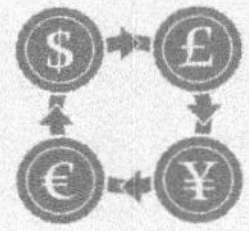

무역계약의 성립과 이행

제2장

제1절 청약과 승낙

계약의 성립에는 일정한 공통적인 요건이 존재한다. 즉 계약의 성립에는 서로 대립하는 거래 당사자 간의 의사표시가 합치되어야 한다는 것이다. 따라서 계약은 어느 일방의 상대방에 대한 청약과 상대방의 청약에 대한 승낙으로 성립되는 것이 일반적이다.

1. 청약

1) 청약의 법적 개념

청약이란 어느 일방(청약자)이 1인 또는 그 이상의 특정인에 대해 계약체결을 위해 충분히 확정적인 형태로 자신이 한 그 제안(proposal)에 상대방의 승낙이 있을 때에 구속될 의도가 있다는 의사표시를 말한다.[1)]

여기서 「충분히 확정적」(sufficiently definite)이라 함은 명시적이든 묵시적이든 물품의 수량과 가격을 결정할 수 있는 조항들을 기재하거나 지정해두고 있음을 말한다.[2)]

청약은 1인 이상의 특정 다수에 대해서도 할 수 있고 1인의 특정 상대방에게만 대해서만 할 수도 있다.[3)] 이미 살펴본 불확정 청약(free offer)은 통상 물품에 관한 권유장

1) 「UN Convention on Contracts for the International Sale of Goods」(이하 CISG로 칭함) 제14조 (1)항.

2) CISG 제14조 (1)항 참조. 물론 물품과 가격을 결정하는 조항들 이외에도 인도시기나 장소, 운송조건, 대금결제조건, 포장조건 등이 확정성을 위해 추가적으로 요구될 수 있다.

(circular)이나 자사의 소개 책자와 함께 1인 이상의 특정 다수의 거래희망 대상자에 대해 청약하는 형태이며, 확정청약(firm offer)은 특정 거래희망 대상자 1인에게 하는 청약의 형태라 할 수 있다.

반면 승낙은 반드시 청약자에게만 하여야 하며 청약과 승낙은 각각의 서로 다른 의사표시이지만 두 개가 합치되어야만 비로소 계약이 성립한다.

2) 청약의 유효성

청약이란 이에 대응하는 상대방의 무조건적 승낙이 있으면 곧 계약을 성립시키고자 하는 청약자의 확정적인 의사표시이기 때문에 청약의 내용에는 계약의 필수적인 구성요소가 포함되어야 한다. 다시 말해 청약이 계약의 성립을 위한 기초가 되기 위해서는 청약 속에 물품의 표기 및 그 수량과 가격 등 청약의 확정성을 위한 필수적인 구성요소가 존재하여야만 유효한 청약이라고 볼 수 있다.

그러나 경우에 따라 청약의 가장 중요한 요소라 볼 수 있는 물품의 사양 및 수량 또는 물품의 가격이 누락될 때가 있다. 이때의 판단기준은 다음과 같다.

① 물품의 사양 또는 수량이 누락된 경우

물품의 사양 또는 수량이 누락되면 이는 명백히 유효성이 결여된 청약이다. 그러나 물품의 사양이나 수량과 관련하여 추후 매수인이 이들 사양을 특정하기로 하였다면 이는 청약의 불확정성의 이유가 되지 않는다고 해석한다.[4] 그 근거는 「UN Convention on Contracts for the International Sale of Goods」(국제물품매매계약에 관한 유엔협약 ; 이하 CISG로 칭함) 제65조 (1)의 규정에서 찾아 볼 수 있다.

즉 계약상 매수인이 물품의 형태, 규격, 수량 그리고 그 밖의 특징을 지정하여야 하는 경우에, 매수인이 합의된 기일 또는 매도인으로부터의 요구를 수령한 후 합리적인 기간 내에 그 지정을 하면 문제가 되지 않으며, 만일 매수인이 물품사양지정권을 행사하지 않더라도 매도인은 자신이 알고 있는 매수인의 필요에 따라 스스로 지정할 수 있다고 규정하고 있다.

물품의 수량과 관련해서는 실제로 장기계약(long-term contract)에서는 이같은 관행

3) 청약에 대해 규정하고 있는 미국통일상법전 §2-205와 §2-206에서는 피청약자의 인원수를 따로 규정하고 있지는 않다.

4) 일반적으로 물품의 수량은 처음부터 반드시 결정될 필요는 없다. 그 결정은 승낙의 과정 속에서 이루어질 수도 있다.

은 보편적이다.

② 물품의 가격이 누락된 경우

물품의 가격이 누락된 경우에 관련해서 CISG 제55조에서는 다음과 같이 그 예외적 조건을 규정하고 있다.

즉 "계약이 유효하게 성립되었으나 그 물품의 가격을 명시적으로 또는 묵시적으로 정하고 있지 아니하거나 또는 이를 정하기 위한 조항을 두지 아니한 경우에는 당사자의 반대합의가 없는 한, 계약체결시에 당해 거래에서 유사한 상황에서 매도되는 동일 종류의 물품에 대하여 일반적으로 책정되는 가격을 묵시적으로 계약물품의 가격으로 본다."라고 규정하고 있다.[5)]

이는 물품의 가격조건이 청약의 유효성을 위한 필수적 구성요소이지만 만일 그것이 결여되더라도 당해 청약은 유효하다는 것을 시사하고 있다.

일반적으로 동일한 당사자간에 동일한 물품에 대해 계속적으로 반복되는 거래에 있어서는 가격이 명시적으로 정해지지 않고 묵시적으로 합의되는 경우가 많은데, 이는 당사자 사이에 그간의 신뢰가 쌓여 있는 계약에서 이를 기초로 이루어지는 거래형태이기 때문에 비록 가격이 누락되어 그 유효성이 결여되어 있다 할지라도 이에 관한 국제거래관행을 반영하여 CISG에서는 예외적으로 이를 유효한 청약으로 인정하고 있다.

3) 청약의 유인과의 차이

청약의 유인(invitation to offer)이란 상대방으로 하여금 청약을 하도록 유도하는 행위를 말한다.

CISG에서는 청약은 1인 이상의 특정인을 상대로 한 제안(proposal)의 의사표시이고, 여러 명의 불특정인에 대한 제안의 의사표시는 청약의 유인으로 규정하고 있다.[6)]

여기서 특정인과 불특정인을 구별하는 이유는 불특정 다수를 상대로 한 청약, 즉 Public Offer[7)]를 유효한 청약이라고 인정한다면 추후 그들로부터 승낙이 한꺼번에 몰리

5) CISG 제55조.

6) CISG 제14조 (2)항.

7) public offer는 크게 두 가지 형태로 구분된다. 하나는 상점 진열장에 물품을 전시하고 있거나 자동판매기와 같이 해당 품목을 구매하는 누구에게나 끊임없이 구매를 권유하는 청약과 다른 하나는 단지 일반 대중에게 물품을 소개하는 광고와 같은 청약이 그것이다. 이러한 public offer가 진정한 의미의 법률적 청약인지 여부는 전체적으로 그 객관적 사정을 고려하여 결정할 문제이다. CISG는 이러한 public offer에 대해 적절히 타협점을 찾아 불특정 다수를 대상으로 한 경우를 청약의 유인으로 정의하고 있다 : Albert H. Kritzer, *Guide to Practical Application of the*

는 경우 청약자인 매도인으로서는 감당할 수 없는 책임을 지게 될 소지가 있기 때문이다. CISG는 청약자를 보호하기 위한 입장에서 불특정인을 대상으로 한 제안은 따로 청약의 유인으로 규정하고 있다.[8]

예컨대 고속버스의 시간표 게시는 전형적인 청약의 유인의 예라고 할 수 있다. 즉 이를 본 상대방은 당해 시간표에 대응하여 의사표시를 하게 되지만[9] 이것만으로는 계약이 성립하지 않으며, 반드시 청약의 유인을 한 자가 승낙을 하여야 비로소 계약이 성립하게 된다. 청약의 유인은 이로 인해 유인받은 상대방이 청약을 하게끔 유도하는 것이며, 이러한 상대방의 청약은 청약을 유인한 자의 승낙이 반드시 수반되어야 유효한 청약이 된다.

이러한 측면에서 청약의 유인은 청약한 자의 재확인이 필요한 불확정 청약과 상당히 유사하다고 볼 수 있다. 이 둘의 구분은 대단히 애매하고 어려운 것이긴 하나 결정적인 기준은 청약자 자신의 구속되고자 하는 '의도'(intention)에 있다.

청약의 유인은 청약을 위한 예비교섭으로서, 상대방의 청약을 유도한 후 청약자 자신이 이에 대해 낙부(諾否)의 결정자유에 따라 자신의 승낙과정을 수반시키고자하는 의사표시를 말하며, 청약은 그 자체로서 상대방의 승낙에 의해 청약자가 곧바로 계약을 성립시키고자하는 의사표시를 말한다.[10]

무역계약에 있어 시세, 상품 등에 대한 견적서(quotation)는 일반적으로 청약의 유인형태이며, 이는 청약의 필수적 기재사항이 결여된 상태로 단지 상대방에 대한 정보용 또는 의사타진용으로 활용될 뿐이다.[11]

4) 청약의 효력발생시기

청약은 계약의 성립을 위한 하나의 의사표시이므로 그 효력은 상대방에게 도달한 때에 생기는 것이 원칙이다. CISG, 영미법, 그리고 우리나라의 민법[12] 등은 청약의 효력발

United Nations Convention on Contracts for the International Sale of Goods, Kluwer Law & Taxation Publishers, 1994, pp.126-127 참조.

8) John O. Honnold, *Uniform Law for International Sales under the 1980 United Nations Convention,* 2nd ed., Kluwer Law International, 1991, §136.

9) TV 또는 라디오방송에 의한 광고나 신문이나 잡지상에 광고물을 게재한다거나, 카탈로그를 배포하는 것, 또는 인터넷상의 사이버쇼핑몰에 상품을 광고하는 것은 청약의 유인의 전형적 형태이다.

10) Clive M. Schmitthoff, *Export Trade : The Law and Practice of International Trade,* 10th ed., Stevens & Sons, 2000, pp.88-89.

11) 만일 당해 견적서가 청약의 필수 기재사항을 모두 포함하고 있다면 법적으로 청약으로 간주될 수도 있으나 이는 개별적 상황, 사회적 의미 등을 밝힘으로써 결정되는 문제라고 할 수 있다.

12) CISG 제15조 (1)항 ; A.G. Guest, *Anson's Law of Contract,* 25th ed., Oxford, 1979, p.32 ; 민법

생시기와 관련하여 도달주의(time-of-receipt rule)를 채택하고 있다.

5) 청약의 철회

청약의 철회(withdrawal)라 함은 청약의 효력발생을 저지시킬 목적으로 청약자가 임의로 청약의 효력을 소멸시키는 반대의 의사표시를 말한다.

청약의 효력은 '도달주의'를 채택하고 있다는 관점에서 볼 때 ① 청약이 상대방에게 도달하기 이전, 또는 ② 당해 청약과 함께 청약의 철회의 의사표시가 동시에 도달하는 경우,[13] 또는 ③ 상대방이 승낙의 의사표시를 발송하기 전에[14] 청약철회의 의사표시가 상대방에게 도달하면 당해 청약은 철회가 가능하다.[15]

그러나 청약은 일단 상대방으로부터 승낙의 의사표시가 있게 되면 철회가 불가능하다.

한편 문제는 청약이 일단 상대방에게 도달한 후이지만 아직 승낙되기 전의 상태에서 과연 청약은 철회가 가능한지 여부에 있다. 이에 대해서는 각 법제마다 그 내용을 달리하고 있다.

이를 표를 통해 정리해 보면 아래와 같다.

〈표 2-1〉 청약의 철회[16]

철회가능성 / 법제	도달 전	도달 후 승낙 전	승낙 후
한국(대륙법계)	철회가능	원칙적으로 철회불능 (단, ① 청약자가 당초부터 철회의 자유를 유보한 경우 철회가능, ② 승낙기간을 정하지 않은 대화에 의한 청약의 경우 철회가능)	철회불능
영미법	철회가능	원칙적으로 철회가능 (단, ① 청약이 서명된 날인증서로 되어있는 경우 철회불능, ② 청약의 상대방이 이미 약인을 제공한 경우는 철회불능)	철회불능
CISG	철회가능	원칙적으로 철회가능 (단, ① 일정한 승낙기간을 정한 경우 철회불능, ② 청약이 취소불능임을 표시하고 있는 경우 철회불능, ③ 상대방이 청약을 취소불능이라 신뢰하여 특정 행동을 취한 경우 철회불능)	철회불능

제111조 (1)항.

13) CISG 제15조 (2)항.

14) 여기서 유의할 것은 이 경우의 청약의 철회는 청약을 받은 상대방이 당해 청약을 승낙한다는 의사표시를 발송하기 전(발신주의(mail-box rule)의 적용)이라는 점이다. CISG가 이같은 규정을 두고 있는 이유는 청약자의 무분별한 청약철회권리 행사를 제한하기 위함에 있다.

15) CISG 제16조 (1)항.

16) 민법 제527조, 제528조 ; 미국통일상법전 §2-205 ; CISG 제16조 (1)항, (2)항 참조.

위의 표에서 보는 바와 같이 청약의 철회와 관련하여 각 법제들은 기본적으로 원칙과 예외를 함께 두고 있지만, 그 결과는 크게 다름이 없음을 알 수 있다.

다시 말해 청약이 원칙적으로 철회 불가능하다는 기준하에 예외를 둔 것이나, 청약이 철회 가능하다는 전제하에 예외를 인정하는 것이나 결국은 기준점 설정의 차이만 있을 뿐 같은 결과를 보여준다는 것이다.

일반적 관점에서 볼 때 일단 청약을 하면 이를 수령한 상대방은 이를 승낙하여 계약을 성립시킬 것인가를 결정하기 위해 특정 행위를 하는 것이 일반적이어서 청약자가 임의로 당해 청약을 철회한다면 상대방은 부당한 피해를 입을 염려가 있다.

따라서 청약이 단순한 대화에 의한 것이 아닌 서명된 날인증서(covenant) 형식일 때, 그리고 철회의 자유가 유보되지 않은 취소불능(irrevocable)임이 표시된 형태일 때는 원칙적으로 철회가 불가능하다.

CISG의 규정을 보면, 우선 승낙기간을 정하였다는 의미는 그 기간까지 청약이 유효한 다는 것을 피청약자에게 약속한 것과 마찬가지라 볼 수 있으므로 이 기간 중에 청약자의 일방적 청약철회는 이른바 신의칙 및 공정거래의 원칙(principle of good faith and fair dealing)에 위배된다는 차원에서 청약의 유효기간을 정하거나, 승낙기간에 대한 약정이 있는 경우, 또는 명시적으로 취소불능(irrevocable)이라는 용어가 기재된 경우에는 당해 청약은 그 기간 중에 철회가 불가능하다고 규정하고 있다.[17)]

이상과 같은 논리는 청약의 유효기간이 없고 1인 이상의 특정 다수를 상대로 한 불확정 청약(free offer)의 경우에는 적용되지 않는다. 불확정청약은 상대방으로부터 승낙이 있어도 청약자의 재확인이 필요하며, 청약자의 의도에 따라 언제라도 당해 청약은 취소될 수 있기 때문이다.

6) 청약의 효력 소멸

청약의 효력 또는 구속력은 다음과 같은 사유에 의해 소멸된다.

① 청약의 유효기간의 경과 : 청약의 유효기간이라 함은 바꾸어 말하면 승낙을 위한 유효기간을 말한다. 승낙기간이 정해져 있는 때에는 그 기간 내에, 정해져 있지 않은 때에는 합리적 기간(reasonable time) 내에 승낙이 없다면 당해 청약의 구속력은 소멸한다.

---

17) CISG 제16조 (2)항 : "다음의 경우에는 청약은 철회될 수 없다. (a) 승낙기간의 지정, 또는 그 밖의 방법으로 청약이 취소불능임이 청약에 표시된 경우..."

여기서 합리적 기간이라 함은 통상적으로 근면한 평균적 상인이 관련 업무를 수행하는 데 소요되는 기간을 의미하는 것으로, 이의 결정은 국가 또는 지역마다 차이가 있고, 또 상황에 따라 다르게 결정될 수 있는 소위 사실의 문제(question of facts)이다. 따라서 유효기간의 명시가 누락된 청약의 경우에는 언제까지 그 구속력이 있는가 하는 결정은 법원의 판단에 의존할 수밖에 없는 경우가 많다.

② 반대청약의 제기 : 피청약자가 청약에 새로운 변경을 가하거나 조건을 붙인 소위 반대청약(counter offer)을 제기한 경우에는 원래의 청약은 소멸한 것으로 간주되며, 반대청약이 이를 대체하게 된다.[18]

③ 청약의 명시적 거절 : 청약이 비록 취소불능한 것이라 할지라도 청약의 유효기간 이내에 피청약자가 청약을 명시적으로 거절하면 그 청약의 구속력은 소멸한다.[19] 만일 청약의 유효기간 중 다시 마음을 바꾸어 승낙의 의사표시를 한다 해도 이는 무효이다.

④ 당사자의 행위능력상실 : 청약을 한 후 청약자가 사망하거나 행위능력을 상실한 경우 청약도 그 효력을 잃는다.[20]

⑤ 후발적 위법 : 청약이 있은 후 계약의 이행이 위법이 되면 당해 청약의 효력은 소멸된다.

여기서 유의할 것은 청약의 철회와 청약의 철회권리는 구별되어 이해할 필요가 있다는 점이다. 철회는 권한의 행사이고, 철회권은 권한의 보유이다. 따라서 청약의 철회는 청약자의 철회의사표시의 행사가 피청약자에게 도달해야 하는 도달주의이지만, 청약자의 청약철회권리는 피청약자가 승낙의 통지를 발송하면 소멸된다.[21]

2. 승낙

1) 승낙의 법적 개념

승낙(acceptance)이라 함은 청약자의 청약에 대하여 곧 계약을 성립시키려고 하는 피청약자의 동의의 의사표시를 말한다.

---

18) CISG 第19조 (1)항.

19) CISG 第17조 ; 거절의 통지가 청약자에 도달할 것을 전제로 한다.

20) 우리나라의 경우에는 청약을 한 후 당사자가 사망하거나 행위능력을 상실하여도 청약의 효력에는 영향이 없다(민법 111조 2항).

21) CISG 第16조 (1)항

이같은 동의의 의사표시는 진술(statement)의 형태이거나 또는 기타 행위(act)에 의해서도 이루어질 수 있다.

청약에 대해 승낙이 있으면 당사자간에 의사가 합치된 것으로 간주되어 계약이 성립하며 그에 따라 법률효과가 발생하게 된다.

승낙은 다음과 같은 요건이 충족되어야 한다.

첫째, 승낙은 무조건적(unccnditional ; unqualified)이어야 한다.

피청약자가 원청약(original offer)에 새로운 내용을 첨가하거나, 새로운 조건을 내건 경우에는 청약자의 명시적인 합의가 없는 한 승낙으로 간주되지 않는다. 따라서 승낙은 청약의 조건과 반드시 일치하여야 한다.

청약의 내용에 대한 변경, 추가, 제한 등은 반대청약(counter offer)을 구성시키며, 궁극적으로 이는 원래의 청약에 대한 거절을 의미한다.

반대청약은 승낙으로 보지 않고 새로운 청약으로 간주하기 때문에 승낙에 관련된 규정에 적용되지 않고, 청약을 규율하는 규정에 적용된다.[22] 따라서 계약이 성립하려면 원래의 처음 청약자에 의해 승낙되어야 한다.

둘째, 예외적인 경우이긴 하지만 청약의 실질적 변경(material alteration)을 의도하는 것이 아닌 부가적 조건이나 상이한 조건의 제시는 승낙의 형태로 간주될 수 있다.[23]

여기서 '청약의 실질적 변경을 의도하는 것이 아니라 함'은 가격, 결제방식, 상품의 품질 및 수량, 인도장소와 인도시기, 당사자의 책임범위, 분쟁해결에 관한 내용 이외의 것을 의미한다.[24] 따라서 이들 요소 이외의 사소한 변경은 당해 청약을 실질적으로 변경시키는 것이 아닌 한, 반대청약으로 간주하지 않는다.

한편 청약자가 청약의 조건에 대한 이 같은 피청약자의 비실질적 변경에 대해 아무런 이의를 제기하지 않으면 변경된 내용으로 계약이 성립한다. 그러나 CISG 제19조 (2)항에 따라 청약자가 부당한 지체 없이(without undue delay) 구두로 이의를 제기하거나 그러한 취지의 통지를 발송(dispatch)하면 승낙으로 간주되지 않는다. 이때 청약자의 이의통지는 발송으로 그 효력이 생기는 발신주의(mailbox rule)에 따른다.

셋째, 승낙을 어떤 방법으로 할 것인지는 원칙적으로 당사자의 자유의사에 달려있다. 그러나 승낙의 방법이 정해져 있는 경우에는 반드시 그 방법에 의해 승낙이 이루어져야

22) CISG 제14조, 제17조.

23) CISG 제19조 (2)항 ; 미국통일상법전 §2-207 (2)항.

24) CISG 제19조 (3)항 ; 그러나 이밖에도 담보의 요구, 위약금 조항의 삽입, 포장 또는 인도방식의 변경 등은 상황에 따라 실질적 변경에 해당할 수도 있다.

한다.

만일 승낙의 방법이 정해져 있지 않은 경우에는 일반적으로 청약이 취한 방식으로 승낙이 이루어지는 것이 바람직할 것이다. 예컨대 팩스로 청약이 이루어지면 승낙도 팩스로 이루어질 필요가 있다.

넷째, 청약의 구속력은 유효기간으로 나타나며, 이 기간은 곧 승낙의 유효기간을 의미하므로 승낙은 청약의 유효기간 내에 행해져야한다.[25]

만일 유효기간이 정해져 있지 않으면 청약자가 사용한 통신수단의 신속성을 포함하여 거래의 상황을 적절히 고려한 합리적 기간 내에 청약자에게 승낙의 의사가 도달되어야 한다.[26] 이때 합리적 기간의 판단은 ① 청약이 피청약자에게 걸리는 시간 ② 피청약자가 승낙 여부를 결정하는 데 걸리는 시간 ③ 승낙이 청약자에게 걸리는 시간 등 모두를 고려하여야 할 것이다.[27]

다섯째, 구두에 의한 청약(oral offer)은 특별한 사정이 없는 한 즉시 승낙하여야 한다.[28] 여기서 '특별한 사정'의 전형적인 예는 승낙에 대한 피청약자의 추후답변(later reply)을 청약자가 동의해준 경우이다.[29] 이때 추후답변에 대해 기간을 정하여 두었다면 그 기간 중에 승낙의 답변이 있어야 하지만, 만일 기간을 특정하지 않았다면 합리적 기간 내에 승낙의 의사표시가 있어야 할 것이다.[30]

여섯째, 경우에 따라 승낙의 표시는 진술이 아닌 행위에 의해서도 이루어질 수 있다.[31]

청약의 내용상[32] 또는 당사자의 관례 또는 관행상[33] 피청약자가 청약자에게 아무런

25) 경우에 따라 승낙의 유효기간을 'OO일 이내'로 정해둘 때가 있다. 이 경우는 ① 청약이 전보·전신일 때에는 발송을 위해 교부된 때부터, ② 청약이 서신일 때에는 서신에 표시되어 있는 일자로부터, 만일 서신에 없으면 봉투에 표시된 일자로부터, ③ 발신과 수신간에 시간적 간격이 없는 동시적 통신수단인 전화나 텔렉스, 텔레팩스 등의 경우에는 청약이 피청약자에게 도달한 때부터 날짜가 기산된다(CISG 第20조 (1)항). 또한 승낙기간 중의 공휴일 또는 비영업일은 기간의 계산에 산입한다. 다만 기간의 말일이 영업소 소재지의 공휴일 또는 비영업일에 해당하여 승낙의 통지가 기간의 말일에 도달할 수 없는 경우에는 그 다음 최초 영업일까지 연장된다(CISG 第20조 (2)항).

26) CISG 第18조 (2)항 ; 민법 528조 (1)항, 529조 참조.

27) 이기수·신창섭, 「국제거래법」, 세창출판사, 2010, p.48.

28) CISG 第18조 (2)항.

29) John O. Honnold(1991), *op. cit.*, §162.

30) *ibid.*

31) CISG 第18조.

32) 청약에 '즉시선적을 요함'(ship immediately, 또는 rush shipment) 등의 행위를 요구하는 문구나 조항이 있는 경우 피청약자는 그러한 행위를 함으로써 승낙의 의사표시를 할 수 있다.

33) 그러한 관례나 관행이 어떤 것이냐 하는 문제는 당사자의 의도에 달려 있으므로 이를 결정하기

통지 없이 물품의 전부나 일부를 발송하거나 또는 신용장을 개설하거나 대금을 지급하는 등 승낙으로 인정될 수 있는 합리적 행위를 한 경우에는 청약에 대한 동의로 간주되어 승낙으로 본다.[34] 이를 '의사실현에 의한 계약 성립'이라 한다.[35] 이때 유의할 것은 이러한 경우는 청약자가 그러한 행위에 대해서 알고 있는지 여부에 관계없이 해당 행위가 행하여진 때 효력을 갖는다는 점이다.

일곱째, 승낙으로 보기 어려운 애매한 상태, 즉 침묵(silence)이나 아무런 행위를 취하지 않는 것(inactivity)은 승낙으로 간주하지 않는다.

피청약자는 청약에 대하여 응답해야 하는 의무를 부담하지 않기 때문에 단순한 침묵이나 무행위은 그 자체로써 승낙이 되지 않는다. 그러나 앞서 설명한 바와 같이 당사자간에 합의한 관행 또는 당사자간에 확립된 관례가 있다면 이러한 경우도 승낙으로 인정될 수도 있다.[36]

끝으로, 청약의 주요한 조건에 대한 애매한 승낙(equivocal acceptance)은 양 당사자 사이에 불완전한 합의를 말하며, 이로 인해 계약은 성립하지 않는다.[37]

2) '의사실현에 의한 계약성립'의 유효성 여부의 결정기준

(가) CISG 제18조와 제16조 (2)(b)항의 규정

앞서 언급한 '의사실현에 의한 계약 성립'이란 승낙의 표시가 피청약자의 진술이 아닌 행위에 의해서 이루어질 때, 예컨대 피청약자가 승낙 여부에 대한 아무런 통지 없이 물품의 전부나 일부를 발송하는 것과 같이 승낙으로 인정될 수 있는 특정 행위를 한 경우에는 그 객관적 사정을 고려하여, 이를 청약에 대한 동의로 간주하여 승낙으로 볼 수 있다

위해서는 당사자간에 확립된 관례나 관행 또는 당사자의 후속행위 및 당사자간의 협의내용 등을 모두 고려하여야 할 것이다(CISG 제8조 (3)항 참조).

34) CISG 제18조 (3)항.

35) 민법 제532조 : "청약자의 의사표시나 관습에 의하여 승낙의 통지가 필요하지 아니한 경우에는 계약은 승낙의 의사표시로 인정되는 사실이 있는 때에 성립한다."

36) CISG 제9조 (1)항. 예를 들어 당사자간의 오랜 거래경험에 따라 침묵행위로도 계약이 성립되었다든지 또는 청약에서 정한 특정 기일이 지나서도 응답이 없으면 승낙으로 간주한다든지 하는 합의가 상호간에 있었던 경우가 이에 해당할 것이다. 우리나라 상법 제53조는 "상인이 상시거래관계에 있는 자로부터 그 영업부류에 속한 계약의 청약을 받은 때에는 지체 없이 낙부의 통지를 발송하여야 한다. 이를 해태한 때에는 승낙한 것으로 본다."고 규정하고 있음은 주목할 만하다.

37) A. G. Guest, *op. cit.*, p. 58 ; 미국의 제2차 계약법 리스테이트먼트(Restatement) 제57조에서도 "피청약자에 의한 승낙이 청약자에 의해 합리적으로 이해되지 않는 한, 애매한 용어로 된 승낙에는 구속되지 않는다."고 규정하고 있다.

는 원리를 말한다.

이 점에 대해 CISG 제18조 (3)항에서는 다음과 같이 규정하고 있다.

즉 "청약에 근거하여(by virtue of the offer) 또는 당사자간에 확립된 관리나 관행의 결과로 상대방이 청약자에 대한 통지 없이 물품의 발송이나 대금지급과 같은 행위를 함으로써 동의를 표시할 수 있는 경우에는, 승낙은 그 행위가 이루어진 시점에 효력이 발생한다. 다만 그 행위는 제(2)항에서 정한 기간 내에 이루어져야 한다."고 규정하고 있다.

나아가 이같은 행위가 있는 경우 CISG 제16조 (2)항 (b)호에서는 청약자는 자신의 청약을 철회할 수 없도록 규정하고 있다.

즉 "그러나 다음의 경우에는 청약을 철회할 수 없다.....(b) 상대방이 청약이 취소불능한 것이라고 신뢰하는 것이 합리적이어서 그에 따라 상대방이 그 청약을 신뢰하여 특정행위를 한 경우."이다.

그러나 문제는 이러한 '의사실현에 의한 계약성립'의 경우는 청약자는 피청약자의 그러한 행위에 대해서 알고 있는지 여부에 관계없이 해당 행위가 행하여진 때(at the moment the act is performed) 효력을 갖게 되므로, 이는 승낙의 의사표시는 청약자에게 도달하여야 그 효력이 발생한다는 CISG 제18조 (2)항[38]의 의사합치 및 동의의 원칙[39]과 배치되는 것이어서 좀 더 면밀한 검토가 필요하다.

(나) 의사실현에 의한 계약성립의 두 가지 사례비교

의사실현에 의한 계약[40]이란 구두나 문서로서 명시적 약속을 하지는 않았지만, 당사자들의 행위(conduct)로부터 합리적으로 또는 정의의 관점에 따라 판단할 때 합의의 존

---

38) CISG 제18조 (2)항 : "청약에 대한 승낙은 동의의 의사표시가 청약자에게 도달하는 시점에 효력이 발생한다...."

39) 승낙은 당사자간의 의사의 소통(communication)과 의사의 합치(agreement)를 그 필수 요건으로 한다. CISG는 거래의 완성을 위해 당사자간에 오해가 발생하지 않도록 서로의 협력에 따른 정보의 소통을 의무의 형태로 강조한다. 이를 'the duty to communicate information'이라 하는데, 이러한 의무가 강조되고 있는 조항은 다음과 같다. 제19조 (2)항(피청약자의 청약의 변경이 있는 경우 청약자의 피청약자에 대한 거절의 통보), 제21조 (2)항(연착된 서신 형태의 승낙의 경우 청약자의 피청약자에 대한 실효통보), 제26조(피해당사자의 위반당사자에 대한 계약해제의 통보), 제39조 (1)항(물품의 계약부적합에 대한 매수인의 통지), 제48조 (2)항(매도인의 이행지체가 있는 경우 매수인의 이행수령 여부 통보), 제65조(매수인의 사양지정권 통보), 제68조(매도인의 물품훼손 사실의 통보), 제71조 (3)항(이행을 정지한 당사자의 이행정지통보), 제72조 (2)항(계약해제시 상대방의 이행보장을 위한 최후통첩), 제79조(4)항(불이행 당사자의 장애의 존재 및 이 장애가 자신의 이행능력에 미치는 영향에 관한 통보), 제88조 (1)항(물품보관 당사자의 매각의사 통보) 등이 이에 해당한다.

40) 사실상 묵시적 계약(implied-in-fact contract)이라고도 한다.

재가 추론되는 계약을 말한다.[41]

다시 말해 당사자들의 행동 및 그 객관적 사정에 비추어 판단할 때 명시적 계약의 경우에서와 같이 의사의 합치와 동의의 요건이 인정되고, 그 결과 당사자들이 구속받기를 원했다고 판단하는 것이 합리적이라고 여겨지는 경우에 사실상 묵시적으로 계약이 성립한다는 것이다.

이와 같은 차원에서 볼 때 아래와 같은 두 가지 가상적 사례는 계약의 묵시적 성립 여부를 판단하는 데 중요한 기준을 제공한다.[42]

◈ 사례 A

6월 1일, 매수인은 매도인에게 아래와 같은 청약을 함. 즉 "아래의 품목을 신속히 선적바람"(please rush shipment of the following goods). 당해 청약에 따라 6월 2일 매도인은 매수인에게 해당 물품을 선적하였고, 그 이튿날 6월 3일에 매수인에게 해당 물품을 선적하였다는 사실을 고지하는 텔렉스를 타전할 준비를 완료함. 이 시점에 매수인으로부터 "6월 1일자 주문한 물품의 선적을 하지 않기 바람"이라는 취지의 유선통화를 하게 됨. 이에 대해 매도인은 해당 물품이 이미 선적되어 당해 주문을 취소하기에는 너무 늦었음을 통보하고, 준비한 텔렉스를 타전하여 당일 6월 3일 매수인에게 텔렉스가 도달함. 돌품은 그로부터 6월 20일에 도착하였고, 매수인은 상호간에 계약은 성립하지 않았음을 이유로 물품의 인수를 거절함.

◈ 사례 B

6월 1일, 매도인은 매도인의 카탈로그상의 가격으로 해당 물품을 선적해달라는 5월 28일자 매수인의 서신을 받음. 매도인은 매수인의 이같은 청약에 대해 별도로 답신하지 않은 채 6월 2일 해당 물품을 선적함. 물품의 운송은 통상 2주간 소요되는데, 해당 물품은 정당한 운송과정을 거쳐 선적 후 2주 후인 6월 16일 도착함. 운송인은 매수인에게 당일 해당 물품의 도착을 통지하였는데, 매수인은 매도인과 운송인에게 다음과 같은 두 가지 이유로 해당 물품을 인수할 수 없다는 사실을 통보함. 즉 매도인은 매수인의 청약을 승낙한 것으로 볼 수 없다는 사실, 그리고 매수인은 그 기간 중에 대체물품을 구입하였다는 사실을 반증함.

---

41) 엄동섭, 「미국계약법 I」, 법영사, 2010, p. 6 ; 이상윤, 「영미법」, 1996, 박영사, p.268. 사실상 묵시적 계약은 1923년 미국 연방 대법원이 정의한 법률용어이다(*Baltimore & Ohio R. Co. v. United States,* 261 U.S. 592 (1923).

42) John O. Honnold(1991), *op. cit.*, §163-164 참조.

위 가상사례 A의 경우는 당사자간에 계약이 체결되었음이 비교적 명백하다. 왜냐 하면 매수인의 '신속한 선적'(rush shipment)을 바란다는 청약상의 요구사항에 따라 매수인은 그 청약에 근거하여(by virtue of the offer) 매수인에게 신속하게 선적하고, 선적이 완료된 그 이튿날 텔렉스를 타전함으로써 지체 없이 그 승낙의 의사표시를 합리적 기간 내에 통보했기 때문이다. 그 결과 이 같은 매도인의 행위는 CISG 제18조 (3)항의 규정에 직접적인 적용하에 있고,[43] 그에 따라 CISG 제16조 (2)(b)항의 규정에 따라 당해 청약은 취소할 수 없기 때문이다.[44]

그러나 사례 B의 경우는 당사자간에 계약이 체결되었는지 여부에 대해서는 당사자간에 다툼의 소지가 있다.

우선 매도인의 입장에서는 자신의 물품선적은 CISG 제18조 (3)항의 '매수인의 청약에 근거하여' 청약의 내용대로 선적이행이라는 행위를 통해 동의의 의사표시를 한 것이므로 승낙의 의사표시가 없었다 할지라도 승낙은 이미 선적이행이라는 행위가 이루어진 시점에 효력이 발생하였다고 주장할 것이다. 만일 그와 같은 청약이 없었다면 6월 2일의 선적은 없었을 것이기 때문이다.

반면 매수인의 입장에서는 CISG 제18조 (2)항을 들어 승낙은 합리적 기간 내에 청약자에게 도달하여야 효력이 있다고 주장할 것이다.

사례 B의 경우 만일 당해 청약상에 6월 18일까지 청약이 유효하다는 승낙기간을 별도로 기재하였다면, 유효기일(6월 18일) 전인 6월 16일에 물품이 도착되어 매수인에게 통지되었으므로 이는 유효한 계약의 성립일 것이다.

그러나 만일 청약의 유효기일을 6월 8일이라고 정해 놓았다면 6월 16일의 물품도착 사실에 대한 텔렉스 등의 방식을 통한 통지는 이미 청약의 유효기간이 경과한 후이므로 계약은 성립하지 않았을 것이다.

그러나 여기서 위 가상사례 B의 경우 청약의 유효기일이 6월 8일이라고 가정해 봤을 때 승낙의 통지 없이 6월 2일 선적이행이라는 행위는 과연 유효기일 내 승낙으로 받아들여질 수 있는가라는 사실이다. 이 경우는 6월 2일 선적된 물품은 청약의 유효기일인 6월 8일까지 매수인에게 반드시 인도되어야만 유효한 계약성립이 있었다고 할 수 있을 것이다.

---

43) CISG 제18조 (3)항 : "청약에 근거하여 또는 당사자간에 확립된 관례나 관행의 결과로 상대방이 청약자에 대한 통지 없이 물품의 발송이나 대금지급과 같은 행위를 함으로써 동의를 표시할 수 있는 경우에는, 승낙은 그 행위가 이루어진 시점에 효력이 발생한다. 다만 그 행위는 제(2)항에서 정한 기간 내에 이루어져야 한다."

44) CISG 제16조 (2)(b)항 : "다음의 경우 청약은 철회될 수 없다. (b) 상대방이 청약이 철회될 수 없음을 신뢰하는 것이 합리적이고, 상대방이 그 청약을 신뢰하여 행동한 경우."

그러나 사례B의 경우 청약의 유효기일도 기재되어 있지 않고, 매도인에게 신속한 행동을 요구하는 '신속한 선적'이라는 요구사항도 없는 상황에서, 매도인의 일방적인 선적과 이에 관한 아무런 통지가 없었다는 사실은 매수인으로 하여금 당해 물품을 거절할 수 있는 충분한 사유가 된다.

즉 사례B의 매도인은 선적을 이행하고 지체 없이 유선상으로 또는 텔렉스 등 기타 신속한 방법으로 매수인에게 이 사실을 통보했어야만 했다는 것이다. 매도인은 비록 선적이라는 행위를 통해 매수인의 청약을 승낙했다 할지라도, 매수인 입장에서는 매도인이 승낙하였는지 여부를 알아야 대체물품 구입 여부를 결정할 것임을 매도인은 알고 있었어야 했기 때문이다.

(다) 의사실현에 의한 계약성립의 요건

이러한 결론을 놓고 볼 때 CISG 제18조 (3)항의 '의사실현에 의한 계약성립'의 요건은 자명하다.

첫째, 청약에 대한 동의의 의사표시인 승낙은 이 사실이 전달되어 반드시 상대방이 인지할 수 있도록 상호소통(communication)의 원칙이 적용되어야 한다는 사실이다. 이같은 의사표시는 행위에 의해서 이루어질 수도 있다. 그러나 행위에 의해 승낙이 이루어질 경우에는 청약상의 계약의 목적이 승낙의 유효기일 내에 '신속히 이행완료'가 되든지, 또는 승낙의 유효기일 내에 계약의 목적이 이행완료 되지 못하는 경우라면 승낙의 유효기일 안에 '그러한 신속한 행위를 취했음'이라는 통보에 의해 유효해진다.

CISG 제18조 (3)항의 규정에 따른 사실상 묵시적 계약의 성립(의사실현에 의한 계약의 성립)은 청약자에게 구태여 승낙의 의사표시를 통보할 필요가 없을 만큼 청약상의 계약의 목적이 유효기한 내에 신속하게 이루어졌다는 사실로 그 계약이 이루어졌다는 정보를 청약자에게 줄 수 있을 때, 또는 그러한 신속한 행위를 이미 취하였다는 통보를 통해 상대방이 요구하는 기간 이내에 계약의 목적이 이루어 질 것이라는 정보가 청약자에게 공유되었을 때 비로소 계약이 성립함을 함의하고 있다는 것이다.

둘째, CISG 제18조 (3)항의 "피청약자는 청약자에 대한 통지 없이(without notice to the offeror) 행위로써 동의의 의사표시를 할 수 있다"의 의미는 계약체결을 위해 '청약의 목적을 이행할 것을 약속한다'는 의사를 구태여 통보하지 않고도 직접적으로 신속한 행위에 의해서도 계약이 성립될 수 있다는 여지를 허용하고 있는 데 초점을 둔 것이지, 묵시적 행위를 한 후 승낙의 유효기간 경과와 상관없이 아무런 의사소통이 없어도 이를 계약으로 인정한다는 것을 의미하는 것은 아니다. 따라서 청약에 근거하여 일방적으로 물품을 송부하는 등 묵시적 승낙의 의사표시를 했다 할지라도, 본 협약 제18조 (2)항의 규정에 따라[45] 합리적 기간 내에 지체 없이 승낙의 통지를 발송하여야 한다. 승낙의 통지 없이 이를 해태하고 있는 때에는 물품의 발송 등과 같은 행위만으로 유효한 승낙이 있었다고 볼 수 없다.

이상의 가상 사례들을 통해 살펴본 바와 같이 국제물품매매계약과 같이 원격지간의 거래에서 매도인이 묵시적 승낙의 의사표시로 물품을 선적하고 난 후, 승낙이 유효하지 않았다는 이유로 취소된다면 이는 대단히 난감한 일이 아닐 수 없을 것이다. 그러나 CISG 제18조 규정에 따라 매도인이 묵시적 행위로 의사표시를 하였다면 그에 따라 뒤이어 선적의 완료통보 또는 곧 선적이 이행될 것이라는 사실을 매수인에게 통보한다면, CISG 제16조(2)항(b)호의 규정에 따라 청약을 신뢰하여 특정 행위를 한 매도인을 상대로 매수인은 청약을 철회할 수 없으므로 매도인은 그와 같은 위험으로부터 안전판을 확보할 수 있게 될 것이다.[46]

3) 승낙의 효력발생시기

원칙적으로 승낙은 피청약자의 승낙의 의사표시가 청약의 유효기간 내에 청약자에게 전달될 때 그 효력이 발생한다. 즉 엄밀한 의미로 도달주의가 적용된다.

CISG 제24조에 따르면 청약이나 승낙 또는 그 밖의 모든 의사표시에 있어 도달이라 함은 구두 또는 그 밖의 방법으로 상대방에게 직접 전달되거나 또는 상대방의 영업소(place of business)나 우편주소(mailing address)에 전달된 때, 또는 그것이 없을 때에는 상거소(habitual residence)에 전달된(delivered) 때라고 규정하고 있다.

청약의 경우는 비교적 각 법제마다 도달주의를 지지함에 큰 이의가 없으나 승낙의 경우 그 효력발생시기에 대해서는 상대적으로 일률성이 결여되어 있다. 물론 당사자의 의사에 따라 승낙의 효력발생시기는 도달주의가 지지될 수도 있고, 또 발신주의도 채택될 수 있으나 그와 같은 의사의 합치가 없을 경우에는 다음과 같은 원칙이 적용된다.

---

45) CISG 제18조 (2)항 : "청약에 대한 승낙은 동의의 의사표시가 청약자에게 도달하는 시점에 효력이 발생한다. 동의의 의사표시가 청약자가 지정한 기간 내에, 기간의 지정이 없는 경우에는 청약자가 사용한 통신수단의 신속성 등 거래의 상황을 적절히 고려하여 합리적인 기간 내에 도달하지 아니한 때에는 승낙은 효력이 발생하지 않는다. 구두의 청약은 특별한 사정이 없는 한 즉시 승낙되어야 한다."

46) *ibid.*, §164.

(1) 대화자간의 동시성 승낙(전화, 팩스, 텔렉스)

청약이 전화 또는 팩스, 텔렉스 등에 의한 대화자간 통신수단으로 이루어지면 승낙 역시 그 방법이 명시적으로 합의되지 않는 한 청약의 통신수단과 같은 방식으로 이루어져야 한다.

일반적으로 전화, 팩스, 텔렉스에 의한 승낙의 통지는 현실적으로 승낙의 실현과 동시에 청약자에게 도달되기 때문에 도달주의가 채택되어도 큰 이의가 없다. 따라서 우리나라를 비롯한 대륙법계 뿐만 아니라 영미법계, 그리고 CISG 등도 대화자간에 이루어지는 승낙의 경우에는 일률적으로 도달주의를 지지하고 있다.

(2) 격지자간의 승낙(우편, 전보)

청약이 우편 또는 전신 등의 방법으로 이루어지면 승낙 또한 그 방법이 명시적으로 합의되지 않는 한 같은 통신수단으로 이루어져야 한다.

당사자간에 우편이나 전신 등의 통신수단을 이용할 경우에는 전화, 팩스, 텔렉스와 같은 방법과는 달리 상대적으로 긴 시간이 소요되므로 승낙의 실현과 승낙의 도달과는 동시성을 갖지 못하게 된다. 따라서 우리나라 민법과 영미법에서는 이와 같은 통신수단의 경우에는 발신주의를 지지하고 있다. 그러나 이와는 달리 CISG에서는 도달주의를 채택하고 있음은 주의할 필요가 있다.

승낙의 효력발생시기에 관해 표를 통해 정리하면 다음의 〈표 2-2〉와 같다.

〈표 2-2〉 **승낙의 효력발생**

승낙의 의사표시 수단 / 법제	대화자가 동시성 승낙 (전화, 팩스, 텔렉스)	격지자간 승낙 (우편, 전보)
한국법, 일본법, 영미법	도달주의	발신주의
CISG	도달주의	도달주의

이상에서 보듯 격지성 승낙은 통일적인 규정을 갖고 있지 못하므로 당사자들은 이러한 모호성을 피하기 위해서라도 승낙의 효력발생시기와 관련하여 명시적으로 이를 확실히 해둘 필요가 있을 것이다.

(3) 연착된 승낙(late acceptance)

한편 격지성 승낙의 경우 문제가 되는 것은 피청약자는 승낙의 내용을 발신하였으나 승낙의 내용이 청약자에게 도착되지 않는다든지 또는 승낙의 유효기간을 지나 연착될 경우이다. 승낙이 승낙기간 또는 합리적 기간이 경과한 후에 도달한 경우에는 그러한 승낙은 효력을 갖지 못한다.[47)]

발신주의를 채택할 경우에는 의당 승낙통지의 불착 또는 연착은 청약자(승낙을 받는 자)의 위험부담이 될 것이며, 도달주의를 채택할 경우에는 피청약자(승낙을 하는 자)의 위험부담이 될 것이다.

다만 유의할 점은 통상 도달될 수 있는 승낙의 통지가 여타의 외적 요인에 의해 연착된 경우에는 청약자에게 연착의 통지의무가 있다는 것이다.

즉 승낙이 연착된 경우, 청약자가 이를 유효한 승낙으로 취급한다는 승인의 뜻을 지체 없이 피청약자에게 구두로 통보하거나 또는 그 뜻의 통지를 발송한 때에는 연착된 승낙은 승낙으로서의 효력을 갖게 된다.[48)] 이때 유의할 것은 계약의 성립시점은 청약자가 승인의 뜻을 발송한 때가 아니라 연착된 승낙이 청약자에게 도달했던 때가 된다는 점이다.

이는 피청약자가 승낙의 유효기일을 엄수하고 승낙을 통지한 경우, 연착의 여부를 모른 채 계약이 성립된 것으로 믿는 선의의 피청약자를 보호하기 위한 것이라 할 수 있다.

그러나 승낙의 연착은 엄밀히 승낙의 효력소멸을 야기한다. 따라서 어느 한편으로는 청약자의 연착통지는 본질적으로 승낙의 소멸을 통보해주는 것으로 이해할 수도 있다. 승낙의 연착으로 그 효력이 소멸되었음에도 불구하고, 만일 청약자가 그 연착을 통보할 때에 실효된 승낙을 승낙으로서 인정하겠다는 취지가 있다면 이는 예외적으로 연착된 승낙을 청약자에 대한 새로운 청약으로 간주하여 청약자가 오히려 역으로 연착된 승낙을 승낙하는 형태로 볼 수도 있다. 우리나라 민법은 이와 같은 취지임[49)]을 유의할 필요가 있다.

끝으로, CISG가 제시하고 있는 또 하나의 조항은 원격지 통신수단의 문제로 적기에 승낙의 의사표시가 도달하지 않아 계약체결이 좌절될 우려에 관한 규정이다. 즉 CISG에

47) 대법원(92다23537) : 유효기간을 1990.8.8. 18:00까지로 하는 청약의 취지가 담긴 상품거래제의문을 교부받은 일방 당사자가 같은 날 18:00를 58분 경과한 18:58에 그 거래제의문에 의한 청약을 아무런 수정 없이 승낙한다는 취지에서 거래제의문의 중요 부분을 그대로 기재한 상품매매기본계약서를 타방 당사자에게 교부한 경우, 그 유효기간으로 기재된 18:00는 청약의 효력이 유지되는 최종시점이며 그 시각이 경과하면 거래제의문에 의한 청약은 그 효력이 상실된다고 봄이 신의칙에 합당하다. 민법 제528조 참조.

48) CISG 제21조 (1)항 : "연착된 승낙은 청약자가 상대방에게 지체 없이 승낙으로서 효력을 가진다는 취지를 구두로 통고하거나 그러한 취지의 통지를 발송하는 경우에는 승낙으로서의 효력이 있다.

49) 민법 제528조, 제530조 참조.

서는 연착된 승낙이 서신(letter) 또는 그 밖의 서면(writing)으로 통지된 경우 통상의 통신 상황이었다면 적기에 도착할 수 있었다고 인정된다면 비록 연착되어도 승낙으로서의 효력이 있다고 규정하고 있다.[50] 그러나 청약자가 상대방의 승낙의 의사를 기다리다 못해 그 연착된 기간 중에 지체 없이 청약의 취소를 구두로 통보하거나, 그 뜻의 통지를 발송한 때에는 연착된 승낙은 통신상황에 문제가 있었다 해도 효력이 없다.[51]

요컨대 CISG의 연착된 승낙에 대한 규정은 다음의 두 가지로 정리해 볼 수 있다.

하나는, CISG 제21조 (1)항의 규정으로서 연착된 승낙에 대해서는 청약자가 지체 없이 연착된 승낙이라도 유효하게 인정한다는 승인의 통지를 해야만 연착된 승낙이 승낙으로서의 효력을 갖게 된다는 규정이며,[52]

다른 하나는, CISG 제21조 (2)항의 규정으로서 연착된 승낙이지만 그것이 서신 또는 서면으로 이루어진 경우라면 이의 효력을 인정해주되, 청약자가 지체 없이 당해 청약이 효력을 상실했다고 통지를 한 때에는 승낙으로서의 효력을 갖지 못한다는 규정이다.

제2절 무역계약의 이행

무역계약이 성립되고, 거래당사자간에 계약에 관한 적절한 내용이 합의되면 매도인과 매수인은 계약에서 정한 대로 각자의 의무를 이행해야한다.

일반적으로 국제물품매매계약에서는 매도인은 계약물품을 인도할 의무가 있으며, 매수인은 인도받은 물품과 상환으로 대금을 지급할 의무가 있다. 이는 바꾸어 말하면 매도인은 대금을 지급받을 권리가 있다는 것이며, 매수인은 계약과 일치하는 물품을 인도받을 권리가 있음을 말한다. 결국 물품의 매매라는 법률행위를 중심으로 양 당사자의 권리와 의무는 물품의 인도와 함께 소유권의 이전 및 대금지급이라는 법률효과를 발생시킨다.

---

50) CISG 제21조 (2)항.

51) *ibid.*

52) 연착된 승낙에 있어서 승낙을 접수한 청약자는 계약을 성립시킬지 여부와 관련하여 일방적인 선택권을 갖는다. 이러한 선택권과 관련하여 CISG는 청약자가 시장상황 등을 고려하여 자기에게 유리한 시기에 청약을 승낙하려는 시도를 정당화 시킬 수 있어 '지체 없이' 승낙의 낙부의사 표시를 하도록 규정하고 있다.

무역계약의 이행은 원칙적으로 임의성을 가진다. 즉 계약의 이행은 상대적 권리이고, 그 성립이나 내용은 당사자의 의사에 맡긴다는 사적자치원칙을 전제로 하드로 물품의 인도, 소유권의 이전, 위험의 이전 등은 원칙적으로 당사자의 의사와 합의에 따라 달라질 수 있다. 그러나 이에 대한 당사자 간의 합의가 없는 경우에는 정형화된 해석기준이 필요하게 된다.

이하에서는 무역계약의 이행에 수반되는 세 가지 국면, 즉 물품의 인도, 소유권의 이전, 위험의 이전에 대해 정형화되어 있는 원칙과 규정들을 중심으로 살펴보드록 한다.

1. 물품의 인도

1) 인도의 정의

물품의 인도(delivery)라 함은 거래일방의 거래상대방에 대한 점유의 자발적 이전[53]을 의미한다. 여기서 점유라 함은 관련 물품에 대한 사실상의 지배 상태를 의미하며, 사실상의 지배라 함은 사회관념상 물품이 어떤 사람의 지배 안에 있다고 인정되는 객관적인 관계를 말한다.

따라서 물품의 인도라 함은 매도인이 자신의 거래상대방에게 자신의 물품에 대한 사실상의 지배권, 즉 점유권(possession)을 넘겨주는 행위를 말한다. 이때 거래상대방이라 함은 매수인 또는 매수인이 지정한 대리인을 의미한다.

매도인의 물품인도의무는 매수인의 대금지급의무에 상응하는 의무로서 국제물품매매계약의 이행을 위한 절차상 매도인이 부담하는 의무 중 가장 기본적인 의무이다. 물품인도의무는 소유권이전의무와는 별개의 의무로서 설사 물품의 소유권이 다른 방식을 통해 매수인에게 이전되는 경우라 할지라도 매도인은 물품인도의무를 이행해야 한다.

여기서 유의해야할 것은 매도인의 물품인도의무와 매도인이 계약에 일치하는 물품을 인도해야 한다는 계약적합의무와는 별개라는 점이다. 다시 말해 매도인이 매수인에게 제공한 물품이 계약에 일치하지 않는 경우에는 물품인도의무의 위반의 문제가 아니라 계약적합의무위반의 문제라는 것이다.[54] 따라서 계약에 일치하지 않는 물품을 인도하더라도 물품인도의무는 다한 것이 된다.[55]

---

53) 영국물품매매법 제61조.

54) 만일 계약과 전혀 다른 물품이 인도된 경우라 할지라도 이는 물품의 인도가 있었다고 간주된다. 매수인은 이를 부적합한 물품의 인도로 간주하고 자신이 취할 수 있는 모든 조치를 취해야 한다(Albert H. Kritzer, *op. cit.*, p. 250a, 250b).

한편 무역계약에는 물품의 운송과정이 개입되는 경우가 대부분이므로 인도장소에 대한 별도의 합의가 없다면, 인도는 매수인에게 물품을 송부할 목적으로 운송인에게 물품을 인도함으로써, 좀 더 구체적으로는 이와 같은 운송인의 관리(custody)와 통제(control) 권역에 인도함으로써 매도인은 매수인에게 물품에 대한 사실상의 지배권을 넘겨주게 된다.[56]

한편 무역거래에 있어서는 이와 같은 물품의 현실적 인도형태 이외에 물품을 대표하는 권리증권, 즉 선하증권의 인도로 관련 물품의 사실상의 지배권을 넘겨주는 형태가 더욱 더 일반적이라 할 수 있다.

2) 인도의 형태

무역계약에 있어 인도는 크게 다음과 같은 두 가지 형태로 대별해 볼 수 있다.[57]

하나는, 물품의 현실적 인도(actual delivery) 형태로 매도인으로부터 매수인 또는 그의 대리인에게[58] 현실적으로 물품의 점유권을 이전시키는 것을 말한다.[59]

다른 하나는, 물품의 추정적 인도(constructive delivery) 형태로 선하증권과 같은 물품의 대표증권 내지 권리증권을 매수인에게 교부함으로써 물품의 점유권을 넘기는 소위 상징적 인도(symbolic delivery) 방법을 의미한다.

선하증권의 교부(hand-over)는 물품의 인도와 동일한 효력을 갖는다. 물품의 계약조건이 매도인의 선하증권 취득의무가 있는 CIF, CFR 등의 해상운송조건 형태의 거래가 이에 해당한다.

3) 인도와 점유

점유는 물품에 대한 사실상의 지배라 할 수 있지만 그 사실상의 지배라는 것은 물품에 대하여 직접적으로 실력을 미치는 것과 반드시 일치하지는 않는다. 즉, 물건에 대해 사실상의 지배를 하면서도 점유가 인정되지 않는 경우가 있고, 또 사실상의 지배 없이도

---

55) 이기수·신창섭, 「전게서」, p.63.

56) Clive M. Schmitthoff, *op.cit.*, p.116.

57) *Black's Law Dictionary*, 6th ed., West Publishing Co., 1990, p.1163.

58) FOB와 같은 해상운송조건에서는 매도인이 매수인의 지정 선박에 선적할 때, 그리고 물품의 계약조건이 복합운송조건인 CPT, CIP, FCA 등일 때에는 운송인의 관리와 통제하에 물품을 인도할 때를 의미한다.

59) 매도인이 물품을 매수인 또는 그의 대리인에게 직접 인도하는 직접인도방식과 제3자인 운송인이나 운송주선인과의 임치계약(contract of bailment)에 따라 인도하는 간접인도방식으로 대별된다.

점유가 인정되는 경우가 있다.

첫째, 사실상의 지배를 하면서도 점유가 인정되지 않는 경우,

경우에 따라 물품을 사실상 지배하면서도 점유권이 없는 자가 있고, 오히려 타인이 점유자로 인정되는 때가 있다. 이와 같이 물품을 사실상 지배하고 있지만 점유자가 될 수 없는 자를 점유보조자라 한다.

우리나라 민법은 가사상, 영업상, 기타 유사한 관계에 의하여 타인의 지시를 받고 물건에 대한 사실상의 지배를 하는 때에는 그 타인만을 점유자로 한다고 규정함[60]으로써 점유보조자에게 점유권을 인정하지 않고 있으며, 오히려 그 지시를 한 타인만을 점유자로서 취급하고 있다.

둘째, 사실상의 지배가 없이도 점유가 인정되는 경우,

전세권, 임대차, 임치 등의 관계로 타인으로 하여금 물건을 점유하게 한 자는 간접적으로 점유권이 있다.[61] 예를 들어 운송계약은 일종의 임치계약(contract of bailment)으로써 운송을 위탁받은 운송업자는 사실상 당해 물품을 지배하고는 있으나 본질적으로는 당해 운송업자는 점유매개자로서 자신으로 하여금 물품을 점유토록 한 당사자와 점유매개관계에 서게 된다.

따라서 운송업자는 특정의 목적이 성취됨을 전제로[62] 자신에게 물품을 임치한 타인의 지시대로 당해 물품의 점유권을 이양해야 함으로 궁극적인 점유자인 매수인은 당해 물품에 대해 간접점유를 하게 된다.

이상에서 볼 때 점유보조자의 역할을 하는 매수인의 대리인이나 임치계약에 의한 점유매개자의 역할을 하는 운송업자는 궁극적인 점유자가 매수인인 이상 물품의 점유자가 될 수는 없다.

따라서 매도인은 자신이 지배하고 있었던 물품에 대한 사실상의 지배권을 매수인이 지시한 대리인 또는 임치계약에 의한 운송업자에게 이전시켜도 결과적으로는 매수인의 점유권은 침해됨이 없기 때문에, 계약에 합의된 방식에 따라 매수인 또는 그의 대리인에게 계약물품을 직접 인도하거나 또는 운송업자의 통제와 관리하에 물품을 인도함으로써 점유권을 이전하게 된다.

---

60) 민법 제196조.

61) 민법 제194조

62) 운임의 취득을 의미한다.

4) 인도장소

물품의 인도장소는 CISG 규정에 따르면 다음과 같다.

① 매매계약에 물품운송이 포함된 경우

CISG 제31조 (a)항에 따라 매도인은 매수인에게 물품을 전달하기 위한 목적으로 제1운송인(first carrier)에게 물품을 교부할 때 물품인도를 다한 것으로 본다. 따라서 제1운송인에게 물품을 현실적으로 교부한 장소가 인도장소가 된다.

여기서 운송인은 전형적으로 중립적 입장의 위치에 있는 운송인을 말한다. 중립적 입장의 운송인이라 함은 매매계약의 제3자의 자격으로 순수하게 물품을 운송할 목적만을 가진 자를 말한다. 따라서 매도인이 자기 스스로 또는 자기의 사용인을 통해 물품을 운송하게 하는 것이라든지, 또는 매수인이 물품을 목적지에 운송하기 위해서 스스로 운송인이 된 때에는 이 규정상의 인도에 해당하지 않는다.

또한 제1운송인에게 물품을 교부한다는 의미는 그 장소가 수출지에서 매도인이 송하인(consignor)이 되어 제1운송인에게 물품을 인도하는 적출지 인도조건을 의미하기 때문에 수입지에서 매수인이 물품을 처분할 수 있는 상태로 인도하는 양륙지 인도조건까지 의미하는 것은 아니다.

따라서 수출국에 소재하는 운송인이 송하인(매도인)으로부터 물품을 이전받아 자신의 운송수단에 싣는 등, 운송을 목적으로 물품에 대한 물리적 점유를 취한 때, 즉 운송인이 운송물품에 대해 자신의 관리와 통제하에 둔 때 매도인의 물품의 인도는 완성된다.

주목할 것은 물품의 인도장소를 규정하고 있는 이 CISG 제31조 (a)항은 위험의 이전을 다루고 있는 CISG 제67조(1)항과 긴밀한 관계가 있다는 점이다. CISG 제67조(1)항에 따르면, "매매계약에 물품의 운송이 포함되어 있고, 매도인이 특별한 장소에서 이를 교부할 의무가 없는 경우에, 위험은 매매계약에 따라 매수인에게 전달하기 위하여 물품이 제1운송인에게 교부된 때에 매수인에게 이전한다. 매도인이 특정한 장소에서 물품을 운송인에게 교부하여야 하는 경우에는, 위험은 그 장소에서 물품이 운송인에게 교부될 때까지 매수인에게 이전하지 아니한다...."고 규정하고 있다.

여기서 '매매계약에 물품의 운송이 포함되어 있고, 특별한 장소에서 교부할 의무가 없는 경우'라 함은 Incoterms상의 C-계열의 복합운송인도조건, 예컨대 CIP와 CPT 조건처럼 적출지에서 매도인이 운송계약의 주체가 되어 매수인에게 물품을 운송해주는 것이 요구되는 계약(송부계약)에 해당한다. 이러한 조건의 경우에는 적출지 내의 제1운송인에게 물품을 현실적으로 교부한 장소가 인도장소가 되며, 동시에 그 인도 시점에 물품의 위험은 매도인으로부터 매수인으로 이전한다.

그리고 '특정장소에서 물품을 인도할 의무가 있는 계약일 경우'라 함은 Incoterms상의 해상운송조건의 계약, 예컨대 FAS 조건, FOB 조건 그리고 CIF 및 CFR 조건 등과 같이 특정한 장소에서 운송인에게 물품을 인도해야 되는 계약에 해당한다. 역시 위험은 계약의 목적물이 그 특정장소에서 운송인에게 인도되었을 때 이전된다. 즉 FAS 조건에서는 선측(alongside ship)이, 그리고 FOB · CIF · CFR 조건에서는 본선상(on board the vessel)이 특정장소가 된다.

② 매매계약에 물품운송이 포함되지 않은 경우

매도인은 그 물품이 현재 위치하고 있는 장소에서 물품을 매수인의 처분하에 두었을 때 자신의 인도의무를 다한다. 이 경우 인도장소에 관해서는 당사자간에 계약체결시에 그 물품이 특정한 장소에 있거나 또는 특정한 장소에서 제조 · 생산된다는 사실을 알고 있어야 한다. 이러한 조건은 국제물품매매계약에서는 보기 드물지만 Incoterms의 EXW 조건에 해당한다.

여기서 매수인의 처분하에 둔다는 의미는 매수인의 점유취득이 가능한 상태에 두는 것을 의미하는 것으로써 매도인은 구태여 '점유이전행위'를 할 필요는 없다. 즉 물품을 특정하고 포장하는 등 인도에 필요한 준비를 마친 후 매수인이 처분가능한 상태의 장소에 두고 이 사실을 매수인에게 통지하는 방법을 통해 자신의 인도의무을 완료[63]하면 되는 것이지, 물품을 매수인이 준비한 운송수단에 적재해주는 것까지 의미하는 것은 아니다.

한편 이 조건에서 유의해야 할 것은 매도인이 자신의 계약상의 인도의무(contractual obligations to deliver), 즉 물품을 특정하고 포장하는 등 인도에 필요한 준비를 마친 후 매수인에게 물품의 처분지시를 통지하는 의무를 다했다 해도 이 사실만으로 해당 물품을 인도완료 했다는 것을 의미하는 것은 아니며, 나아가 물품의 위험이 매수인에게 이전되었다는 것을 확정하는 것은 아니라는 점이다.[64]

이 조건에서 물품의 위험은 매수인이 물품을 수령해 갈 때, 또는 계약의 이행기한 내에 물품을 수령하지 않아 계약을 위반할 때 이전된다. 매수인의 인도 의무도 이때 완료된다.

따라서 이 조건에서 매수인의 물품수령 기한을 정한 경우, 예컨대 '5월중 인도함'과 같

---

63) CISG 제31조 (b)항, (c)항 : 이 조항은 Incoterms의 EXW 조건에 해당한다.

64) *infra,* 본 장의 「위험의 이전」 참조.

은 식으로 합의한 경우, 매도인이 물품처분의 지시를 통보했다 하여도 5월이 다가기 전에는 위험은 매수인에게 이전하지 않는다. 또 계약서상에 "물품이 매수인의 처분하여 놓이고 매도인의 물품처분지시가 통보된 후 30일 이내에 매수인은 물품을 수령한다."라는 조건이 삽입된 경우에는 매도인의 지시가 있기 전까지는 당해 물품의 위험은 매수인에게 이전되지 않는다.[65]

5) 인도시기

매도인은 다음의 시기에 물품을 인도하여야 한다.[66]

첫째, 계약체결시 인도기일을 지정하였거나 확정한 경우에는 매도인은 그 일자(date)에 물품을 인도하여야 한다. 따라서 인도기일 이전의 인도에 대해서는 매수인은 그 물품의 인수를 거절할 수 있고, 인도기일 이후의 물품인도는 계약위반이 된다.

둘째, 인도기일이 기간(period)으로 되어 있을 때에는 그 기간 내에는 매도인은 자유롭게 인도기일을 정할 수 있다.[67]

그러나 계약의 조건에 따라 매수인이 인도기일을 선택해야 하는 때에는 매도인은 매수인이 지정한 일자에 물품을 인도하여야 한다. 예를 들면 FOB계약에서는 매수인이 선박을 지정(nomination)하고 해상운송계약을 체결한 후 선적을 위한 기간을 지정하게 되는데, 이 선적기간 중에 특정 일자를 매도인에게 지정해주어야만 매도인이 적기에 선적을 완료할 수 있다.[68]

셋째, 계약체결시 인도시기를 정하지 않은 경우에는 계약체결 후 합리적 기간 내에 물품을 인도하여야 한다. 이 경우에도 만일 매수인이 인도기일을 지정할 권리를 갖고 있음에도 불구하고 이를 해태할 때에는 매도인은 이를 자신의 통제를 벗어난 장애로 간주하고 그로 인한 인도불이행에 대해 책임지지 않는다.

그러나 미국통일상법전에서는 이처럼 매수인의 협력이 필요하지만 적기에 그 협력이 이루어지지 않을 경우 매도인은 이행의 세부사항 뿐만 아니라 인도기일에 대해서도 자조(自助 : self-help)행위 차원에서 스스로 인도기일을 정할 수 있도록 규정하고 있는

65) John O. Honnold(1991), *op. cit.*, §374.

66) CISG 제33조.

67) 이렇듯 인도기간 내에 인도기일을 매도인이 선택할 수 있다고 규정한 이유는 국제물품매매에 있어서 생산, 제조, 포장, 운송준비 및 제반 수출통관절차 이행 등 매도인의 수출이행 과정이 매수인보다 복잡하기 때문에 매도인이 적절한 인도기일을 정하는 것이 매수인이 정하는 것보다 합리적이고 형평에 맞기 때문이다.(이기수·신창섭, 「전게서」, p.66참조).

68) Clive M. Schmitthoff, *op. cit.*, pp.22-23.

데,[69] CISG는 이에 대한 명시적 규정은 두고 있지 않지만, 다만 제65조상의 매수인의 물품사양지정권 조항[70]의 유추해석으로 매도인은 자기 스스로 인도기일을 정할 수 있다고 보아야 할 것이다.[71]

6) 인도에 수반되는 의무

매도인이 물품인도의무에 수반하여 함께 이행해야 할 의무 중에 가장 중요한 것은 인도물품의 특정의무와 서류교부의 의무이다.

① 물품특정의무

매도인이 계약에 따라 운송인에게 물품을 교부하는 경우에는 물품이 하인(shipping marks), 선적서류, 또는 그 밖의 방법에 의하여 당해 계약의 목적물로서 명확히 특정[72] 되어 있어야 한다. 만일 그 당시 특정되어 있지 아니한 때에는 매도인은 매수인에게 그 물품을 특정하는 탁송의 통지(notice of consignment)를 해주어야 한다.[73] 이같은 탁송의 통지가 있음으로써 계약물품은 특정되고 물품의 위험은 매수인에게 이전한다.[74]

예를 들어 1인의 매도인이 다수의 매수인을 상대로 LCL화물을 혼재하여 CL화물로 만들어 운송할 때에는 동종의 물품에 다수의 매수인이 존재하게 된다. 이때 이 동종의 화물이 단일한 운송인에 의해 운송되는 경우에는 다수의 매수인을 수취인으로 하는 선하증권이 발행되지 않고 소위 집단선하증권(groupage B/L)이라는 단일 선하증권(master B/L)이 매도인 앞으로 발행된다.

이러한 경우 운송인에게 인도된 물품은 1인의 매도인과 각각의 매수인간의 계약에 각각 특정되지 못한 상태, 즉 불특정물의 상태가 된다. 따라서 매도인은 각각의 매수인에게 물품을 구체적으로 특정해주는 탁송통지를 해주어야 각각의 매수인들이 추후 자신

69) 미국통일상법전 §2-311(3)(b) 참조.

70) CISG 제65조 (1)항 : "계약상 매수인이 물품의 형태, 규격, 그 밖의 특징을 지정해야 하는 경우에 매수인이 합의된 기일 또는 매도인으로부터 요구를 수령한 후 합리적인 기간 내에 그 지정을 하지 않는 경우에는 매도인은 자신이 보유하고 있는 다른 권리를 해함이 없이 자신이 알고 있는 매수인의 필요에 따라 스스로 지정할 수 있다."

71) Albert H. Kritzer, *op. cit.*, p.269. 이는 넓은 의미의 손실경감의무의 일환이기도 하다.

72) 매도인은 통상 선적 전 또는 선적 당시에 매수인의 이름과 주소를 기재함으로써, 그리고 선하증권상에 매수인을 수하인(consignee)으로 하거나 물품도착시 통지선(notify party)으로 기재된 선하증권을 운송인으로부터 교부받음으로써 물품을 계약에 특정하게 된다.

73) CISG 제32조 (1)항.

74) CISG 제67조 (2)항.

의 물품을 구별하고 이를 수령하기 위해 필요한 조치를 취할 수 있게 된다. 따라서 매도인은 이같은 물품의 특정을 위한 탁송통지의무를 다해야만 비로소 자신의 인도의무를 완료하게 된다.[75] 만일 매도인이 이와 같은 탁송의 통지를 하지 못하게 되면 이는 계약위반이 된다. 따라서 물품의 멸실이나 훼손 여부의 정도에 따라 매도인은 매수인에게 손해배상의 책임이 있으며, 경우에 따라 매수인은 그것이 근본적 계약위반을 구성할 경우에는 계약을 해제하고 당해 물품을 거절할 수 있다.[76]

② 서류교부의 의무

매도인이 물품의 인도와 더불어 물품에 관한 서류를 교부해야 하는 경우와 관련하여 CISG 제34조에서는 "매도인은 계약에서 정한 시기, 장소 및 방식에 따라 서류를 교부하여야 한다."고 규정하고 있다.

나아가 본 조항에서는 매도인이 계약에서 정한 시기 이전에 서류를 인도한 경우에는 매수인에게 '불합리한 불편이나 비용'(unreasonable inconvenience or expense)을 초래하지 않는 한, 계약에서 정한 인도시기까지 서류상 미비점을 보완할 수 있다.[77]

물품을 대표하는 서류의 인도가 매매의 목적이 되는 선적서류상환불(cash against documents ; CAD)과 같은 거래에서 광범위하게 준용되는 이 행위기준을 서류치유의 원리(doctrine of documentary cure)라 한다.

2. 소유권의 이전

1) 소유권의 정의

소유권(right of property)이라 함은 소유자가 법률의 범위 내에서 그 소유물을 사용·수익·처분할 수 있는 권리[78]를 말한다.

75) 그러나 FOB조건의 계약과 같은 경우 명시적으로 매도인에게 탁송통지의무를 부여하고 있고 상관행상으로도 매도인이 매수인에게 탁송의 통지를 하는 것이 일반적이기 때문에 실제에 있어서 이 규정의 의미는 그다지 크지 않다 ; Fritz Enderlein & Maskow, *International Sale of Goods, Dubrovnik Lectures*, eds. Petar Sarcevic & Paul Volken, Oceana Publications, 1986, pp. 149-150(이기수·신창섭, 「전게서」, p.67).

76) John O. Honnold(1999), *op. cit.*, pp.295-296.

77) CISG 제34조. 이 제34조는 인도기일 전 매도인의 하자치유권을 규정한 제37조와 인도기일 후 매도인의 하자치유권을 규정한 제48조와 밀접한 관계가 있다. 이들 규정에 따라 매도인은 하자있는 서류를 인도기일 전이나 후에도 치유할 수 있는 기회를 가질 수 있다.

78) 민법 제211조.

소유권은 포괄적인 권리의 개념이기 때문에 그 구체적 기능을 일일이 열거할 수는 없지만 언급한 바와 같이 목적물에 대한 사용·수익·처분의 기능이 가장 대표적인 것이라 할 수 있다.

여기서 사용·수익의 권리란 목적물을 물질적으로 사용하거나 또는 목적물로부터 생기는 과실을 수취할 수 있는 권리를 말한다. 처분의 권리란 목적물을 물질적으로 변형, 개조, 파괴하는 것과 같은 '사실적 처분권리'와 양도, 제한, 물권설정 등과 같은 '법률적 처분권리'를 말한다. 따라서 소유권은 목적물에 대한 사실적 지배권만을 의디하는 점유권에 비해 상당히 포괄적인 권리라 할 수 있다.

소유권은 미국의 수익권(beneficial right) 및 담보권(security right)[79]과 영국의 처분권(right of disposal)[80] 등과 같이 서로 다른 용어로 사용되나 그 표현상의 차이가 있을 뿐 본질적으로 같은 개념으로 파악할 수 있다.

2) 소유권의 이전

소유권의 이전은 물품의 인도와 관련하여 이미 설명한 바 있듯이 전적으로 거래당사자간의 의사에 달려있다. 그러나 그와 같은 의사표시가 이루어지지 않는 경우에는 소유권 이전에 관한 일반원칙에 따라 당해 물품의 소유권이 이전하게 된다.

소유권 이전의 일반적 원칙을 이해하기 위해서는 다음과 같은 개념을 먼저 정의할 필요가 있다.

첫째, 계약의 이행이 특정물의 인도를 목적으로 하는가, 아니면 불특정물의 인도를 목적으로 하는가라는 문제이다.

둘째, 물품의 인도시 또는 물품을 대표하는 권리증권 등의 인도시 소유권 이전의 의도가 있는지의 여부이다.

(1) 특정물과 불특정물

특정물(ascertained goods ; identified goods ; appropriated goods)[81]이라 함은 구

---

79) 미국통일상법전 §2-401조 참조.

80) 영국물품매매법 제19조 참조.

81) 영국의 물품매매법에서는 특정물을 ascertained goods 또는 special goods 라고 표현하고 있으며, 미국의 통일상법전에서는 identified goods로 표현하고 있다. Incoterms에서는 appropriated goods 또는 identified goods라고 하고 있으며, CISG에서는 special goods 또는 identified goods라고 표현하고 있다. 우리나라에서는 특정물이라는 표현이 사용되고, 채권의 목적에 따라 불특정물의 매매는 소위 종류채권 또는 불특정채권이라는 개념이 사용된다.

체적인 거래에 있어 거래당사자가 계약이행의 목적으로서 인도되는 목적물의 개성에 착안하여 거래하고자 하는 물품을 의미한다. 다시 말해 무역계약을 이행하기 위해 인도될 물품이 속해 있는 종류 중에서 구체적으로 확정 내지 특정해 놓은 물품을 뜻한다.

불특정물(unascertained goods ; unidentified goods ; inappropriate goods)이라 함은 특정물과는 달리 계약이행의 목적으로서 인도되는 목적물의 개성에 착안하지 않고 거래하는 물품을 의미한다. 즉 인도될 물품을 구체적으로 확정해 놓지 않고 일정한 종류에 속하는 물건의 일정량이면 어느 것이라도 상관이 없다고 하는 불확정 상태의 물품을 말한다.

예를 들어 곡물의 매매에 있어 '이 쌀'이라고 확정 또는 지정하여 이루어지는 매매를 특정물매매라 하고, 단지 '쌀 한 섬'이라고 일정한 종류에 속하는 일정량만을 표시할 때는 불특정물 매매가 된다.

불특정물은 인도될 물품이 종류와 수량에 의하여 단지 추상적으로 정하여져 있을 뿐이므로 실제로 계약의 이행차원에서 물품을 인도하는 단계에서는 그 정해진 종류에 속하는 물품 중에서 인도할 물품을 구체적으로 특정하여야 한다. 이를 불특정물의 특정이라 한다.

불특정물의 거래는 이와 같이 물품을 특정하여 인도하여야 하는 까닭에 어떻게 특정이 이루어지는지, 그 방식과 절차는 무엇인지 하는 데에 그 문제의 핵심이 있다.

(2) 불특정물의 특정

불특정물은 특정의 과정을 통해 특정물로 전환된다. 따라서 특정이라 함은 불특정물의 계약이행을 위한 수단 또는 방법이라 할 수 있다.

특정의 방법은 아래와 같다.

① 계약에 의한 특정

거래당사자간의 특약으로 특정의 방법을 정한 때에는 그 요건을 갖춘 때에 특정이 된다. 예컨대 그러한 특약의 하나로는 당사자의 일방 또는 제3자가 지정권을 갖고 그에 입각하여 목적물을 선정하는 방법이다.

② 매도인이 계약의 이행에 필요한 행위를 완료한 시점

첫째, 계약의 목적물을 직접 매수인에게 인도해주는 조건일 때,

매도인이 계약의 목적물과 관련하여 이를 매수인에게 직접 인도할 때, 즉 계약의 목적물이 매수인의 주소에 도달하여 매수인이 언제든지 이를 수령할 수 있는 상태에 놓아두

면 당해 불특정물은 특정된다.

이 경우에는 매도인이 인도할 목적물을 그 종류에 속해 있는 물건 가운데에서 인도하기 위한 물건을 분리한다든지, 또는 철도, 우편, 선박 등의 운송기관에 위탁하여 계약의 목적물을 발송하는 것은 별도의 특약인 관습이 없는 한 특정이 생기는 것은 아니다.

둘째, 매수인 이외의 제3자 또는 매수인 주소지 이외의 제3의 장소에 계약의 목적물을 인도해주는 조건일 때, 매도인은 매수인이 지정한 제3자, 예컨대 매수인의 대리인 또는 운송업자에게 당해 목적물을 인도할 때 특정이 생긴다.

국제물품매매계약에서의 복잡한 특정의 과정은 Incoterms 조건상의 각각의 위험 및 비용의 분기점을 중심으로 특정이 이루어지는 것이 보다 일반적이다.

③ 동종의 대량화물에 대해 다수의 매수인이 존재하는 경우일 때

동종의 대량화물(bulky cargo)에 다수의 매수인이 존재할 때 이 대량화물이 매수인들에게 아직 할당 또는 분배되지 않았다는 것은 여전히 불특정물 상태[82]라는 의미이며, 이는 곧 소유권의 이전이 아직 이루어지지 않았다는 것을 함의한다.

이때 매도인이 각각의 매수인에게 소위 '할당 또는 분배의 과정'(process of exhaustion)을 이행하는 시점에서 비로소 특정이 생긴다.[83] 동종의 대량화물에 이같이 다수의 매수인이 존재할 경우 반드시 'process of exhaustion'을 거쳐야만 당해 대량화물은 특정되고 소유권이 이전된다는 것이 일반원칙이다.

그러나 비록 당해 대량화물이 목적지에서 매수인에게 할당 또는 분배되지 않은 상태라 할지라도 다음과 같은 조건이 충족되면 불특정물의 특정이 이루어지고, 전체 대량화물 내의 비율별로 공동소유권(co-ownership)이 인정될 수 있음을 유의해야 한다.[84]

하나는, 당해 대량화물 중 일정량에 해당하는 매수인들의 몫이 실제로 존재하고, 이는 분리가능한(severable) 상태여야 한다.

다른 하나는, 그 일정량의 몫에 대해 해당 매수인은 이미 대금을 선불(advance payment)한 상태여야 한다.

---

82) *Re Wait* [1927] 1 Ch. 606 : 여러 매수인들로 구성된 동종의 대량화물을 구입한 경우 이들 매수인 중 1인이 자신의 분량만큼을 비록 이미 대금결제를 하였어도 특정의 과정이 없었다면 여전히 불특정물 상태에 있으므로 해당 매수인은 자신의 소유권을 주장할 수 없다.

83) *Karlshamns Olje Fabirker v. Eastport Navigation Corporation ; The Elafi* [1981] 2 Lld. R. Rep.679.

84) *Indian Oil Corporation Ltd v. Greenstone shipping S.A ; The Ypatianna* [1988] Q.B. 345.

3) 소유권이전의 원칙

일반적으로 소유권이전은 다음과 같은 원칙에 따른다.

첫째, 불특정물은 반드시 특정의 과정을 거쳐 특정물로 전환되어야 한다.

둘째, 특정물은 법률행위에 의한 동산물권변동의 요건을 갖추어야 한다.

여기서 법률행위에 의한 물권변동의 요건이라 함은 물권행위와 점유권의 이전을 말한다.

소유권과 관련한 물권행위는 궁극적으로 매도인이 자신이 소유한 계약목적물에 대한 소유권을 포기하려는 의도와 동시에 매수인이 당해 목적물의 소유권을 취득하려는 의도가 있을 때 성립하며, 이에는 실질적으로 당해 목적물에 대한 점유권을 이전시키는 인도행위가 수반된다.

따라서 매도인이 소유권을 이전시킬 의도로 계약조건에 따라 매수인이나 그의 대리인 또는 운송업자에게 물품을 인도하면, 일단 소유권은 매수인에게 이전한 것으로 간주된다.

그러나 여기서 유의할 것은 당사자간의 합의나 어느 일방의 요구로 매매계약체결시 명시적으로 계약조건의 하나르 소유권의 이전시기 및 형태를 규정해 놓았다면 명시된 특정조건이 성취되지 않는 한 소유권도 이전하지 않는다는 점이다. 예컨대 매매계약서상에 소유권유보조항(reservation of title clause)을 삽입한 것이 이에 해당한다. 즉 '매매대금이 완납되지 않으면 소유권은 이전하지 않는다'라는 소유권유보조항을 매매계약서에 삽입하였다면 매수인이 대금을 완납하지 않는 한 소유권은 매수인에게 이전하지 않는다.

한편 이와 같은 계약물품의 인도행위는 이를 직접 매수인이나 그의 대리인에게 인도하는 방식도 있지만, 통상 운송업자에게 물품을 인도한 후 발급되는 선하증권을 매수인에게 인도하거나 양도해주는 방식으로 소유권을 이전하는 방식이 보편화되어 있기 때문에 선하증권이 어떠한 형태로 발급되느냐에 따라, 그리고 선하증권상에 매도인의 소유권 이전의 의도가 어떻게 구체화되어 있느냐에 따라 소유권이전의 양상이 달라진다.

4) 선하증권의 인도와 소유권의 이전

매도인이 운송계약을 체결하고 선하증권을 교부 받을 때, 또는 매수인이 직접 운송계약을 체결하고 선하증권을 발급 받을 때, 또는 선하증권의 발급과 함께 환어음이 발행될 때, 이들 각각의 경우에 따라 소유권의 이전 양상은 차이를 보인다.

첫째, 선하증권의 발급과 함께 환어음이 발행될 때,

매도인이 물품대금과 함께 환어음(bill of exchange)을 발행하고 당해 환어음의 지급(payment) 또는 인수(acceptance)를 위해 환어음과 함께 선하증권을 매수인 또는 그 대리인에게 제시하여 인도한 경우, 당해 환어음에 대한 대금의 완납이 실현되지 않고서는 소유권은 매수인에게 이전되지 않는다.

매도인이 자신의 대금채권 확보를 위해 환어음을 발행하면 계약의 목적물을 대표하는 권리증권, 즉 선하증권이 매수인에게 인도되었다 할지라도 당해 목적물의 소유권은 대금이 모두 결제될 때까지 여전히 매도인에게 남아있다. 환어음 발행은 소유권유보의 역할을 하기 때문이다.

환어음의 발행은 동산물권변동에서 요구하는 '물권행위 및 인도'에 있어서 매매대금의 결제를 정지조건(condition precedent)[85]으로 하여 매매계약을 체결한 점에서 그 예외적 상황이 된다. 따라서 대금의 완납이라는 조건만 성취되어야만 그 시점으로부터 매수인이 소유권을 취득하게 된다. 결과적으로 환어음이 첨부되는 선하증권의 인도는 앞서 설명한 바와 같은 매매계약서상에 마치 소유권유보조항을 삽입하는 것과 같은 효과를 발생시킨다.

이와 같은 소유권유보조건은 매수인의 대금지급불능과 같은 거래위험이 발생할 경우, 유보된 소유권에 입각하여 매매의 목적물을 회수할 수 있는 강력한 담보수단이 된다.

둘째, 매수인이 직접 운송계약을 체결하고 선하증권을 발급 받을 때, 동시에 위의 첫번째 경우와 같은 매도인의 소유권유보조건이 없는 경우,

이 경우에는 매수인의 선하증권을 상대방으로부터 인도받을 때 소유권이 매도인으로부터 매수인으로 이전한다. 매도인은 매수인이 체결한 운송업자에게 계약의 목적물을 인도함으로써 점유권 및 소유권의 이전을 의도하는 것으로 해석되기 때문이다.

셋째, 매도인이 운송계약을 체결하고 선하증권을 교부받을 경우, 동시에 첫 번째 경우

85) 법률행위의 당사자는 사적자치의 원리에 의해서 자유롭게 법률행위의 효력의 발생이나 소멸을 장래의 일정한 사실에 의존하게 할 수 있다. 이는 소위 조건(condition)의 설정으로 구체화 되는데, 이 조건은 크게 정지조건(conditions precedent)과 해제조건(conditions subsequent)으로 구분된다. 정지조건이라 함은 법률행위의 효력의 발생에 관한 조건을 말한다. 예컨대 특정조건이 우선 성취되어야 법률행위가 효력을 발생하게 되는 조건을 말한다. 해제조건이라 함은 법률행위 효력의 소멸에 관한 조건으로, 예컨대 그 조건이 후차적으로 성취될 경우 법률행위의 효력이 소멸함을 의미한다. 해제조건의 대표적인 예는 선하증권에 의해 소유권을 이전받았지만 이는 조건부의 소유권이전만을 의미한다. 추후 물품검사 후 물품이 계약과 일치하지 않는다면 매수인의 소유권은 해제되고 다시 매도인에게 귀속되기 때문이다. 여기서 물품의 계약과의 일치성 여부는 소유권이전의 해제조건이 된다.

와 같은 매도인의 소유권유보조건이 없는 경우,

이때에는 발급되는 선하증권의 형식에 따라 소유권의 이전 형태가 달라진다.

① 선하증권이 매도인 지시식(to the order of shipper) 또는 단순 지시식(to order) 또는 은행지시식(to the order of bank)으로 발행될 때 :

매도인(또는 그의 대리인)이 매수인(또는 그의 대리인)에게 당해 선하증권을 양도할 때 소유권이 이전된다.[86] 이때 이전되는 소유권은 소위 목적물의 사용 또는 수익의 권리만을 의미하며, 물권설정과 같은 법률적 처분권리는 대금의 완납을 통해서만 이전한다.

② 선하증권이 매수인 지시식(to the order of buyer)으로 발행될 때 :

매도인(또는 그의 대리인)이 당해 선하증권을 매수인(또는 그의 대리인)에게 인도할 때 소유권이 이전된다. 이때 이전되는 소유권은 사용·수익·처분의 모든 권리를 포함한다.

③ 선하증권이 매수인 기명식(to the buyer)으로 발행될 때 :

매도인이 당해 선하증권을 매수인에게 인도할 때 소유권이 이전된다. 이때 이전되는 소유권은 사용·수익·처분의 모든 권리를 포함한다.

5) 소유권 이전 후의 제 문제

소유권의 이전이 완료되어도 다음과 같은 상황이 발생하면 소유권은 변동될 수 있다.

첫째, 매도인은 매수인에게 계약에 일치하는 물품을 제공할 의무가 있다.

매수인에게 제시된 물품이 계약과 일치하는지 여부는 궁극적으로 매수인이 당해 물품을 검사함으로써 판단되는 것이기 때문에 물품의 검사 결과 당해 물품이 계약과 일치하지 않는다고 판명된다면 비록 소유권이 매도인으로부터 매수인으로 이전되었다 해도 매수인이 당해 하자물품의 인수를 거절함으로써 이미 자신에게 이전된 소유권의 효력을 소멸시킬 수 있다.

이러한 관점에서 볼 때 매수인의 소유권은 물품의 계약과의 일치성 여부를 해제조건(subsequent condition)[87]으로 하는 조건부 소유권(conditional property)이 된다.[88] 즉 매수인이 정당한 이유에 의해 당해 물품의 인수를 거절하면 그 물품의 소유권은 다시

86) 영국물품매매법 제19조 (2)항 ; 미국통일상법전 §2-401 참조.
87) *supra,* 각주 86) 참조.
88) Clive M. Schmitthoff, *op. cit.,* pp.38-39.

매도인에게 귀속된다.[89)]

둘째, 매매계약의 이행과 관련하여 매도인의 점유권과 소유권이 매수인의 대금결제와 동시에 이전된다면 별 문제겠으나, 소유권은 앞서 설명한 바와 같이 특별한 법률행위에 의해 이전되기 때문에, 매도인이 사전에「소유권유보조항」을 계약서에 삽입한다든지 또는 대금결제를「환어음 결제방식」으로 채택한 때에는 당해 물품의 소유권은 이들 특정 조건이 성취될 때까지 매수인에게 이전되지 않는다.

따라서 매도인이 이와 같은 조치를 취하지 못했다면 추후 매수인에 대해 자신의 권리를 주장하기 어렵다. 그러나 물품을 판매한 후 대금지급을 받지 못한 매도인(unpaid seller)이라면 물품에 대하여 유치권(right of lien), 운송정지권(right of stoppage in transit) 및 재매각권(right of resale) 그리고 대금지급청구권을 통해 채무를 불이행한 매수인에게 자신의 권리행사를 할 수 있다.[90)]

3. 위험의 이전

1) 위험의 부담

위험이라 함은 본질적으로 손실의 불확실성(uncertainty)을 의미한다. 이는 상당히 포괄적인 의미이긴 하나, 국제무역계약과 관련하여 한정하여 정의한다면 매매의 목적물이 미래의 발생가능한 손실원인에 의해 현실적으로 손실을 입을 수 있는 불확실성이라 할 수 있겠다.

국제물품의 거래에 있어 누가 위험을 부담하고 언제 그 위험이 이전하느냐 하는 문제는 소유권, 점유권의 경우와 마찬가지로 거래당사자의 사적자치의 원칙에 따라 그들간의 합의에 의해 결정되는 것이 보통이다.

이와 같은 합의의 결과는 위험의 부담자가 위험회피자(risk averter)임을 전제로 할 때 보통 보험기관을 통해 위험을 전가(transfer)하는 과정을 수반하기 때문에, 궁극적으로는 부보의 부담을 누가, 언제 지느냐 하는 문제로 귀착될 수 있다.

2) 위험의 이전

실제적으로 계약당사자들은 매매계약의 체결시 Incoterms상의 정형거래조건 중 하

89) *infra*, 이하 3절에서 자세히 설명한다.

90) *infra*,「대금지급을 받지 못한 매도인」의 권리에서 자세히 설명한다.

나를 채택·합의함으로써 위험의 이전과 이의 부담 여부를 결정하는 것이 보통이다. 그러나 이와 같은 합의의 요건이 누락되었다든지 또는 당해 합의만으로 해결되기 어려운 상황하에서는 위험의 이전에 관한 일반원칙이 적용되어야 하겠지만, 이러한 일반론적인 위험의 이전과 부담에 관한 원칙은 나라마다 일치하지 않는다.

예를 들어 영국의 경우에는 "당사자간 별도의 합의가 없는 한, 물품의 소유권이 매수인에게 이전하기까지는 그 물품에 대한 위험은 매도인이 부담하며, 소유권이 매수인에게 이전한 후에는 인도의 유무에 관계없이 매수인이 그 물품에 대한 위험을 부담한다."[91] 고 하는 채권자(또는 소유자) 위험부담원칙을 취하고 있다.

우리나라의 경우에는 쌍무계약에 있어서 어느 일방의 채무가 채무자의 책임이라고 할 수 없는 사유로 인해서 이행불능이 되어 소멸한 경우, 이것과 대가관계에 있는 상대방의 채무는 소멸하며, 그 손실은 소멸한 채무의 채무자가 부담한다[92]는 채무자 위험부담원칙을 채택하고 있다.

이와 같이 소유권과 함께 위험이 이전된다는 견해와는 달리 미국과 CISG에서는 원칙적으로 위험은 물품의 인도(delivery)와 함께 이전된다는 입장을 취하고 있다.[93]

3) 위험이전의 일반원칙

전통적인 위험의 이전원칙이 소유권과 결부되어 있는 것과는 달리 최근의 경향은 소유권과 위험을 분리시켜 위험의 이전을 독립적 영역으로 취급하고 있다.

소유권과 위험의 분리는 궁극적으로 당사자의 합의에 달려 있으나, 만일 그러한 합의가 없는 경우에는 위험은 일반적으로 계약의 목적물이 매도인의 관리를 벗어날 때 이전한다는 것이다.[94] 좀 더 구체적으로 살펴보면 다음과 같다.

첫째, 계약의 목적물을 매수인 또는 그의 대리인에게 인도해 주는 계약의 경우, 매수인 또는 그의 대리인에게 계약의 목적물을 인도할 때 위험은 이전된다.

둘째, 계약의 목적물이 운송될 것을 전제로 하지만 특정장소에서 물품을 인도할 의무가 없는 계약의 경우, 예컨대 복합운송조건의 계약일 때[95], 위험은 매도인이 매수인에게

---

91) 영국물품매매법 제20조 (1)항.

92) 민법 제537조 참조.

93) 미국통일상법전 §2-509 ; CISG 제67조 (2)항("매매계약에 물품의 운송이 포함되어 있고, 매도인이 특정한 장소에서 이를 인도할 의무가 없는 경우에는 위험은 매매계약에 따라 매수인에게 전달하기 위해 물품이 제1운송인에게 인도된 때에 이전한다.).

94) Clive M. Schmitthoff, *op.cit.*, pp. 124-125 참조.

95) Incoterms상의 FCA, CIP, CPT 조건이 이에 해당한다.

송부할 목적으로 계약의 목적물을 최초의 운송인의 통제와 관리하에 인도할 때 이전한다.

셋째, 계약의 목적물이 운송될 것을 전제로 하고, 특정장소에서 물품을 인도할 의무가 있는 계약일 경우, 예컨대 해상운송조건의 계약일 때[96], 위험은 계약의 목적물이 그 특정장소에서 운송인에게 인도되었을 때 이전된다.

넷째, 계약의 목적물을 매도인의 영업소에서 매수인이 수령하는 조건의 계약일 경우, 위험은 매수인이 계약의 목적물을 인수할 때 이전한다. 이때 매수인의 물품인수는 합리적인 기간 내에 이루어져야 하며, 이 기간이 경과했다고 판단되면 그 시점부터 매수인의 위험부담이 된다.[97] 한편 이 조건에서 유의해야 할 것은 매도인이 자신의 계약상의 인도의무(contractual obligations to deliver), 즉 물품을 특정하고 포장하는 등 인도에 필요한 준비를 마친 후 매수인에게 물품의 처분지시를 통지할 의무를 다했다 해도 이 사실만으로 해당 물품의 위험이 매수인에게 이전하는 것은 아니라는 점이다.[98]

이 조건에서 매수인의 물품수령 기한을 정한 경우[99] 매도인이 물품처분의 지시를 통보했다 하여도 그 기한이 도래하기 전에는 위험은 매수인에게 이전하지 않는다.

이 조건에서 물품의 위험은 매수인이 물품을 수령해 갈 때, 또는 계약의 이행기한이 도래하도록 물품을 수령하지 않아 계약을 위반할 때 이전된다.

다섯째, 불특정물의 경우에는 특정될 때 비로소 그 위험이 매수인에게 이전한다.

여섯째, 위험의 이전은 소유권의 이전과는 분리되는 것이므로 소유권의 이전에 필수적인 법률상의 물권변동요건을 필요로 하지 않는다. 따라서 매도인이 선하증권과 같은 권리증권을 소지하고 있다든지 또는 소유권을 이전시킬 의사 없이 이를 보유하고 있다든지 하여도 위험은 위에서 설명한 시점에 이전된다.

---

96) Incoterms상의 FAS, FOB, CIF, CFR 등이 이에 해당한다.

97) Incoterms상의 EXW조건이 이에 해당한다.

98) *supra*, 본 1 장의「인도의 장소」참조.

99) 예컨대 '5월 중 인도함'과 같은 식으로 합의한 경우이다.

제3절 물품의 인수와 거절

국제물품매매계약과 같은 유상계약·쌍무계약[100]에서는 매도인은 계약에 일치하는 계약의 물품을 매수인에게 제공할 의무가 있으며, 매수인은 계약의 물품과 상환으로 대금을 지급할 의무가 있음과 아울러 당해 계약물품을 검사할 합리적 기회를 갖는다.

계약물품의 검사결과 하자(瑕疵)가 발견되면 매수인은 당해 하자사항을 매도인에게 통보하고, 매도인은 이에 대해 담보책임을 져야 한다. 매수인은 매도인에 대해 손해배상의 청구를 할 수 있고, 거래의 목적을 이루지 못할 만큼 계약물품의 하자가 큰 경우에는 매수인은 계약물품의 인수를 거절하거나 당해 계약을 해제할 수 있다.

매수인이 하자물품의 인수를 거절하면, 비록 당해 물품의 소유권이 매도인으로부터 매수인에게 이미 이전되었다 할지라도 그 이전된 소유권의 효력은 소멸되며 다시 매도인에게 귀속된다.

이하에서는 국제물품계약의 이행에 있어 매도인의 담보책임과 매수인의 물품검사, 그리고 물품의 인수와 거절에 관한 법리를 살펴본다.

1. 매도인의 담보책임

매도인은 매수인에게 계약의 조건과 내용을 충족시킨 물품을 제공할 의무가 있으며, 만일 그러하지 못할 경우에는 매수인에게 그에 따른 담보책임을 부담해야한다.

매도인이 계약의 조건과 내용에 일치하지 않는 물품을 제공할 때 그 위반의 경중에 따라 크게 다음과 같이 분류된다.

1) 조건과 담보의 위반

영국에서는 매도인의 계약위반의 유형을 조건위반(breach of condition)과 담보위반(breach of warranty)으로 구분하고 있다.[101]

100) 유상계약이라 함은 어느 일방의 경제적 손실이 그에 상응하는 이득으로 보상되는 계약을 말한다. 유상계약에서는 계약의 목적물이나 권리의 하자 또는 흠결에 대하여 담보책임이 수반된다. 증여 등과 같은 무상계약에 대비되는 계약이다. 쌍무계약이라 함은 계약의 각 당사자가 대가적인 의미를 가지는 채무를 부담하는 계약을 말한다. 이에 대비되는 계약은 편무계약이라 하며, 쌍무계약은 모두 유상계약이다.

조건(condition)이라 함은 계약의 본질적인 부분을 의미하는 것으로써 이의 위반은 계약을 이행하지 않은 것으로 간주되며, 매수인은 당해 계약을 해제할 수 있다. 매도인이 조건을 위반한 경우 매수인은 이를 이유로 계약을 해제할 수도 있고, 또 계약을 계속 유지시키면서 손해배상청구권을 행사할 수도 있는 선택권을 가진다.

담보(warranty)라 함은 계약의 필수적인 사항이 아닌 부수적이고 종속적인 사항을 말한다. 따라서 매도인이 담보를 위반했다 해도 매수인은 이를 이유로 계약을 해제할 수 없고, 단지 담보위반의 결과 발생한 손해에 대해서만 손해배상청구를 할 수 있다. 이를 통해 볼 때 조건은 담보에 대해 상위개념이라 할 수 있다.

한편 계약의 이행에 있어 어느 것이 조건의 이행이고, 어느 것이 담보의 이행인지에 대한 결정은 쉽지 않으며 이는 당사자의 의사에 달려있으나 일반적으로 조건은 계약의 필수적인 사항(essence of contract)으로 계약의 주요 목적을 구성시키는 요건이라 볼 수 있다. 계약의 목적물인 물품과 관련한 조건의 위반에는 다음과 같은 것들이 포함된다.

① 계약의 명세와 일치하지 않은 물품이 제시될 경우,
② 매도인이 판단하기에도 제시된 물품이 특정목적에 부합되지 않은 경우,
③ 견본과 일치하지 않은 물품이 제시된 경우,[102]
④ 제시된 물품이 상업적 품질을 구성시키지 못할 경우

매수인은 조건의 위반이 발생한 경우 계약의 해제권 행사에 따라 당해 물품의 인수를 거절할 권리가 있다. 그러나 단지 담보의 위반일 때에는 이를 이유로 물품의 인수를 거절할 수는 없다. 매수인은 담보위반의 경우 일단 계약이 존속됨을 전제로 물품을 인수하여야 하며, 물품의 하자로 인한 손해배상의 청구권만을 행사할 수 있을 뿐이다. 이때 손해배상의 액수는 물품의 계약가격과 현실적으로 인도받은 하자물품의 가액과의 차액이 된다.[103]

만일 매수인이 조건의 위반임에도 불구하고 물품의 거절권을 상실한 경우에는 당해 조건위반을 담보위반으로 간주하여 담보위반을 근거로 손해배상청구권을 행사할 수 있다[104] 이를 '사후담보' 또는 '소급적 담보'(warranty ex post facto)의 적용이라고 한다.

---

101) 영국물품매매법 제11조 이하 참조.
102) 이 경우는 계약이 견본과 동일한 품질로 이루어짐을 조건으로 하는 견본매매일 때를 의미한다.
103) 영국물품매매법 제53조 (3)항.
104) 영국물품매매법 제11조 (4)항.

2) 계약가치의 실질적 침해

미국의 통일상법전은 매도인이 계약과 일치하지 않는 물품을 매수인에게 제공한 경우, 매수인은 그 위반의 정도에 따라 계약물품의 전부를 거절하거나, 또는 전부를 인수하거나, 또는 일부를 인수하고 그 나머지를 거절할 수 있도록 규정하고 있다.[105)]

이러한 세 가지의 선택기준은 제시된 물품이 계약의 가치(value of contract)를 어느 정도로 침해했는지 여부에 따라 결정되어 진다. 따라서 매도인이 제공한 계약물품이 계약과 불일치할 경우, 그 정도가 계약의 가치를 실질적으로 침해했다면(substantially impairs the value of contract) 매수인은 계약을 해제함으로써 불일치 물품을 거절할 수 있다.

한편 미국의 제2차 계약법 리스테이트먼트(Restatement)[106)]에 의하면 계약위반의 정도에 따라 전부위반(total breach)과 일부위반(partial breach)으로 분류[107)]하고 있으며, 그 효과는 영국의 조건위반과 담보위반의 경우와 동일하다.

3) 본질적 계약위반

CISG에서는 계약당사자들의 계약불이행에 대해 포괄적인 규정을 두고 있는데, 제3편 물품의 매매 총칙에서 본질적 계약위반에 대해 비교적 명확히 규정하고 있다.

본질적 계약위반(fundamental breach of contract)이란 계약을 위반한 당사자 일방이 미처 예견하지 못하였거나, 또는 동일한 부류의 합리적 사람이 동일한 상황에서 그러한 결과를 예견하지 못하였을 경우가 아닌 한, 계약위반의 결과가 상대방이 계약에 근거하여 기대할 수 있는 권리를 실질적으로 박탈할 때를 의미한다.[108)] 이러한 상황에서는 상대방은 계약을 해제시킬 수 있다.

따라서 매도인이 본질적 계약위반 행위를 한 경우에는 매수인은 계약을 해제하고 물품의 인수를 거절할 수 있다. 물론 계약위반의 내용이 본질적인 것이 아닐 경우에는 계

---

105) 미국통일상법전 §2-601 참조.

106) Restatement란 미국의 법률이 본질적으로 영국의 Common Law를 계승했으나 각 주가 독립된 법역을 이루고 법률내용도 매우 복잡화되어 미국의 법률협회(American Law Institute)가 미국법의 각 분야를 간단히 조문형식으로 체계적으로 재표현한 것을 말한다. Restatement는 주로 현행법 중 가장 유력하고 타당한 것을 채용하고, 얼마간의 학설적 견해를 첨가하고 있다. Restatement는 법적효력은 가지지 못하나 실제적 권위를 갖고 있는 미국법의 새로운 영역이라 할 수 있다.

107) Restatement of the Law, Contract 2d, vol.2. Section 235-257.

108) CISG 제25조.

약을 해제할 수는 없으며 대금감액청구권, 또는 손해배상청구권을 행사할 수 있을 뿐이다.

CISG가 제시하고 있는 이 본질적 계약위반의 개념은 매수인의 가장 강력한 구제수단인 계약해제권의 허용 여부를 가늠함에 있어 중심적 역할을 한다.

본질적 계약위반의 개념은 본 협약 전체를 놓고 보았을 때 제25조(정의), 제49조(매수인의 계약해제), 제64조(매도인의 계약해제), 제51조 (1)항(일부인도/일부부적합시 전체계약의 해제), 제70조(위험이전의 일반원칙의 예외), 제73조(분할인도계약)에 집중적으로 나타나고 있다.

본질적 계약위반은 CISG가 인정하고 있는 대체물의 인도청구에도 적용되며, 물품의 위험이 매수인에게 이전된 후에도 매수인은 본질적 계약위반으로 인한 구저수단을 유효하게 행사할 수 있다.

본질적 계약위반의 개념은 다음의 두 가지를 기본요건으로 하고 있다.

하나는 계약위반에 따른 단순한 손해의 발생 정도를 넘어 매수인이 계약에서 기대하고 있는 이익을 '실질적으로 박탈'(substantial deprivation)할 정도의 손실에 이를 요건이고, 다른 하나는 그것의 '예측가능성'(foreseeability)이다.

이때 예측가능성을 판단함에 있어 그 기준은 매도인의 판단으로도 계약의 위반이 있으면 당연히 그와 같은 손해가 발생할 것이라는 일반적 사실을 인식할 수 있어야 한다는 당위성 기준과 위반당사자의 지위에 있는 합리적 사람들이라면 그와 같은 손실이 발생할 것이라는 사실을 당연히 알고 있었어야 한다는 합리성 기준을 함께 포함하는 개념이다.

한편 CISG는 물품의 제공과 관련하여 매도인의 본질적 계약위반이 어떤 내용을 포함하는지는 명확한 규정을 두고 있지 않으나 일단은 매도인의 계약과 일치하는 상품의 제공의무를 다루고 있는 조항을 통해 계약위반의 경중을 가늠할 수 있는 기준을 설정할 수 있다.[109)]

① 물품의 명세와 동일한 물품으로써 통상적으로 사용되는 목적에 적합한 물품의 제공의무

② 계약체결 당시 매도인에게 명시적으로 또는 묵시적으로 알려져 있는 특정목적 에 적합한 물품의 제공의무

③ 매도인이 매수인에게 견본 또는 모델로 제시한 물품의 품질을 구비하고 있는 물품

---

109) CISG 35조 참조.

의 제공의무

④ 통상적인 방법 또는 인도물품의 보존 내지 보호를 위한 적절한 포장이 이루어 진 물품의 제공의무

매도인이 이상과 같은 요건이 충족되지 못한 물품을 제공한 경우, 이는 계약과 일치하지 않는 상품을 제공한 것으로 간주되며 그 경중에 따라 본질적 계약위반의 해당 여부를 판단해 볼 수 있을 것이다.

이외에도 본질적 계약위반이 어떠한 내용을 포함하는지 매매당사자들은 계약체결시 이를 명확히 해두는 것이 필요하다. 예컨대 공장기계의 생산정지, 물품의 인도량, 물품 품질의 부적합 정도 등 계약과 관련된 객관적 상황의 특정 등이 이에 해당할 것이다.

4) 매도인의 하자담보책임

우리나라의 민법은 매매의 목적인「재산권」에 하자가 있어서 이로 말미암아 그 재산권의 전부 또는 일부를 이전할 수 없거나, 또는 그 재산권의 객체인 물건에 하자가 있는 것을 급부한 경우, 매도인에게 일정한 책임, 즉 담보책임을 부과하고 있다.

이 경우 매수인이 선의·무과실임을 전제로 그러한 하자로 말미암아 매매의 목적을 달성할 수 없을 때에는 매수인은 계약을 해제할 수 있고, 아울러 손해배상을 청구할 수 있다. 다만, 그 하자가 중대한 것이 아닌 때에는 손해배상만을 청구할 수 있다.[110] 이들 권리는 매수인이 그 사실을 안 날로부터 6월 이내에 행사되어야한다.[111]

상법은 매수인은 계약의 목적물을 지체 없이 검사하여, 하자가 있으면 곧 매도인에게 통지하여야 하며, 그렇게 하지 못하면 매도인에게 책임을 묻지 못하도록 규정하고 있음은[112] 유의할 필요가 있다.

지금까지 살펴본 매도인의 상품의 제공과 관련한 계약위반에 따른 담보책임은 각 국의 법제마다 서로 명칭은 다르지만 그 개념과 궁극적 적용방식은 거의 대동소이함을 알 수 있다. 이를 요약하면 아래와 같다.

---

110) 민법 제580조 (1)항, 제575조 1항.

111) 민법 제582조.

112) 상법 제526조.

〈표 2-3〉 계약위반의 경중에 따른 매도인의 담보책임

계약위반의 경중 각 법제	계약의 해제권 (물품인수거절권)	손해배상청구권, 대금감액청구권 등
영국 (물품매매법)	조건의 위반 (breach of contract)	담보의 위반 (breach of warranty)
미국 (통일상법전)	계약가치의 실질적 침해 (substantial impairment of the value of contract)	계약가치의 실질적 침해 이외의 계약위반
미국 (리스테이트먼트)	계약의 전부위반 (total breach)	계약의 일부위반 (partial breach)
국제협약 (CISG)	본질적 계약위반 (fundamental breach of contract)	사소한 계약위반 (unfundamental or immaterial breach of contract)
한국 (민법)	계약목적을 달성시킬 수 없는 중대한 하자	사소한 하자

2. 물품의 검사

1) 매수인의 물품검사권리

매도인이 제공한 물품이 계약에 일치하는지 여부는 궁극적으로 매수인이 제공된 물품을 검사함으로써 판단되는 것이므로 매수인은 달리 반대합의가 없는 한 물품이 계약과 일치하는지 여부를 확인하기 위하여 자신에게 인도된 물품을 검사할 합리적인 기회를 갖는다.

따라서 물품을 인도받고 아직 물품을 검사하지 않은 매수인은 아직 당해 물품을 인수한 것으로 간주되지 않으며, 물품에 대한 합리적인 검사기회를 가질 때까지 매수인은 물품의 인수를 거절할 권리를 계속 유보하고 있는 셈이다.

매수인의 물품검사에 대한 합리적 기회라 함은 그 검사의 시기와 장소, 그리고 검사방법의 합리성에 있다.

검사의 시기와 방법의 경우, 예를 들면 매매계약의 체결시 소위 선적 전 검사(preshipment inspection ; PSI)를 합의한 경우에는 수출지에서 매수인의 비용으로 매수인이 지정한 검사기관에 의해 검사가 이루어져야 하므로 검사의 시기는 선적 전이며 검사의 장소는 수출지의 검사기관이 된다.

검사의 방법은 계약물품검사에 관한 조건에 따라 달라지지만, 만일 그러한 조건의 명시가 없었다면 주로 시각검사(visual inspection)에 의존하게 되는 경우가 많다. 따라서 매수인은 물품의 검사와 관련하여 그 시기와 장소, 그리고 검사방법 등에 관해 명시적으로 약정해 두는 것이 무엇보다도 가장 중요하다.

2) 검사의 시기·장소 및 검사방법

일반적 관점에서 볼 때 검사의 시기와 장소는 물품을 인도하는 장소와 그 인도시점이 된다. 그러나 이러한 추정은 당사자간의 합의나 약정에 따라 달라질 수 있다. 일반적으로 무역거래는 장시간의 운송과정이 수반되는 것이 보통이고, 매도인에게는 물품의 선적으로부터 운송과정 그리고 매수인의 당해 물품의 처분시까지 당해 물품이 상업적 상태를 갖추고 있어야 한다는 묵시적조건의 이행의무가 있으므로[113] 현실적으로 물품의 인도장소는 실질적 검사장소로는 부적합한 경우가 많다.

따라서 무역거래에 있어서 물품의 검사시기와 장소는 앞서 살펴본 선적 전 검사와 같은 별도의 합의가 없는 한 또는 이에 대한 반대 관습이 없는 한, 물품이 목적지에 도착할 때까지 연장되며 검사장소 역시 합리적인 검사가 가능한 장소까지도 연장된다.[114]

이와 같은 논리가 가능해 지기 위해서는 반드시 다음과 같은 두 가지 요건이 갖추어져야 함[115]을 유의할 필요가 있다.

첫째, 매도인이 물품을 인도한 장소가 검사장소로 부적합(unsuitable)한 것임을 명시적으로나 묵시적으로 추정할 수 있어야 하며,

---

113) 묵시적조건(implied conditions)이란 법 또는 관습에 의하여 당사자가 당연히 지킬 것이라고 판단되는 조건으로서 명시적조건(express condition)의 경우처럼 계약서에 구현되어 있지 않지만 반드시 지켜야한다. 이와 같은 계약의 묵시적조건과 명시적조건이 없다면 매수인은 계약의 목적물의 하자에 대해 항변의 권리를 갖지 못하게 될 것이며, 제시된 대로 물품을 인수할 수밖에 없다. 매수인은 이와 같은 거래를 주의해야 한다는 보통법상의 격언을 *caveat emptor* 라 한다. 오늘날의 매매계약에서는 반드시 계약의 묵시적조건과 명시적조건의 이행을 매도인에게 부과한다. ; A.G. Guest, *Benjamins Sale of Goods,* 3rd ed., Sweet & Maxwell Ltd., 1987, p.449.

114) 관련 판례에 대해서는 박대위, 「무역사례 I」, 법문사, 1983, pp. 188-191 ; Clive M. Schmitthoff, *op. cit.*, pp.137-140 참조.

115) *Saunt v. Belcher and Gibbons* (1920) 26 Com. Cas. 115 at 119 ; *Bergerco U.S.A. v. Vegoil Ltd.* [1984] 1 Lld. L. Rep. 440, 446 ("In order to postpone the place of inspection it is necessary that there should be two elements : the original vendor must know, either because he is told or by necessary inference, that the goods are going farther on, and the place at which he delivers must either be unsuitable in itself or the nature or packing of the goods must make inspection at that place unreasonable.")

둘째, 물품의 포장 또는 물품의 성질상 인도장소에서의 검사가 검사의 목적을 달성하기에 불합리(unreasonable)한 것을 명시적으로나 묵시적으로 추정할 수 있는 상태여야 한다.

3) 매수인의 물품검사 권리의 제한

매수인의 물품검사의 권리는 물품의 인수 또는 거절을 위한 정지조건(conditions precedent)은 아니다. 다시 말해 매수인이 당해 물품의 인수 또는 거절을 위해 반드시 물품의 검사를 수행할 의무는 없다는 것이다.

매수인의 물품검사권은 단지 물품을 검사할 수 있고 합리적인 기회를 부여받았다는 데 있는 것뿐이지, 당해 물품의 인수 또는 거절을 위해 물품의 검사라는 것이 반드시 전제조건이 되는 것이 아니라는 것이다.

따라서 매수인은 매도인으로부터 제공받은 물품을 자신의 판단에 의해 검사할 수도 있고 검사하지 않을 수도 있으며, 경우에 따라 자신의 물품검사 기회를 적기에 활용하지 못함으로 인해 그 기회를 박탈당할 수도 있다.

매수인은 물품의 검사를 결정하면 물품을 인도받은 후 합리적인 기간 내에 물품의 검사를 할 필요가 있으며,[116] 물품의 검사결과 하자가 발견되면 당해 하자사항을 합리적인 기간 내에 지체 없이 매도인에게 통보해 주어야한다.

만일 매수인이 물품을 인도받은 후 합리적인 기간 내에 물품의 검사를 하지 못하거나, 물품의 검사 후 발견된 하자사항을 합리적인 기간 내에 매도인에게 통지하지 못하였다면 매수인은 당해 하자 물품을 인수한 것으로 간주되며, 그 결과 물품의 인수를 거절할 권리를 박탈당한다.[117]

매수인이 물품의 검사 후 발견한 하자사항을 매도인에게 통지함에 있어 특별한 형태의 요건은 부과되어 있지 않다. 따라서 그것이 신속한 수단이라는 전제하에 적절한 방법으로 매도인에게 통지해주는 것이 바람직하다.

한편 매수인은 매도인에게 계약물품에 관한 하자담보책임을 묻기 위해서는 계약체결 당시 당해 물품에 하자가 있음을 알고 있지 못한 선의의 상태가 전제된다. 매도인 역시 자신의 인도물품에 하자가 있음을 알면서도 이를 매수인에게 통지하지 않은 채 물품을 인도했다면 어떠한 구제책도 매도인에게는 인정되지 않는다.

116) 다만 CISG는 제38조 (1)항에서 검사의 합리적 기간이라는 개념 대신 상황상 '실행가능한 단시간 내'에 물품을 검사하거나 또는 검사하게 하여야 한다."라고 규정하고 있다.

117) 각국의 법제들도 이와 크게 다르지 않다 ; 영국물품매매법 제35조 ; 미국통일상법전 §2-606 (b)항 ; CISG 제38조 ; 상법 526조 참조.

3. CISG상의 매도인의 물품의 계약적합의무[118)]

1) 계약적합물품의 인도

인도된 물품이 계약에 일치하는지 여부는 인도된 물품의 검사를 통해 당해 물품이 계약에 적합한지에 달려 있다.

CISG 제35조 (1)항에서는 매도인에게 자신이 인도하는 물품이 계약에서 정한 수량·품질·종류에 적합할 의무를 부과하고 있다.[119)] 이에 따라 매도인은 계약에서 정한 수량만큼을 인도하여야 하며,[120)] 계약에서 정한 품질과 종류의 물품을 인도하여야 한다.

만일 계약에서 품질을 명시적으로 정하지 않은 경우는 다음과 같은 계약적합물품을 인도하여야 한다.[121)]

(가) 통상적으로 사용되는 목적에 적합한 물품의 제공의무

매수인이 사용목적을 명시하지 아니하고 물품의 일반적인 명세(general description)만을 지정한 경우에 매도인은 동종물품이 사용되는 통상적 사용목적(ordinary purpose)에 일치하는 품질의 물품, 즉 그 물품을 구입하는 일반적 사람들의 통상적인 기대를 충족시키는 정도의 품질을 갖춘 물품을 인도해야 한다. 여기서 통상적으로 사용되는 목적에 적합한 물품이란 궁극적으로는 일상적인 거래과정에서 누구에게도 재판매가 가능한 물품이라는 것을 의미한다.[122)]

그럼에도 불구하고 계약물품의 통상적 사용목적의 품질을 두고 매도인과 매수인이 서로 다른 판단기준을 갖고 있을 경우에는 본 협약의 제8조와 제9조를 통해 해결한다.[123)] 즉 해당 계약물품은 동일하거나 유사한 종류의 물품을 구입하는 평균적인 사람들이 일반적으로 그러한 물품이 가지고 있으리라고 기대하는 성능과 품질을 갖추고 있

118) CISG가 도입한 '계약적합의무'란 각 법제에서 사용하는 개념인 '계약과 일치하는 물품의 제공의무'와 같은 개념이다. 본 장과 절에서는 이 두 개념을 법제에 따라 상호 호환적으로 사용한다.

119) CISG 제35조 (1)항.

120) 일반적으로 수량에 관해서는 묵시적 계약적합의무의 위반이 문제되는 경우는 없다. 통상의 수준으로 이해되는 수량차이는 계약위반이 아니다. 제6차 개정 신용장통일규칙 제30조 (b)항에서도 일일이 수량을 헤아리기 힘든 물품의 경우에는 5%의 수량의 증감을 허용한다고 규정하고 있다.

121) CISG 제35조 (2)항.

122) Albert H. Kritzer, *op. cit.*, p.284.

123) John O. Honnold(1991), *op. cit.*, §228.

어야 하며, 그 성능과 품질은 당사자간에 확립된 관례와 관행 및 동종 거래를 하고 있는 사람들에게 널리 알려지고 통상 준수되고 있는 거래관행에 따라 그 기준을 판단한다.

통상사용목적에 합치하는지 여부를 판단할 때의 기준은 당사자간의 합의가 없는 한 물품이 사용될 국가에서 통용되는 기준일 것 또는 물품이 사용될 국가가 확실하지 않을 때에는 매도인 국가의 기준과 매수인 국가의 기준이 모두 충족될 것이 요구된다.[124)]

(나) 특정목적에 적합한 물품의 제공의무

매도인은 계약체결 당시에 매수인에게 명시적 또는 묵시적으로 알려진 특별한 목적(particular purpose)에 일치하는 물품을 인도하여야 한다.

이를 위해서는 매수인 측면에서는 계약체결 당시 자신이 구매하는 물품의 특정사용목적을 계약에 명시적으로 정해두어야 할 것이다. 매수인이 물품이 사용될 목적을 매도인이 인지하게 함으로써 특별한 사용목적에 적합한 물품을 공급받을 수 있는 기회를 가질 수 있기 때문이다.

매수인은 매도인이 충분한 전문성을 갖추었음을 신뢰해야 하지만 이는 합리적 수준의 신뢰면 충분하다. 즉 신뢰의 정도는 합리적 신뢰기준(reasonable reliance criterion)이 적용된다.

따라서 계약체결시에 매수인이 자기의 특정사용목적을 매도인에게 고지하는 것으로 족하며 반드시 매도인의 전문성을 충분히 신뢰하고 있음을 담보할 명시적 요건은 없다. 다만 매수인이 물품의 특정사용목적과 관련하여 물품사양지정권을 갖기로 한 경우에는 계약체결시 합의한 기일에 또는 매도인의 요구를 받은 때부터 합리적인 기간 내에 그 지정을 매도인에게 해주어야 한다.[125)]

매도인은 계약체결 당시 또는 그 이전에[126)] 매수인의 특정사용목적을 이미 알고 있어야 하지만 단순히 그 물품의 의도된 사용목적(intended use of the goods)만을 알고 있는 것만으로는 불충분하다. 따라서 매수인이 자기의 특정사용목적을 매도인에게 주지시켜야 하지만, 그럼에도 불구하고 상황상 매수인이 매도인의 기술과 판단을 신뢰하지 않았거나 또는 신뢰하는 것이 불합리하다고 인정되는 경우에는 매도인이 특정사용목적

---

124) *Commentary on the UN Convention on the International Sale of Goods*, ed. Peter Schlechtriem, trans, Geoffrey Thomas, 2nd ed., Clarendon Press, 1998, p.280.

125) 만일 합의된 기일 또는 합리적 기간 내에 매도인에게 그 지정을 하지 못한 때에는 매도인이 물품의 사양을 지정하게 된다. : CISG 제65조 (1)항.

126) 계약체결 후에 매수인이 자기의 특정사용목적을 매도인에게 통지하는 것으로는 불충분하다.

에 적합하지 않은 물품을 인도했다 하더라도 그에 따른 책임을 지지 않는다.[127]

매도인 역시 매수인으로부터 특정목적에 부합하는 물품의 주문을 받은 경우 자신의 물품이 매수인을 만족시킬 수 없다는 사실을 알고 있을 때에는 이 사실을 반드시 매수인에게 통보하여야 한다. 그럼에도 불구하고 매수인이 해당 물품을 구입한 경우는 매수인은 매도인의 기술과 판단을 신뢰하지 않았다는 사실을 명백히 인정한 것으로 본다.

(다) 견본 또는 모형에 적합할 의무

견본(sample)[128] 또는 모형(model)[129]에 의한 매매에서 매도인은 제시된 견본이나 모형과 동일한 물품을 인도하여야 한다. 이 경우 견본이나 모형은 물품의 전부 또는 일부가 견본과 일치해야 한다는 계약의 명시담보(express warranty)의 기능을 한다.[130]

(라) 적절한 포장이 이루어진 물품의 제공의무

계약에서 정한 방법이 있으면 매도인은 그 방법으로 물품을 용기에 담거나 포장해야 한다. 그러나 포장에 대한 합의가 없으면 동일한 물품에 행하는 통상의 방법으로,[131] 만일 통상의 방법이 없는 경우에는 그 물품을 보존하고(preserve) 보호하는(protect) 데에 적절한 방법(adequate manner)[132]으로 용기에 담겨지거나(contained) 포장되어야(packaged) 한다.

계약물품이 상업적 품질(merchantable quality)을 유지하여야 한다는 묵시적 담보를 충족시키기 위해서는 물품은 계약에서 합의한 바에 따라 적절히 포장되어야 한다. 포장은 계약의 필수조건이다.

---

127) CISG 제35조 (2)항 (b)호.

128) 견본이란 해당 거래의 물품 중에서 추출한 물품을 말한다.

129) 모형이란 해당 거래에서의 바로 그 동일 물품이 아니라 거래의 성사나 검사를 위해 이미 제시했던 물품을 말한다.

130) 미국통일상법전 §2-313 (1)(c) ; 한편 영국의 물품매매법에 따르면 이를 묵시담보(implied warranty)로 규정하고 있다.(영국물품매매법 제15조 (2)(a) 참조).

131) 당해 물품의 거래에서 적용되는 관습이나 관행을 고려한다.

132) 물품을 보존하거나 보호하는 데에 적절한 방법이라 함은 물품의 성질을 고려하여 포장이 통상적으로 필요 없는 물품들, 예를 들면 벌크형태의 석탄이나 광물은 구태여 포장하지 않는 것을 포함하며, 전대미문의 위험을 견딜 수 있는 포장을 의미하는 것이 아니다. 파손될 우려의 물품을 통상 보호할 수 있을 만큼의 정도를 말한다.(John O. Honnold(1991), *op. cit.*, §228 참조).

(마) 매도인의 면책

일반적으로 매도인은 계약체결시 자신이 물품의 부적합을 알고 있거나, 또는 모를 수 없었던 상태와는 관계없이 그 부적합에 대해 근원적 책임이 있다. 그러나 그와 같은 물품부적합의 가능성에 대해 매도인이 아닌 매수인이 이미 계약체결시 알고 있었다면 문제는 달라진다. 왜냐 하면 이 경우 매도인은 계약적합의 보증의무(warranty obligation)로부터 완전히 면책되기 때문이다.

CISG 제35조 (3)항에 따르면 "매수인이 계약체결시에 물품의 부적합을 알았거나 또는 모를 수 없었던 경우에는 매도인은 그 부적합에 대하여 상기의 (가)~(라)에 대한 책임을 지지 않는다"고 규정하고 있다.

여기서 매수인이 '알고 있거나 모를 수 없었던'(knew or could not have been unaware) 상태라 함은 매수인이 반드시 알고 있었어야만 했던 물품에 대한 추상적 (constructive) 인지기준이라기보다는 현재 알고 있는지에 대한 주관적 정신상태(subjective actual state of mind)를 의미한다. 그러나 이의 실질적 기준은 평균적인 매수인이라면 누구라도 분명히 알 수 있는 객관적이고 명확하게 인식가능한 물품의 하자상태를 말한다.[133)]

한편 매수인이 물품의 부적합을 인식할 수 있는 시기를 놓고 볼 때, 계약이행시기 또는 나아가 물품인도시기도 아니고, 계약체결시에 이를 인식하고 있다는 것은 상당히 이례적이고 제한적인 상황이라 볼 수 있겠지만, 구태여 예를 든다면 매도인이 이전에 매수인과의 거래시 비록 매수인이 클레임은 하지 않았지만 형편없는 품질의 물품을 수차례 팔아왔다든지, 또는 저급품에 일반적으로 매겨지는 가격으로 고품질의 물품을 제공하겠다는 제안 등이 이에 해당할 수 있을 것이다.[134)]

2) 물품의 계약적합성 판단시기

매도인은 원칙적으로 물품의 위험이 매수인에게 이전하는 때에 존재하는 물품의 부적합에 대해서만 책임진다.[135)] 만일 위험의 이전 직후에 물품의 부적합이 판명된 경우 이 물품부적합이 이미 존재했던 것이 위험의 이전 직후에 판명된 것이라면 책임이 있겠지만 그렇지 않을 때에는 이에 대해서는 매도인은 책임을 지지 않는다. 따라서 물품부적

133) Albert H. Kritzer, *op. cit.*, p. 287. 한편 이를 알거나 모를 수 없었던 것을 인지하지 못했음은 중과실(gross negligence)에 해당한다는 엄격한 기준의 견해도 있다.

134) C. Bianca & M. Bonell *et al.*, *Commentary on the International Sales Law : The 1980 Vienna Sales Convention*, Milan, Guiffre, 1987, p.279.

135) CISG 제36조 (1)항.

합에 대한 책임의 존재 여부는 위험이 이전될 당시 물품부적합의 존재 여부에 좌우된다. 나아가 위험의 이전시기를 중심으로 누가 물품부적합의 증명책임을 부담해야 하는지 여부도 결정된다.[136)]

CISG 제36조 (1)항에서는 매도인은 위험이 분기될 때까지의 물품부적합에 대해서만 책임지지만, 위험이 분기될 당시 이미 물품부적합의 상태가 존재하고 있었다면 그 사실이 위험의 분기 이후에 발견되는 경우라도 매도인은 책임을 진다고 규정하고 있다. 왜냐하면 이는 애당초 물품이 하자있는 상태였음을 함의하고 있기 때문이다.

만일 위험의 분기 이후에 부적합이 발생한 이유가 매도인의 계약상 의무위반에 기인한 것이라면 위험이 매수인에게 이전된 이후라도 당해 물품부적합에 대해 책임진다. 이 계약위반에는 위험이 이전된 후 포장의 불완전성으로 운송 중 물품의 부적합이 발생한 경우, 그리고 매도인이 일정기간 물품이 통상목적 또는 특정사용목적에 적합할 것이라는 보증 또는 특정한 품질이나 특성을 유지할 것에 대한 보증(guarantee)을 위반한 경우를 포함한다.[137)]

이상을 종합해보면,

첫째, 매도인은 위험분기 시점에 발생한 물품부적합에 대해 책임지며,

둘째, 위험분기 이후라도 이미 물품이 하자를 내재한 상태로 제공되었으면 이에 대해 책임지며,

셋째, 위험분기시점 이후라도 매도인의 포장불완전에 기인한 물품하자 또는 기타 매도인의 과실에 의한 물품하자의 발생에 대해서는 책임이 있으며,

넷째, 물품의 보증기간 중 하자가 발생하면 이에 대해 의당 책임을 진다.[138)]

3) 물품부적합의 하자치유

CISG 제37조에서는 매도인은 계약에 합의된 '인도기일 이전'에 물품을 인도한 경우에는,

① 그 인도기일까지 이미 인도한 물품의 누락분(missing parts)을 인도하거나,

---

136) 만일 매수인이 별다른 이의제기 없이 물품을 인수한 때에는 물품의 위험이 자신에게 넘어올 당시 이미 물품부적합이 존재하였음을 증명하여야 할 것이며, 위험이 이전된 후 담보기간 중에 물품의 부적합이 발생하였음을 증명할 때에는 매도인은 그 부적합이 물품위험의 이전 후 자신의 책임 이외의 원인에 의한 것임을 증명하여야 할 것이다(이기수·신창섭, 「전게서」, p. 74).

137) CISG 제36조 (2)항.

138) 그러나 매매계약시 장기간의 보증기간을 합의하지 않은 경우에는 물품이 매수인에게 실제로 인도된 때로부터 2년간의 보증에 한한다(CISG 제39조 (2)항).

② 부족한 수량(deficiency)을 보충하거나,
③ 부적합한 물품에 갈음한 물품(replacement)을 인도하거나 또는,
④ 물품의 부적합을 하자치유(remedy)할 수 있다고 규정하고 있다.139)

만일 합의된 인도기일이 기일(date)이 아니라 기간(period)으로 된 경우, 예컨대 '6월 중'의 형태인 때에는 6월의 말일까지 상기의 조치를 취할 수 있다.

이 규정에 따라 매도인은 계약에 합의된 인도기일까지는 물품부적합의 하자치유권을 갖기 때문에 이 기간 중 매수인은 CISG 제45조 이하의 구제조치, 즉 특정이행, 대체물인도청구, 수리청구, 부가기간부여, 대금감액, 계약해제 등의 구제수단을 취하는 것은 허용되지 않으며, 인도기일이 도래한 후에야 비로소 이들 구제수단을 행사할 권리를 갖는다.

매도인의 인도기일 전 하자치유권은 물품의 하자가 본질적 계약위반에 이를 정도의 부적합에 이를 경우에도 적용되기 때문에 이행기 전 계약위반(anticipatory breach of contract)의 경우를 제외하고는, 매수인은 인도기일이 도래할 때까지 본질적 계약위반을 이유로 계약을 해제할 수 없다.140)

하자치유권의 행사는 매수인에게 불합리한 불편을 초래하거나 불합리한 비용을 야기해서는 안된다.

만일 계약에서 정한 인도기일이 지난 경우라 할지라도 매도인은 CISG 제48조에 의해 인도기일 후 하자치유권을 행사할 수 있다. 따라서 제37조와 제48조를 연계하여 사용하면 하자치유권 행사의 공백은 없다.

4) 매수인의 물품검사의무

앞서 설명한 바와 같이 매도인이 제공한 물품이 계약에 적합한지 여부는 궁극적으로 매수인이 물품을 검사함으로써 결정된다. 따라서 매수인은 물품이 계약과 일치하는지 여부를 확인하기 위하여 자신에게 인도된 물품을 검사할 합리적인 기회를 가지며, 그 결과를 합리적 기간 내에 매도인에게 통지하여야 한다.

---

139) 그러나 매도인이 부적합을 하자치유하기 전에 이미 발생한 손해가 있거나 매도인의 하자치유가 있었음에도 불구하고 손해가 발생한 경우에는 매수인은 그 손해의 배상을 청구할 수 있다. 물론 매수인의 하자치유행위로 매수인에게 초래된 비용이 있으면 이 비용도 당연히 포함된다(CISG 제37조).

140) John O. Honnold, *Uniform Law for International Sales under the 1980 United Nations Convention*, 3rd ed., Kluwer Law International, 1999, p. 269.

CISG는 매수인의 물품검사와 관련하여 두 가지 기준을 부여하고 있는데, 그 하나는 제38조와 제39조의 '매수인의 물품검사 및 통지의무'이며, 다른 하나는 제58조 (3)항이 규정하고 있는 '매수인의 물품검사권리'이다.

이 둘은 서로 다른 형태로서 구별될 필요가 있는데, 제38조와 제39조는 매도인의 계약적합의무에 상응하여 매수인에게 간접의무의 형태로 부여되는 물품검사기준으로서 그 목적은 1차적으로는 매도인에게 물품의 부적합을 하자치유할 수 있는 기회[141]를 부여하기 위함이며, 궁극적으로는 매수인의 손해배상청구권 및 계약해제권의 행사를 위한 물품하자의 발견 및 매도인의 계약위반시점을 확정하기 위함이다.

반면 제58조 (3)항은 계약에 일치하는 물품을 받을 권리가 있는 매수인에게 당연히 부여되는 권리로써 물품을 검사할 합리적 기회를 가지기 전까지는 대금결제를 거부할 수 있고 불일치 물품을 인수거절 할 수 있는 매수인의 물품검사권리를 말한다.

CISG 제38조와 제39조가 규정하고 있는 '물품검사 및 통지의무'를 매수인이 해태하거나 이행하지 못하였다 할지라도 이로 인해 매도인에게 손해배상책임을 지는 것은 아니고, 단지 매도인에게 계약위반에 따른 책임을 물을 수 없을 뿐이다. 이러한 점에서 매수인의 '물품검사 및 통지의무'는 간접의무[142]에 해당한다.

이하에서는 CISG가 제시하고 있는 '매수인의 물품검사 및 통지의무'에 대해 상세히 살펴보도록 한다.

(가) 매수인의 물품검사의무(CISG 제38조)

CISG 제38조 (1)항에서는 "매수인은 그 상황에서 실행가능한 단기간 내에 물품을 검사하거나 또는 검사하게 하여야 한다."고 규정하고 있다.

여기서 검사방식은 당사자간의 합의나 관습 및 관행에 따라 정해진다. 이때의 검사는 통상적인 검사에 한하며 고도의 주의와 비용을 요구하지는 않지만 철저하고 전문적이며 합당한 노력이 든 검사이어야 한다.[143] 즉 도착지에 인도된 물품의 수량이나 상태를

---

141) CISG 제37조상의 제반 조치(①물품의 누락분 인도, ②부족한 수량보충, ③부적합한 물품에 갈음한 물품인도, ④ 물품의 부적합 하자치유) 및 CISG 제44조에 따른 가격조정과 손해배상조치를 할 수 있다.

142) 의무는 법률상의 구속이므로 그 불이행에는 법률상의 제재가 따르게 된다. 그러나 이같은 의무와는 달리 그 불이행의 경우에 일정한 불이익을 받기는 하지만, 다른 법률상의 제재가 따르지 않는 것을 간접의무라고 한다. CISG가 도입하고 있는 간접의무는 매수인의 '물품검사의무'와 더불어 양당사자 모두에게 해당하는 '손실경감의무'와 '물품보관의무'가 있다.

143) Austria, 27/8/1999 ; Unilex 1 Ob 223/99x.

육안으로 검사(visual inspection)하는 정도에 그칠 수도 있지만 상황에 따라서는 전문가의 도움에 의한 검사일 수도 있다.

'실행가능한 단시간 내'(within as short a period as is practicable)의 의미는 물품검사의 실행가능성(practicability)을 말하는 것으로 CISG 제71조 (3)항의 이행기 전 계약위반의 경우 의무이행중지의 통지시기인 '즉시'(immediately) 보다는 완화된 기간이지만, 물품의 인도시기를 다룬 제33조, 매도인의 계약위반시 수리청구를 다룬 제46조(3)항, 매수인의 계약해제통지시기를 규정한 제64조 (2)항 등의 합리적 기간 내(within a reasonable time)[144] 보다는 더 신속한 시간개념이다. 이 기간은 지체(delay)를 전혀 허용하지 않는 '즉시'의 시간기준과는 달리 구체적 사건의 객관적, 주관적 상황에 따라 달라질 수 있으며, 개별적인 거래의 내용과 물품의 성질, 거래관행, 검사의 장소·시설·능력, 검사에 소요되는 통상적인 기간 그리고 기타 모든 상황을 고려하여 결정된다.[145]

일반적으로 영미법계에서는 물품검사를 위한 기간을 '합리적 기간'으로 부여하고 있다.

각 국 법제들에 따르면,[146] 매수인은 물품의 검사를 결정하면 '물품을 인도받은 후 합리적인 기간' 내에 물품의 검사를 하여야 하며, 물품의 검사결과 부적합 내용이 발견되면 당해 부적합사항을 '발견할 수 있었던 시점으로부터 합리적인 기간' 내에 지체 없이 매도인에게 통보해 주어야 한다고 규정하고 있다는 점을 고려해 볼 때, CISG의 물품검사기간은 이들 영미법계의 합리적 기간보다는 보다 신속한 개념임은 틀림없다.[147]

물론 CISG의 '실행가능한 단시간 내'는 본질적으로 합리성(reasonableness)에 그 근본을 두고 있지만,[148] 실질적으로는 계약의 유지이념을 달성하기 위해 문자 그대로 어

---

144) 합리적 기간을 다룬 조항은 제33조(c)항(물품인도시기가 정해지지 않은 경우 매도인의 물품인도기간), 39조(1)항(물품의 부적합 발견 후 매도인에게 통지하는 기간), 43조 (1)항(매수인의 제3자 권리주장 인지 후 매도인에게 통지하는 기간), 47조 (1)항(매수인의 합리적 부가기간부여), 48조 (2)항(이행지체시 매도인의 이행수령여부 문의에 대한 매수인의 답변기간), 49조 (2)(a)항(인도지체의 경우 매수인이 이를 안 후 합리적 기간내 계약해제), 63조 (1)항(매수인의 합리적 부가기간부여), 64조 (2)(b)항(매수인의 이행지체 이외의 계약위반의 경우 계약해제를 위한 기간), 65조(매수인의 물품사양지정권 기간), 75조(계약해제 후 대체물구입 또는 재판매기간), 79조 (4)항(불가항력의 존재와 이의 영향을 상대방에게 통보하는 기간), 88조 (1)항(물품보관당사자의 물품매각통지의 기간) 등이 해당한다.

145) Enderlein & Maskow, *op. cit.*, p. 167 : 이기수·신창섭, 「전게서」, p. 77.

146) 영국물품매매법 제35조 ; 미국통일상법전 §2-606 (b)항 ; CISG 제38조 ; 상법 526조 참조.

147) Albert H. Kritzer, *op. cit.*, pp.315-316.

148) "매수인은 합리적인 처리속도로 행동하면 된다"(Enderlein & Maskow, *op. cit.*, p. 155), "매수인은 합리적으로 가능한 한 빨리 검사하여야 한다(C. Bianca & M. Bonell. *op. cit.*, p. 298),

감(語感)상의 신속성을 매수인에게 요구함으로써 매수인이 물품의 거절권을 행사하는데 좀 더 신속한 시간의 제약조건을 부과하려는 의도가 함의되어 있다고 볼 수 있다.[149)]

(나) 물품검사의 연장

CISG 제38조 (2)항에서는 "계약에 물품의 운송이 포함되는 경우에는 검사는 물품이 목적지에 도착한 후까지 연장될 수 있다."고 규정하고 있다.

이는 국제물품매매계약에서는 대부분 원격지간 운송이 수반되므로 매수인은 물품이 목적지에 도착한 후가 아니면 검사의 기회를 갖지 못하기 때문에 이러한 실제 실무적 상황을 반영하고 있는 조항이다.

이미 살펴본 바와 같이 CISG 제38조 (1)항이 규정하고 있는 '물품검사의 실행가능성'(practicability) 개념은 계약에 운송이 포함되는 경우 더욱더 유효한 의미가 된다. 다시 말해 운송이 수반되는 경우 당해 물품의 위험은 수출국 내의 제1운송인에게 물품이 인도되는 시점에 이전하지만, 실제로 물품의 검사는 그 '실행의 가능성'이 목적지에 도착한 후에야 비로소 가능해지기 때문이다. 이러한 경우 물품의 위험이전시기와 물품의 검사시기는 별개의 개념이 된다.

CISG 제38조 (3)항에서는 "매수인이 합리적인 검사기회를 가지지 못한 채 운송 중에 물품의 목적지가 변경되거나 물품이 재전송된 경우 그리고 매도인이 계약체결시에 그 변경이나 재전송의 가능성을 알았거나 알 수 있었던 경우에는, 검사는 물품이 새로운 목적지에 도착한 후까지 연장될 수 있다."고 규정하고 있다.

이 규정은 원 매매계약의 매수인이 최종구매자(end customer)가 아니고 단순히 매도인과 최종구매자 사이의 중개인으로 활동하거나 또는 중간에서 전매하는 구매자일 때 유효하다. 이 경우 최종목적지에 도착하기도 전에 물품검사를 위해 포장을 해체하여 물품을 합리적으로 검사해야 한다는 것은 도저히 실행가능한 일이 될 수 없을 것이다.[150)]

따라서 물품이 계속 제2, 제3의 구매자에게 전매될 것이 예상되는 국제거래에서는 재전송된 물품이 최종목적지에 도달할 때까지 매수인의 물품검사기회는 연장되는 것이 합리적이다. 단, 검사가 연기되는 경우에는 매도인은 계약체결 당시 그러한 목적지의 변

"엄격한 검사시간을 설정하는 것은 실질적이지 못하므로 이에 대한 대안적 행위를 요구하는 것이 실행가능한 단시간 내이다(John O. Honnold(1999), *op. cit.*, pp. 328-329).

149) D. Cambell & C. Rohwer, *Legal Aspect of International Business Transactions*, Elsevier, 1984, pp. 272-273.

150) 이 경우 매수인의 검사는 임의추출검사(spot check)에 머무르며, 이것이 관례이다(Enderlein & Maskow, *op. cit.*, p.157).

경이나 물품의 재전송 가능성을 알았거나 알 수 있어야했을 때에 한한다.

여기서 목적지의 변경(redirection)이란 물품이 최초의 목적지에 도착하지 않아 매수인이 이를 수령하지 않은 채 새로운 목적지로 계속 운송되는 것을 말하고, 재전송(redispatch)이란 물품이 최초의 목적지에 도착한 후 매수인이 이를 수령한 후 뒤이어 계속 새로운 목적지로 운송을 계속할 때를 말한다.

따라서 이 두 경우와 같이 운송 중에 그 목적지가 변경되거나 물품이 재전송된 때에는 새로운 목적지(new destination)가 검사장소가 된다.

그러나 여기서 유의해야 할 것은 다음과 같은 것이 있을 수 있다.

첫째, CISG 제38조 (3)항은 계약이 CIF조건으로 체결된 경우에는 적용상의 제약이 있을 수 있다는 점이다. 왜냐 하면 CIF계약에 관해 준거법의 역할을 하고 있는 「Warsaw-Oxford Rule」 제19조에 의하면 '매수인의 물품검사기간 및 그 결과의 통지는 물품도착 후 3일'로 규정되어 있어 이 기간 내에 매수인은 반드시 물품의 검사를 완료하고 그 하자사항을 매도인에게 통보하여야 하기 때문이다. 따라서 본 조항은 실무상으로는 그와 같은 물품검사에 대한 제한 조건이 따로 부과되어 있지 않아 물품검사의 일반 원칙이 적용되어야 하는 FOB와 같은 조건의 매매계약[151]에 훨씬 더 특화되어 적용될 수 있는 규정이다.

둘째, 본 조항이 규정하고 있는 운송인은 독립적 운송인의 지위를 가진 자여야 하며, 만일 매수인의 대리인의 법률적 지위가 있는 운송인일 경우 이 운송인에 대한 물품인도는 매수인에게 물품을 인도한 것으로 간주되므로 물품을 검사할 시기는 물품이 인도될 당시이며, 검사의 의무는 운송인에게 있다.[152]

셋째, 매도인은 계약체결 당시 그러한 목적지의 변경이나 물품의 재전송 가능성을 '알았거나 알 수 있었어야 했을 때'에 한한다는 의미는 목적지 변경이나 재전송이 일어날 수도 있다는 추상적 가능성에 대한 매도인의 인식이 아니라, 예측가능한 상황이어야 함을 의미한다. 따라서 매수인은 목적지 변경이나 재전송의 가능성을 반드시 매도인에게 명시적으로 고지하여야 한다. 매수인이 이를 고지하지 않은 경우에는 매도인은 목적지 변경이나 재전송에 따른 물품의 처분은 최종구매자의 위험부담으로 이루어진다.[153]

넷째, 매도인이 예측 가능한 목적지의 변경이나 재전송이 아닌 경우에는 매수인은 물품의 검사를 자신의 의사대로 새로운 목적지까지 연장시킬 수 없다. 즉 목적지가 예기치

151) *Molling & Co v. Dean & Son Ltd* (1902) 18 T.L.R. 217. : Clive M. Schmitthoff. *op. cit.*, p.27 참조.

152) Enderlein & Maskow, *op. cit.*, p.156.

153) C. Bianca & M. Bonell, *op. cit.*, p.301.

않게 변경된 경우 매도인에게 이를 사후에 통지하고 물품의 검사를 연기하는 것은 허용되지 않는다.

5) 매수인의 부적합통지의무(CISG 第39條)

CISG 제39조 (1)항에서는 "매수인은 물품이 계약에 적합하지 않음을 이유로 매도인에게 책임을 묻기 위해서는 물품의 부적합을 발견하였거나 또는 발견할 수 있어야 했던 때로부터 합리적인 기간 내에 물품의 하자내역을 명시하여 매도인에게 통지하여야 하며, 이 통지의무를 해태하면 매수인은 물품의 부적합에 따른 구제수단을 행사할 수 있는 권리를 상실한다."고 규정하고 있다.

이 규정에서 볼 때 부적합통지의무의 개시시점은 그 부적합을 발견할 수 있었던 때부터이다, 이 시점이 곧 부적합통지의 유효기한인 합리적 기간의 기산점이 된다.

사실상 매도인은 본 협약 제36조 (1)항에 따라 물품의 위험이 매수인에게 이전될 당시까지만 계약과 일치하는 물품을 제공할 의무가 있을 뿐이다.[154] 따라서 매도인으로부터 매수인에게 물품이 인수된 후 매수인이 이를 사용하던 중 물품이 계약에 부적합하다는 사실이 발견되면 책임의 소재를 따지기 위해 그러한 부적합이 과연 위험의 분기시점 전에 발생하였는지 아니면 그 후에 발생하였는지를 정확히 확정하여야 한다. 그러나 실무적으로 이러한 확정의 과정은 대단히 어려운 일이며, 이는 추후 분쟁의 근원이 되기도 한다.

이같은 차원에서 볼 때 매수인의 물품부적합의 통지의무는 이러한 분쟁의 근원에 대처하기 위한 최소한의 예방조치로서의 역할을 한다.

매수인의 물품부적합의 통지는 다음과 같은 요건을 갖추어야 한다.

(가) 물품부적합의 명시

매수인은 계약에 물품이 부적합하다는 사실을 발견하면 그 부적합 하자의 내용을 총망라하여 명시하여야 한다. 이 통지에는 본 협약 제35조[155]가 제시하고 있는 물품의 수량, 품질, 명세 및 포장 등의 하자사항의 내용·성질·정도 모두를 표시해야 하며, 매도인이 그 내용을 이해하는 데 어려움이 없을 정도로 충분히 상세하여야 한다.

---

154) CISG 第36조 (1)항 : "비록 물품의 부적합이 매수인에게 위험이 이전된 직후에 판명된다 할지라도 매도인은 위험이 매수인에게 이전하는 때에 존재하는 물품의 부적합에 대해 계약과 본 협약에 따라 책임을 진다."

155) *supra*, 「3. 매도인의 물품의 계약적합의무」 참조.

나아가 계약에 일치하는 서류의 인도가 물품인도와 더불어 그 의무의 일부를 구성하는 CIF조건의 계약에서는 물품의 부적합 사항뿐만 아니라 서류의 불일치 내용도 함께 합리적 기간 내에 통지되어야 한다.[156)]

물품부적합의 내용을 이처럼 구체적으로 망라해야 하는 이유는 매수인에게 소위 하자치유원리(doctrine of cure)를 준용하게 함으로써 매도인으로 하여금 부적합의 내용을 이해하고, 그에 기초하여 대체물의 인도, 수리 등 적절한 조치를 취하도록 하려는 목적이 함의되어 있기 때문이다. 따라서 단순히 '물품에 하자있음'(defective goods)과 같은 통지로는 충분하지 않다.[157)]

하자있는 계약목적물에 하자치유원리를 적용하기 위해서는 매도인이 주어진 조건하에서 그 하자사항을 완벽히 치유할 수 있도록 매수인은 발견한 하자사항을 구체적으로 총망라하여 이를 지체 없이 통보해주는 것이 반드시 선행되어야 한다.

(나) 물품부적합통지의 시기

매수인은 물품의 부적합을 발견하였거나 또는 발견할 수 있었어야 했던 때[158)]로부터 합리적인 기간 내에 매도인에게 그 부적합의 내용을 통지하여야 한다.

이때 이 시기는 물품의 검사를 통해 물품의 하자를 발견한 것이 아니어도 무방하며, 물품의 검사시기에는 발견할 수 없었지만 후에 물품의 사용 중에라도 물품의 하자를 발견할 수 있는 시기이면 충분하다. 이때 그 부적합의 통보는 반드시 그 사실을 안 때로부터 합리적 기간 이내에 이루어져야 한다.

합리적 기간은 개별 거래의 내용과 물품의 성질, 거래관행, 시설, 검사에 소요되는 시간 및 주변 사정을 고려하여 판단한다.[159)]

매수인의 물품부적합 통지에 지나치게 획일적이고 확정적인 시간적 제약을 두게 되면 이 제약조건으로 말미암아 경우에 따라 매수인은 물품의 하자를 검사할 정당한 기회

---

156) John O. Honnold(1991), *op. cit.*, §256.

157) *ibid.* ; 한편 이와 비슷한 예로 "형편없는 세공도와 부적절한 가봉상태"(poor workmanship and improper fitting)이라는 통보내역도 유효한 통보가 아니다(Albert H. Kritzer, *op. cit.*, p.326).

158) 발견할 수 있었어야 했던 때(ought to have discovered)의 의미는 매수인과 같은 동종 또는 유사한 물품을 취급하는 평균적 상인들이 그와 같은 입장에 있었다면 당연히 발견할 수 있었을 거라고 판단되는 시점을 말한다.

159) 하자의 발견함에 어려움이 있는 복잡한 기계류의 합리적 기간은 상당한 기간이 소요될 수도 있으나 시간의 흐름에 따라 부패가능성이 높은 perishable goods의 경우에는 통보의 합리적 기간은 즉시 이루어지는 기간일 것이다.

(fair opportunity)를 가져보기도 전에 이 권리를 박탈당하게 될 것이다. 따라서 이러한 부당한 결과가 초래되지 않도록 물품의 검사와 이의 통지는 보다 더 탄력적으로 운용되어야 하며 현행 무역관례에도 부합되어야 할 것이다.[160]

이같은 차원에서 본 협약은 매수인의 물품검사의무에 관해서는 '실행가능한 단기간 내'에 행하도록 요구하는 반면, 매수인의 물품부적합 통지시기에 관해서는 '합리적 기간 내'에 행하면 충분한 것으로 규정을 하고 있다는 점을 유념할 필요가 있다.

매수인의 물품부적합통지가 매수인의 귀책사유 없이 도달하지 않거나 또는 지연되어 도달한 경우라 할지라도 구체적 상황에 맞는 적절한 방법으로(by means appropriate in the circumstances) 통지한 이상 매수인은 통지의무를 다한 것으로 인정된다.

(다) 제척기간 2년

물품부적합의 통지기간은 물품이 매수인에게 실제로 인도된 날로부터 2년을 초과하지 못한다.[161] 이는 2년 이상의 장기간이 경과된 후에는 매도인은 물품부적합에 따른 책임으로부터 면책됨을 의미한다.

이때 2년의 제척기간은 당사자간의 합의에 의해 이보다 장기간의 보증기간(warranty period)이 설정된 경우에는 변경될 수 있다.

6) 물품부적합통지 불이행의 효과와 그 예외(CISG 제40조와 제44조)

매수인은 합리적 기간 내에 대도인에게 물품부적합의 통지를 하지 못하면 물품부적합에 따른 책임을 매도인에게 물을 수 없다.

좀 더 구체적으로는 CISG 제39조에 따른 물품부적합의 통지의무를 매수인이 불이행하거나 불완전하게 이행한 경우에는 매수인은 본 협약이 인정하고 있는 손해배상의 청구권리, 계약 해제의 권리, 대금의 감액 요구권리, 또는 대체물의 인도나 수리의 요구권리를 행사할 수 없다.

그러나 매수인이 통지의무를 해태하거나 불이행하였다 할지라도 다음과 같은 두 가지 상황에서는 예외적으로 매수인은 자신의 권리를 행사할 수 있다.

---

160) John O. Honnold(1991), *op. cit.*, §250.

161) 2년의 제척기간의 기산시점은 매수인이 실제로(actually) 물품을 인도받은 날이다. 그 이유는 장시 간이 소요되는 운송기간이 이 2년에 산입되는 것을 방지하고, 운송 중의 위험을 제외하기 위함이다 ; John O. Honnold(1999), *op. cit.*, p.282.

① CISG 제44조의 적용

물품부적합의 통지를 합리적 기간 내에 제대로 이행하지 못한 데 대한 합리적 사유(reasonable excuse)가 있는 경우에는[162] 매수인은 자신이 취할 수 있는 구제수단에 제약을 받지만 그중 대금을 감액하거나 손해배상을 청구할 권리는 여전히 보유할 수 있다.[163]

다만 물품부적합통지의무는 간접의무이므로 이익의 상실뿐만 아니라 통지의무를 해태하거나 불이행함으로써 발생한 손해액은 배상의 범위에서 제외되며,[164] 특정이행을 청구하거나 계약을 해제할 수는 없다. 매수인은 소위 '사후담보' 또는 '소급적 담보'(warranty ex post facto)의 일환으로 자신의 손실을 배상받게 된다는 의미이다.[165]

한편 여기서 유의할 점 하나는 본 조항상의 '합리적 사유'는 매수인이 합리적 기간 내에 물품부적합을 '통지'하지 못한 데 대한 예외적 조치인 것이지, 매수인이 물품을 적기에 '검사'하지 못한 것에 양해조치가 아니라는 것이다.

② CISG 제40조의 적용

CISG 제40조에서는 물품의 부적합에 관해 매도인이 알았거나(knew) 또는 모를 수 없었던(could not have been unaware) 상황이고, 매도인이 이 사실을 매수인에게 고지하지 않은 경우에는[166] 비록 ① 매수인이 물품의 검사를 본 협약의 규정상 적기에 하지 못하였다 해도, 그리고 ② 물품부적합통지의무를 해태하거나 불이행하였다 하더라도 매도인은 자신의 책임을 면할 수 없고, ③ 2년간의 제척기간도 적용되지 않는다고 규정하고 있음을 유의할 필요가 있다.

이는 매도인이 기망행위를 하거나 또는 신의성실원칙을 위반한 행위가 되기 때문이다.

---

162) John O. Honnold(1999), *op. cit.*, p.283-284 ; 물품부적합통지의무 불이행에 합리적 사유가 있는 경우는 예를 들면 물품의 부적합을 최초로 안 때에는 이를 사소한 것으로 판단하였다가 추후 기계의 고장 등으로 그 부적합의 중대성을 알게 된 경우가 이에 해당할 수 있다. 또 다른 예로는 물품부적합통지의 지체가 물품검사 후 발급된 분석증명서의 오류에 의한 것이어서 추후 합리적 기간의 경과 후 그 오류를 실제로 알게 된 경우이다(이기수·신창섭, 「전게서」, p.82 이하 참조).

163) CISG 제44조.

164) 예를 들면 하자로 인한 소모성 비용들, 기계의 작동불능으로 인한 노동시간의 소실 등 이른바 간접손실액(consequential damages)이 이에 해당할 것이다(Peter Schlechtriem, *op. cit.*, p.70).

165) *supra*, 「매도인의 담보책임」 중 「조건과 담보의 위반」 참조.

166) 고지해야 할 상황은 물품의 품질 뿐만 아니라 해당 물품이 매수인의 통제하에 일단 넘겨진 후 물품을 변화시키거나 영향을 주는 사실들을 포함한다(Peter Schlechtriem, *op. cit.*, p.70).

4. 물품의 인수와 거절

1) 물품의 인수

일반적으로 국제물품매매계약에 있어 매도인이 제공한 물품을 매수인이 인수한 것으로 간주되는 상황은 다음과 같다.167)

(가) 매수인이 물품을 인수하겠다는 의사를 매도인에게 통보한 경우

매수인이 물품의 검사를 위한 합리적 기회를 행사했거나 또는 물품의 검사결과 발견된 물품의 하자가 있음에도 불구하고, 이를 인수하겠다고 명시적으로 구두, 서면 등으로 그 의사를 표명한 경우에는 물품을 인수한 것으로 간주된다.

(나) 매수인이 물품을 인도받은 후 합리적 기간이 경과된 후에도 당해 물품을 거절한다는 의사를 표명하지 않은 채 물품을 보유하고 있는 경우

매수인은 물품을 인도받은 후 합리적 기간 내에 물품의 검사를 할 기회를 가진다. 그럼에도 불구하고 매수인이 물품을 인도받은 후 합리적인 기간 내에 '지체 없이'(without delay)168)물품의 검사를 하지 못하였다든지, 또는 물품의 검사 후 발견할 수 있었던 당해 물품의 하자사항을 합리적인 기간 내에 통지하지 못하였다면 매수인은 당해 물품을 인수한 것으로 간주된다.

(다) 매수인이 물품과 관련하여 매도인의 소유권과 모순되는 행위를 하는 경우

'물품과 관련하여 매도인의 소유권과 모순되는 행위'(any act inconsistent with the ownership of the seller)라 함은 매수인이 인도받은 물품에 대해 마치 자신이 물품의 소유자인 것처럼 행위할 때를 말한다.

예를 들어 매수인이 인도받은 물품을 제2의 구매자에게 재판매한다든지 또는 당해 물품을 담보로 질권설정계약169)을 체결한다든지 하는 경우이다. 이와 같은 행위는 매수인

---

167) 영국물품매매법 제35조 ; 미국통일상법전 §2-606 참조.

168) CISG 제38조 (1)항이 규정하고 있는 물품의 검사를 위한 기간인 '실행가능한 단기간 내 (within as short a period as is practicable in the circumstances)와 유사한 개념이다.

169) 질권설정계약이라 함은 채무의 이행의 담보로서 동산을 인도하고 차후 채무이행의 경우에는 당해 동산을 반환받고, 채무의 불이행시에는 이를 매각할 수 있도록 하는 채권자와 채무자간의 계약을 말한다.

이 매도인으로부터 특별히 수권 받지도 않은 채, 당해 물품의 권리의 취득을 스스로 인정하고 그 권리의 사용을 통해 수익을 얻거나 처분하는 행위이므로 물품의 하자 유무와는 관련 없이 당해 물품을 인수한 결과가 된다.

매수인의 이같은 행위는 물품이 실제적으로 자신에게 인도되었든, 아니면 운송업자와 같은 점유매개자에게 물품이 인도되었든 상관없이 당해 물품으로부터 파생하는 권리를 활용한 것이므로 이는 물품을 인수한 것과 같은 효력을 주는 것이라고 간주된다.

매수인의 이와 같은 행위가 상품의 인수행위로 간주되기 위해서는 다음과 같은 두 가지의 전제가 필요하다.

하나는, 매수인에게 일단 물품에 대한 합리적인 검사기회가 부여된 후여야 한다는 것과, 다른 하나는, 매수인이 당해 물품에 관한 점유권을 획득한 상태여야 한다는 것이다. 점유권의 취득은 이미 앞서 설명한 바 있듯이[170] 물품에 대한 현재의 실제적인 지배상태 뿐만 아니라 선하증권과 같은 물품을 대표하는 권리증권의 소지로도 가능해지기 때문에 반드시 매수인이 현재 관련 물품을 실제로 점유하고 있지 않은 상태라도 적용된다.[171]

한편 매수인의 이 같은 행위에 의한 물품인수는 물품의 인수거절권을 상실하는 것이지, 하자 물품에 대한 손해배상청구권까지 상실한 것은 아님을 유의할 필요가 있다.

다시 말해 매수인은 인수한 물품이 계약의 해제가 가능할 만큼 본질적이고 근본적인 하자라 할지라도 위의 행위로 인해 물품을 인수한 것으로 간주되므로 물품인수거절권은 행사할 수 없지만, 당해 물품의 하자사항에 대해서는 하자담보책임을 매도인에게 물을 수 있는 권리는 존속한다는 것이다.[172] 그러나 매수인이 청구할 수 있는 금액은 계약 당시의 가치와 인도된 상태의 시장가치의 차액에 불과하며, 경우에 따라 당해 물품의 시황이 악화된 경우라면 회수 받을 수 있는 금액은 극히 제한될 수밖에 없을 것이다.

(라) 물품의 일부 인수 행위가 인도된 물품의 전체 인수로 간주되는 경우.[173]

계약이 불가분하다든지 또는 동일한 계약에서 매수인이 인도된 물품의 상업적 단위(commercial units) 중 일부만을 인수하고 나머지를 거절하는 행위는 용납되지 않으며, 일부만의 인수행위는 곧 전체의 인수행위로 간주된다.

---

170) *supra*, 본 장의 2절의 1 참조.

171) FOB계약이나 CIF계약과 같이 현재 운송을 위해 선박에 계약물품이 선적된 상태를 포함한다.

172) Clive M. Schmitthoff, *op. cit.*, pp.140-142. ; 사후담보 또는 소급적 담보(warranty *ex post facto*)의 적용에 해당한다.

173) 영국물품매매법 제11조 (4)항 ; 미국통일상법전 §2-606 (2)항.

그러나 매도인이 계약과 일치하지 않는 상품의 수량을 제공한 경우, 또는 계약과 일치하는 상품과 함께 타 종류의 물품을 섞어서 인도하는 경우에는 매수인은 ① 전체의 물품을 거절할 수 있거나, ② 계약에 일치하는 상품 또는 그 수량만을 인수하고 나머지는 거절할 수 있는 선택권이 있다. 예를 들어 여러 종류의 화물, 또는 여러 다양한 크기, 중량의 화물을 골고루 섞어서(assorted goods) 거래하는 계약의 경우에는 제시된 물품 중 계약에 일치하는 부분만을 인수할 수 있고 그 나머지는 인수거절할 수 있다.[174)]

2) 물품의 거절

매수인이 인도받은 물품을 거절할 경우 다음과 같은 일반원칙이 적용된다.

첫째, 매수인은 인도받은 물품을 거절하기로 결정하면 그와 같은 내용을 매도인에게 합리적인 기간 내에 지체 없이 통보해주어야 한다.

둘째, 매수인의 물품인수거절의 결정은 물품을 인도받은 후 합리적인 검사방법을 사용할 수 있고 적절한 장소에서 합리적으로 검사할 수 있는 기회가 부여된 상황이어야 하며 검사의 기간은 합리적 기간 이내여야 한다. 이를 바꾸어 말하면 검사를 위한 합리적인 기간이 경과해 버리면 물품의 인수를 거절할 수 없음을 의미한다.

셋째, 이러한 물품인수거절의 통지는 명확하고 모호함이 없어야 하며, 매수인의 행위의 모순이 없는 상태여야 한다.

넷째, 물품인수거절 통지의 방식은 특별히 정해진 형태는 없으므로 구두 또는 문서 등 어느 방식을 사용하여도 무방하나, 반드시 매도인에게 그 내용이 도달하여야 한다. 매도인에게 도달하지 않은 물품인수거절의 통지는 효력이 없다.

다섯째, 특별히 당사자간에 반대합의가 없거나 특별히 다른 관습이 없는 한, 매수인은 거절하기로 결정한 물품을 매도인에게 반송할 의무는 없다. 그러나 매수인은 특정의 목적물을 보관하고 그 목적물을 반환할 의무가 있는 소위 수탁자 또는 임치인(bailee)의 입장에서 선량한 관리자의 합리적 주의를 가지고 당해 물품을 보관할 의무는 있다.[175)]

선량한 관리자의 합리적 주의 또는 선관주의라 함은 거래상 일반적으로 평균인에게 요구되는 주의의 정도를 말한다. 매수인이 선관주의를 다한 경우에는 당해 물품이 훼손

---

174) 매수인은 인수한 비율만큼 대금을 지불해야 하고, 그 나머지에 대해서는 담보위반을 이유로 손해배 상을 청구할 수 있다.

175) 미국통일상법전 §2-606 (2)(b)항 참조 ; CISG 제86조 참조. 한편 매수인이 이 의무를 게을리하여 당해 물품을 멸실 또는 훼손케 한 때는 그에 대한 손해배상의 책임을 진다. 우리나라의 민법도 이와 크게 다르지 않다. ; 민법 제390조, 제462조 참조.

또는 멸실된 경우라도 면책되며, 훼손된 물품을 그대로 반환하더라도 그것으로 충분하다. 인수거절된 물품의 위험은 하자물품을 제공한 매도인의 부담이기 때문이다.

여섯째, 매수인이 인도된 물품을 거절하는 시점에서 이미 그에게 당해 물품의 소유권과 위험이 이전되었다 해도, 일단 매수인이 당해 물품을 인수거절하겠다는 통지가 매도인에게 도달하면 그 시점으로부터 매수인에게 이전된 소유권과 위험은 매도인에게 다시 귀속된다. 매수인의 물품검사는 매도인의 소유권 이전의 해제조건(condition subsequent)이기 때문이다.[176)]

일곱째, CIF계약과 같은 서류상환불(cash against document ; CAD) 거래에서 매도인이 제시한 선적서류 일체에 대해 대금을 지급하고 이를 인수한 매수인은 비록 서류의 인수로 서류의 인수거절권을 상실하였다 해도 추후 자신에게 인도될 물품을 검사한 후 하자가 발견될 경우, 당해 물품을 인수거절할 권리는 유효하게 존속한다.[177)] 따라서 매수인은 서류와 상환으로 이미 대금을 지급하였다 해도 추후 물품수령의 시점에 갖게 되는 물품인수거절권은 소멸하지 않는다.[178)]

여덟째, 매수인이 매도인에게 물품의 계약조건과의 엄격한 일치를 주장하지 않겠다는 믿음을 주거나 또는 매도인에게 그러한 의사에 입각하여 행동하게끔 유도하거나 또는 실제로 매도인이 매수인의 그러한 의사에 따라 물품을 제공한 경우, 추후 매수인이 매도인에게 물품의 엄격한 일치가 결여되었다고 주장하는 것은 소위 금반언 법리(doctrine of estoppel)에 해당되어, 매수인은 제시된 하자물품을 거절할 수 없게 되는 때가 있다.

---

176) *supra*, 각주 56) 참조.

177) *Bergerco U.S.A. v. Vergoil Ltd* [1984] 1 Lld. L. Rep. 440 at 446. "The exercise of right to reject the goods is one which the buyer is entitled to postpone until the goods arrive. He can make up his mind then to exercise the right as it suits him best."

178) CIF계약에 관한 Warsaw-Oxford Rule 19조에 의하면 매수인의 물품검사기간 및 그 결과의 통지는 물품도착 후 3일로 규정되어 있어 이 기간 내에 매수인은 물품의 검사를 완료하고 그 하자사항을 매도인에게 통보하여야 한다. 진정한 의미의 CIF계약에서는 순전히 상품을 대표하는 선적서류 일체와 상환으로 대금이 지급되는 관계로 원격지간의 거래일 때는 대금이 선불되는 결과를 초래한다. 그 결과 차후 물품의 검사를 완료하고 물품의 하자에 근거하여 물품을 인수거절하고 대금의 반환을 청구한다면, 매수인의 입장에서는 상대적으로 불리한 결과가 초래될 가능성이 높다. 따라서 현명한 매수인이라면 매도인으로부터 서류가 제시될 때 계약의 조건과 제시된 서류를 면밀히 대조·검토하여 서류상의 하자가 발견될 때 이를 이유로 대금지급을 거절한다든지, 또는 유예시키는 것이 바람직할 것이다.

제 3 장

무역계약의 불이행과 구제방법

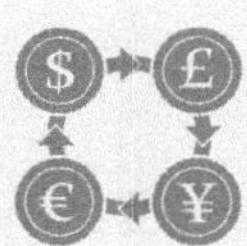

무역계약의 불이행과 구제방법

제3장

제1절 무역계약의 불이행

1. 계약불이행의 정의

일반적으로 무역계약에 있어서 매도인은 무역계약의 조건에 따라 계약에 일치하는 물품을 인도하고 동시에 그 물품을 대표하는 권리증권을 포함하여 계약에서 요구하는 서류들을 매수인에게 인도함으로써 해당 물품의 소유권을 이전시켜 주어야 할 의무가 있다.

이에 상응하여 매수인은 별도의 반대합의가 없는 한, 합리적인 물품검사기회를 가진 후 자신에게 인도된 물품을 인수하고 대금을 지급할 의무가 있다.

그러나 매도인 또는 매수인이 정당한 이유 없이 자신의 귀책사유로 무역계약에서 요구하는 상기의 의무를 이행하지 않을 때 소위 계약의 불이행이 발생한다. 이는 결국 어느 당사자 일방에 의한 계약위반을 의미하며, 이는 각 당사자의 채권과 채무라는 권리와 의무관계 속에서 어느 당사자 일방이 부담해야 할 채무를 정당하게 이행하지 않은 결과가 되므로 소위 채무의 불이행이 된다.

따라서 계약의 불이행은 그 자체가 계약의 위반이 되며, 이는 곧 어느 당사자 일방이 부담해야 할 채무의 불이행이라는 법률효과를 발생시킨다.

한편 어느 계약당사자 일방의 채무의 불이행이 있는 경우에는 계약의 상대방은 ① 그 이행을 강제하거나, ② 그로 인해 발생한 손해에 대해 그 배상을 청구하거나, ③ 일정한 요건에 따라 계약을 해제하는 등의 권리를 행사할 수 있다.

그런데 이러한 권리가 행사되기 위해서는 어느 경우에나 공통적으로 그 채무의 불이행에 관해 위반당사자에게 귀척사유가 있을 것이 반드시 요구된다. 여기서 귀책사유라 함은 계약이행의 의무가 있는 자, 즉 채무자의 고의·과실을 말하는 것으로, 고의란 일정한 결과가 발생하리라는 것을 알면서 감히 이를 행하는 심리상태를 말하며, 과실이란 일정한 결과가 발생한다는 것을 알고 있어야 함에도 불구하고 부주의로 그것을 알지 못하고서 어떤 행위를 하는 심리상태를 말한다.

매매계약과 같은 법률행위에 있어 계약의 불이행은 궁극적으로 상대방에게 손실을 유발하고, 계약불이행의 구제방법은 피해자의 손실제거에 주목적이 있기 때문에 형사책임과는 달리 고의와 과실을 구별할 실익[1]이 없으며, 단지 계약의 불이행자에게 비난을 가할 만한 사유인 고의·과실이 있으면 그것으로 충분히 계약의 불이행 또는 채무의 불이행이 성립한다.

이와 같이 계약의 의무를 이행할 당사자, 즉 채무자가 자신에게 부과된 채무의 내용을 이행하지 못하게 된 원인을 그의 귀책사유에 두는 이유는 계약체결이라고 하는 행위가 본질적으로 소위 사적자치의 원칙[2]에 따라 지배되기 때문에, 자기가 결정한 계약의 내용을 자기가 이행하지 않으면 자기가 궁극적으로 책임진다고 하는 소위 자기행위책임의 원칙이 적용되기 때문이다.

여기서 유의할 것은 우리나라 민법을 포함하여 대륙법계 국가의 매매법에서는 과실책임주의의 원칙에 따라 계약불이행의 요건으로서 위반당사자의 귀책사유가 있을 것을 요구하지만,[3] 국제적 통일규범인 CISG는 위반당사자의 과실 유무를 묻지 않는다는 점이다.[4]

CISG가 이같이 무과실책임주의를 채택하고 있기 때문에 매도인이 자신의 의무를 이행할 수 없게 된 원인이 매도인의 통제와 지배를 벗어난 불가항력 장애인 때에도 여전히 매도인은 자신의 계약불이행에 따른 책임을 부담한다.

---

1) 민법 750조 참조.

2) 사적자치의 원칙이란 자기일을 자기결정에 의하여 자기책임으로 자기지배한다는 당위를 말하는 것으로 이로부터 소위 계약자유의 원칙, 소유권자유의 원칙, 자기행위책임의 원칙이 도출된다. 즉 계약의 경우에 있어 계약의 체결여부·계약의 조건과 내용의 결정여부는 전적으로 당사자인 개인의 의사에 달려있고, 소유권자는 자유로이 그 소유물을 사용·수익·처분할 수 있다. 또 개인은 자신의 귀책사유(고의·과실)에 대하여 궁극적으로 자신이 책임져야 함을 의미한다. 이들은 근대법의 기본원리로 평가된다.

3) 민법 제390조.

4) 이는 CISG가 오늘날 과실책임주의에서 벗어나고 있는 일반적인 경향을 수용한 결과이다 : John O. Honnold(1999), *op. cit.*, pp.297-298.

이하에서는 일단 우리나라와 대륙법계, 그리고 영미법계의 공통적 계약불이행 유형과 이의 구제방법을 상세히 살펴보고, 이어서 국제적 통일규범인 CISG의 제반 관련규정을 분석한다.

2. 계약불이행의 유형

계약불이행 또는 채무불이행의 유형은 각국의 법제와 학설에 따라 다소간의 차이가 있으나 일반적으로 그 유형은 ① 계약의 이행기가 도래했음에 그 이행이 가능함에도 불구하고 채무를 이행하지 않고 있는 경우(이행지체), ② 계약의 이행기가 도래하기 전 계약의 이행을 거절하는 경우(기한 전 이행거절), ③ 이행이 객관적으로 또는 거래관념상 불가능하게 된 경우(이행불능), ④ 이행을 하긴 하였으나 그것이 흠이 있는 불완전한 경우(불완전이행), ⑤ 채무자가 의무를 이행하였음에도 불구하고 채권자의 위치에 있는 상대방이 이행의 완료에 필요한 협력을 하지 않는 경우(채권자지체) 등을 포함한다.

1) 이행 지체

(1) 이행지체의 개념

이행지체(late performance)라 함은 계약상 의무 즉 채무가 이행기에 있고, 또 그 이행이 가능함에도 불구하고 채무자가 그의 귀책사유로 자신의 의무를 이행하지 않는 것을 말한다.

이행지체가 성립하기 위해서는 의무의 이행기가 도래하여 경과하였는지의 여부가 중요한 관건이 된다. 따라서 이행기가 도래하였음에도 불구하고 이행을 하지 않은 경우여야 하며, 이행기에 이행을 한 경우에는 이행지체가 되지 않는다.

지체책임이 발생하는 채무의 이행기는 다음의 각 경우를 포함한다.

① 확정기한부 채무

당사자간에 계약상 채무의 이행기일을 특정 년·월·일 등의 표시로 확정시켜 놓은 경우를 말한다.

그러나 예외적으로 추심채무의 경우[5]에는 매수인이 계약의 목적물을 수령해 가지 않

5) 계약상 의무의 이행시기는 거래계의 관행을 고려하여 결정할 문제지만, 계약이행의 '장소'와 관련하여 다음의 세 가지 경우가 있다.
① 지참채무 : 채무자가 목적물을 채권자의 주소에 가지고 가서 이행해야 하는 채무, 즉 목적물

는 한, 단지 확정기한이 도래하였다는 사실만으로는 지체가 되지 않는다. 예를 들어 EXW와 같은 계약조건의 경우 대수인이 매도인의 영업소에서 계약물품을 수령해가기로 하는 조건일 때가 이에 해당한다.

쌍무계약에서와 같이 거래당사자간의 계약이행이 동시이행의 관계가 있을 때에는 단순히 기한의 도래와 동시에 지체의 책임이 발생하는 것은 아니다. 즉 매도인은 자신의 계약상 의무를 완료한 후 계약의 목적물을 매수인이 처분가능한 상태로 적치하고 이를 적기에 반드시 매수인에게 통지해야 하는 의무가 선행되고, 이같은 매도인으로부터 이행의 제공을 받으면서도 매수인이 자신의 의무를 이행하지 않는 경우에 비로소 지체책임이 발생한다.

② 불확정기한부 채무

이는 계약상 채무의 이행기한이 도래하는 것은 확실하지만 언제 도래할지 불확실한 경우를 말한다. 이러한 불확정기한부 채무의 경우에는 채무자가 채무기한이 도래하였음을 안 때, 또는 채무기한의 도래의 사실을 알지 못하더라도 채권자로부터 채무이행의 청구를 받은 때 그 이행기가 도래한 것으로 본다.

③ 기한이 없는 채무

기한을 정하지 않은 채무는 이행의 청구를 받은 때, 즉 채권자의 최고(催告)[6]를 받은 때 이행기가 도래한다.

(2) 이행지체의 효과

이행지체가 발생하면 채권자는 다음과 같은 구제방법을 강구할 수 있다.

이 채 권자의 주소에 도달하여 채권자가 언제든지 수령할 수 있는 상태에 놓아줄 때 채무가 비로소 이행 된다.

② 추심채무 : 채권자가 채무자의 주소 또는 영업소에 와서 목적물을 수령함으로써 이행이 완료되는 채무, 채권자 측에서 채무자의 주소나 영업소로 계약의 목적물을 받으러 오지 않는 한 채무불 이행이 성립되지 않는다.

③ 송부채무 : 채권자 또는 채무자의 주소 또는 영업소 이외의 제3의 장소에서, 예컨대 운송업자를 통해 계약의 목적물을 송브하여야 할 채무를 말한다.

6) 최고(催告)란 상대방에 대하여 일정한 행위를 청구하는 것을 말한다. 상대방이 거기에 불응할 때에 는 일정한 법률효과가 생긴다. 최고는 크게 나누어 두 가지가 있다. ① 채무자에 대한 의무이행을 최고하는 것 ② 채권자에 대해 권리행사를 최고하는 것. 그 효과로는 최고 불응자의 권리의 전부 또는 일부의 소멸, 또는 최고한 자의 의무의 경감 등을 가져온다.

(가) 이행의 강제

이행지체의 경우에는 본질적으로 그 이행이 가능한 것을 이행하지 않은 것이므로 채권자는 채무자에 대해 본래의 채무를 이행하도록 청구할 수 있다.[7)]

채권자는 채무자가 현실적으로 이행을 할 때까지 그 지연으로 말미암아 발생한 손해, 즉 계약상 의무의 기한이 경과한 때부터 이행이 있을 때까지의 지연배상을 청구할 수 있다 (지연배상의 청구).

이때 지연배상액의 결정은 지연과 손해와의 상당인과관계로 인한 손해액이 지연배상액이 된다.[8)]

(나) 전보배상

채무자가 채무의 이행을 지체한 경우, 채권자가 합리적 부가기간을 설정하여 그 이행을 최고하여도 그 기간 내에 채무를 이행 않거나, 또는 지체 후 이행하여도 자신에게는 아무런 실익이 없다고 판단된 때에는 채권자는 이행의 수령을 거절하고 이행에 갈음하는 손해배상을 청구할 수 있다.

(다) 계약의 해제

채무자의 이행지체가 있는 경우, 채권자는 위에서 언급한 바와 같은 이행의 강제 내지 손해배상의 청구를 할 수 있지만, 그 이행지체의 결과가 소위 계약의 목적을 달성시킬 수 없는 중대하고도 본질적인 계약위반이 될 때, 또는 설정한 합리적 부가기간에도 불구하고 그 기간 내에 계속 이행이 지체될 때에는 채권자는 일방적으로 매매계약을 해제할 수 있다.

계약의 해제는 당사자간에 처음부터 매매계약이 체결되지 않았던 것과 동일한 효과를 준다. 따라서 채권자는 채무자에 대해 채무이행의 동시이행조건으로 부과되는 자신의 의무를 부담하지 않아도 되며, 이러한 경우 채권자는 계약을 해제함으로써 입은 손해의 배상을 별도로 채무자에게 청구할 수 있다.

언급한 바와 같이 계약의 해제가 가능하기 위해서는

---

7) 채권자의 청구가 있었음에도 불구하고 채무자가 임의로 이행을 하지 않을 경우에는 채권자는 그 강제집행을 법원에 청구하여 그 이행을 강제할 수 있다.

8) 상당인과관계라 함은 손실과 손실의 원인과의 관계에 있어 당해 손실원인이 그로 인해 발생한 손실에 대해 ① 직접적(direct)이고 ② 지배적(dominant)이고 ③ 효과적(effective)인 손실원인이 될 때, 즉 근인(proximate cause)이 될 때의 관계를 말한다. 따라서 발생한 손실에 대해 먼 원인(remote cause)은 상당인과관계가 성립되지 않는다. 이는 손해배상액의 결정에 있어 영미법상의 기본원칙이며, 우리나라도 이와 크게 다르지 않다.

① 이행의 지체가 계약의 목적을 달성시킬 수 없는 소위 조건의 위반 또는 계약의 실질적 가치의 침해 또는 본질적이고 근본적인 계약위반 등의 결과를 초래할 때, 또는
② 이행을 위한 합리적 부가기간이라는 유예기간을 채무자에게 부여한 경우, 만일 그 부가기간 내에 채권자가 최고(催告)하여도 채무자가 이를 이행하지 않을 때,채권자는 바로 계약을 해제할 수 있다.

(라) 이행불능의 효과

이행지체 중에 이행지체자의 귀책사유로 계약의 이행이 불가능하게 된 경우에는 이하에서 설명할 이행불능의 형태에 해당된다.

이 경우에는 채권자는 계약의 목적물의 시가에 상당하는 금액을 전보배상청구 할 권리가 있고, 아울러 지연기간에 해당하는 만큼의 지연배상도 청구할 권리가 있다.

그러나 만일 이행지체 후 채무자에게 책임 없는 사유로 인해 이행불능이 된 경우가 발생하면 여전히 채무자에게 채무불이행의 책임이 있는지의 문제가 있을 수 있다. 이에 관해 우리 민법은 "채무자는 자기에게 과실이 없는 경우에도 그 이행지체 중에 생긴 손해를 배상하여야 한다. 그러나 채두자가 이행기에 이행하여도 손해를 면할 수 없는 경우에는 그러하지 아니하다."[9]고 규정하고 있다.

예를 들어[10] 5월 1일에 출항하는 A선박에 실어 보낼 물품을 매도인이 이행지체하여 5월 5일 출항하는 B선박에 실어 보낸 경우, B선박이 폭풍우로 침몰하여 물품이 모두 멸실된 경우, 매도인은 지체 중에 생긴 손해에 대해서는 고의·과실이 없어도 책임을 져야하므로 이에 대해 손해배상을 하여야 한다.

그러나 매도인이 이행기에 이행을 하였어도 손해를 면할 수 없었던 경우, 가령 5월 1일에 출항한 A선박도 역시 폭풍우로 침몰한 경우에는 손해배상책임이 없다. 즉 이행기에 이행을 정확히 하였더라도 발생했을 손해에 대하여는 그 손해와 지체사이에 인과관계가 없으므로 매도인은 책임을 면한다. 이 경우 그 입증책임은 채무자인 매도인에게 있다.

---

9) 민법 제392조.
10) 김준호, 「전게서」, pp.522-523 참조.

2) 이행불능

(1) 이행불능의 개념

이행불능이란 채무자에게 책임 있는 귀책사유로 인해 계약의 이행이 불가능하게 되는 경우를 말한다.

본디 계약의 이행이 불가능해지는 경우는 당사자의 귀책사유가 있는지 여부에 따라,

① 채무자의 귀책사유에 의해 이행불능(self-induced impossibility) 되는 경우와,
② 어느 당사자의 귀책사유 없이 이행불능(no-fault impossibility) 되는 경우,

로 구별할 수 있다. 본 항에서 논하고자하는 이행불능의 개념은 전자에 해당하는 이행불능이다.[11)]

또한 계약의 이행불능은 이행불능의 시기에 따라,

① 채권·채무가 성립하기 전에 이미 이행불능이 된 원시적 이행불능(initial impossibility)[12)]과
② 채권·채무의 성립시기에는 이행이 가능하였으나 그 후에 이행불능이 되는 후발적 이행불능(subsequent impossibility)으로 구분된다.

원시적 이행불능의 경우에는 계약은 당연히 무효이며, 그 결과 채무불이행을 이유로 한 손해배상의 문제는 발생하지 않는다. 다만 채무자가 그 불능을 알았거나 알 수 있었던 경우에는 채무자의 계약체결상의 과실로 인정되어 채무자는 계약의 상더방이 그 계약이 유효할 것임으로 믿었던 결과 입은 손해, 즉 신뢰이익을 배상하여야 할 것이다.[13)]

신뢰이익(reliance interest)이란 무효한 계약을 유효한 것으로 믿은 탓으로 받게 된 손해를 말한다. 이를 소극적 계약이익이라고도 하는데, 신뢰이익은 예를 들면 계약체결을 위한 조사비용, 이행의 준비비용 등을 포함한다.

신뢰이익은 계약의 유효를 전제로 하여 계약이 이행된 경우에 얻을 수 있는 이익을 손해로서 산출하는 이행이익(performance interest)과 대립하는 개념이다.

채무불이행의 손해배상은 이행이익의 배상이며, 신뢰이익의 배상은 특수한 경우, 즉 '계약체결상의 과실'의 경우에 인정하는 것이 통설이다.[14)]

---

11) 후자에 의한 이행불능을 계약목적의 달성불능 또는 계약의 프러스트레이션(frustraticn)이라 한다.
12) 예를 들어 이미 손실된 물품에 대해 매매계약을 체결하는 경우이다.
13) 민법 제535조 참조.
14) '계약체결상의 과실' (*cupla in contrahendo*)이란 계약 체결을 위한 준비단계에 있어서 또는 계약의 성립과정에 있어 당사자 일방이 자신에게 책임 있는 사유로 상대방에게 손해를 가한 경우 부담하는 배상책임을 말한다. 1861년 예링(Jhering)에 의해 주창된 이 제도는 계약이 아직 성립

따라서 여기서 설명하고 있는 채무의 이행불능이라 함은 일반적으로 후발적 이행불능이면서 곧 채무자의 귀책사유에 의한 이행불능만을 지칭하는 것이다.

(2) 이행불능의 효과

이행지체와는 달리 이행불능의 경우에는 계약의 이행자체가 불가능한 상태에 놓여져 있기 때문에 그 이행을 강제할 수 없다. 따라서 다음의 효과만이 발생한다.

(가) 전보배상

채무자의 귀책사유에 의해 계약의 이행이 불능으로 된 때에는 채권자는 그 이행에 갈음한 손해배상청구권을 갖는다.

(나) 계약의 해제

채권자는 계약을 해제할 수 있다. 이때 이행불능의 경우에는 그 계약의 목적이 불능이 된 경우이므로 이행지체와는 달리 최고의 요건이 필요하지 않다.

3) 기한 전 이행거절

(1) 기한 전 이행거절의 개념

계약의 이행거절(repudiation of contract)이라 함은 계약위반의 한 형태로서 채무자가 자신의 채무를 이행할 의사가 없음을 표명하는 것을 말한다. 따라서 이행거절의 의사는 이행기 도래 전후를 불문하고 언제든지 표명될 수 있다. 경우에 따라 채무의 이행기간이 도래한 후의 이행거절은 현실적으로 이행지체와 같은 효과를 발생시킨다.

반면 채무의 이행기한이 도래하기 전에 채무자가 미래에 발생할 자신의 의무를 이행하지 않겠다는 의사를 표명할 때, 이는 소위 기한 전 이행거절(anticipatory repudiation) 또는 이행기 전 계약위반(anticipatory breach)[15]의 형태가 된다.

특히 영미법에서 기한 전 이행거절을 채무불이행의 한 유형으로 인정하는 이유는 채무이행을 거절당한 당사자가 이행기까지의 이행을 무의미하게 계속 기다림으로 인하여 발생할 손해를 미리 경감시켜주기 위함과 아울러 동시이행조건으로 부과된 자신의 채

되지 않아 당사자 사이에 기본적인 채권·채무가 발생하지 않더라도 신의원칙에 입각하여 당사자간에는 법 률행위적 의무가 생긴다고 보아 체약상의 과실책임을 인정하고 있다. 우리 민법은 제535조에서 원시적 불능의 경우에 한하여 계약체결상의 과실을 인정하고 있다.

15) CISG 제72조에서는 이를 '이행기 전 계약위반'이라는 용어로 규정하고, 매도인과 매수인에게 공통적으로 적용되는 계약위반의 형태로 분류하고 있다.

무를 위반당사자에게 제공해야 하는 불합리성을 제거하기 위함이다.

기한 전 이행거절은 장차 채무를 부담할 당사자 일방의 명백한(clear) 이행거절 의사표시를 그 전제로 하며, 그러한 의사를 접한 상대방은 계약을 존속시키는 가운데 그 채무의 이행을 청구할 수도 있고, 당해 계약을 해제시킬 수도 있다.

(2) 기한 전 이행거절의 효과

기한 전 이행거절이 있게 되면 계약의 상대방은 다음과 같은 구제책을 강구할 수 있다.

(가) 이행의 청구

상대방은 기한 전 이행거절의 의사표시에도 불구하고 채무의 이행기한이 도래할 때까지 이행을 청구할 수 있다.

만일 장차 채무를 짊어질 당사자가 여전히 채무의 이행을 하지 않는다면 이행기 도래 후 상대방은 이를 이행지체로 간주하고 이행지체의 효과와 동일한 권리를 행사할 수 있다.

(나) 계약의 해제

기한 전 이행거절의 의사표시를 접한 상대방은 이행기한의 도래를 기다리지 않고 바로 계약을 해제시킬 수 있다.

계약의 해제권은 기한 전 이행거절 된 채무의 내용이 소위 근본적이고 본질적인 계약의 위반에 해당될 때, 즉 계약의 목적을 달성시킬 수 없을 만큼 계약가치에 실질적인 침해를 줄 때에만 행사가 가능하다.[16)]

이때 채권자는 계약을 해제하기 전 시간이 허용하는 한, 채무자가 자신의 채무이행에 관하여 적절한 보장(adequate assurance of his performance)을 약속할 수 있도록 합리적인 통지(reasonable notice)를 해주어야 한다.[17)] 다만 채무자가 자신의 채무를 이행하지 않겠다고 선언한 경우에는 합리적 통지를 제공함이 없이 계약을 해제할 수 있다.[18)]

4) 불완전이행

(1) 불완전이행의 개념

채무의 불이행은 크게 '채무자가 하여야 할 것을 하지 아니한' 소극적 계약위반과 '채

16) 미국통일상법전 §2-610 ; CISG 제72조 (1)항 참조.

17) CISG 제72조 (2)항.

18) CISG 제72조 (3)항.

무자가 하지 않아야 할 것을 한' 적극적 계약위반의 형태로 구분해 볼 수 있다. 지금까지 언급한 채무불이행의 형태들, 즉 이행지체, 이행불능, 기한 전 이행거절 등은 모두 소극적 계약위반의 형태라 할 수 있다.

불완전 이행이라 함은 '채무자가 하지 않아야 할 것을 한' 이른바 적극적 계약위반을 의미하는 것으로서 일단 외형상 이행은 하였으나 그 이행이 자신이 부담할 채무의 내용을 좇은 완전한 것이 아닌 채무블이행을 말한다.

불완전이행의 형태를 살펴보면 다음과 같다.

첫째, 채무의 이행차원에서 제공한 계약의 목적물에 하자가 있는 경우,

둘째, 채무의 이행방법이 불완전한 경우,[19]

셋째, 불완전한 채무이행으로 말미암아 상대방에게 부가적인 손해를 준 경우,

특히 세 번째 경우는 채무자의 불완전한 채무이행의 결과 애당초 이행하지 않은 것보다 오히려 일층 적극적인 개념에서 채권자에게 부가적인 손해를 준 때이다. 이러한 관점에서 이를 특별히 '적극적 채권침해'라고 한다.

적극적 채권침해의 경우에 있어서도 그 손해배상이 인정되기 위해서는 불완전이행과 부가적 손해와의 상당인과관계가 존재하여야 한다.

(2) 불완전이행의 효과

불완전이행은 그 자체가 이행지체도 아니고 이행불능도 아니다.

계약상 어느 일방의 채무불이행의 일종으로서 그에 따라 채무자의 책임이 발생한다. 계약의 상대방은 불완전한 이행의 수령을 거절할 수 있을 뿐만 아니라 그것으로 인하여 생긴 손해의 배상을 청구하거나 또는 계약을 해제할 수 있다.

이를 좀 더 구체적으로 살펴보면 아래와 같다.

(가) 이행지체의 효과

불완전한 이행의 완전이행 또는 추완(追完)[20]이 가능한 경우, 이행지체의 효과가 발생한다.

계약의 상대방은 이행지체에 준하여 합리적 부가기간을 설정하여 완전한 이행 또는

---

19) 예를 들어 채무자가 선적한 계약물품이 불완전하게 포장되어 인도된 포장단위의 일정량이 찢어지거나 파손된 경우이다.

20) 추완(追完)이라 함은 필요한 요건을 구비하지 않았기 때문에 효력을 발생시키지 못하는 법률행위가 차후에 요건을 보충하여 유효하게 하는 것을 말한다. 추완은 합리적 기간 내에 이루어질 필요가 있다. 일종의 하자치유원리(doctrine of cure)이다.

불완전한 부분의 보수 등을 청구하였을 때, 불완전이행의 당사자가 이에 응하지 않을 때에는 계약을 해제하거나 또는 전보배상을 청구할 수 있다.

만일 불완전이행의 당사자가 불완전한 계약이행을 추완(追完)한 경우라 할지라도 그것이 채무이행기간을 경과한 때에는 지연배상을 청구할 수 있음은 물론이다.

(나) 전보배상의 청구 또는 계약의 해제

불완전한 이행의 완전이행 또는 추완(追完)이 불가능한 경우, 이행불능의 효과가 발생한다. 즉 다시 완전한 이행 또는 추완(追完)을 하여도 계약의 목적을 달성할 수 없을 때에는 이행불능에 준하여 곧 전보배상을 청구하거나, 계약을 해제할 수 있다.

(다) 손해배상의 청구

불완전한 이행으로 인해 계약의 상대방에게 부가적 손해를 준 경우, 상당인과관계를 고려한다. 즉 불완전이행과 부가적 손해와의 상당인과관계가 성립하는 것을 전제로 손해배상의 책임이 발생한다.

5) 채권자지체

(1) 채권자지체의 개념

채권자지체라 함은 채무자가 채무의 내용에 좇은 이행의 제공을 하였음에도 불구하고 오히려 채권자가 그 이행의 완료에 필요한 협력을 하지 않는 것을 의미한다. 채권자지체는 채무의 수령을 거부 또는 지체하는 것이므로 이를 수령지체라고도 한다.

예를 들어 매매계약에 있어 매도인이 매수인에게 계약물품을 인도하였음에도 불구하고 매수인이 이를 수령하지 않는 경우 엄밀한 의미로 매도인의 채무의 이행은 완료된 것으로 볼 수는 없다.

그러나 이러한 경우에도 불구하고 매수인의 이행지체 또는 지연으로 인한 위험과 불이익을 매도인이 부담한다는 것은 이른바 형평의 원칙에 어긋난다고 볼 수 있다. 따라서 채무자의 보호를 위해서라도 채권자에게 일정한 지체책임을 부담시키는 것이 필요할 것이다.[21)]

---

21) 우리나라에서도 이점에 관해 채권자에게 일정한 책임을 부과시키고 있다 (민법 제401조, 제402조, 제403조, 제538조). 그러나 이에 관한 민법의 규정은 불완전하기 때문에 여러 가지 견해가 엇갈리고 있다. 소위 채무불이행설과 법정책임설이 그것이다. 채무불이행설이란 채권자의 협력의무를 일반적으로 인정하고, 그 위반시 채무불이행으로 간주하는 견해를 말하고, 법정책임설이란 채권자는 권리만 가질 뿐이며, 법률, 관습, 특약이 없는 한 채권자는 협력의무를 지지 않

채권자지체와 관련하여 가장 핵심적인 문제는 관련 계약의 이행에 있어 채권자의 협력(cooperation)이 객관적으로 판단해 볼 때 과연 필수적인 부분을 구성하고 있는지 여부와, 그 협력이 과연 의무로써 부과되는지 여부에 있다.

첫째, 일반적으로 채권자지체가 성립하기 위해서는 반드시 객관적인 관점에서 채권자의 협력이 필요한 경우에 한한다.[22)]

다시 말해 채무자가 채무의 내용에 좇은 이행을 한 경우, 그 이행이 채권자의 일정한 협력행위가 있어야 비로소 완료되는 채무라면 채권자가 일정한 협력행위를 하지 않는다면 채무자가 아무리 노력하여도 채무이행의 완료를 가져올 수 없기 때문에 채권자의 협력은 계약의 이행에 있어서 필수적인 부분을 구성한다고 볼 수 있다.

국제물품매매계약에서 매도인에게는 선적·운송·도착·처분시까지 당해 물품이 상업적인 품질을 유지해야 한다는 계약의 묵시적 조건의 준수의무가 있다. 이에 따라 매도인이 성실히 자신의 인도의무를 이행하였음에도 불구하고, 예컨대 계약의 목적물이 변질될 우려가 있는 물품일 경우 매수인이 부당하게 수령을 지체한 결과 당해 물품이 변질된 때라면, 이는 매도인의 채무내용에 좇은 이행에도 불구하고 그 손해의 근인은 채권자인 매수인의 수령지체의 결과이므로 궁극적인 책임은 매수인에게 귀착[23)]되는 것이 당연할 것이다.

둘째, 이와 같이 채권자의 일정한 협력행위가 있어야 채무의 이행완료를 가져오는 계약에 있어서는 채무자가 자신의 채무이행을 완료하는 시점부터 채무자는 채무불이행 책임을 면하며, 그 시점 이후로는 채권자지체가 성립되어 채권자는 그에 대한 책임을 진다.

그러나 이때 유의할 것은 채권자의 책임은 채무자의 채무의 이행에 대한 '협력의무의 위반'에 기인한 것이 아니라 '이익형평의 원칙'에 따라 협력지연에 따른 불이익을 채권자에게 부담시키도록 하는 취지에서 비롯된 것이라 보아야 할 것이다.

그럼에도 불구하고 만일 계약의 내용이나 신의칙에 의해 채권자의 협력행위가 계약의 본질적 부분을 이루는 경우, 채권자가 자신의 귀책사유로 자신이 부담할 의무를 위반한다면 그 성질상 이와 같은 경우는 채무불이행 책임으로 봄이 타당할 것이다.

그러나 객관적인 관점에서의 협력부재가 채권자가 통제할 수 없는 불가항력적인 사

는다는 것이다.

22) 이행의 완료에 채권자의 협력을 필요로 하지 않는 경우에는 채권자지체가 발생하지 않는다.

23) *Broome v. Pardess Co-operative Society* [1939]. All E,R. 978,985 ; *Ollett v. Jordan* [1918] 2 K.B. 41, 47.

태에 기인한다면 이는 별도로 계약의 목적달성 불능, 즉 계약의 프러스트레이션 측면에서 다루어져야 함이 타당할 것이다.

(2) 채권자지체의 효과

채권자의 일정한 협력행위가 있어야 채무이행의 완료를 가져오는 채무에 있어 채무자가 채무의 내용에 일치하는 채무이행을 제공하면 다음과 같은 두 가지 효과가 발생한다.

첫째, 채무자는 그 시점으로부터 채무불이행의 책임을 지지 않는다.

둘째, 채권자는 그 시점으로부터 채권자지체 책임을 지게 된다.

채권자지체 책임의 내용은 아래와 같다.[24]

① 채무자의 채무이행의무에 있어서의 주의의무의 경감

② 이자있는 채권에 있어서의 이자의 정지

③ 목적물의 보관 또는 변제의 비용이 증가한 경우 채권자가 비용 부담

④ 쌍무계약에 있어서 채권자의 위험부담개시

제2절 계약불이행 구제의 일반원칙

매매계약이라는 법률요건에 의해 성립된 법률효과는 궁극적으로 계약당사자간에 채권과 채무라는 법률관계를 구성시킨다. 따라서 어느 일방의 채무불이행은 계약의 불이행 또는 계약의 위반을 초래하여, 그 결과 상대방은 법률 또는 관습이 정하는 바에 따라 일정한 구제방법을 강구할 수 있다.

구제방법(remedies)이란 계약 일방의 상대방에 대한 권리의 침해를 방지할 것을 그 목적으로 하는 가운데, 만일 권리침해가 이루어진 때에는 그 전보(塡補) 혹은 회복을 꾀하는 수단이나 방법 또는 절차를 말한다.[25]

일반적으로 국제물품매매계약에 있어서 매도인의 주요 의무는 계약의 조건과 내용에

24) 민법 제401조, 제402조, 제403조, 제538조 1항.

25) *Black's Law Dictionary*, p.1295.

일치하는 물품을 매수인에게 제공하는 것이며, 매수인의 주요 의무는 인도된 물품을 수령하고 이에 대해 대금을 지급하는 것이라 볼 수 있다.

따라서 매도인과 매수인은 각각 상대방에 대하여 계약에서 정한대로 특정의 행위를 청구할 수 있는 권리인 '채권'을 취득하게 되며, 반대로 각 당사자는 상대방에게 특정의 행위를 이행하여야 할 '채무'를 부담하게 된다. 그 결과 채무자가 임의로 자신의 채무를 이행하지 않을 경우에는 채권자는 이에 대한 일정한 구제방법을 강구하게 되는 것이다.

이하에서는 채권자가 행사할 수 있는 구제방법의 일반적인 원칙에 대해 살펴보도록 한다.

1. 이행의 강제

채무자가 임의로 채무를 이행하지 않는 경우에, 채권자는 법원의 판결 등을 통해 채권의 내용을 강제적으로 실현할 수 있다. 이를 채무의 강제이행이라 한다.

특정물 또는 불특정물을 인도해 주어야 하는 채무[26]를 불이행한 경우, 법원은 채무자로부터 당해 동산의 점유를 강제로 수취하여 채권자에게 이전시키며, 지급을 목적으로 하는 채무[27]를 불이행한 때에는 채무자 소유의 동산 및 부동산을 압류처분한다.

2. 손해의 배상

채무자가 임의로 채무를 이행하지 않는 경우, 채권자는 공권력을 동원하여 강제이행을 구할 수 있으나, 이행의 강제가 실현되었다 해도 채권자가 받은 손해까지 충족시켜주는 것은 아니기 때문에 강제이˙행과는 별개로 손해를 전보(塡補)하는 수단이 필요하게 된다.

또 경우에 따라 강제이행 수단을 강구할 수 없을 때, 예컨대 채무의 이행불능과 같은 경우에는 단지 손해배상이라는 구제방법만이 유일한 수단이 될 것이다. 따라서 손해배상의 청구는 채무불이행의 효과 중에서 가장 핵심적인 구제방법이라 할 수 있다.

손해배상의 방법은 크게 원상회복주의와 금전배상주의가 있다. 영미법계와 우리나라는 주로 금전배상주의를 원칙으로 하고 있다.[28]

---

26) 이를 「주는 채무」라 한다.

27) 이를 「금전 채무」라 한다.

28) 그러나 당사자가 다른 의사표시를 할 때, 또는 법률에 다른 규정이 있을 때는 예외로 한다(민법

채무불이행이 있을 때 채권자는 계약을 해제할 수 있으며, 해제를 하더라도 손해가 발생하였다면 채권자는 그 손해의 배상을 청구할 수 있다. 또 이와 관련하여 손해배상의 청구권도 지연배상과 전보배상의 형태로 나타난다.

1) 손해배상의 범위

손해라 함은 통상 법에 의해 보호되는 이익[29]에 대해 계약의 당사자 일방이 입은 모든 불이익을 의미하는 것으로, 상대방의 계약이행이 있었더라면 계약의 당사자 일방이 받았을 이익과 그 계약불이행으로 당사자 일방이 현재 받고 있는 이익의 차액을 말한다.

손해의 유형은 크게 재산적 손해·비재산적 손해, 그리고 적극적 손해·소극적 손해로 구분해 볼 수 있다.

① 재산적 손해·비재산적 손해 : 재산적 손해란 재산에 가해진 유형적 손해를 의미하며, 비재산적 손해란 명예, 이미지 등과 같은 비재산적인 법익에 대해 가해진 무형적 또는 정신적 손해를 의미한다.

② 적극적 손해·소극적 손해 : 계약불이행에 의해 재산권이 적극적으로 감소되는 경우가 적극적 손해이다. 예컨대 채무불이행에 의한 채권침해를 말한다. 소극적 손해란 계약이 정상적으로 이행되었다면 얻을 수 있었을 이익의 상실을 의미한다.

이와 같은 손해의 유형을 구별하는 실익은 아래에서 설명할 통상적 손해와 특별 손해와 밀접한 관련이 있다는 데 있다.

즉 재산적 손해와 적극적 손해는 통상적 손해에 포함되는 경우가 많고, 비재산적 손해와 소극적 손해는 특별 손해에 속하는 경우가 많기 때문이다.

일반적으로 배상되어야 할 손해의 범위는 다음과 같이 간략히 요약할 수 있다.

첫째, 손해배상책임을 발생시킨 원인이 된 사실과 발생한 손해사이에 인과관계를 가지는 것에 한한다. 특히 이와 같은 인과관계는 상당인과관계로 인정되어야 한다.

둘째, 손해의 배상은 재산적 손해에 국한되지 않고 비재산적 손해도 포함하며, 또한 적극적 손해와 소극적 손해 모두를 포함한다.

셋째, 손해를 받은 것과 동일한 원인에 따라서 이익도 발생하였을 때에는 배상액으로부터 그 이익을 공제한다 (손익상계).

넷째, 채무불이행에 관하여 채권자에게도 과실이 있었던 경우에는 손해배상액을 경

제 394조, 제764조 참조).

29) 이를 법익(法益)이라 한다. 예컨대 절도죄를 처벌하는 규정이 보호하는 법익은 재산이다.

감할 수 있다 (과실상계).

다섯째, 손해배상액의 예정 또는 위약금이 약정된 경우에는 이를 고려한다.

2) 배상손해형태와 상당인과관계설

앞서 살펴본 바와 같이 손해의 배상은 재산적 손해뿐만 아니라 비재산적 손해를 포함하며, 또 적극적 손해와 소극적 손해를 모두 포함한다. 이는 우리나라의 관련 규정을 빌어 해석하면 소위 통상손해와 특별손해를 모두 포괄하는 것으로 볼 수 있다.

손해의 배상에서 무엇보다도 중요한 것은 이같은 손해와 채무불이행과의 사실적 인과관계가 존재해야 한다는 데 있다. 따라서 경우에 따라 원인과 결과가 연쇄적으로 복잡하게 관계되어 있다 할지라도 상당인과관계에 해당되는 손해에 한해서만 그 배상범위가 제한된다.

영국은 손해의 유형을 별도로 구분하지 않고 있으나 손해의 배상범위는 우리나라와 마찬가지로 상당인과관계설을 지지하고 있으며,[30] 미국은 손해의 유형에 부수적 손해(incidental damages)와 간접손해(consequential damages)의 개념을 함께 규정하고 있고[31] CISG도[32] 우리나라의 기준과 크게 다르지 않다.

따라서 계약의 위반으로 발생한 이와 같은 손해 모두는 상당인과관계가 존재해야만 그 배상이 가능하다.

손해의 인과관계를 결정하는 기준인 상당인과관계설은 이미 1854년의 Hadley v. Baxendale 판례에서[33] 판시된 바와 같이 계약위반과 관련하여 피해당사자가 받아야 할 손해배상액은 "그러한 계약위반 자체로부터 자연적으로, 그리고 통상적인 과정에 따라 발생한 것으로서, 공정하고 합리적으로 간주될 수 있는 액수, 또는 양 당사자가 계약을 체결한 당시에 계약위반의 개연적인 결과로서 예견하였거나 합리적으로 추측할 수 있는 액수"이다.

이는 결국 손실과 손실원인과의 관계에 있어 당해 손실원인이 그로 인해 발생한 손실에 대해 ① 직접적(direct)이고 ② 지배적(dominant)이고 ③ 효과적(effective)인 손실원

---

30) 영국물품매매법 제50조 (2)항, 제51조 (2)항 참조 ; "The measure of damages is the estimated loss directly and naturally resulting, in the ordinary course of events, from the buyer's (seller's) breach of contract."

31) 미국통일상법전 §2-701 이하 참조.

32) CISG 제74조 이하 참조.

33) *Hadley v. Baxendale* [1854] 9 Ex. 341.

인이 될 때, 즉 근인(proximate cause)이 될 때의 관계를 말한다. 따라서 발생한 손실 중 근인으로서의 손실원인이 발생시킨 손해는 상당인과관계가 성립하는 손해배상액이 된다.

3) 손해의 범위와 종류

(1) 손해의 범위

손해산정에 있어서의 일반원칙은 계약위반으로 손해를 입은 당사자로 하여금 위반당사자가 계약을 이행하였다면 있었을 위치로 되돌려 놓는 것이다.[34)]

이에 따라 당사자 일방의 계약위반으로 인한 손해배상액은 이익의 상실(loss of profit)을 포함하여 그 위반의 결과 상대방이 입은 손실과 동등한 금액이 된다.[35)]

국제적 통일규범인 CISG 제74조에서는 '....피해당사자가 배상받을 수 있는 손해는 위반당사자가 계약체결시에 알았거나 알 수 있었던 사실과 사정에 비추어 계약위반의 가능한 결과로서 발생할 것을 예견하였거나 또는 예견할 수 있어야 했었던 손실을 초과할 수 없다'고 규정하고 있다.

이 규정은 앞서 설명한 상당인과설 판례인 Hadley v. Baxendale 사례와 그 맥락을 같이 하고 있음을 알 수 있다.

손해의 예견가능성(foreseeability) 기준은 위반당사자의 판단으로도 계약의 위반이 있으면 그와 같은 손해가 당연히 발생할 것이라는 일반적 사실을 인식할 수 있어야 한다는 당위성 기준과 위반당사자의 지위에 있는 합리적 사람들이라면 그와 같은 손실이 발생할 것이라는 사실을 당연히 알고 있었어야 한다는 합리성 기준을 함께 포함하는 개념이다. 예견가능성의 기준이 되는 시점은 계약체결시점이다.

(2) 손해의 종류

① 통상손해

통상손해라 함은 계약위반이 있으면 발생하는 것이 보통이라고 인정되는 사회 일반의 관념상의 손해를 의미한다. 통상의 손해여부를 판단함에 있어서는 위반당사자의 예견의 유무는 불필요하며, 피해당사자는 계약위반과 손해와의 사이에 존재하는 상당인

34) 이기수·신창섭, 「전게서」, p.130.
35) CISG 제74조.

과관계를 입증하면 된다.

통상적 손해의 가장 기본적 형태는 계약위반이 있었을 때 제공되었던 하자있는 계약 목적물, 또는 제공되었어야 할 계약의 목적물의 가치와 손해산정 당시 그 계약의 목적물이 가지는 가치, 즉 손해산정 당시 시장가치와의 차액이 되며,[36] 이외에 어떠한 것이 더 포함되는지, 즉 인정되어야 할 후속 손해는 무엇인지는 각각의 경우에 따라 개별적으로 판단된다.

② 특별손해

특별손해라 함은 특별한 사정으로, 위반당사자가 계약위반 시점에 또는 계약체결 시점에 계약위반의 결과로 손해가 발생한다는 사실을 알았거나 알 수 있었을 손해를 말한다.

따라서 특별손해는 통상손해와는 달리 위반당사자의 「예견 가능성」요건이 필요하다. 예견 가능성 유무에 대한 판단은 당사자의 직업, 계약목적물의 종류, 계약의 목적, 관련된 관행이나 관습 등을 고려하여 결정된다.

③ 기타 유형 : 부수적 손해액과 간접손해액

한편 미국의 경우에는 손해의 유형에 소위 부수적 손해액과 간접손해액 개념을 추가하여 이를 따로 구별하고 있다.

부수적 손해액(incidental damages)이란 위반당사자의 계약위반 결과 발생할 수 있는 합리적 관점에서의 제반 비용, 예컨대 운송·보관·검사비용, 상업적으로 합리적 관점에서 발생한 비용 및 제반 수수료 등을 포함한다.[37]

부수적 손해액은 계약위반이 있으면 의당 그와 같은 손해가 당연히 발생할 것이라는 일반적 관계가 성립하는 비용이자, 당해 계약위반이 없었다면 결코 발생하지 않았으리라고 판단되는 구체적 관계가 성립하는 비용[38]이므로 이는 통상손해의 한 형태라 볼 수 있다.

이에 반해 간접손해액(consequential damages)이란 위반당사자의 계약위반 결과 일반적으로 또는 특별하게 발생하는 손해액으로 위반당사자가 당연히 예견 가능하였던 비용이 아닌 결과적 손해액을 의미하기 때문에 예견가능성(foreseeabiltity) 요건이 대단히 중요한 기준이 된다.

36) Peter Schlechtriem, *op. cit.*, p.559.

37) 미국통일상법전 §2-715 (1)항.

38) 곽윤직, 「민법통칙」, 박영사, 1996, p.214.

미국통일상법전의 규정에 따르면 "상대방의 계약위반 결과 피해당사자가 계약체결 당시 알 수는 있었지만 대체거래나 기타의 방식으로 그 손해의 발생을 합리적으로 막을 수 없었던 손해액이며 계약위반에 근인한 인적·물적 손실을 포함한다.'고 규정하고 있다.[39)]

본질적으로 간접손해액이란 어느 거래당사자 일방의 계약위반이 있고 그로부터 특정한 손해가 발생한 경우에 당해 특정손해와 계약위반 사이에 연관성은 있지만, 다른 원인이나 사정이 함께 존재함으로써 이들이 상호 경합하여 결과에 대한 원인을 이룰 때 발생한다.[40)]

따라서 손해의 산정과 관련하여 예견가능성 요건이 가장 긴요한 의미를 갖는 손해는 바로 간접손해액이다. 왜냐하면 통상손해와 부수적 손해액은 계약위반으로 말미암아 당연히 발생할 것이 예견되는 비용인 데에 반해, 간접손해액은 일반적으로 발생하는 손해로서 당연히 예견될 수 있는 비용이 아니기 때문이다.

따라서 간접손해액에 대해서는 이를 주장하는 자가 계약위반, 손해의 발생 그리고 계약위반간의 상당인과관계 뿐만 아니라 그 손해가 예견가능한 손해라는 사실까지도 증명하여야 한다.

미국의 간접손해는 우리나라의 특별손해와 거의 유사하며, CISG도 이러한 취지를 바탕으로 하고 있다. 다만 우리나라의 경우 특별손해의 예견 가능성 존부는 이행기를 기준으로 하는 것이 통설인데 반해 미국과 CISG는 계약체결 시점을 기준으로 한다.[41)]

3. 예정손해배상액과 위약금

1) 예정손해배상액

예정손해배상액(liquidated damages)이란 계약위반(채무불이행)의 경우에 위반당사자가(채무자)가 피해당사자(채권자)에게 지급하여야 할 손해배상액을 당사자 사이의 명시적 합의로 미리 정하여 둔 경우를 말한다.[42)]

손해배상액을 예정하는 목적은 채무자가 자신의 채무를 불이행한 경우 채권자가 손해배상을 청구하기 위해 그 손해의 발생과 액수를 입증하는 것은 실제로 곤란한 경우가

---

39) 미국통일상법전 §2-715 (2)항.

40) 곽윤직, 「전게서」, p.214.

41) 민법 제393조 (2)항 참조 ; 미국통일상법전 §2-710, §2-715 ; CISG 제74조.

42) 따라서 이를 손해배상액의 예정이라고도 한다. ; 민법 제398조 (1)항.

많고, 이로 말미암아 당사자 사이에 마찰 내지 분쟁이 발생할 여지가 많기 때문에 이를 사전에 예방하고 손해배상의 법률문제를 간이화 하여 채무의 이행을 확보하고자 하는데 있다.[43]

따라서 채권자는 채무자의 채무불이행이 있으면 채무불이행 사실이 있다는 것만 증명하면 손해의 발생 및 손해액을 증명하는 과정 없이도 바로 예정손해배상액을 청구할 수 있다.[44] 그리고 손해배상액의 예정은 일정액의 금전으로써 하는 것이 보통이며, 만일 금전 이외의 것으로써 예정 합의한 경우에라도 이는 예정손해배상액으로 간주한다.

예정손해배상액이 일단 합의되면 채무자는 채권자의 손해가 전혀 없거나 또는 손해액이 예정손해배상액보다 적다고 항변할 수 없으며, 반대로 채권자도 실제의 손해액이 예정손해배상액보다 많다는 것을 입증하여 증액을 청구할 수 없다.

한편 예정손해배상액의 경우에도 형평의 원칙상 과실상계와 손익상계가 적용되는 것이 보통이며, 예정손해배상액의 합의가 있었다 해도 채무불이행시 채권자의 특정이행청구권이나 계약해제권의 포기하는 것을 의미하는 것은 아니다.

2) 위약금

위약금(penalties)이란 계약위반(채무불이행)의 경우에 위반당사자(채무자)가 피해당사자(채권자)에게 벌과금의 형태로 지급하겠다는 것을 약속한 금전을 말한다.

위약금은 채무불이행시 지급하기로 약정한 금액이라는 점에서 예정손해배상액과 유사하다. 따라서 이의 구별은 상당히 애매하여 당사자의 의사, 그리고 계약과 관련된 여러 상황 등을 종합적으로 고려한 후 결정해야 할 사실의 문제(question of facts)[45]이다.

위약금과 예정손해배상액은 그 법적 효과에 있어 상당한 차이가 있다. 특정 금액의 지급약정이 위약금인지, 아니면 예정손해배상액인지 여부와 그 법적효과의 차이는 일반적으로 다음과 같다.

첫째, 당사자간 의도를 놓고 볼 때 채무불이행이 발생할 경우 야기될 수 있는 실제적인 손실액의 예측(pre-estimate of probable actual damages)[46]의 형태로 손해배상액을

---

43) 민법 제398조 (2)항.

44) 민법 제398조 (4)항, (5)항.

45) 사실의 문제(question of facts)라 함은 구체적인 사실의 존재 여부와 그 내용을 확정하는 것을 말하는데, 이는 배심(jury)과 같은 전문가들에 의해 상충되는 여러 문제들을 상업적 감관(commercial sense)이나 경험적 요소들의 증명(evidence)을 통해 결정한다.

46) *Black's Law Dictionary*, pp.1133-1134 참조.

합의한 때에는 예정손해배상액으로 본다.

반면 채무불이행에 대한 제재(punishment) 또는 채무불이행 상황을 방지할 목적의 협박 내지 경고조치의 일환으로 손해배상액을 합의한 때에는 위약금으로 본다.

둘째, 당사자의 합의 또는 약정의 과정에서 예정손해배상액 또는 위약금이라는 명확한 용어를 사용하였다 해도 그것이 결정적인 증거가 되는 것은 아니다.[47)]

만일 약정된 금액이 실제의 손해와 비교하여 그 한도를 상당히 초과한 경우라면 이는 위약금으로 보는 것이 일반적인 경향이다. 왜냐하면 예정손해배상액은 본질적으로 실제 발생가능한 손실액에 대한 예측을 강조하기 때문에 당해 예측금액에 비해 터무니없이 크게 책정되었다면 이는 경고 내지 제재의 성격을 갖는 위약금에 오히려 더 가깝기 때문이다.

셋째, 당사자의 의도가 예정손해배상액으로 간주되면 채권자는 실제 손해의 발생 및 손해액 규모의 증명 없이 바로 약정된 금액을 청구할 수 있다. 채무자는 예정손해배상액에 대해 항변할 수 없고, 채권자 역시 예정된 손해배상액보다 실 손해가 크다 할지라도 예정된 배상액만을 청구할 수 있을 뿐이다. 법원은 예정손해배상액 그 자체를 유효한 것으로 인정하는 경향이 많기 때문이다.

넷째, 반면 위약금은 채무이행의 보증을 위한 일종의 협박 내지 경고조치, 즉 in terrorem 조항의 성격이 강하기 때문에[48)] 이는 계약의 성질에 따라 그 규모가 일정하지 않은 것이 보통이다.

따라서 당해 금액의 정당성을 채권자가 증명하여야 한다. 만일 당해 금액이 부당하다는 채무자의 반증이 있다면 그러한 금액은 감액이 될 수 있고, 반대의미로 위약금이 실손해액보다 터무니없이 적은 경우에는 채권자의 입증으로 실손해액을 보상받을 수 있다.

다섯째, 예정손해배상액의 청구에 있어 채권자의 과실이 있는 경우 이를 상계하는 것이 통설로 인정되고 있고, 위약금의 경우는 채무자의 귀책사유에 의한 손해가 더 발생하였다면 그 손해도 배상되는 것이 보통이다.

---

47) Clive M. Schmitthoff, *op. cit.*, p.130.

48) A. G. Guest, *Benjamin's Sale of Goods*, p.1270.

4. 손실경감의 의무(duty to mitigate)

채무자가 자신의 채무를 불이행함으로써 발생하는 손해에 대해 채권자는 이를 경감시키기 위해서 합리적인 조치를 취해야 할 의무가 있다. 이를 채권자의 손실경감의 의무(duty to mitigate damages)라 한다.

손실경감의무에 따라 채권자가 청구할 수 있는 손해배상액은 합리적인 손실경감조치에 의해 구조된 손해만큼 상계되어진 금액이 된다. 또한 손실경감의 조치를 취한 결과 경감의 효과를 통해 이익이 발생한 경우 당해 이익분 만큼은 손해배상액에서 감액되며, 손실경감조치에 수반되는 비용이 합리적 관점에서 지출되었다면 이는 손해배상액에 포함된다.

따라서 이와 같은 손실경감노력의 차원에서 지출한 합리적 비용이나 손실이 있었다면 채권자는 이에 대해 추가적으로 배상받을 수 있다.[49] 반면 손실경감의무의 태만으로 인해 발생한 추가적 손해에 대하서는 채권자는 채무자에게 손해배상청구를 할 수 없는 것이 보통이다.

이와 같은 특징을 갖는 손실경감의무를 놓고 볼 때, 손실경감의 의무는 일견 손익상계[50]의 개념과 손해방지의무[51]의 개념을 포함한다고 볼 수 있다.

손실경감을 위해 채권자가 특정한 조치를 취했는지, 또 그 조치가 합리적이었는지 여부는 사실의 문제(question of facts)로 각각의 특정 상황에 따라 판단될 문제이나, 이의 증명은 계약을 위반한 당사자, 즉 채무자의 부담이 된다.

한편 손실을 경감시키기 위한 채권자의 노력의 정도는 일상적인 사업과정에서 평균적 상인이 합리적으로 취할 수 있는 만큼의 수준을 의미하는 것으로써 채권자의 상업적 명성이나 재산권을 침해하면서까지[52] 손실을 경감시킬 의무는 부과되지 않는 것으로 해석하는 것이 일반적이다.

---

49) *ibid.*

50) 손익상계라 함은 채무불이행으로 인하여 채권자에게 손해가 발생한 것과 동시에 이익도 있는 경우에 손해배상액을 정함에 있어서 그 손해액으로부터 이익을 공제하는 것을 말한다. 우리나라 민법에는 규정이 없지만 실손해의 배상이라는 차원에서 볼 때 당연한 이치라 하겠다.

51) 손해의 방지에 합리적으로 노력했음에도 불구하고 발생한 손해만이 진정으로 보상할 손해라는 입법 취지에서 비롯된 개념으로, 주로 손해보험에 있어 피보험자가 손해의 방지를 하여야 할 의무를 일컫는다. 손해방지의무를 해태한 피보험자는 발생한 손해에 대한 보험금의 청구권을 제약받게 된다. 그러나 만일 합리적인 조치를 취했음에도 손해가 발생하였다면 이는 청구가 가능하며, 손해방지에 필요했거나 지출했던 비용이 있었다면 보험자는 추가적으로 이를 부담해준다.

52) A. G. Guest, *op. cit.*, pp.1282-1283.

왜냐하면 손실경감의무는 법률상의 의무(legal obligation)라기보다는 단지 법적인 요구사항(legal requirement)의 하나로 간주되는, 이른바 간접의무에 해당하기 때문이다. 따라서 손실경감의무의 불이행이 있게 되면 법률상의 제재는 따르지 않지만 손해배상액의 축소라는 일정한 불이익을 받게 된다.

국제물품매매계약에 관한 국제협약인 CISG에서는 제77조에서 매도인과 매수인 모두에게 적용되는 의무의 하나로 손실경감의무를 규정하고 있다.

5. 비교과실 또는 과실상계

계약의 일방은 상대방에 대하여, 계약에 의해서 또는 법이 정하는 바에 따라서 일정한 정도의 주의의무를 부담해야 한다. 그러나 만일 그와 같은 주의의무를 태만히 한 과실(negligence)이 있을 때에는 손해배상의 책임이 발생한다.

영미법계에서는 원고(plaintiff)가 피고(defendant)의 과실에 의하여 손해를 입었음을 주장하고 그 손해배상을 청구하는 소송을 제기하여, 피고가 당해 손해는 원고의 과실이 기여하여 발생한 것, 즉 원고의 과실이 원인이라고 항변을 할 때 이를 인정하는 경향이 있다. 이를 소위 기여과실(contributory negligence)의 법리라 하는데 이는 현재 비교과실(comparative negligence)의 법리로 수정·발전되어왔다.[53)]

즉 양 당사자 모두 특정 손해의 발생에 동시에 책임이 있을 경우에는 그 과실을 퍼센트 단위로 측정하여 원고의 과실을 참작한 상태에서 그 비율만큼 손해배상액을 경감한다는 원리가 적용된다는 것이다.[54)]

우리나라의 경우 채무불이행에 관하여 채권자에게도 과실이 있는 때에는 법원은 직권으로 채무자의 손해배상액을 경감할 수 있다[55)]는 과실상계의 원리를 도입하고 있어 영미법계의 비교과실 법리와 같은 취지라 할 수 있다.

채권자의 과실이 인정되는 경우 이를 어느 정도 참작할 것인가는 궁극적으로 법원의 자유재량에 속한다.[56)]

---

53) *Black's Law Dictionary*, p.282.

54) *ibid*. 원고의 과실이 피고의 과실보다 적을 때에만 이 원리가 적용된다.

55) 민법 제396조.

56) 대판 1972.12.26. 72다1037.

6. 계약의 해제

1) 계약해제의 개념

매매계약은 그 자체가 쌍무계약(bilateral contract)의 형태이기 때문에 각 당사자는 상대방으로부터 계약상 채무의 이행을 받게 된다는 것을 전제로 하여 자신도 채무를 이행할 것을 약정한다. 그 결과 두 당사자의 계약이행의무인 채무는 서로 의존관계에 서있게 되어 각 채무는 계약의 성립·이행·존속에 있어서 같은 연장선상에 놓여있게 된다.

따라서 계약당사자 중 ① 어느 일방의 채무가 성립하지 않거나 무효 또는 취소된 때에는 상대방의 채무도 성립하지 않으며, ② 어느 일방의 채무가 이행될 때까지는 상대방은 자신의 채무의 이행을 거절할 수 있다. 또한 ③ 어느 일방의 채무가 채무자에게 책임 없는 사유로 이행불능이 되어 소멸한 경우에는 상대방의 채무도 소멸한다.

계약의 해제(avoidance of ccntract)라 함은 계약의 성립이 있은 후에 당사자 일방의 단독의 의사표시에 의하여 계약을 소급적으로 소멸시키는 것을 말한다. 계약의 해제는 계약에 있어 특유의 구제제도로써 어느 당사자로 하여금 해제권을 부여함으로써 인정된다.

계약해제권은 법률의 규정에 의해 발생하는「법정해제권」과 당사자의 특약의 형태로 해제권을 미리 유보해 놓은「약정해제권」이 있다.

약정해제권의 행사 및 효과는 법정해제권의 경우의 효과와 다름이 없으나, 단지 특약의 형태이므로 그 특약의 내용에 좇은 효과가 발생될 뿐이다. 약정해제권을 설정하는 목적은 계약불이행이 발생하는 경우에 대비하여 법정해제의 요건이나 효과를 수정·완화·보충하거나, 계약해제의 상황이 발생한 때 손해배상의 절차와 방법, 그리고 액수를 미리 결정해 두기 위함이다. 실제 무역거래에 있어서 매매계약 체결시 약정해제권을 설정하는 예는 상당히 빈번하고 그 활용도 다양하다.[57)]

2) 계약해제권의 행사와 소멸

계약의 해제권은 그 사유가 발생하였더라도 이를 행사하여야 그 효과가 생긴다.

첫째, 계약해제권의 행사는 상대방에 대한 일방적 의사표시로 이루어진다.

---

57) 계약해제에 관한 문제가 발생하였을 때에는 일률적으로 법정해제에 관한 규정을 적용하기 어려울 때가 많다. 당사자간에 약정해제권에 관한 특약이 있다면 그것이 우선 적용된다.(김준호,「전게서」, pp.723-724 참조).

일단 어느 일방의 계약해제의 의사표시가 상대방에게 도달하여 효력이 생긴 뒤에는 이를 철회할 수 없는 것이 보통이다. 이는 계약의 해제의사표시를 임의대로 철회할 수 있게 할 경우 계약이 해제되었다고 믿고 있는 상대방의 이익을 부당하게 침해할 우려가 있기 때문이다.

둘째, 계약의 해제로 인해 상대방에게 이전된 물권이 해제권자에게 복귀되는 과정에서 해제의 의사표시가 있기 전에 새로운 이해관계를 맺은 제3자는 매매당사자간의 원매매계약의 해제로 예측하지 못한 손해를 받게 될 경우가 있지만, 매매의 원당사자가 유가약인(valuable consideration)의 제공으로 유효하게 물권이 제3자에게 이전된 때에는 원 계약의 해제가 있다 하더라도 선의(good faith)의 제3자의 권리는 침해할 수 없다.[58]

한편 계약해제권은 다음과 같은 원인에 의해 소멸된다.

첫째, 계약해제권의 행사에 있어 해제권 행사의 기간을 정하지 아니한 때에는 상대방은 상당한 기간을 정하여 해제권 행사 여부의 확답을 해제권자에게 최고할 수 있다. 그러나 이 기간 내에 상대방이 해제권자로부터 해제의 통지를 받지 못한 때에는 해제권자가 가졌던 해제권은 소멸한다.[59]

둘째, 해제권자의 고의 또는 과실로 계약의 목적물이 현저히 훼손되거나 또는 반환할 수 없게 된 때, 또는 목적물을 가공 또는 개조하여 다른 종류의 물건으로 변경된 때에는 해제권은 소멸된다.[60] 이는 계약이 해제되면 계약의 당사자들은 상호 원상회복(restitution)의 책임을 져야 하는데, 물품을 원래 인도받았을 때와 같은 형태로 반환할 수 없다면 계약을 해제할 수 없는 사유가 된다.

3) 계약해제의 효과

계약의 해제란 이미 설명한 바와 같이 당사자 일방의 의사표시에 의하여 유효하게 성립한 계약을 소급적으로 소멸시켜 처음부터 계약이 체결되지 않은 상태로 회복시키는 것을 말한다.[61] 따라서 계약의 해제가 있게 되면 다음과 같은 효과가 발생한다.

① 아직 이행되지 않은 채무는 이행할 필요가 없다. 즉 계약의 당사자는 계약상 의 법

---

58) 민법 제548조 (1)항 : "당사자 일방이 계약을 해제한 때에는 각 당사자는 그 상대방에 대하여 원상 회복의 의무가 있다. 그러나 제삼자의 권리를 해하지 못한다." 이와 유사한 영·미의 관련 규정은 영국 물품매매법 제48조 (2)항, 미국통일상법전 §2-706조 (5)항 참조.

59) 민법 제552조.

60) 민법 제553조 참조; CISG 제82조 (1), (2)항 참조.

61) 민법, 543조, 548조 (1)항 참조.

적구속으로부터 해방된다.

② 이미 채무가 이행된 경우에는 원상회복을 위해 그 수령한 급부를 상대방에게 반환하여야 한다. 물품이 급부되어 있었던 경우에는 그 물품을 반환하여야 하며, 금전이 제공되었으면 지급되었던 날로부터 이자를 붙여서 반환해야한다. 만일 계약의 목적물을 이용하여 이익을 본 경우라면 그 이익도 반환하여야한 다.[62)]

③ 어느 일방의 채무불이행으로 계약을 해제하였음에도 채권자가 여전히 손해를 입은 경우에는 그 손해의 배상을 청구할 수 있다.

계약이 해제되면 계약이 없던 원상태로 복귀되지만, 계약의 해제권을 행사한 당사자는 자신에게 계약의 해제로 인한 피해가 있었다면 채무를 불이행한 상대방에게 손해의 배상을 청구할 권리를 가진다.[63)] 이는 상대방의 채무불이행으로 손해가 발생하였을 경우 원상회복만으로는 손해가 제거되지 않으므로 채권자를 보호하기 위함이다. 이때 손해의 배상은 손해배상의 일반원칙이 준용된다.

이상과 같은 효과를 놓고 볼 때 계약이 해제되면 계약의 피해당사자들에게는 계약상의 법적 구속으로부터의 해방·원상회복·손해배상이라는 세 가지 효과가 발생함을 알 수 있다.

4) 계약불이행과 계약의 해제

계약불이행에 따른 계약해제권은 다음과 같은 원칙이 준용된다.

(가) 이행지체로 인한 해제의 경우

이행기가 도래했음에도 채무자가 자신의 채무를 이행하지 않을 경우 채권자는 이행기 경과 후 합리적인 부가기간을 설정하여 이행의 최고를 하고, 그 기간에도 채무자의 이행이 없으면 비로소 계약을 해제할 수 있다는 것이 계약해제의 원칙이다.[64)]

그러나 다음과 같은 경우에는 합리적 부가기간의 설정과 최고가 없이도 곧바로 해제권을 발동할 수 있다.

① 최고의 요건을 요구하지 않는다는 당사자간의 특약이 있을 때,

② 채무자가 기한 전에 이미 자신의 채무를 이행거절 할 의사를 표시한 때(기한 전 이

62) 민법, 548조 2항 ; CISG 84조 참조.

63) 민법 제551조 ; 미국통일상법전 §2-720조.

64) CISG 제49조.

행거절의 경우가 이에 해당한다),

③ 정기매매 성격의 거래일 때.[65]

(나) 이행불능 등으로 인한 해제의 경우

채무자에게 책임이 있는 사유로 이행이 불가능하게 된 때에는 그때부터 채권자는 합리적 기간의 설정과 최고 없이 계약을 해제할 수 있다.[66]

(다) 불완전이행으로 인한 해제의 경우

불완전이행의 경우 추완이 가능한 경우에는 이행지체의 원칙에 준해서 계약의 해제권이 발생하지만, 그 하자가 커 계약의 본질적인 위반으로 간주되어 추완이 불가능할 경우에는 이행불능의 원칙에 준해서 계약을 해제할 수 있다.

(라) 사정변경 또는 계약목적의 달성 불능한 사유로 인한 해제의 경우

계약의 성립 후 계약당사자 어느 누구의 귀책사유가 없이 예견할 수 없는 상황이 발생하여 계약상의 채무의 이행이 불가능할 때 소위「사정변경의 원칙」또는「계약의 목적달성 불능에 의한 계약효력의 소멸법리」(frustration of contract)에 따라 당해 계약은 해제된다. 이 경우는 언급한 세 가지 유형의 계약해제원칙과는 달리 계약해제 상황의 판단이 대단히 복잡해질 뿐만 아니라 독특한 계약의 해제원칙이 별도로 적용된다.

---

65) 민법 제545조에 따르면 정기매매라 함은 계약의 성질 또는 당사자의 의사표시에 따라 일정한 시기에 채무가 이행되지 않으면 계약의 목적을 달성할 수 없는 매매를 말한다. 정기매매는 이행기를 경과하면 그 이행이 무의미하게 되므로 이행불능과 동일하게 취급되고, 최고하지 않더라도 당장에 계약을 해제할 수 있는 것으로 인정된다. 대금지급, 물품의 인도에 있어 정확한 기일의 엄수나 신속한 인도가 필요한 부패 가능성 물품 등은 합리적 부가기간의 설정과 최고의 요건은 무의미할 수 있으므로 이행기 도래 후 이행의 청구가 없는 한 당연히 계약은 해제되는 것으로 간주한다.

66) 민법 제546조.

제3절 매수인의 구제방법

매수인은 매도인과 매매계약을 체결한 후 매도인이 계약의 내용에 따른 채무를 이행하지 않을 경우에는 그에 상응하는 구제방법을 강구할 수 있다.

일반적으로 매도인의 계약위반 형태는 크게 다음과 같다.

첫째, 물품의 인도를 하지 않을 때(non-delivery),

둘째, 물품의 인도를 지체할 때(delay in delivery),

셋째, 하자물품을 인도할 때(defects in goods),

이하에서는 이들 각각의 경우에 대해 매수인이 취할 수 있는 구제방법들에 관해 대륙법계와 영미법계 등 각 법률체제의 일반적 기준과 국제협약인 CISG의 규정을 중심으로 상세히 살펴보도록 한다.

1. 매수인의 구제방법의 일반적 기준

1) 물품인도불이행시의 구제방법

(가) 대체물시장이 존재할 경우

매도인이 매수인에게 계약에 약정된 물품을 인도하지 않을 경우 매수인은 물품인도불이행을 이유로 매도인에게 손해배상을 청구할 수 있다. 이때 매수인은 손해배상의 청구권 행사에 앞서 이른바 손실경감의무의 일환으로 합리적 기간 내에 합리적 방법으로 대체물시장(available market)을 통해 대체물(substitute)을 구입하기 위해 노력하여야 한다. 여기서 대체물시장이라 함은 계약상 인도받기로 약정되어있는 물품과 동종의 물품이 존재하는 시장 또는 같은 부류에 속하는 거래가 이루어지는 시장을 의미한다.[67]

매수인의 손해배상청구권은 아래와 같은 요건이 충족되어야 한다. 이때 대체물 시장

67) 대체물시장으로 인정되기 위해서는 다음과 같은 조건이 충족되어야한다.
① 매수인이 대체물을 쉽게 구대할 수 있는 상황이어야 한다. 예컨대 대체물시장에는 구매자들의 수요를 충분히 수용할 수 있는 많은 공급자들이 존재해야 하고, 대체물의 가격이 과도하게 높이 책정되어 있지 않아야 한다.
② 대체물시장은 매수인이 시간적으로나 지역적으로 즉시 이용가능한 상태여야 한다. 다시 말해 매수인이 대체물을 구매하는데 있어 합리적인 시간이 소요되고, 합리적인 거리 내에 위치해 있어야 함을 의미한다(A. G. Guest, *op. cit.*, pp.807-808).

이 존재한다면,

첫째, 손해배상액의 범위는 매도인의 계약위반의 결과로 직접적·지배적·효과적으로 발생한 손해액에 제한된다. 즉 손해와 손실원인과의 상당인과관계가 성립하는 경우의 손해액을 전제로 한다.

둘째, 매수인은 매도인의 물품인도불이행이 발생하면 이를 인지한 시점부터 소위 손실경감의무를 부담하게 되어 합리적인 기간 내에 대체물시장을 찾아 자신의 손실규모를 경감시켜야 한다.[68] 이 결과 대체물을 구입함으로써 받은 손해가 있다면 이 손해액은 상당인과관계가 있는 손해액임을 전제로 추가적으로 배상청구할 수 있다.[69]

셋째, 매도인이 물품의 인도를 불이행할 경우 손해배상액은 각 법규에 따라 차이를 보인다.

① 영국의 물품매매법

영국의 물품매매법 제51조 (3)항의 시장가격규칙(market price rule)에 따르면, 매도인이 물품인도불이행을 한 경우 손해배상액은 대체물시장이 존재하는 경우 손해배상액은 시장가격(market price) 또는 시가(current price)와 계약가격과의 차액이 된다. 이때 시장가격 또는 시가의 기준은 계약물품이 인도되었어야 했던 시점이며, 만일 인도시기를 정하지 않은 경우에는 매수인이 인도수령을 거절한 시점이 된다고 규정하고 있다.

② 미국의 통일상법전

미국의 통일상법전 §2-712 (2)항에 따르면, 매수인이 대체물 구매에 지급한 가격(cost of cover price)과 계약가격(contract price)과의 차액을 손해배상액의 기준으로 하고 있다. 이때 매수인은 신의칙에 입각하여 불합리한 지체 없이 합리적으로 대체물을 구입할 것[70]을 전제로 한다.

③ CISG 제75조의 규정

CISG 제75조는 "계약이 해제된 경우, 합리적인 방법으로 그리고 계약해제 후 합리적인 기간 내에 매수인이 대체물을 구입하거나 또는 매도인이 물품을 재매각한 경우에는 손해배상을 청구하는 당사자는 계약대금과 대체거래대금과의 차액 및 그 외에 제74조

68) 이를 대체거래(cover transaction)라 한다.

69) 물론 이 경우에도 매도인의 채무불이행으로 인해 매수인에게 이익이 생긴 경우에는 그 이익만큼을 상계하는 손익상계원리가 적용된다. 미국통일상법전 §2-713 (1)항 참조.

70) 미국통일상법전 §2-702 (1)항.

에 의한 손해액을 배상받을 수 있다."고 규정하고 있다.

CISG 제75조는 미국의 통일상법전 §2-712 (2)항과 같은 취지로 규정하고 있음을 알 수 있다. 즉 계약이 해제된 후 매수인이 대체물(goods in replacement)을 구입한 경우에는 단순히 원래의 계약대금(contract price)과 대체거래대금(price in the substitute transaction)의 차액을 그 일차적인 손해배상액으로 한다고 규정하고 있다.

(나) 대체물시장이 존재하지 않는 경우

대체물시장이 존재하지 않는다면 매수인은 손해경감의무의 이행차원에서 다른 공급원으로부터 계약물품과 품질 면이나 가격 면에서 '거의 동등한 물품'(nearest equivalent)을 합리적으로 노력하여 구매할 '필요성'은 있다.

이러한 경우에는 해당 동등물품을 구매하는 데 지출한 비용이 상당인과관계를 충족시키는 합리적 비용임을 전제로 역시 당해 비용에 대한 손해배상의 청구가 가능하다. 즉 매수인은 계약물품에 가장 가까운 동등품을 구매하는 데 드는 비용과 계약가격과의 차액을 기본적으로 배상받을 수 있다. 이때 동등품은 사정상 그것이 불합리한 것이 아닌 한, 계약에서 정한 물품보다 우수한 품질과 더 높은 가격을 가지고 있더라도 상관없다.71)

그러나 매수인이 합리적으로 노력했음에도 불구하고 거의 유사한 동등품을 구입하지 못하였다고 해서 손해경감의무의 불이행 내지 해태로 간주되어 자신의 손해배상청구권을 침해받는 것은 아니다.

이미 앞서 설명한 바와 같이 손해경감을 위한 노력의 정도는 일상적인 사업과정에서 평균적 상인이 합리적으로 취할 수 있는 정도의 수준을 의미한다. 발생한 손해액을 줄이기 위해 손해경감활동의 일환으로서 대체물을 구입해야 한다는 손실경감의무는 법적제재가 수반되는 직접의무가 아니라 단순히 법적요구의 형식을 지닌 간접의무이기 때문에 매수인은 자신의 재산권이나 상업적 명성 등을 침해하면서까지 손실을 경감시킬 의무는 부과되지 않는다.72)

매수인의 손해배상청구의 범위는 언급한 손해배상의 일반원칙에 결정된다.

즉 대체물시장이 존재하지 않아 대체물(substitute goods) 또는 그와 유사한 동등품(nearest equivalent)을 구입하지 못한 경우에, 매수인의 기본적인 손해배상액은 물품의 계약가격과 그 물품의 현실적 가치와의 차액, 좀 더 자세히 말하면 계약가격과 계약물품

---

71) *Intertradex S.A. v. Lesieur-Tourteaux S.A.R.L.* [1978] 2 Lld. L. Rep. 509, 519 ; *Diamond Cutting Works v. Treifus* [1956] 1 Lld. L. Rep. 216.

72) *infra*, 본 절의 「손해경감의무」 편 참조.

이 인도되었어야 했던 시점 또는 인도시기를 정하지 않은 경우에는 매수인이 인도수령을 거절한 시점의 시장가격과의 차액이 된다. 이외에 어떠한 손해액이 더 포함되는지, 즉 인정되어야 할 후속 손해는 무엇인지는 각각의 경우에 따라 개별적으로 판단된다.[73]

한편 매수인이 인도받기로 한 물품이 다른 대체시장을 통해서만 대체될 수 있거나 또는 제3자를 통해 거의 동등한 물품으로 구매될 수 없을 만큼 특별한 성격의 희귀조건(scarcity condition) 물품일 때에는 법원의 강제적 판결을 통해 매도인에게 특정이행(specific performance)을 청구할 수 있다.[74]

2) 물품인도지체시의 구제방법

(가) 합리적 부가기간의 설정

매도인이 계약에 약정된 물품의 인도를 지체할 경우(delay in delivery), 영국물품매매법과 미국통일상법전에서는 이에 대한 특별한 규정을 두고 있지는 않다.

우리나라의 경우는 이러한 경우를 이행지체로 간주하고 있으며, 채권자인 매수인은 채무를 불이행한 매도인에게 이행을 위한 합리적 부가기간을 부여하도록 하고 있다.[75] 따라서 설정된 부가기간 중 매수인은 최고(催告)의 요건을 충족시켜야 하며, 그럼에도 불구하고 매도인이 자신의 채무를 이행하지 아니하면 계약을 해제할 수 있다.

부가기간의 설정은 당사자 쌍방의 입장을 고려하고, 계약에 대한 신뢰를 유지하기 위하여 이행기가 경과한 후에도 피해당사자인 채권자가 위반당사자인 채무자에게 계약이행을 위한 합리적 유예기간을 정해주고 그 이행의 최고(催告)를 하도록 하는 조치이므로[76] 그 기간 내에도 채무자의 이행이 없는 경우에는 채권자의 계약해제의 정당한 근거가 된다.

부가기간은 이행지체 등과 같은 계약위반을 한 매도인이 계약이행을 다시 준비하고 이를 이행하는 데 필요한 기간을 말하며, 계약의 성질 및 기타 객관적 사정을 고려하여 결정한다.[77]

한편 CISG도 제47조에 부가기간의 설정을 규정하고 있고 제49조 (2)항 (a)호에 인도

---

73) *infra*, 본 절의 「손해의 배상」 중 「손해의 종류」 편 참조.

74) 이를 이행의 강제 또는 강제이행이라고도 한다. ; 좀 더 자세한 내용은 *Uniform Commercial Code (1989 Official Text with Comments)*, West Publishing Co., 1990, pp.200-201 참조.

75) *supra*, 제1절 이행지체 편을 참조할 것

76) 김준호, 「민법강의」, 법문사, 1997, pp. 743-744.

77) *ibid.*

지체시의 계약해제권을 매수인에게 부여하고 있다는 점에서 우리나라의 경우와 다르지 않다.

(나) 손해배상액 산정의 일반원칙

매도인이 물품인도지체시의 손해배상의 기준은 크게 다음의 두 가지이다.

하나는, 매수인이 설정한 부가기간이 경과할 때까지 매도인이 채무를 이행하지 않아 매수인이 계약을 해제하는 경우이다.

즉 매수인이 계약을 해제시켜 물품의 인수를 거절하게 되면, 이는 위에서 언급한 물품의 인도불이행(non-delivery)과 같은 결과가 되므로, 매수인은 물품인도불이행시에 적용되는 구제방법에 따라 손해배상청구를 할 수 있다.

다른 하나는, 매수인이 계약을 계속 유효한 것으로 간주하여 인도를 지연하고 있는 매도인에게 합리적인 부가기간을 설정하고 그 이행을 최고한 결과, 이 설정된 부가기간 중에 매도인이 채무를 이행한 경우이다. 즉 매도인이 물품을 매수인에게 인도한다면 매수인은 계약대금을 지급하고, 그 지연된 기간에 해당하는 만큼의 손해의 배상을 청구할 수 있다. 이때 당해 손해액과 지체된 이행과는 상당인과관계가 존재하여야 할 것이다.

한편 이행지체의 경우 매수인에게 인정되는 손해의 범위는 다음과 같이 결정되는 것이 보통이다.

첫째, 대체물시장이 있는 경우 매수인의 손해배상액의 한도는 계약상의 인도시점과 장소에서의 시장가격과 실제로 인도된 일자의 시장가격과의 차액이다. 이 경우 손해액의 결정에 있어서 대체물시장의 존재 여부를 기준으로 하는 것은 그 시장의 가격의 파동성(fluctuation)을 충분히 고려하여 손해배상액을 산정하는 것이 합리적이기 때문이다.

한편 매수인에게 발생한 부수적 손해액(incidental damages)과 간접손해액(consequential damages)이 있다면 이를 추가적으로 고려한다. 이와 같은 특별손해액은 이미 언급한 바와 같이 상당인과관계가 인정되는 합리적 비용이어야 하며, 특히 간접손해액은 영미법계와 CISG상에서는 계약체결시[78] 또는 우리나라의 경우 매도인의 채무불이행시[79] 매도인이 예견 가능하였던 비용이어야 한다.[80]

둘째, 대체물시장이 존재하지 않는 경우 매수인의 손해배상한도는 계약에 약정된 인도일의 물품의 가치와 실제 인도일의 물품의 가치와의 차액이다. 이때 물품의 가치를 판

78) 미국통일상법전, §2-705 (2)(a)항 ; CISG 제74조.

79) 민법 제393조 2항 참조.

80) *supra*, 본장 1절의 「배상손해형태와 상당인과관계」 편 참조.

단함은 제반 상황을 고려한 법원의 재량에 속한 것이라 하겠다. 물론 이 경우에도 특별 손해액을 고려한다.

3) 하자물품의 인도시의 구제방법

(가) 불완전이행에 따른 구제방법

매도인이 하자있는 물품(defective goods)을 매수인에게 제공하였다는 것은 그 자체로서 채무자로서 채권자에게 '하지 않아야 할 행위를 한' 불완전이행에 의한 적극적 계약위반이다.

매도인의 불완전이행이 있으면 매수인은 매도인이 제공한 물품의 수령을 거절할 수 있으며, 그것으로 인해 생긴 손해의 배상을 청구할 수 있고, 경우에 따라 그 하자의 정도가 계약의 가치를 실질적으로 침해하는 것일 때, 즉 본질적 계약위반을 구성할 때에는 계약을 해제하고, 자신이 입은 손해의 배상을 청구할 수 있다.

좀 더 구체적으로 매수인이 강구할 수 있는 구제방법을 살펴보면 다음과 같다.[81)]

첫째, 매도인이 하자있는 물품을 제공함으로써 불완전한 채무의 이행을 하였으나, 차후 그것의 완전이행 또는 추완(追完)이 가능한 경우, 이때에는 이행지체와 같은 효과가 발생한다.

따라서 ① 매수인은 이행지체에 준하여 합리적 부가기간을 설정한 후 완전한 이행 또는 추완을 최고(催告)하고, 만일 매도인이 이에 응하지 않을 때에는 계약을 해제하고 그 손해의 배상을 청구할 수 있다. 또는 ② 만일 매도인이 완전한 이행 또는 추완을 한 경우지만 그것이 계약에서 정한 인도기일을 경과한 때에는 지연배상을 청구할 수 있다.

둘째, 불완전한 이행의 완전이행 또는 추완이 불가능한 경우에는 물품의 인도불이행과 같은 효과가 발생한다.

셋째, 불완전한 물품을 제공함으로써 오히려 물품을 인도하지 않은 경우보다 일층 더 적극적인 개념에서 매수인에게 부가적인 손해를 준 때,[82)] 가령 매수인의 다른 재산에 침해를 주었다든지 또는 매수인의 타인에 대한 배상책임을 발생시켰다든지 하는 경우,[83)]

---

81) CISG상의 규정과 제반 구제방법에 대해서는 *infra*, 이하 「CISG 상의 매수인의 구제방법」 참조.

82) '적극적 채권침해'의 형태가 된다. ; *supra*, 본장의 제1절 「불완전이행」 참조.

83) 예를 들어 농약이 다량 함유된 사료를 제공함으로써 이를 섭취한 매수인의 가축이 피해를 입었다든지 또는 인도받은 사료를 제3자에게 판매한 경우 소위 제품배상책임(product liability)이 발생한 경우이다.

당해 하자물품의 인도와 부가적 손해와의 상당인과관계가 존재할 것을 전제로 이에 대해서도 손해의 배상청구가 가능하다.

(나) 손해배상액 산정의 일반-원칙

한편 매도인의 하자있는 물품의 제공과 관련하여 간과해서는 안 될 주요한 부분은 역시 손해배상의 산정기준이라 하겠다.

매수인이 배상청구할 수 있는 손해액의 결정은 기본적으로는 정상적으로 계약을 이행했을 때 계약에 일치하는 물품의 가치와 불완전이행으로 제공된 하자물품의 가치와의 차액의 판단기준과 이에 부수하는 제반 손해액의 판단문제에 달려있다.

이에 대해 좀 더 구체적으로 살펴보면,

첫째, 정상적으로 계약에 일치하는 가격의 결정은 가격의 변동가능성 때문에 이미 살펴본 물품인도불이행 또는 물품인도의 지체 상황과 동일하게 대체물 시장가격기준에 따른다. 단 계약에 일치하는 품질의 물품가격을 결정함에 다른 증거가 없는 경우, 그리고 계약상의 물품가치가 변화하는 경우에는 매수인에게 인도되는 시기의 가격을 기준으로 하는 것이 합리적일 것이다.[84]

둘째, 하자있는 물품의 가격의 결정은 이를 비교할 대체물시장이 없는 것이 보통이다. 더욱이 하자있는 물품이라고 판명되는 시기도 물품의 특성마다 차이가 있기 때문에 하자물품의 가격을 산정하기란 상당히 결정하기 어려운 사실의 문제이다.

따라서 하자있는 물품의 가치측정은 하자의 성질이나 하자의 정도에 의해 공신력있는 기관에 의해 측정되는 것이 당사자간의 분쟁을 예방하기 위해서라도 바람직할 것이다. 이때 그 결정의 시기는 1차적으로 매수인에게 인도된 시점의 가치로 하고, 만일 매수인이 제2의 매수인과 전매계약을 체결한 때에는 제2매수인에게 인도된 시점의 가치를 기준으로 하는 것이 합리적일 것이다.[85]

셋째, 일반적으로 계약에 의해 소위 선적 전 검사(preshipment inspection : PSI)를 합의한 경우가 아닌 한, 또는 달리 반대 관습이 없는 한, 매수인은 매도인으로부터 제공된 물품에 대해 합리적인 검사기회를 갖기 때문에 특별히 매수인의 검사기회가 박탈되지 않는 한,[86] 매수인이 당해 물품을 합리적인 기간 내에 합리적인 장소에서 검사할 때까지 매수인의 권리는 소멸되거나 포기된 것이 아니다.

84) A. G. Guest, *op. cit.*, p.845.
85) *ibid.*, pp. 846-847.
86) *supra*, 제3절「물품의 검사」참조.

넷째, 하자있는 물품의 인수와 관련된 제반 손해, 즉 통상손해와 특별손해는 하자있는 물품의 인도와 상당인과관계가 성립되어야 한다. 특히 하자물품의 제공으로 적극적 채권침해가 있는 때에도 하자물품의 인도와 적극적 채권침해의 결과 발생한 부가적 손해 사이에 상당인과관계가 존재하여야 할 것이다.

다섯째, 매수인은 인도된 물품이 계약에 적합하지 않다고 판단한 경우 대금이 이미 지급되었는지의 여부에 관계없이 하자물품의 인도시의 가치와 정상적인 계약상의 가치의 비율만큼 대금의 감액을 청구할 수 있다.[87)]

2. CISG 상의 매수인의 구제방법

이미 앞서 살펴본 바와 같이 대륙법계 국가에서는 가능한 한 계약에서 약속되었던 채무의 내용이 그대로 실현되도록 함이 계약 본래의 취지에 맞는다는 이유로 현실적 이행강제를 원칙으로 하고, 예외적으로 손해배상에 의한 구제방식을 채택한다.[88)]

반면 영미법계 국가에서는 금전으로 하는 손해배상을 우선으로 하고 다만 금전적 보상으로는 충분한 구제가 이루어지지 못한다고 인정되는 예외적인 경우에만 현실적 이해강제의 구제방식을 채택한다.

명실상부한 통일적 국제상거래법(lex mercatoria)인 CISG에서는 대륙법계의 입장과 영미법계의 입장을 조율하여 구제수단의 목적을 계약위반의 방지보다는 계약위반으로 발생한 손해의 전보(塡補)에 두고 계약이 그 내용대로 이행됐을 때의 상황, 즉 피해당사자인 매수인이 계약으로부터 기대한 이익의 전적인 회복에 그 목적을 두고 있다.

CISG 제45조는 매도인이 계약을 위반한 경우에 매수인이 갖는 구제수단을 열거하고 있는데, 이 규정에 따르면 매수인은 특정이행, 대체물의 인도, 물품의 수리를 통한 부적합의 하자치유 및 부가기간의 설정, 계약의 해제, 대금의 감액 그리고 손해의 배상을 규정하고 있다.

그리고 구제수단이 중복되어 사용될 수 있는지에 대해서는 제45조 (2)항에서 손해배상청구권을 다른 구제수단과 중복하여 행사할 수 있도록 규정하고 있다. 그러나 손해배상청구권 이외에 특정이행청구권, 계약해제권 및 대금감액청구권 등의 구제수단은 중복행사가 허용되지 않는다.

---

87) 이를 대금감액권이라 한다. 대금감액권은 매도인이 하자있는 물품을 추완하는 경우에는 이를 행사할 수 없다 ; CISG 제50조.

88) 김형배 외 2인, 「민법학강의」, 신조사, 2009, p. 889.

이하에서는 매도인이 계약을 위반한 경우 매수인이 갖는 구제수단에 대해 알아보기로 한다.

1) 특정이행청구권

(1) 특정이행청구권의 일반원칙

CISG 제46조 (1)항에서는 매도인이 계약을 이행하지 않은 경우 매수인은 계약을 이행(performance)할 것을 청구할 수 있다고 규정하고 있다.

이 규정을 놓고 볼 때, 이미 언급한 바와 같이 대륙법계 국가는 계약당사자에게 이행의 강제를 허용하고 있는 반면, 영미법계 국가들은 손해배상제도를 일반 원칙으로 하고 있다는 점에서 본 협약은 계약의 실현을 목적으로 하는 대륙법계 계약법원칙을 수용하였다는 사실을 알 수 있다.[89)]

매수인이 특정이행을 청구하는 까닭은 여러 가지가 있을 수 있겠지만, 주로 ① 손해배상의 청구는 비용과 시간이 많이 소요되는데다가 ② 매수인이 해당 물품의 수량이나 품질에 만족하여 이를 계속 필요로 할 때, 또는 ③ 해당 물품을 대체할 물품이 다른 나라에 있어 필요한 적기에 대체물을 구입하기 어려울 경우가 이에 해당할 것이다.

매도인은 특정이행의 청구를 받으면 해당 계약물품을 인도하거나, 미인도된 부분을 인도하거나 하자를 치유하는 등 원래 계약에서 이행하기로 합의했던 필요행위[90)]를 수행하여야 한다.

특정이행청구권[91)]은 영미법계에서는 예외적인 경우에 한해서만 법원이 이를 허용하기 때문에 자국의 국내 계약법에 따라 특정이행을 인정하는 경우가 아니면 법원은 특정이행을 명하는 판결을 할 의무는 없다.

(2) 특정이행청구권의 적용방식

특정이행은 손해배상청구권 이외에는 다른 구제방법을 함께 활용할 수 없다. 예를 들

89) Peter Schlechtriem, *op. cit.*, p.369. 우리나라 민법에서는 제389조에서 "채무자가 임의로 채무를 이행하지 아니한 때에는 채권자는 그 강제이행을 법원에 청구할 수 있다. 그러나 채무의 성질이 강제이행을 하지 못할 것인 때에는 그러하지 아니하다."고 규정하고 있다.

90) 만일 계약에서 물품의 인도와는 별도로 선하증권을 비롯한 제반 선적서류를 요구하였다면 이들 선적서류를 제공하는 행위를 하여야 한다.

91) 본 절에서 설명하고 있는 특정이행청구권은 이미 앞서 설명한 「매도인의 구제방법」 중 이행의 강제 또는 강제이행 청구제도와 같다.

어 매수인은 계약을 해제할 경우에는 특정이행을 청구할 권리가 없다는 것이다. 즉 특정이행은 다른 구제방법과 중복 사용할 수 있는 손해배상청구권과는 병행해서 행사할 수는 있지만, 이 이외에 다른 구제방법과 함께 양립될 수는 없다.

그러나 여기서 주의할 것은 특정이행을 요구하였다고 손해배상청구권을 병행하는 권리를 상실하는 것은 아니므로 이 둘은 양립될 수 있지만 그 반대는 항상 양립가능한 것은 아니라는 사실이다. 다시 말해 매수인이 손해배상청구권을 행사하면서 특정이행을 요구할 수는 없다는 것이다.

예컨대 매도인의 인도불이행(non-delivery)이 있는 경우 매수인이 계약금액과 대체물가격과의 차액을 손해배상청구 할 때 당해 매수인은 동시에 매도인에게 물품의 인도를 요구하는 특정이행을 청구할 수는 없다는 것이다. 이 경우 양립가능한 구제수단은 계약의 해제일 것이기 때문이다.[92]

특정이행의 청구에서 또 한 가지 주의할 것은 '특정이행의 청구'와 '계약의 정정'과의 혼동 가능성이다. 이는 다음의 가상사례를 통해 살펴보도록 한다.[93]

◈ 사례

계약에 약정된 인도기일인 7월 1일이 도래하여도 매도인이 물품의 인도를 불이행하자 매수인은 매도인에게 다음과 같은 서신을 보냄. "계약에서 정한 7월 1일에 물품이 귀사로부터 인도되지 않은 것은 우리에게 현재 심각한 것은 아니지만 7월 15까지 당사는 귀사의 물품이 확실히 필요함." 이에 대해 매도인은 7월 15일까지 물품을 인도.

위의 가상사례를 통해 볼 때 매수인이 보낸 서신이 7월 15일까지의 특정이행의 요구(demand for performance)였는지 아니면 인도기일을 7월 1일에서 7월 15일로 계약을 수정(modification of contract)을 하는 것이지 판단하기가 모호하다는 것이다. 만일 위의 서신이 특정이행의 청구였다면 매수인은 본 협약 제46조 (1)항의 적용에 따라 인도지체에 따른 손해액을 배상받을 수 있지만, 당해 서신이 인도기일의 정정으로 해석된다면 매수인은 본 협약 제29조 (1)항의 적용[94]을 받아 인도지체에 따른 어떤 손해도 배상받을

92) G. Treitel, *Remedies for Breach of Contract, A Comparative Account,* Oxford, Clarendon, 1988, pp. 50-51.

93) Albert H. Kritzer, *op. cit.,* pp.384-385.

94) CISG 제29조 (1)항 : "계약은 당사자의 합의만으로 변경 또는 종료될 수 있다."

수 없다.

(3) 대체물인도청구권

CISG 第46조 (2)항에서는 특정이행청구권의 하나로서 대체물인도청구권을 규정하고 있다. 즉 이 조항에 따르면 "물품이 계약에 부적합할 경우에 매수인은 대체물의 인도를 청구할 수 있다. 다만, 그 부적합이 본질적 계약위반을 구성하고, 그 청구가 제39조의 통지와 함께 이루어지거나 또는 그로부터 합리적 기간 내에 청구권 행사의 통지가 이루어져야 한다."라고 규정하고 있다.

대체물(substitute goods)의 인도청구권을 행사하기 위해서는 다음과 같은 요건이 충족되어야 한다,

첫째, 제공된 물품이 계약에 부적합한 정도가 본질적 계약위반(fundamental breach of contract)에 이르렀을 때에 한하여 대체물의 인도청구가 가능하다.

대체물청구권을 본질적 계약위반이 있는 경우에만 제한하는 이유는 대체물의 청구를 받은 매도인이 다시 한번 매수인에게 선적하는 비용과 이미 매수인에게 인도한 부적합 물품을 다시 반환받아 이를 처리하는 비용 등을 감안했을 때 이 비용이 매수인이 부적합 물품을 인수한 결과 겪는 손실과 비교했을 때 훨씬 더 클 수 있기 때문에 그 부적합의 정도가 본질적 계약위반을 구성할 만큼 심각하지 않고서는 대체물인도청구의 정당성을 확보하기 어렵기 때문이다.[95]

둘째, 대체물청구권을 행사하는 상황은 본질적 계약위반이 전제되어 있어 계약의 해제를 초래하지만, 그 결과로 계약의 해제를 다룬 본 협약 제81조가 적용되어 매도인의 물품인도의무마저 모두 해제되는 것은 아니다. 대체물 인도청구권은 계약이 해제된 경우 적용되는 일반원칙[96]의 특별한 예외이다. 따라서 매도인으로부터 제공된 물품이 본질적 계약위반에 이르면 매수인은 해당 물품을 거절하고 대체물의 인도를 요구할 수 있다.[97]

둘째, 특정물의 매매는 거래되는 물품의 개성에 착안하여 계약이 체결되므로 이의 본질적 계약위반이 있는 경우 이 특정물의 개성을 그대로 대체할 수 있는 물품을 제공하는

---

95) C Bianca & M. Bonell, *op. cit.*, p.387.

96) 계약의 해제는 ①당사자들의 계약상 의무로부터의 해방, ②원상회복, ③손해배상의 청구라는 세 가지 효과가 발생한다. 보다 자세한 내용은 supra, 「제2절 계약불이행 구제의 일반원칙 중 6. 계약의 해제」 참조

97) John O. Honnold(1991), *op. cit.* §283.

데에는 여러 제약이 있을 수 있다. 그러나 동일한 종류에 속하는 물품으로 대체가 언제라도 가능한 불특정물의 거래에서는 대체물인도에 큰 어려움이 없을 것이다.

셋째, 물품이 일부만 인도되거나 또는 인도된 물품의 일부만이 계약에 적합한 경우에는 미인도 된 부분이나 계약에 부적합한 나머지 부분에 대해서도 인도를 청구할 수 있는데, 이는 특정이행을 일반적으로 규정한 제46조 (1)항과 일부인도 또는 일부부적합의 경우 대체물인도를 연계시킨 제51조 (1)항이 적용되는 경우이지, 대체물인도청구권을 규정한 본 조항(제46조 (2)항)이 적용되는 것이 아니므로 본질적 계약위반의 요건을 충족시킬 필요가 없다.[98)]

넷째, CISG 제82조의 규정에 따라 매수인이 매도인으로부터 물품을 수령한 상태와 실질적으로 동일한 상태로 그 물품을 다시 반환(restitution)할 수 없는 경우에는 매도인에게 본질적 계약위반을 이유로 대체물의 인도를 청구할 권리를 상실한다.[99)]

다섯째, 매수인은 대체물인도청구권을 행사하기 위해 매도인에게 그 의사를 통지해야 하는데, 당해 의사의 통지는 제39조 (1)항에 규정된 물품부적합통지[100)]와 함께 동시에 할 수도 있고, 물품부적합통지를 한 후 합리적 기간 내에 할 수도 있다. 이때 물품부적합통지를 한 후 합리적 기간은 과연 어느 정도의 기간까지를 의미하는지가 문제가 될 수 있다.

본 협약 제39조 (2)항에 따르면 해당 제품에 보증(warranty)이 있는 경우 물품의 부적합통지는 최장 2년까지 연장될 수 있으므로 대체물 인도의 통지기한은 2년까지 연장될 수도 있다.[101)] 그러나 대체물을 요구하는 매수인의 입장에서는 당초의 부적합물품의 인도가 있은 후 하루라도 빨리 대체물품이 인도되어야 대체물의 효용이 높기 때문에 대체물 인도청구는 가능한 한 신속히 이루어져야 할 것이며, 매도인의 입장에서도 추후 시장가격의 변동으로 매수인이 투기를 목적으로 이 권한을 행사하지 않도록 빠른 시일 내에 대체물품을 인도하는 것이 바람직할 것이다.

여섯째, 매수인의 대체물인도청구권을 규정한 본 조항 제 46조 (2)항은 매도인의 인도

---

98) *ibid.* 물론 일부인도 또는 일부부적합이 전체 계약에 비추어 본질적 계약위반에 이를 때에는 계약을 해제할 수 있다(CISG 제51조 (2)항).

99) CISG 제82조 (1)항 : “매수인이 물품을 수령한 상태와 실질적으로 동일한 상태로 그 물품을 반환할 수 없는 경우에는, 매수인은 계약을 해제하거나 매도인에게 대체물을 청구할 권리를 상실한다.”

100) CISG 제39조 (1)항 : “매수인은 물품의 부적합을 발견하였거나 발견할 수 있어야 했던 때로부터 합리적인 기간 내에 매도인에게 그 부적합한 성질을 명시하여 통지하지 아니한 경우에는 물품의 부적합을 주장할 권리를 상실한다.”

101) C Bianca & M. Bonell, *op. cit.,* p.387.

기일 후 하자치유권을 규정한 제48조와 밀접한 관련이 있다.

즉 매수인은 아래에서 설명할 제46조 (3)항에 따라 ① 부적합물품의 수리를 청구할 권리가 있고, ② 대체물의 인도를 청구할 권리도 있다.

반면 매도인은 자신이 부적합물품을 제공한 경우 매수인에게 ① 당해 하자를 수리하는 권리를 행사하거나 또는 ② 대체물을 인도할 수도 있다.

이때 매수인이 당초에 인도된 물품이 본질적 계약위반을 구성하여 대체물의 인도를 매도인에게 청구한 경우 매도인은 대체물의 인도 대신 물품의 하자치유를 위한 수리를 제안할 수도 있을 것이다. 반대로 매수인이 하자수리를 요구하였으나 매도인은 대체물을 인도하겠다는 제안을 할 수도 있을 것이다.

이 경우 상호간에 어떤 조합이 선택될지는 그 당시의 상황에 따라 달라지겠지만, 매도인의 판단기준은 비용(costs)이며, 매수인의 경우는 본 협약 77조의 손실경감의무가 그 판단기준이 될 것이다.[102)]

(4) 물품수리청구권

CISG 제46조 (3)항에서는 매수인에게 또 하나의 특정이행청구권인 물품수리(repair)를 위한 청구권을 부여하고 있다.

즉 "물품이 계약에 부적합한 경우에 매수인은 모든 상황을 고려하여 불합리한 경우를 제외하고는 매도인에게 수리에 의한 부적합의 하자치유를 청구할 수 있다. 수리의 청구는 제39조하에서의 통지요건과 동시에 행하거나, 또는 그로부터 합리적 기간 내에 청구권 행사의 통지가 이루어져야 한다." 라고 규정하고 있다.

물품수리청구권을 행사하기 위해서는 다음과 같은 요건이 충족되어야 한다,

첫째, 인도된 물품의 부적합 정도가 중대한 하자가 아닌 경우에는 계약을 해제할 수는 없으므로 이는 논외로 하고, 대체물의 인도를 청구하는 것보다 물품의 수리를 청구하는 것이 보다 효율적이라고 판단할 경우 행사가 가능하다.

즉 경우에 따라 사소한 하자일 경우 대체물의 인도는 또 다시 선적의 과정을 거쳐 운송비까지 지불하는 절차를 수반하게 되는데, 이러한 때 하자의 수리는 훨씬 더 실질적이고 강력한 구제수단이 된다.[103)]

---

102) 매도인은 비용절약적이고 효율적인 방법을 선호할 것이며, 매수인은 인수거절한 인도물품에 관한 손실경감의무가 부과되는지 여부에 따라서 대체물인도청구권을 행사하려 할 것이다. 보다 자세한 내용은 「제5절 매도인과 매수인의 의무에 공통된 조항」 중 「4. 손실경감의무」 참조.

103) John O. Honnold(1991), *op. cit.*, §284.

둘째, 모든 상황을 고려했을 때 부적합 물품의 수리가 불합리한(unreasonable) 때에는 매수인은 수리를 요구할 수 없다.

수리의 불합리성은 인도된 부적합물품의 성질과 모든 주변상황에 기인한다. 이에는 수리가 비용상 매수인에게 불합리한 경우뿐만 아니라 매도인에게도 지나친 부담이 되는 경우도 포함한다.

예를 들면 ① 수리비용이 대체물을 인도하는 비용보다 더 높거나, ② 수리에 소요되는 비용이 매수인이 얻을 수 있는 이익에 비해 과도하게 높다든지, 또는 ③ 매도인 입장에서 수리비용이 불합리할 정도로 높다든지, ④ 매수인은 쉽게 수리할 수 있는 위치에 있지만 매도인의 수리시설은 외국에 있어 수리가 불합리한 경우 등이다.[104)]

그러나 문제가 된 물품이 높은 기술력을 요하는 기계장비류이어서 매수인이 선진국 기술진의 수리가 필요한 때에는 비용상 불합리한 경우에도 불구하고 매수인은 매도인에게 수리를 청구할 수밖에 없을 것이다.

(5) 특정이행청구권의 제약

본 협약은 매수인에게 특정이행청구권을 부여하고 있지만, 다음과 같은 사유가 있는 경우에는 매수인은 특정이행청구권을 행사할 수 없다.

첫째, 불가항력(force-majeure)에 의해 매도인이 계약을 이행할 수 없게 된 경우, 그리고 그 불가항력 사태가 항구적으로 지속되는 경우,

둘째, 물품이 완전 파괴 또는 멸실된 경우, 또는 물품의 소유권을 상실하여 매도인이 물품을 인도할 수 없게 된 경우,

셋째, 매수인이 부담해야 할 물품보관의무[105)]나 긴급매각의무[106)] 또는 손실경감의무[107)]를 이행하지 않아 매수인이 특정이행을 요구할 수 없는 상황이 된 경우,[108)]

넷째, 매도인의 이행지체기간 중 물품가격이 급등한 때 손해배상을 청구하는 대신 물품인도의 특정이행을 청구하는 행위, 또는 이 기간 중 물품가격이 폭락한 때 손해배상을

---

104) John O. Honnold(1999), *op. cit.*, p.309.

105) 매수인은 물품을 거절하고 특정이행청구권을 행사하기 위해서는 당해 물품을 보관하기 위해 합리적인 조치를 취해야 할 의무가 있다 ; CISG 第86조.

106) 매수인은 물품이 급속히 훼손하기 쉽거나 그 보관이 불합리한 비용을 초래하는 경우에는 당해 물품을 매각하기 위해 합리적인 조치를 취해야 한다 ; CISG 第88조.

107) 매수인은 계약위반을 주장하기 위해서는 그 위반으로 인한 손실을 경감시킬 합리적인 조치를 취해야 한다 ; CISG 第77조.

108) 이기수·신창섭, 「전게서」, p.91.

청구하는 대신 대금지급의 특정이행을 청구하는 행위와 같이 매수인이 투기적 목적으로 자신에게 유리한 때를 틈타 신의칙을 위반한 경우,[109)]

다섯째, 보다 실질적인 이유가 될 수 있겠지만, 매도인이 자신의 의무를 이행할 의사가 없다는 의사를 표명한 경우에는 특정이행을 강제하는 것은 장기간이 소요될 수 있어 비효율적이므로 매수인은 계약을 해제한 후 대체물을 구입하는 등의 조치를 취한 후 손해배상을 청구하는 것이 보다 효과적이다.

2) 부가기간설정권

(1) 부가기간설정권의 의의

CISG 제47조는 매수인이 계약을 불이행한 매도인에게 의무이행을 최고(催告)하기 위한 부가기간설정권을 부여하고 있다.[110)]

이에 따라 매수인은 일단 매드인에게 계약이행을 위한 합리적 부가기간(additional period of time of reasonable length)을 설정하게 되면 매도인으로부터 그 기간 내에 이행을 하지 않겠다는 통지를 받지 않는 한, 다만 이행지체에 대한 손해배상을 청구할 권리만 유효할 뿐,[111)] 그 설정기간 중에는 계약위반에 따른 여타의 구제수단을 사용할 수 없다.[112)]

부가기간의 설정을 규정한 이 조항을 외국 학계에서는 Nachfrist provision이라 하고, 이 부가기간의 설정의 통지를 Nachfrist notice라 명명한다. 부가기간 'Nachfrist' 는 영미법계상의 계약해제 전 'reasonable time'과 같은 개념이며 우리나라 민법 제544조의 계약해제 전 '상당한 기간'과도 같은 개념이다.

부가기간의 설정은 당사자 쌍방의 입장을 고려하고, 계약에 대한 신뢰를 유지하기 위하여 이행기가 경과한 후에도 피해당사자인 채권자가 위반당사자인 채무자에게 계약이행을 위한 합리적 기간을 정해주고 그 이행의 최고를 하도록 하는 조치이다. 그 기간 내에도 채무자의 이행이 없는 경우에는 채권자는 비로소 계약을 해제할 수 있다.[113)] 이

---

109) John O. Honnold(1999), *op. cit.*, pp. 309-310.

110) CISG 제47조 (1)항. 매수인이 부가기간을 설정해야 하는 것은 강제적(mandatory)인 것이 아니다. 예컨대 매도인의 인도지체가 본질적 계약위반에 이른다면 매수인은 부가기간의 설정 없이 계약을 해제할 수 있다.

111) CISG 제78조의 이자에 대한 권리를 포함한다.

112) CISG 제47조 (2)항 ; 따라서 매수인은 부가기간이 경과할 때까지는 계약해제, 대금감액 또는 손해 배상 등의 구제수단을 행사할 수 없다.

를 '최고(催告) 후 계약해제 원칙(notice-avoidance rule)'이라고도 한다.[114]

부가기간은 이행지체 등과 같은 계약위반을 한 매도인이 계약이행을 다시 준비하고 이를 이행하는 데 필요한 기간을 말하며, 계약의 성질 및 기타 객관적 사정을 고려하여 결정한다.[115] 부가기간의 일수는 합리적 기간만큼이 되며 이의 결정은 매수인의 재량에 속한다.[116]

(2) 부가기간설정권의 적용방식

부가기간은 상황에 맞는 적절한 방법(means appropriate in the circumstances)으로 통지한 경우 발신주의가 적용된다. 그러나 본 조항, 즉 47조 (2)항의 규정에 있는 '그 기간 내에 이행을 하지 않겠다'는 매도인의 답변형태의 통지는 도달주의[117]가 적용됨을 주의하여야 한다. 즉 제47조 (1)항 Nachfrist notice는 발신주의를 제47조 (2)항 Nachfrist reply는 도달주의이다.

한편 매수인이 이 부가기간을 설정하게 되면 제47조 (2)항에 따라 매수인은 이 기간 중에는 이행지체에 대한 손해배상청구권 이외에는 계약위반에 대한 여타의 구제수단을 사용할 수 없다. 따라서 부가기간의 설정 후 이 기간 내에 매도인이 계약이행을 하게 되면 매수인은 이행지체에 해당하는 만큼의 손해를 배상받을 수 있다. 또한 부가기간을 설정하기 전에 이미 손해가 발생한 경우에는 그 손해의 배상도 받을 수 있다.

부가기간 설정시 유의할 것은 매수인은 ① 합리적인 기간을 정하고, ② 그 기간 내에 반드시 계약의 이행이 있어야 한다고 최고(催告)함과 동시에, ③ 그 합리적 기간은 확정적(definite)이고 최종적인(conclusive)인 계약이행 일자임을 경고하고 특정해야 한다는 점이다.[118] 모호한 기간표시인 'prompt', 'immediately', 'soon', 'without delay' 등과

---

113) 김준호, 「민법강의」, 법문사, 1997, pp.743-744.

114) 보다 자세한 내용은 *infra*, 「제4절 매도인의 구제방법 중 2. CISG 상의 매도인의 구제방법」 참조.

115) *ibid.*

116) 만일 합리적 기간이 지나치게 짧은 경우는 법원의 결정 사항이겠지만 독일의 판례법에 따르면 매수인이 부가기간을 전혀 부여할 의사가 없는 것이 아닌 한, 법의 규정에 따라(*de jure*) 합리적 일수만큼 연장될 수 있다. 그 근거는 CISG의 부가기간은 그 뿌리를 독일법의 *Nachfrist* (326 BGB)에 두고 있기 때문에 이의 적용 역시 독일의 법과 관례를 참조하여 적용할 필요가 있기 때문이다. 이같은 취지의 다양한 주장에 대해서는 Albert H. Kritzer, *op. cit.*, p.398 참조.

117) CISG Part Ⅲ 제27조부터는 모두 발신주의(mailbox rule)가 적용되지만, 다음의 조항들은 예외적으로 도달주의(receipt rule)를 채택한다. 즉 제47조 (2)항, 제48조(4)항, 제63조 (2)항, 제65조 (1)항 (2)항, 제79조 (4)항은 도달주의임을 유의하여야 한다..

118) "최종인도일은 2018년 9월 1일임."(The last date when we can accept delivery will be September 1, 2018) 정도의 표시면 충분하다(John O. Honnold(1991), *op. cit.*, §289).

같은 용어는 피하여야 한다.[119)]

따라서 단순히 특정일까지 인도하기를 요망한다는 독촉을 한 정도로는 부가기간을 설정한 것으로 볼 수는 없다.[120)]

한편 매수인은 매도인이 부가기간이 경과하도록 계약을 이행하지 않는다 할지라도 계약을 해제하지 않고 여러 차례의 부가기간을 재설정할 수도 있다.[121)]

(3) 부가기간설정권과 계약해제권의 관계 : CISG 제47조와 제49조 (1)항 (b)호

매수인의 부가기간설정권을 규정한 CISG 제47조는 매수인의 계약해제권을 규정한 CISG 제49조 (1)항(b)호의 적용과 밀접한 관계가 있다.

즉 CISG 제49조 (1)항(b)호에 따르면 "매수인은 다음의 경우에 계약을 해제할 수 있다.....(b) 인도불이행의 경우에는 매도인이 제47조 (1)항에 따라 매수인이 정한 부가기간 내에 물품을 인도하지 않거나, 그 기간 내에 인도하지 않겠다고 선언한 경우"라고 규정하고 있다.

따라서 이 규정에 따라 매수인은 합리적 부가기간 내에도 매도인이 물품을 인도하지 않는 인도불이행(non-delivery)이 있는 경우, 매수인은 매도인의 계약위반이 본질적 계약위반을 구성하는지 여부에 관계없이 계약을 해제할 수 있다.

매수인은 이 규정의 적용을 통해 매도인의 인도불이행이 본질적 계약위반에 이르는지 여부를 증명하는 부담을 덜 수 있음과 아울러 계약해제권을 행사할 수 있는 정당성의 근거가 된다.

매수인의 '부가기간설정권'은 '계약해제권' 행사를 위한 전 단계 법률행위이다.

3) 매도인의 하자치유권

(1) 하자치유 관련 규정의 비교

매도인이 계약을 위반했음에도 불구하고 본 협약이 매도인에게 그 하자를 치유할 수

119) C Bianca & M. Bonell, *op. cit.*, p.345.

120) 예컨대 "2018년 6월1일까지 신속히 선적바람"과 같은 형태가 이에 해당한다. 독촉기간을 지키지 못하고 인도가 지체된 것은 경우에 따라 계약해석의 주요원칙인 실질이행의 원칙(principle of substantial performance)이 적용될 수 있어 매도인은 계약을 실질적으로 이행하였다는 주장의 빌미를 제공할 수 있다. *ibid.* ; John O. Honnold(1999), *op. cit.*, p.315.

121) 따라서 부가기간이 종료된다고 자동적으로 계약이 해제되는 것은 아니며, 매수인 또한 반드시 계약을 해제해야 할 의무가 있는 것도 아니다(Enderlein & Maskow, *op. cit.*, p.182).

있는 권리를 제한적으로나마 부여하고 있다는 것은 대단히 중요한 의미가 있다.

이는 국제물품매매에 관한 국제상거래법(lex mercatoria)으로서의 역할을 수행하는 CISG가 계약당사자간에 계약의 완전한 이행을 위해 상호 협력(cooperation)과 수용(accommodation)을 기초로 하고 있다는 사실과 계약은 체결되면 가능한 한 반드시 유지되어야 한다는 계약유지(preservation of contract)의 이념을 반영하고 있음을 보여준다.

계약물품의 부적합이 있을 때 그 하자를 치유하는 구제수단에 대해 본 협약은 크게 다음의 세 가지 형태를 제시하고 있다.

(가) 인도기일 전 매도인의 하자치유권

CISG 제37조에 따라 매도인은 인도기일 전에 물품을 인도한 경우에는 '매수인에게 불합리한 불편 또는 비용을 초래하지 않는 한' 매도인은 물품의 부적합을 하자치유할 수 있다. 이는 의무의 이행기가 도래하기 전에는 매도인은 자신의 불완전한 계약이행을 계약의 이행기까지 추완(追完 ; cure)할 수 있다는 하자치유의 일반원칙(doctrine of cure)을 적용한 것이라 볼 수 있다.

한편 본 조항에서 짚고 넘어갈 필요가 있는 것은 '매수인에게 불합리한 불편 또는 비용을 초래하지 않는 한' 이라는 단서조건이다.

여기서 불편이나 비용의 불합리성은 인도된 부적합물품을 수리하거나 교체 또는 누락분의 인도 등의 과정에서 발생한다. 가령 매수인이 FOB 조건으로 계약을 체결했는데 추후 누락분을 받기위해 또 다시 선박을 수배하고 해상운송계약을 체결해야 하는 것은 불합리한 불편의 한 예가 될 수 있다.[122)]

그러나 실제로는 인도기일 전 매도인의 하자치유조치를 수행하는 데 소요되는 모든 비용은 매도인이 부담하게 된다. 게다가 매수인은 이미 선불했던 비용이 있다면 이를 배상받을 권리도 행사할 수 있다. 그 결과 따지고 보면 불편은 매수인에게 있을 수 있지만, 비용은 매도인으로부터 모두 구상받을 수 있기 때문에[123)] '매수인에게 불합리한 불편 또는 비용을 초래하지 않는 한'이라는 단서는 크게 제약조건으로서 기능하지는 않는다.[124)]

(나) 매수인의 물품수리청구권

본 협약에서는 앞서 설명한 바와 같이 제46조 (3)항에서 매수인에게 여러 구제방법 중

---

122) *ibid.*, p.163.

123) *ibid.*, p.165.

124) Albert H. Kritzer, *op. cit.*, pp.302-303.

일단 물품수리청구권을 고려하드록 하고 있다.

따라서 물품이 계약에 부적합한 경우 매수인은 '모든 상황을 고려하여 불합리한 경우'를 제외하고는 물품의 수리(repair)가 가장 효율적인 구제수단이라고 판단한 경우라면 매도인에게 수리에 의한 부적합의 하자치유를 청구할 수 있다.

(다) 인도기일 후 매도인의 하자치유권

피해당사자인 매수인의 물품수리청구 권리에 상응하여 본 협약에서는 매도인에게도 하자치유 권리를 인정하고 있다.

즉 제48조 (1)항에서는 비록 계약상의 인도기일이 경과한 후라 할지라도 매수인이 본질적 계약위반 등의 사유로 계약을 해제하지 않는 한, 매도인은 자기 비용으로 자신의 의무불이행을 하자치유할 수 있도록 규정하고 있다.

즉 "제49조를 조건으로 매도인은 인도기일 후에도 불합리하게 지체하지 아니하고, 또 매수인에게 불합리한 불편 또는 매수인이 선불한 비용을 매도인으로부터 상환 받는 데 대한 불안을 초래하지 않는 경우에는 자신의 비용으로 의무의 불이행을 하자치유할 수 있다. 다만, 매수인은 이 협약에서 정한 손해배상을 청구할 권리를 보유한다."라고 규정하고 있다.

물품의 하자를 치유하는 방법에는 물품의 대체나 수리 · 보수 또는 하자있는 부품의 교체나 수리 · 보수 등 여러 방법이 있는데, 이들 다양한 방법 중에 선택권은 하자치유의 책임이 있는 매도인에게 있다. 이때 매도인의 하자치유에는 불일치 서류의 하자치유도 포함한다.

본 조항은 계약불이행이 인도지체가 아닌 한, 매도인의 계약불이행이 본질적 계약위반에 이르렀다 할지라도 매수인이 계약해제를 하지 않았다면 매도인은 자신이 제공한 부적합물품의 하자를 치유할 수 있는 권리를 부여하고 있다.[125] 따라서 매도인이 하자를 치유한 후 더 이상 본질적 계약위반을 구성하지 않게 되면 매수인은 계약을 해제할 수 없다. 그러나 하자치유 조치 후에도 적절한 기간 내에 하자가 치유되지 않으면, 그리고 그 상태가 본질적 계약위반의 상태에 머물러 있으면 매수인은 계약을 해제할 수 있다.

매도인이 인도기일 후에 하자를 치유하는 것은 일단 계약의 위반이 있은 후 이를 보완하는 것이기 때문에 위의 두 가지 하자치유 조건에 비해 훨씬 더 제한적이다. 이 구제방법이 사용 가능하기 위해서는 다음과 같은 전제조건이 충족되어야 한다.

---

125) 본 조항은 매도인의 하자치유권을 보호하는 기능을 한다(John O. Honnold(1999), *op. cit.*, p. 376.

① 본질적 계약위반 등의 사유로 매수인이 계약을 해제하지 않은 상태여야 한다.

② 불합리한 지체(unreasonable delay) 없이 행해질 수 있어야 한다. 불합리한 지체가 계속될 경우 이것이 본질적 계약위반에 이르면 매수인은 계약을 해제 할 수 있기 때문이다.

③ 매수인에게 불합리한 불편(unreasonable inconvenience)을 초래하지 않아야 한다. 매수인이 손해배상을 청구하거나 또는 대금의 감액을 요구하는 것은 매 수인에게 불합리한 불편이 있다는 증거로 본다.[126] 즉 매수인이 매도인의 하 자치유를 거절하면 대금의 감액권을 행사할 수 없음[127]에도 불구하고 그와 같 은 대금의 감액권을 행사한다는 의미는 매도인의 하자치유권을 거절할 수 있 는 유일한 근거인 불합리한 불편이 초래되었기 때문이다.

④ 매수인이 비용을 선급(advanced expenses)한 경우에 매도인이 이를 상환할 것이 불확실하지 않아야 한다.

⑤ 매도인의 하자치유 행위가 있었음에도 불구하고 여전히 손해가 발생한 경우에 도 매수인의 손해배상청구권리는 상실되지 않아야 한다.

⑥ 이 규정은 매도인의 계약불이행 유형 중 물품하자가 발생한 불완전이행의 경 우에 적용되는 조항이다.[128]

(2) 매수인의 계약해제권과 매도인의 하자치유권

인도기일 후 매도인이 갖는 하자치유권은 매수인의 대금감액권보다 우선한다. 매수인의 대금감액권을 규정하고 있는 CISG 제50조에 따르면, “매수인은 물품이 계약에 부적합한 경우에.....대금을 감액할 수 있다. 다만 매도인이 제37조나 제48조에 따라 의무의 불이행을 하자치유하거나 매수인이 동 조항들에 따라 매도인의 계약이행을 수령하기를 거절한 경우에는 대금을 감액할 수 없다.”고 규정하고 있다.

매수인은 매도인이 자신의 불완전한 계약이행을 추완(追完)하겠다는 의사를 표명하면 그것이 매수인에게 ‘불합리한 불편’을 초래하지 않는 한, 이를 수령해야단 대금의 감액권을 행사할 수 있다. 따라서 매도인의 하자치유권은 그것이 인도기일 전이든 또는 그

---

126) Albert H. Kritzer, *op. cit.*, p.405.

127) CISG 제50조.

128) 이 조항은 규정의 목적상 매도인의 계약불이행의 모든 유형에 적용되지만 실제적으로 이행지체가 발생한 경우에는 계약물품 자체가 아예 인도가 지체된 상황이므로 이를 하자치유한다는 것은 모순이다. 따라서 이행지체에는 이 규정이 적용될 수 없다 : John O. Hcnnold(1999), *op. cit.*, p.319.

후이든 관계없이 매수인의 대금감액권에 우선적용 될 수 있다.

그러나 인도기일 후에 벌어지는 이같은 매도인의 불완전이행은 그 정도에 따라 본질적 계약위반에 이르는 경우가 있다.

매도인의 하자치유권은 자신의 불완전 계약이행이 본질적 계약위반을 구성할지라도 이를 추완(追完)함으로써 더 이상의 본질적 계약위반이 없게 하겠다는 강한 의사표시라고 볼 수 있기 때문에 이러한 상황에서 매수인이 매도인의 하자치유의 의사를 표명했음에도 불구하고 이와 관계없이 본질적 계약위반을 근거로 계약을 해제할 수 있는지는 문제의 소재가 된다.

다음의 가상적 사례[129]를 통해 좀 더 자세히 설명하도록 한다.

◈ 사례

매도인은 매수인에게 계약에 따라 기계장비를 인도하였음. 매수인은 당해 기계장비 수령 후 시험운전 결과 구성부품 중 하나에 하자가 있어 기계장비가 작동하지 않음을 인지함. 당해 부품은 매도인만이 대체가능한 상황에서 매수인은 매도인에게 기계장비가 작동불능임을 통보함. 이에 대해 매도인은 즉각 하자부품을 대체하겠다는 의사를 전달해 왔으나 매수인은 이 제안을 거절하고 계약의 해제를 선언함. 매수인은 부품대체에 걸리는 시간은 중요한 것이 아니고, 기계장비의 작동불능 그 자체가 CISG 제25조의 본질적 계약위반에 해당하므로 CISG 제49조 (1)항 (a)호의 규정에 따라 매수인은 피해당사자로서 계약의 해제권이 있음을 주장함.

위 가상사례를 놓고 볼 때, 인도기일 후 매도인의 하자치유권을 규정한 본 협약 제48조는 본질적으로 매수인의 계약해제권은 매도인의 하자치유권을 무력화 시키면서까지 행사되어서는 안된다는 것을 함의하고 있음을 유념할 필요가 있다.

물론 매도인의 하자치유권을 규정한 제48조는 매수인의 계약해제권을 다룬 제49조를 따를 것을 전제로 하고 있다. 따라서 규정적용의 논리상 매수인의 계약해제권이 매도인의 하자치유권에 우선하는 것이 사실이다.[130] 그 결과 매도인의 불완전이행이 본질적 계약위반에 이를 경우 매수인은 그때마다 매도인의 하자치유권을 고려하여 계약의 해제 여부를 고심한 후 '서둘러' 이를 결정해야 한다는 것은 계약의 피해당사자의 입장에서

129) John O. Honnold(1991), *op. cit.*, §296 참조.

130) Enderlein & Maskow, *op. cit.*, p. 193 ; Peter Schlechtriem, *op. cit.*, p.77.

볼 때 이치에 맞지 않을 수 있다.

실제로 매수인이 매도인의 하자의 추완(追完) 조치를 수용한다 해도 이는 매도인의 그간의 계약이행의 이력, 또는 해당 거래가 임시방편의 거래인지의 여부 또는 기타 계약상 내재된 여러 조건들에 따라 결정되는 것에 불과하며, 단지 계약의 해제를 잠시 동안만 유예하는 결과가 될 수도 있다.[131]

그러나 본 협약이 제시하고 있는 제25조상의 본질적 계약위반의 개념[132]은 모든 객관적 사정을 고려하여 결정되어져야 할 것이다. 따라서 매도인의 선의(good faith)의 하자치유의 의사가 있는지 여부와 당해 물품이 하자치유가 가능한 상황인지의 여부는 그와 같은 모든 객관적 사정에 포함되는 것이 때문에 매도인의 하자치유에 관한 의사타진 없이, 또는 매도인의 정당한 하자치유 의사표시에도 불구하고 매수인이 단지 기계장비가 작동불능이라는 사실 하나만을 고려하여 본질적 계약위반을 이유로 계약을 해제하는 것은 본 협약 제48조의 제정취지에 어긋난다고 볼 수 있다.[133]

따라서 매수인의 계약해제는 다음과 같은 최고(催告)의 절차를 밟는 것이 바람직하다.

즉 "인도된 기계장비는 특정부품의 결함으로 인해 작동불능한 것으로 판명되었음. 당해 하자를 치유가능한지 문의하는 바임. 6월 20일까지 본 기계장비가 완벽하게 정상작동 할 수 있도록 조치바람. 만일 그러하지 못할 경우 본 계약은 해제됨을 통코하는 바임. 기술자의 파견을 포함한 하자치유 일정과 계획에 대해 6월 10일까지 통보바람."[134]

매수인은 제공받은 물품이 본질적 계약위반에 이르러 이를 이유로 계약을 해제하려 한다면 그 전에 매도인의 하자치유의사를 문의할 필요가 있으며, 그 문의의 과정에서 매도인에게 합리적 부가기간을 부여하고 하자치유를 최고(催告)한 후 매도인의 하자치유 여하에 따라 자신의 계약해제권을 행사하는 것이 바람직하다. 이와 같은 절차를 밟는 매수인의 행위는 본 협약이 추구하는 계약의 완전이행을 위한 상호 협력과 수용의 자세 및 계약유지의 이념을 준수하는 가운데 자신의 계약목적을 달성하는 정당한 방식이 될 것이다.

131) C Bianca & M. Bonell, *op. cit.*, p.349-351.

132) CISG 제25조 : "당사자 일방의 계약위반은 그 계약에서 상대방이 기대할 수 있는 바를 실질적으로 박탈할 정도의 손실을 주는 경우에 본질적 계약위반이 된다. 다만 위반당사자가 그러한 결과를 예견하지 못하였고, 동일한 부류의 합리적인 사람도 동일한 상황에서 그러한 결과를 예견하지 못하였을 때에는 그러하지 아니한다."

133) 이같은 논지에 대해서는 John O. Honnold(1991), *op. cit.*, §296-297 참조.

134) *ibid.*

(3) 인도기일 후 매도인의 하자치유권의 적용방식

본 협약 제48조 (2)항에서는 매도인이 자신의 불완전한 계약이행에 대해 해당 하자치유의 의사표시를 하면서 이의 수락 여부를 알려줄 것을 매수인에게 최고(催告)하였음에도 불구하고 매수인이 합리적인 기간 내에 그 수락 여부를 확답해주지 않은 경우에는, 매도인은 자기가 제안한 기간 내에 하자치유행위를 할 수 있으며, 이러한 경우 매수인은 이 기간 중에는 다른 구제수단을 사용할 수 없다고 규정하고 있다.[135]

매도인이 특정한 기간 내에 하자치유를 이행하겠다고 통지했다는 사실은 그 자체가 최고(催告)의 법률요건을 갖추었기 때문에 곧 그 수락 여부를 알려줄 것을 요구한 것으로 간주한다.[136] 따라서 이를 위해서는 매도인은 하자를 치유할 수 있는 적절한 기간(appropriate period of time)을 반드시 명확하게 기재하여야 한다. 만일 매수인이 이에 대해 침묵하고 있는 경우 매도인은 자기가 제안한 그 기간 내에 하자치유행위를 할 수 있다.

한편 여기서 주의할 것은 하자치유 의사표시의 통지는 매수인에게 도달되지 않는 한 효력이 없다는 점이다.

다시 말해 당해 통지는 도달주의(time-of-receipt rule)[137]를 택하고 있다는 것이다. 이는 통지를 하는 주체인 매도인이 바로 계약을 위반한 당사자이므로 통지의 도달지연이나 불착의 위험은 채무자인 매도인이 지는 것이 당사자간의 이해의 균형상 합당하기 때문이다.

---

135) CISG 제48조 (2)항.

136) CISG 제48조 (3)항.

137) 도달주의의 채택은 CISG 제27조와 대비된다. 제27조에서는 통지의 당사자가 상황에 맞는 적절한 방법으로 통지한 경우 당해 통신의 전달 중에 지연이나 오류 또는 불착이 있더라도 그에 대해 권리를 상실하지 않는다고 규정하여 소위 발신주의(mailbox rule)를 채택하고 있다. CISG는 계약의 성립의 경우에는 도달주의를, 그리고 계약의 이행에서는 원칙적으로 발신주의를 기본으로 하고 있다. 다만 제18조(승낙의 경우), 제47조 (2)항(매수인이 설정한 부가기간 중 매도인의 이행거절 의사표시의 경우), 제48조 (4)항(인도기일 후 매도인이 하자치유권 행사를 위해 매수인에게 통지하는 경우), 제63조 (2)항(매도인이 설정한 부가기간 중 매수인의 이행거절 의사표시의 경우), 제65조 (1)(2)항(매 수인이 물품사양지정권을 행사하지 않아 매도인이 스스로 지정함을 통보하는 경우), 제79조 (4)항(불 가항력 상황 발생시 계약의 불이행 당사자가 계약의 불이행을 상대방에게 통보할 경우)은 그 목적상 예외적으로 도달주의를 채택하고 있다.

4) 계약해제권

(1) 계약해제권의 행사요건

본 협약이 규정하고 있는 또 하나의 구제방법은 계약해제(avoidance of contract)의 권리이다. 그러나 앞서 설명한 바와 같이 본 협약은 가능한 한 계약을 유지시키려는 계약유지(preservation of contract)의 이념에 근거해 있기 때문에 계약해제권의 행사에는 상당한 제한이 따른다.[138)]

계약의 해제는 많은 경우 법정소송으로 이어진다. 그 결과 사법판결이 있기까지 상당한 시간과 비용이 소요되며, 소송에 패소한 매도인은 다시 물품을 반송 받아 이를 보관한다든지 또는 처분하게 됨으로써 엄청난 비용손실을 겪게 된다. 이러한 손실을 방지하거나 경감시키기 위해서라도 본 협약은 계약을 불완전 이행한 매도인에게 이행기 전에(제37조) 또는 이행기 후에(제48조) 하자를 치유하도록 하고, 매수인은 계약을 해제하기 전에 부가기간의 설정을 통해 계속 계약의 이행을 최고(催告)하도록 하고 있으며(제47조), 매수인에게 물품을 인수하게 하고 대금의 감액을 요구할 수 있도록 하고 있다(제50조). 이러한 조항들을 놓고 볼 때 본 협약은 계약의 유지를 우선적으로 고려하고 있음을 알 수 있다.

그럼에도 불구하고 매수인이 계약을 해제하려 한다면 다음과 같은 요건이 전제되어야 한다.

① 본질적 계약위반[139)]

CISG 제49조 (1)항 (a)호에 따르면 "매수인은 계약 또는 본 협약상 매도인의 의무불이행이 본질적 계약위반에 이를 경우 계약을 해제할 수 있다"고 규정하고 있다.

즉 매도인은 본질적 계약위반을 다룬 제25조에 따라 매도인이 계약물품을 인도하지 않았거나, 또는 인도한 물품이 매수인이 계약에서 기대하고 있는 권리를 실질적으로 박탈할 만큼 부적합할 경우 당해 계약을 해제할 수 있다. 그러나 문제는 어느 정도의 위반이 본질적 계약위반에 해당되는지 본 조항, 제25조가 명확하고 구체적인 기준을 제시하고 있지는 않다는 것이다. 본질적 계약위반의 결정기준은 정도(degree)의 문제이기 때

---

138) Albert H. Kritzer, *op. cit.*, p.416 : "CISG는 계약의 유지를 우선적으로 고려한다. 만일 계약을 해제할 경우에는 매도인(또는 매수인)의 보호와 손실의 경감을 고려하여 제한적으로 허용한다."

139) 본질적 계약위반의 개념은 본 협약 전체를 놓고 보았을 때 제25조(정의), 제49조(매수인의 계약해 제), 제64조(매도인의 계약해제), 제51조 (1)항(일부인도/일부부적합의 전체계약의 해제), 제70조(위험 이전의 일반원칙의 예외), 제73조(분할인도계약)에 집중적으로 나타나고 있다.

문이다.[140)]

그러나 본질적 계약위반을 규정한 제25조는 본 협약 제6조[141)]에 의해 보다 완벽한 형태로 보완될 수 있다. 즉 매매당사자들은 계약을 체결할 때 계약자유의 원칙(freedom of contract)을 규정한 제6조를 적용하여 제25조의 불완전성을 보완할 수 있다는 것이다.[142)]

예를 들어[143)] 계약물품의 적기인도가 무엇보다 중요한 결정적 계약조건일 경우에는 매매당사자들은 계약체결시 "적기인도가 계약의 필수조건임"(timely delivery is of the essence)와 같은 내용을 합의하면 추후 매도인의 인도지체는 별도의 증명 없이도 계약의 본질적 위반이 성립된다. 이와 유사하게 매수인에게 물품의 사양이 대단히 중요한 요소일 경우, "물품사양의 불일치는 본질적 계약위반으로 간주된다"는 내용을 합의하여 계약서에 명시하면 추후 이를 위반한 매도인은 본질적 계약위반을 한 것으로 간주될 것이다. 매도인 역시 사소한 것을 이유로 계약의 해제를 일삼으려는 매수인의 행태에 대해 매도인의 배상책임을 제한하는 이른바 'Limitation of Liability Clause'를 계약서에 삽입할 수도 있고, 아예 계약해제를 다룬 본 협약 제49조를 배제할 수도 있을 것이다.

마지막 예로서는 기존의 거래방식과의 자유로운 결합을 통해 제25조를 수정할 수도 있다. 즉, CIF 계약이나 신용장거래와 같은 서류상의 거래에서는 매매계약과는 달리 서류의 엄격일치원칙(strict compliance rule)이 지배한다. 따라서 매도인이 매수인(또는 그의 대리인) 또는 은행에 제반 선적서류를 제시할 때 이들 선적서류가 매매계약 또는 신용장의 조건과 내용에 불일치할 경우에는 그것이 매매계약상의 본질적 계약위반을

---

140) 어느 정도가 본질적 계약위반에 속하는지는 사실의 문제이다. 그러나 UNCITRAL의 CISG 관련의 판례 데이터베이스인 CLOUT에 수록된 내용을 보면 본질적 계약위반의 정도를 가늠해 볼 수 있다. 즉 ①매도인의 계약물품의 확정적 불인도 ② 분할인도계약에서 계약의 일부만이 확정적 불인도일 경우에는 해당사항 없음 ③ 단순한 이행지체는 본질적 계약위반이 아니지만 당사자간에 이행기일에 대한 합의가 있는 경우나 계절성 상품의 매매와 같이 확정기매매로서 이행기일의 준수가 중요한 때에는 본질적 계약위반이 됨 ④ 매수인이 할인가격으로 재판매가 가능하면 해당사항 없음. 그러나 합리적 노력을 기울여도 재판매 할 수 없는 경우에는 본질적 계약위반이 됨 ⑤ 하자가 심각하고 수리될 수도 없는 경우에는 본질적 계약위반이 됨 ⑥ 서류의 하자도 그 하자로 말미암아 매수인이 물품을 유통할 수 있는 가능성을 훼손한 경우에는 본질적 계약위반이 됨(이기수·신창섭, 「전게서」, p.96).

141) CISG 제6조 : "당사자는 이 협약의 적용을 배제할 수 있고, 제12조를 조건으로 이 협약의 어떠한 규정에 대해서도 그 적용을 배제하거나 효과를 변경시킬 수 있다."

142) John O. Honnold(1999), *op. cit.*, p.255 ("거래에 있어 매매당사자가 제25조가 지나치게 그 기준이 느슨하다든지 또는 지나치게 엄격하다고 판단할 경우, 나아가 법원이 부적절하게 법적용을 강행하려 한다고 판단하는 경우에는 계약을 통해 제6조에 기하여 계약해제의 근거를 보다 강화하거나 또는 약화시킬 수 있다.")

143) Albert H. Kritzer, *op. cit.*, pp.417-418 참조.

구성할 만큼 심각한 불일치가 아닐지라도 서류의 인수가 거절됨으로써 당해 거래는 해제될 수 있다. 매매계약시 이같은 엄격일치 서류의 제시를 규정하거나, 또는 그러한 엄격일치서류가 수반되어야 하는 신용장결제조건을 선택하는 등의 합의는 본 협약 제25조의 모호한 본질적 계약위반의 개념을 제6조 계약자유의 원칙을 적용하여 구체화한 대표적인 예들이 될 수 있다.

근본적으로 본 협약은 계약의 해제보다는 계약의 유지를 우선으로 하고 있기에 계약의 해제권을 행사하기 위해서는 본 협약이 제시하고 있는 체계적인 기준과 절차를 반드시 준수하여야만 완벽한 행사가 가능함을 주지하고 있어야 한다.

매수인은 매도인의 계약위반이 본질적 계약위반에 이를 경우 계약을 즉시 해제할 수 있다. 또한 매수인은 계약을 해제하겠다는 의사를 매도인에게 사전에 타진할 필요도 없다. 그러나 앞서 설명한 바와 같이 매도인이 인도기일 전 하자치유권을 행사하고 있다든지, 또는 인도기일 후 하자치유를 통보하고 이를 행사하여 하자가 치유된다면 매수인은 계약을 해제할 수 없다.

② 매수인이 부여한 합리적 부가기간 내의 인도불이행

CISG 제49조 (1)항(b)호는 계약불이행의 유형 중 인도불이행(non-delivery)의 경우에만 해당하는 요건이다.[144)]

---

144) CISG 제49조 (1)(b)항을 '서류상의 거래'에 적용할 수 있는지는 여전히 논의의 대상이다. 「국제물품매매에 대한 통일법에 관한 협약」(Convention Relating to a Uniform Law on the International Sale of Goods : ULIS) 제51조에서는 물품의 인도불이행과 서류의 인도불이행을 동일하게 취급하고 있었기 때문이다. 나아가 CISG에도 이 두 형태의 불이행을 동일하게 취급할 수 있게 하는 근거 조항이 있다. 즉 제58조 (1)항이 바로 그것이다. 이에 따르면 "매수인이 다른 특정한 시기에 대금을 지급할 의무가 없는 경우에는 매수인은 매도인이 계약과 본 협약에 다라 물품 또는 그 처분을 지배하는 서류를 매수인의 처분 하에 두는 때에 대금을 지급해야 한다. 매도인은 그 지급을 물품 또는 서류의 교부를 위한 조건으로 할 수 있다."고 규정하고 있다. 일반적으로 국제무역거래에서는 실제 물품의 인도를 중심으로 거래가 성취되기 보다는 물품을 대표하는 서류를 중심으로 하여 매도인이 이들 서류를 매수인 또는 매수인의 거래은행에 제시하는 서류상의 거래가 대종을 이루고 있음은 부인할 수 없는 사실이다. 따라서 이같은 서류상의 거래에서 계약물품의 수령과 처분에 절대적 중요성을 갖는 서류들이 매수인에게 인도되지 않았다는 것은 추후 선박이 목적항에 도착하였다 해도 매도인의 서류인도불이행으로 인해 매수인은 물품의 인도청구권과 처분권을 행사할 수 없는 상태이므로 물품을 인도받지 못한 것과 동일한 상태가 된다. 나아가 서류의 인도지체가 있게 되면 관련 선하증권이 'stale' 되어 무역거래에서 아무런 기능을 하지 못하게 됨은 자명한 사실이기도 하다. 이러한 점들을 종합해 볼 때 CISG 제49조 (1)(b)항은 물품의 인도불이행 뿐만 아니라 서류의 인도불이행도 포괄하는 조항으로 해석적용하는 것이 타당하다. 그러나 많은 경우 본 조항은 문자 그대로 물품의 인도불이행만을 취급하는 것으로 해석되고 있다. 이러한 논지에 대해서는 Peter Schlechtriem, *Uniform Sales Law - The UN Convention on Contracts for the International Sale of Goods*, Vienna, 1986, p. 78 참조.

이 규정에 따라 인도불이행의 경우, 매수인은 부가기간을 규정한 본 협약 제47조 (1)항에 따라 매도인에게 합리적 부가기간을 설정하고 물품의 인도를 최고(催告)하였으나 그 부가기간 내에도 매도인이 물품을 인도하지 않거나 또는 인도하지 않을 것을 선언한 경우에는 그 결과가 본질적 계약위반에 이른다고 별도로 증명할 필요 없이 매수인은 바로 계약을 해제할 수 있다.[145]

계약물품의 불인도를 이유로 매수인이 계약을 해제하기 위해서는 일단 매도인에게 합리적인 부가기간을 설정하여 준 이후에야 비로소 계약을 해제할 수 있다는 점을 유의하여야 한다.

그러나 물품의 가격이 급격히 하락하는 시장상품인 경우, 예를 들면 계절성 물품 또는 단발성 유행상품 등의 매매와 같이 계약의 성질상 일정한 시일 또는 일정한 기간 내에 물품이 인도되지 않으면 계약의 목적을 달성할 수 없는 경우에는 매수인은 부가기간의 설정과 최고의 요건 없이도 바로 계약을 해제할 수 있다.[146]

우리나라 민법제545조에서도 "계약의 성질 또는 당사자의 의사표시에 의하여 일정한 시일 또는 일정한 기간내에 이행하지 아니하면 계약의 목적을 달성할 수 없을 경우에 당사자 일방이 그 시기에 이행하지 아니한 때에는 상대방은 전 조의 최고를 하지 아니하고 계약을 해제할 수 있다."고 규정함으로써 정기매매[147]의 경우 합리적 부가기간의 부여와 최고의 요건 없이도 계약을 해제할 수 있도록 하고 있다.

③ 계약해제의 통보 : CISG 제26조 및 제49조 (2)(b)(ⅰ)항과 제39조 (1)항

계약을 해제하기 위해서는 반드시 CISG 제26조의 규정에 따라 상대방에게 계약해제의 선언을 통지한 때에만 효력이 있다.[148] 계약은 본질적 계약위반이나 부가기간의 경과로 자동적으로 해제되는 것이 아니라 반드시 피해당사자는 위반당사자에게 계약해제의 의사를 통지하여야만 한다. 계약해제의 통지는 '발신주의'(mailbox rule)를 채택한다.

---

145) 우리나라 민법 제544조도 이와 같은 취지이다 : "당사자일방이 그 채무를 이행하지 아니하는 때에는 상대방은 상당한 기간을 정하여 그 이행을 최고하고 그 기간 내에 이행하지 아니한 때에는 계약을 해제할 수 있다. 그러나 채무자가 미리 이행하지 아니할 의사를 표시한 경우에는 최고를 요하지 아니한다."

146) John O. Honnold(1999), *op. cit.*, p.329 ; 민법 제545조, 상법 제68조.

147) 정기매매라 함은 계약의 성질 또는 당사자의 의사표시에 따라 일정한 시기에 채무가 이행되지 않으면 계약의 목적을 달성할 수 없는 매매를 말한다. 대금지급, 물품의 인도에 있어 정확한 기일의 엄수나 신속한 인도가 필요한 부패 가능성 물품 등은 합리적 부가기간의 설정과 최고의 요건은 무의미할 수 있으므로 이행기 도래 후 채무의 이행이 없으면 당연히 계약은 해제되는 것으로 간주한다.

148) CISG 제26조 : "계약해제의 선언은 상대방에 대한 통지가 행해진 경우에만 효력이 있다."

본 협약 제49조에 따라 매수인이 계약을 해제하기 위해서는 다음과 같은 두 가지 형태의 별도의 통지의무가 부과됨을 반드시 유의하여야 한다.

하나는, 바로 앞에서 설명한 본 협약 제26조의 규정, 즉 '계약해제의 선언'(declaration of avoidance of the contract)을 위한 통지의무이다.

다른 하나는, 계약부적합을 주장하기 위해 일반원칙으로 부과된 제39조 (1)항의 규정에 따른 '부적합 사실의 통지' 의무이다.[149)]

현실적으로 볼 때 매수인이 당해 계약의 본질적 계약위반이 있는지 여부를 알았거나 알 수 있었던 때는 자신에게 부여된 물품검사의무의 이행시기가 바로 그 시점이 될 것이다.[150)]

매수인은 이 검사시기에 발견한 계약부적합의 사실을 합리적 기간 내에 매도인에게 통지해야 하므로 이때의 부적합통지시점은 물품의 검사결과 본질적 계약위반의 사실을 인지한 후 합리적 기간 내 계약해제를 선언해야 하는 계약해제 통지시점과 동일한 시점이 될 경우가 많을 것이다. 요컨대 물품검사 후 부적합의 통지를 할 때는 그 부적합의 내용을 일일이 구체적으로 총망라하여 명시해야 하기 때문에 이때 본질적 계약위반으로 인한 계약해제의 의사표시도 함께 통지될 수 있을 것이다.

그러나 부적합의 통지와 계약해제의 통지는 이들 각각을 규율하는 두 규정에 따라 동일한 통지시기에 동시에 이루어 질 수도 있을 것이지만, 증명과 결정의 시간을 요하는 본질적 계약위반의 판단 여하에 따라,[151)] 그리고 매도인의 하자치유의 의사표시와 실제 하자치유의 결과에 따라,[152)] 그리고 본질적 계약위반이 있어 매수인이 대체물을 요구하거나 또는 수리를 요구하였음에도 매도인의 불이행이 계속되면[153)] 당연히 물품부적합 통지 후에 계약해제의 선언까지는 상당한 시간적 격차가 있은 후 계약해제의 통지가 이루어지게 될 것이다.

이외의 경우 계약을 해제할 때에는 이하의 기간요건이 적용된다.

---

149) 매수인이 계약부적합의 사실을 발견하였거나 발견할 수 있었던 때로부터 합리적인 기간 내에 매도인에게 그 부적합한 성질을 명시하여 통지해주어야 하는 의무이다(CISG 제39조 (1)항).

150) 이기수·신창섭, 「전게서」, p. 98.

151) 이 경우는 기계장비류의 고장이 계속 반복적으로 더 악화된 상태로 반복되어 본질적 계약위반에 이를 때이다(Enderlein & Maskow, *op. cit.*, p. 247).

152) 매도인이 하자의 수리를 특정기간 이내에 하기로 제안하였으나 실행에 옮기지 않은 경우가 이에 해당한다.

153) Albert H. Kritzer, *op. cit.*, p.428-429. 매수인이 본질적 계약위반이 있어 대체물의 청구나 수리 등과 같은 특정이행을 청구한 때에는 계약해제의 합리적 기간은 아직 시작되지 않는다.(Enderlein & Maskow, *op. cit.*, p.194).

④ 합리적 기간 내 계약해제 요건

매수인이 자신의 계약해제권을 언제 행사하느냐 하는 시기의 결정은 매도인 측면에서 볼 때 계약해제 된 물품의 사후관리 및 처분에 직접적인 영향을 준다. 왜냐하면 매수인이 계약해제 의사를 갖고 있음에도 불구하고 계약해제의 선언을 지체한다면 비록 계약을 위반한 당사자이기는 하지만 매도인으로서는 계약위반의 책임과는 별도로 거절된 물품을 사후관리하거나 이를 적기에 처분할 기회를 잃게 되고, 그에 따라 매도인의 비용부담이나 위험부담이 증가할 수 있기 때문이다.[154]

미국의 통일상법전에서도 물품의 거절은 물품이 인도되거나 제시된 후 합리적 기간 이내에 이루어져야 하고, 이를 매도인에게 적기에 통지하지 않은 한 효력이 없다고 규정하고 있다.[155]

따라서 매수인이 계약해제권을 행사할 경우에는 일정한 시간적 제한이 있다. 이 내용은 아래에서 별도로 설명하도록 한다.

(2) 계약해제권 행사의 시기

CISG 제49조 (2)항에서는 매수인의 계약해제권 행사시기에 관해 다음과 같이 두 가지의 상황을 구분해두고 있다.

하나는, 매도인이 물품을 인도하였지만 그것이 인도지체인 경우이며, 다른 하나는, 매도인이 물품을 적기에 인도하였지만 그것이 불완전이행일 경우이다.

(가) 인도지체의 경우

① 매수인의 계약해제의 세 가지 형태

CISG 제49조 (2)항 (a)호에서는 매도인이 물품을 인도하긴 하였으나 인도지체가 되어[156] 이를 이유로 계약을 해제하려고 하는 경우에는, 매수인은 인도의 사실을 안 때로부터 합리적 기간 내에 계약을 해제하여야 한다고 규정하고 있다. 이때 매수인이 인도의 사실을 알게 된다는 것은 당해 물품이 인도된 때이므로, 실제로 합리적 기간은 물품이 인도된 때부터 기산된다.

---

154) 예컨대 인도될 물품이 목적항에 도착한 경우, 매수인이 계약해제를 계속 미루고 있다면 체선료(demurrage)와 창고료 등의 비용이 계속 증가할 것이며, 물품의 멸실이나 훼손위험이 높아지고 경우에 따라서는 물품의 시장가치도 하락할 수 있다 ; John O. Honnold(1991), *op. cit.*, §306.

155) 미국통일상법전 §2-602(1)항.

156) 가장 전형적인 예는 크리스마스 터키(turkeys)를 주문했는데 1월말에 인도되는 경우이다.

한편 물품의 인도가 지체되고 있는 상황[157]에서 매수인이 선택할 수 있는 계약해제조치는 다음과 같은 세 가지 형태가 있다.

첫째, 물품이 인도지체 되고 있다는 것은 현재 물품이 인도불이행 된 상태이므로 이 인도지체가 본질적 계약위반에 해당할 때에는 매수인은 이를 기다리지 않고 본 협약 제49조(1)항 (a)호에 따라 계약을 해제할 수 있다.

본 협약에서는 매도인이 물품을 아예 인도하지 않은 경우 계약해제의 시기에 대해서는 별도의 규정을 두지 않고 있다. 이는 계약의 완전불이행(total failure of consideration)에 해당하는 인도불이행에 대해서까지 매수인의 계약해제권 행사에 이러저러한 제약과 요건을 두는 것은 이해관계의 형평상 불필요한 제약이 되기 때문이다. 따라서 물품의 인도불이행이 있는 경우에는 매수인은 언제라도 계약을 해제할 수 있다.

둘째, 매수인은 해당 인도지체가 본질적 계약위반에 해당되는지 여부가 불확실하다거나, 또는 최종적으로 매도인에게 물품인도의 기회를 한 번 더 주고자 할 경우에는 Nachfrist notice 즉, 합리적 부가기간을 설정하고 최고(催告)한 후 이 기간이 경과한 후에도 물품이 불인도 된다면 본 협약 제49조 (1)항 (b)호의 규정에 따라 계약을 해제할 수도 있다. 본 조항에서도 계약해제의 시기에 대해서는 별도의 규정을 두지 않고 있다. 따라서 이 경우에도 매수인은 언제라도 계약을 해제할 수 있다고 보아야 할 것이다.[158]

세째, 매수인은 인도지체 되고 있는 물품이 궁극적으로 인도될 때까지 기다린 후 당해 인도지체가 본질적 계약위반에 해당함을 이유로 인도시점으로부터 합리적 기간 이내에 계약을 해제할 수 있다. 이때의 합리적 기간은 다소 신속히 이루질 필요가 있다.[159]

② 매도인의 제48조 (2)항과 (3)항의 원용

반면에 매도인의 입장에서 인도지체가 예상될 때에는 매수인의 세 가지 형태의 계약해제권 중 어느 형태를 행사할 것인지 그 불확실성에 대비하기 위해 다음과 같은 대비책을 강구할 필요가 있을 것이다.[160]

즉 매수인이 인도지체 된 계약물품을 거절할 것인지, 또는 인수할 것인지의 불확실성을 제거하기 위해 매도인은 매수인과 긴밀한 의사교환(communication)을 할 필요가 있

157) delay in delivery와 late delivery는 다른 것이다. delay in delivery는 non-delivery와 같이 처리한다(Albert H. Kritzer, *op. cit.*, p. 424). CISG 제49조(2)(a)항은 late delivery 상황이다.

158) 만일 인도지체된 계약목적물이 크리스마스 터키(turkeys)일 때에는 이 같은 *Nachfrist* notice는 무의미할 것이다.

159) Enderlein & Maskow, *op. cit.*, p.193.

160) John O. Honnold(1991), *op. cit.*, §307 참조.

을 것이다. 이때 매수인이 인도지체가 되고 있는 물품을 인수할지 여부에 대해 명확한 입장을 유보하고 있는 경우에는, 본 협약 제48조 (2)항과 (3)항을 원용하는 것이 바람직하다. 즉 매도인은 지체되기는 하였으나 매수인에게 특정 기간 내에 계약물품을 인도할 예정이니 이의 수령 여부를 알려달라는 통지를 할 필요가 있다는 것이다.[161)]

이같은 매도인의 통지는 역으로 채무자가 채권자의 권리행사 여부에 대한 최고(催告)의 요건을 갖춘 것이어서 만일 매도인으로부터 어떠한 답변도 없는 경우에는 매도인은 자신이 지정한 특정 기간 내에 계약물품을 인도함으로써 인도지체에 따른 자신의 책임을 경감시킬 수 있을 것이다.

(나) 인도지체 이외의 위반의 경우

① 불완전이행에 따른 계약의 해제

두 번째로 CISG 제49조 (2)항 (b)호에서는 매도인이 물품을 인도하였으나 인도지체 이외의 계약위반, 즉 계약에 일치하지 않는 물품이 제공된 경우 매수인의 계약해제권 행사시기를 규정하고 있다.

매수인이 이같은 불완전이행을 이유로 계약을 해제하려는 경우 기본 원칙은 '합리적 기간' 이내의 계약해제이다, 이때 합리적 기간이 어느 정도의 기간이 될 것인지는 해당 물품이 부패가능성 물품(perishable goods)인지, 또는 계절성 물품(seasonal goods)인지 여부를 포함하여 주변의 모든 객관적 사정을 고려하여 결정된다.

본 협약 제49조 (2)항 (b)호에 따르면,

㉠ 매수인은 그 위반 사실을 알았거나 또는 알 수 있었어야 했던 때로부터 합 리적 기간 내,

㉡ 매수인이 정한 부가기간이 경과하거나 또는 매도인이 그 부가기간 내에 자 신의 의무를 이행하지 않겠다고 선언한 때로부터 합리적 기간 내,

㉢ 매도인이 스스로 통지한 부적합의 하자치유기간이 경과하거나 또는 매수인 이 매도인의 하자치유의 이행을 수령하지 않겠다고 선언한 때로부터 합리적 인 기간 내에 계약을 해제해야 한다.

위의 세 가지 중 (ⅱ)는 매수인이 설정한 부가기간이 종료되는 시점이, 그리고 (ⅲ)의 경우는 매도인이 설정한 부가기간이 종료되는 시점이 계약해제를 위한 합리적 기간의 기산 시점이 됨을 유의할 필요가 있다.[162)]

---

161) 이 통지는 도달주의이다.

따라서 (ii)의 경우 인도불이행시 부가기간의 부여와는 달리 불완전이행시 부가기간의 부여는 계약해제의 시점을 연장시키는 결과가 된다. 왜냐하면 인도불이행의 경우 계약해제는 부가기간이 종료됨과 동시에 바로 해제가 가능하지만, 불완전이행의 경우는 부가기간이 종료되고 그로부터 합리적 기간만큼 늦어질 수 있기 때문이다.

실제로 이 부가기간 중에 매도인이 하자치유를 하는 경우에는 그 추완(追完)의 결과로 당해 하자물품이 본질적 계약위반에 이를 수는 없을 것이다. 추완(追完)의 결과로 물품이 본질적 계약위반에 이를 수 없을 가능성은 (iii)의 경우 매도인이 하자치유권을 행사한 경우에도 마찬가지로 적용될 것이다. 결국 '부가기간의 부여 및 최고(催告) 후 계약해제권의 행사원칙'은 불완전이행의 경우보다는 인도불이행의 경우에 그 유용성이 더 클 것이라고 판단해볼 수 있다.

② CISG 제40조와 제49조 (2)(b)항에 대한 두 가지 관점

매도인이 부적합물품을 제공한 불완전이행의 경우, 매수인은 CISG 제39조 (1)항에 따라 합리적인 기간 내에 그 부적합한 하자의 내용을 총망라하여 이를 특정하여 매도인에게 통지하여야 한다. 매수인에게 부과되는 이러한 형태의 통지요건(notice requirement)은 매수인이 자신의 권리를 보장받고 상대방의 의무이행을 강제할 수 있는 절차적 권리(procedural rights)를 확보하는 선결적 조건이 된다. 따라서 매수인은 이 통지요건을 해태하거나 불이행하면 불완전이행을 이유로 매도인에게 책임을 물을 수 있는 권리를 상실하게 된다.

그러나 이 통지요건의 적용에는 예외가 있는데, 본 협약 제40조가 그것이다. 즉 물품의 하자에 대해 매도인이 알고 있는 사실을 매수인에게 밝히지 않은 경우에는 매수인이 합리적 기간 내에 매도인에게 상기의 통지를 하지 못하였다 하더라도 매도인에 대한 절차적 권리를 상실하지 않는다.

이에 한 걸음 더 나아가 매도인이 하자있는 물품을 인도한 경우에 해당 하자의 내용을 본인은 알고 있지만 이를 매수인에게 밝히지 않은 때에는 매도인의 그 같은 신의칙 위반의 행위는 매수인의 계약해제권에도 영향을 주게 되어 매수인이 제49조 (2)(b)항에 따라 합리적 기간 내에 계약을 해제하지 못한 경우에도 계약해제권은 상실되지 않는다는 견해가 있다. 이 견해의 관점은 물품의 하자사항을 알고 있음에도 불구하고 하자있는 물품을 인도한 파렴치한 매도인에게까지 반드시 합리적 기간 내 매수인은 계약의 해제권

162) 이 같은 논지에 대해서는 C. Bianca & M. Bonell, *op. cit.*, p.365 참조.

행사를 해야 한다는 시간제약을 강요하는 것은 이치상 정당하지 않다는 데 있다.[163)]

이에 반해 CISG 제40조는 그 조항에 명시되어 있듯이 매수인의 물품의 적기검사의무를 규정한 제38조와 매수인의 부적합한 하자의 통지의무를 규정한 제39조에만 영향을 주는 것이지, 매도인의 불완전이행에 따른 매수인의 계약해제의 권리를 다룬 제49조 (2)항 (b)호에까지 확대적용 되지 않는다는 견해가 대립하고 있다.

즉 본 협약 제39조 (1)항의 매수인의 물품부적합 사항의 '합리적 기간' 내 통지요건은 매도인으로 하여금 하자물품의 샘플을 채취토록 하여 그 증거를 보존하고, 동시에 물품의 하자를 치유할 권리를 행사할 수 있도록 매수인에게 부여되는 의무이다. 요컨대 본 협약의 제39조 (1)항은 이 규정에 따라 행동한 매수인은 손해배상의 청구권리와 특정이행의 요구권리로 대표되는 자신의 절차적 권리를 제약받지 않고 활용할 수 있다는 사실에 초점을 둔 조항이지, 매수인의 계약해제의 무제한적 권리까지 상정한 조항은 아니라는 관점이다.[164)]

본 협약 제49조 (2)항 (b)호가 상정하고 있는 '합리적 기간'의 목적은 앞서 설명한 바와 같이 지체된 계약해제로 인해 매도인이 떠안을 불필요한 비용의 증가와 물품의 멸실 및 훼손위험을 방지하기 위함과 더불어 시장상황의 변동(fluctuation)으로 매수인이 부담해야 할 손실을 매도인에게 전가하려는 투기목적을 미연에 방지하고자 하는 데 그 초점을 두고 있다. 따라서 전혀 다른 목적을 가진 제39조와 제49조(2)(b)항, 이 두 조항 모두에 신의칙을 위반한 매도인의 권리제약을 다룬 제40조를 연결시키는 것은 법해석학적으로 볼 때 무리한 확대적용의 논리라고 볼 수 있을 것이다.

이 두 견해의 합당성을 따지기에 앞서, 이 두 견해가 양립하고 있는 그 저변에는 신의칙을 포함하여 자신의 의무를 제대로 이행하지 못한 당사자는 궁극적으로 자신의 실체적(substantive)이고 절차적(procedural)인 자신의 권리주장에 제약을 받게 된다는 데에 공통된 근본적 논리가 있다.

5) 대금감액권

(1) 대금감액권의 정의

본 협약이 인정하고 있는 또 하나의 구제방법은 매수인의 대금감액(reduction of the

163) John O. Honnold(1991), *op. cit.*, §308.1 참조.
164) *ibid.*

price) 권리이다. 이 대금감액권은 대륙법계 국가에서만 인정되고 영미법계에서는 인정되지 않는 구제방법이다.

CISG 第50조에 따르면, "물품이 계약에 부적합한 경우 대금의 지급 여부에 관계없이 매수인은 현실로 인도된 물품이 인도시에 가지고 있던 가액이 계약에 적합한 물품이 그때에 가지고 있었을 가액에 대하여 가지는 비율에 따라 대금을 감액할 수 있다. 그러나 매도인이 제37조[165]나 제48조[166]에 따라 의무의 불이행을 하자치유하거나, 매수인이 이 두 조항에 따른 매도인의 이행을 수령거절한 경우에는 대금을 감액할 수 없다."고 규정하고 있다.

감액되는 금액의 산정을 위해 위의 규정을 수식으로 표현하면 다음과 같다.

「감액가격 = (실제 인도된 물품의 가액 × 계약가격) ÷ 적합물품의 예상가액」

여기서 감액가격을 산정하는 시가의 기준이 되는 장소는 본 조항만으로는 결정하기가 어렵다. 그러나 대금감액의 목적을 고려해 볼 때 시가의 결정 장소는 선적지 기준이 아니라 목적지 기준이 되는 것이 합당할 것이다.[167]

(2) 대금감액권의 행사방식

매수인이 대금감액권을 행사하기 위해서는 매수인은 물품을 인수하여 이를 보유하고 있는 상태여야 하는데, 해당 물품은 반드시 하자있는 부적합한 물품이어야 한다. 따라서 대금감액권은 매도인이 인도기일 전, 그리고 인도기일 후 물품의 하자를 치유한 경우에는 행사할 수 없다.

대금감액권은 앞서 설명한 계약해제권과는 달리 별도로 대금감액의 의사표시를 매도인에게 통지할 필요는 없다. 따라서 통지를 위한 합리적 기간 준수의 의무도 없다. 매도인의 일방적 선언(unilateral declaration)으로 대금감액권이 형성된다는 의미이다. 그러나 매수인은 CISG 제39조 (1)항의 '부적합의 통지'는 여전히 유효하다.

매수인은 아직 대금을 지급하지 않았다면 상기의 공식에 따라 산정된 금액만큼 감액한 금액을 지급하면 되고, 이미 대금을 지급하였다면 매도인에게 감액될 금액의 반환을 청구하면 된다.[168]

165) 인도기일 전 매도인의 하자치유권을 규정한 조항이다.
166) 인도기일 후 매도인의 하자치유권을 규정한 조항이다.
167) Enderlein & Maskow, *op. cit.*, p.197.

이러한 차원에서 대금감액권은 두 가지 구제방법이 어우러진 형태라 볼 수 있다. 하나는 대금을 지급하지 않은 경우 금액을 감액하는 것은 불일치로 야기된 계약불이행의 정도만큼 계약이 부분적으로 일부 해제한 것(partial cancellation)과 같은 효과이며, 다른 하나는 대금이 지급된 경우 감액된 금액만큼 이를 반환 받는 것은 계약을 위반한 당사자에게 부당이득(unjust enrichment)이 귀속되지 않게 하는 효과이다.[169)]

한편 매수인은 대금감액권을 행사한다고 해서 손해배상청구권을 상실하는 것은 아니기 때문에[170)] 매수인은 대금감액권을 행사한 결과 추가적인 비용이 발생한 경우 이에 대해 손해배상을 청구할 수 있다.[171)]

(3) 우리나라 민법 및 상법의 규정

우리나라의 경우를 비교해 보면, 우리나라 민법 제574조[172)]는 제572조[173)]의 준용을 통해서 특정물매매에서 수량을 지정한 매매의 목적물이 부족 되는 경우와 매매목적물의 일부가 계약당시에 이미 멸실된 경우에 매수인이 그 부족 또는 멸실을 알지 못한 때 대금의 감액을 인정한다고 규정하고 있다. 이 경우 대금감액청구권은 담보책임의 법리에 따라 인정되기 때문에 매도인의 귀책사유가 요구되지 않는다.

하자로 인하여 매수인이 계약의 목적을 달성할 수 없는 경우에는 매수인이 계약을 해제하고 손해배상을 청구할 수가 있고, 그렇지 않은 경우에는 완전물의 급부와 대금감액 및 손해배상의 청구를 할 수 있다. 우리나라 민법상의 매도인의 담보책임은 고의·과실 등의 귀책사유를 그 요건으로 하고 있지 않는 무과실책임주의이다.[174)]

우리나라 상법에서도 제69조에서도 "상인간의 매매에 있어서 매수인이 목적물을 수령한 때에는 지체 없이 이를 검사하여야 하며 하자 또는 수량의 부족을 발견한 경우에는 즉시 매도인에게 그 통지를 발송하지 아니하면 이로 인한 계약해제, 대금감액 또는 손해

---

168) 이기수·신창섭, 「전게서」, p.100.

169) Albert H. Kritzer, *op. cit.*, p.436 : G. Treitel, *op. cit.*, p.108.

170) CISG 제45조 (2)항.

171) Peter Schlechtriem, *op. cit.*, p.444.

172) 민법 제574조 : "전2조의 규정은 수량을 지정한 매매의 목적물이 부족되는 경우와 매매목적물의 일부가 계약 당시에 이미 멸실된 경우에 매수인이 그 부족 또는 멸실을 알지 못한 때에 준용한다."

173) 민법 제572조 (1)항 : "매매의 목적이 된 권리의 일부가 타인에게 속함으로 인하여 매도인이 그 권리를 취득하여 매수인에게 이전할 수 없는 때에는 매수인은 그 부분의 비율로 대금의 감액을 청구할 수 있다."

174) 민법 제580조, 제581조 참조.

배상을 청구하지 못한다. 매매의 목적물에 즉시 발견할 수 없는 하자가 있는 경우에 매수인이 6월내에 이를 발견한 때에도 같다."라고 규정하면서 상사매매에서 매매의 목적물의 하자 또는 수량부족의 경우에 대금감액을 허용하고 있다.

그러나 민법 제574조와 상법 제69조는 모두 매수인이 매도인에게 대금감액을 청구할 수 있음을 규정한 것임에 반해 CISG 제50조는 매수인이 스스로 대금을 감액할 수 있다는 점[175]을 유의할 필요가 있다.

(4) 대금감액권의 활용범위

대금감액권은 손해배상청구권의 특별한 형태이다 따라서 매수인은 대금감액권과 손해배상청구권 또는 경우에 따라 계약해제권 중 상황별로 보다 유리한 구제방식을 선택할 수 있다.

대금감액권은 매도인의 계약불이행이 매도인의 귀책사유가 아닌 불가항력에 의한 것일 때 유용하다. 왜냐하면 매도인이 불가항력으로 인해 자신의 의무를 이행하지 못한 경우에는 본 협약 제79조[176]에 따라 매도인은 면책되기 때문에 매수인은 매도인에게 손해배상을 청구할 수 없지만, 본 협약 제50조상의 대금감액권은 여전히 유효하기 때문이다.[177] 즉 제79조의 불가항력 요인들은 매수인의 대금감액권에 전혀 영향을 주지 않는다.

나아가 매수인은 불가항력 요인으로 인한 해당 물품의 부적합 정도의 심각성에 따라 매도인이 제시한 물품을 인수할지 아니면 계약을 해제할지 여부도 선택할 수 있다. 요컨대 해당 부적합물품의 하자의 정도가 크게 심각하지 않아 이를 거절할 수도 없고, 제79조의 면책요인에 의해 손해배상의 청구도 불가능할 때에는 대금감액권을 행사할 수 있다. 만일 해당 부적합물품을 인수하면 감액된 금액만큼만 지급하면 된다

대금감액권은 그 감액되는 가치(value)를 결정함에 있어서 현실적 인도(actual delivery)가 있었던 시점에서 인도된 물품의 가액을 기준으로 한다. 이에 반해 손해배상청구권상의 손해액은 계약체결시에 알았거나 알 수 있어야 했었던 사실과 사정에 비추어 계약위반의 결과로 발생할 것을 예견하였거나 또는 예견할 수 있었던 손실을 기준으로 산정된다.

---

175) 이기수·신창섭, 「전게서」, p.100.

176) CISG 제79조 : "당사자 일방은 그 의무의 불이행이 자신이 통제할 수 없는 장애에 기인하였다는 것과 계약체결시에 그 장애를 고려하거나 또는 그 장애나 그로 인한 결과를 회피하거나 극복하는 것이 합리적으로 기대될 수 없었다는 것을 증명하는 경우에는 그 의무불이행에 대하여 책임이 없다."

177) *ibid.* ; Peter Schlechtriem, *op. cit.*, p.444.

따라서 계약체결 당시에 예측할 수 없는 사정으로 물품의 인도시 시장가격이 계약체결시 시장가격에 비해 하락한 경우에는 손해배상청구권보다 대금감액권을 행사하는 것이 유리하며, 매수인이 손해를 증명하는 데 어려움이 있는 경우에도 대금감액권의 행사가 유리하다.[178] 그러나 손해배상의 범위에는 이익의 상실에 대한 배상이 포함되고, 간접손해액(consequential damages)도 계약체결 당시 예측가능했다면 배상받을 수 있기 때문에 손해배상청구권을 선택적으로 행사하는 것이 유리하다.[179]

끝으로, 대금감액권은 본 협약 제39조에 따른 물품의 부적합통지를 해태하거나 불이행한 데 합리적 이유(reasonable excuse)가 있는 경우 제44조에 따라 매수인에게 부여되는 최종적 구제방법이다.

6) 일부인도/일부부적합과 매수인의 구제방법

① CISG 제51조 (1)항

CISG 제51조 (1)항에서는 "매도인이 물품의 일부만을 인도하거나 또는 인도된 물품의 일부만이 계약에 적합한 경우에 미인도 또는 부적합한 부분에 대해 제46조부터 제50조가 적용된다."고 규정하고 있다.

따라서 매수인은 수량(quantity)과 관련한 미인도 물품(missing parts) 그리고 인도된 물품의 품질(quality)과 관련된 부적합한 부분에 대해 ① 특정이행, ② 대체물의 인도, ③ 물품의 수리, ④ 부가기간의 설정, ⑤ 계약의 해제 또는 ⑥ 대금의 감액 등을 요구할 수 있으며, 이와 병행하여 ⑦ 손해배상을 청구할 수 있다.

본 조항에 따른다면, 가령 100 bales의 거래에서 90 bales가 인도되고, 나머지 10 bales가 불인도된 경우, 매수인은 합리적 부가기간을 매도인에게 설정하고 10 bales를 인도하기를 최고(催告)한 후, 이 기간 중에도 매도인이 인도를 불이행 한다면 매수인은 바로 10 bales 분량에 대해 계약을 해제할 수 있고, 만일 매도인이 이 기간 중에 인도를 하였다 해도 그 인도지체가 본질적 계약위반을 구성한다면 이의 증명을 통해 10 bales 분량에 대해 계약을 해제할 수 있다.

178) *ibid.*

179) Peter Schlechtriem, *op. cit.*, pp.438-439.

② CISG 제51조 (2)항

나아가 CISG 제51조 (2)항에서는 "매도인이 완전하게 또는 계약에 적합하게 인도하지 못한 것이 계약의 본질적 위반을 구성하는 때에는 매수인은 계약 전체를 해제할 수 있다."고 규정하고 있다.

여기서 일부의 미인도 또는 일부 계약부적합이 본질적 계약위반이 되는지 여부는 일부의 미인도 또는 일부부적합이 전체 물품의 구성이나 가동상태 또는 사용가능성, 그리고 그것의 판매가능성 등에 어느 정도로 전체계약(entire contract)에 심대한 영향을 주는지 여부와 기타 모든 객관적 사정에 비추어 결정된다.[180)]

제51조 (2)항에서 유의할 것은 전체계약의 해제는 오직 본질적 계약위반에 의해서만 가능하다는 점이다.

◈ 사례 A

앞의 예시처럼 100 bales의 거래에서 나머지 10 bales가 불인도된 경우, 매수인은 합리적 부가기간을 매도인에게 설정하고 10 bales를 인도하기를 최고(催告)한 후, 이 기간 중에도 매도인이 인도를 불이행 한다면, 매수인은 10 bales의 불인도가 본질적 계약위반을 구성한다는 것을 증명할 필요 없이 매수인은 바로 10 bales 분량에 대해 계약을 해제할 수 있지만[181)], 전체계약에 대해 매수인이 계약을 해제하기 위해서는 부가기간의 설정과 최고(催告)를 하였다 해도 계약해제원칙을 바로 적용할 수 없으며, 반드시 10 bales의 불인도가 전체계약의 본질적 계약위반에 이른다는 것을 증명해야 한다.[182)]

---

180) 본질적 계약위반에 따른 계약해제는 많은 경우 가격조정(price adjustment)에 의해 영향 받는다. 즉 위반당사자가 피해당사자에게 계약위반에 따른 손실분을 감액해주고 여기에 추가적 손실까지 감안하여 가격을 조정해준다면 계약해제의 빈도는 줄어든다(John O. Honnold(1991), *op. cit.*, §185, §317.

181) 이는 CISG 제51조 (1)항과 '*Nachfrist* notice'를 통해 계약해제를 다룬 제49조 (1)(b)항을 결합하여 적용한 결과이다.

182) CISG 제51조 (2)항을 적용하기 위해서는 '*Nachfrist* notice'를 통해 계약해제를 다룬 제49조 (1)(b)항이 아니라 '본질적 계약위반'을 통해 계약해제를 다룬 제49조 (1)(a)항을 결합하여야 한다.

◈ 사례 B

독일의 매수인은 미국의 매도인으로부터 11개의 컴퓨터 부품을 수입하기로 함. 첫 번째 5개의 부품은 인도기일에 맞게 인도되었으나 나머지 6개 부품은 인도기일을 지키지 못함. 매수인은 부가기간을 설정하고 최고(催告)한 후 이 기간이 경과하자 전체계약의 해제를 선언함. 여기서 쟁점은 일부의 불인도가 전체계약의 본질적 계약위반에 이르렀는지의 결정 문제임.

이를 담당한 법원에서는 매수인은 일부 인도가 안된 부품은 시장 어디에서도 구매가 가능하였기에 이를 구입한 후 추가적인 비용에 대해 손해배상을 청구했어야 했다는 취지의 판결을 내림. 즉 이 사건의 컴퓨터 부품은 쉽게 조달이 가능하였기에 이 부품들이 인도되지 않았다고 해서 매수인이 전체계약에서 기대하고 있는 권리를 실질적으로 침해했다고는 볼 수 없다는 결정임.[183)]

CISG 제51조는 그것이 전체 계약 중 일부의 미인도 또는 일부 계약불일치를 다루고 있어 할부인도계약을 다루고 있는 CISG 제73조와 유사하지만 서로 다른 특징적 해석적용기준을 갖고 있다. 이 두 조항에 관한 비교는 이하 제5절「매도인과 매수인의 의무에 공통된 조항」의「할부인도계약」부문에서 살펴보기로 한다.

③ 위험의 이전과 일부부적합의 관계

매도인이 인도한 계약물품이 운송 중 위험에 의해 일부부적합이 발생하였을 때 제51조를 적용하기 위해서는 여러 관련 조항들을 종합적으로 고려해야 할 경우가 있다. 이에 대해 다음과 같은 몇 가지 가상사례를 통해 좀 더 자세히 설명하도록 한다.[184)]

◈ 사례 A

매도인과 매수인은 1등급 대두(soybeans) 1,000가마를 인도하는 매매계약을 체결함. 계약시 매도인은 운송 중의 위험을 부담하지 않기로 함(따라서 CISG 제 67조 (1)항에 따라 물품의 위험은 계약물품이 매수인에게 운송될 목적으로 최초의 운송인에게 인도되는 때 이전됨). 매도인은 계약에 따라 대두 1,000가마를 선적하였는데, 이 중 999가마는 계약에서 정한 1등급 품질이었으나 1가마는 2등급 품질임이 판명됨. 그런데 이중 500가마가 해수에 의해 피해를 입어 품질이 저하됨.

---

183) 계약전체에 해당하는 본질적 계약위반을 구성하지 못하였다라는 취지의 판결이다. Albert H. Kritzer, *op. cit.*, p.446.

184) John O. Honnold(1991), *op. cit.*, §379-383 이하 참조 : Albert H. Kritzer, *op. cit.*, pp. 551-554 참조.

이 경우 매수인은 500가마의 품질저하를 이유로 손해배상(또는 대금감액)을 청구할 수 있는지, 나아가 500가마의 품질저하가 근본적 계약위반을 구성한다는 것을 근거로 계약을 해제할 수 있는지 여부가 문제가 될 수 있다.

직관적 판단에 의해서도 위의 경우에는 근본적 계약위반을 이유로 매수인이 계약을 해제하는 것은 불가능하다.

CISG 제67조 (1)항에 따르면, "매매계약에서 물품의 운송이 포함되어 있고 매도인이 특정한 장소에서 이를 교부할 의무가 없는 경우에, 위험은 매매계약에 따라 매수인에게 전달하기 위하여 물품이 제1운송인에게 교부된 때에 이전한다. 매도인이 특정한 장소에서 물품을 운송인에게 교부하여야 하는 경우에는, 위험은 그 장소에서 물품이 운송인에게 교부될 때까지 매수인에게 이전하지 아니한다. 매도인이 물품의 처분을 지배하는 서류를 보유할 권한이 있다는 사실은 위험의 이전에 영향을 미치지 아니한다.'고 규정되어 있다.

따라서 위 가상사례 A의 경우에는 본 조항에 따라 이미 운송 중의 위험은 매수인에게 이전한 상태이다.

게다가 매도인은 CISG 제36조(1)항에 따라 위험이 매수인에게 이전될 당시에 존재하는 물품의 부적합에 대해서만 책임이 있기 때문에 매도인은 운송 중 피해를 입은 500가마에 대해 책임을 지지 않는다. 다만 선적 당시 2등급 품질이었던 1가마에 대해서는 배상책임이 있을 것이다.

◈ 사례 B

사례 A와 사실관계는 같지만, 다만 선적된 대두 1,000가마 중 600가마가 사료용으로밖에 쓰일 수 없는 열등품질이었음. 그리고 나머지 400가마는 선적 당시 계약과 일치하는 1등급 품질이었음. 그러나 이마저도 운송 중 해수의 침범으로 150가마가 심각한 피해를 입음.

이 경우 매수인은 손해배상청구가 가능한지, 나아가 계약해제는 가능한지, 그리고 일부 적합품질의 물품은 인수해야 하는지 등의 여부가 문제가 될 수 있다.

위의 가상사례 B의 경우 제67조 (1)항과 계약조건에 따라 최초의 운송인에게 물품이 인도된 후에는 물품의 멸실·훼손의 위험은 매도인이 부담하지 않지만 애당초 600가마의 부적합 물품을 선적하였다는 것은 심각한 계약위반의 형태이며 이는 본질적 계약위반에 해당된다면 매수인은 계약을 해제할 수 있다. 물론 매수인은 물품의 도착 후 본 협약 49조 (2)항에 따라 합리적 기간 내에 매도인에게 계약해제의사를 통보해야 할 것이다. 그리고 매수인이 계약을 해제할 수 있기 위해서는 본 협약 제82조 (1)항의 적용 여부도 고려하여야 하는데, 이에 따르면, "매수인이 물품을 수령한 상태와 실질적으로 동일한 상태로 그 물품을 반환할 수 없는 경우에는, 매수인은 계약을 해제하거나 매도인에게 대체물을 청구할 권리를 상실한다."고 규정되어 있기 때문이다. 그러나 위 가상사례 B의 경우 매수인은 물품을 수령한 상태가 아니고 운송 중에 물품이 손상된 것이므로 제82조 (2)항의 예외조건, 즉 매수인의 작위 또는 부작위에 기인한 것이 아니므로 계약의 해제의 결격사유는 없을 것이다.

결론적으로 매도인에 의한 계약위반의 정도가 심각한 경우에는 매수인은 계약의 해제를 통해 당해 물품을 거절할 수 있는 바, 이 권리는 운송 중 물품의 위험이 매수인에게 이전되었는지 여부에 관계없이 행사할 수 있다.

이는 미국의 통일상법전에서드 유사한 취지로 규정되어 있으며[185) CISG 제70조는 이에 관해 다음과 같은 명확한 규정을 두고 있다. 즉,

"매도인이 본질적 계약위반을 한 경우에는 제67조, 제68조 및 제69조는 매수인이 계약위반을 이유로 구할 수 있는 구제조치를 방해하지 아니한다."고 하여 매도인의 본질적 계약위반의 경우에는 위험이전의 일반원칙의 예외가 성립함을 규정함으로서 위 가상사례 B에서의 매수인의 계약해제권 행사의 정당성에 명확한 근거를 제공하고 있다.

한편 위 사례 B의 경우에는 매수인은 자신의 선택에 따라 이미 앞서 설명한 '계약물품의 일부부적합'을 규정한 CISG 제51조 (1)항에 따라 전체계약을 해제할 수도 있고 일부만 해제할 수도 있다. 즉 매수인은 선적 당시 심각한 물품의 하자가 있었던 600가마에 한해서 우선 계약을 해제하고, 그리고 운송 중 심각한 피해를 입은 150가마에 대해서는 추가적인 해제권을 행사하기는 어려운 부분이 있으므로 운송인의 과실을 이유로 손해배상을 청구하거나 또는 부보된 경우 해상보험으로 처리한 후 나머지 온전한 품질의 250가마를 인수하는 선택권을 행사할 수도 있을 것이다. 이 경우 매수인은 250가마 분량만 대금결제하고, 매도인은 그 분량만큼만 결제를 받을 수밖에 없겠지만, 계약의 해제로 물품 전체를 반환받아 이를 재처분할 상황에 비하면 좀 더 나은 선택이 될 수도 있을 것이

185) 미국통일상법전 §2-510 : (1) 물품의 제시 또는 인도가 물품거절권을 부여할 만큼 계약에 일치하지 않을 경우 매도인이 이를 하자치유 또는 인수 등의 조치가 있을 때까지 당해 물품의 위험은 매도인에게 계속 존속한다."

다. 다만 여기서 유의할 것은 매수인이 일부 적합물품인수의 선택권을 행사한 때에는 운송 중 손상된 150가마에 대해서는 본 협약 제70조가 적용되지 않고 제67조 (1)항이 적용되어 매수인은 운송 중 위험을 부담하는 당사자가 되므로 언급한 바와 같이 해상운송인이 과실을 이유로 손해배상책임을 묻거나 보험처리를 해야 한다는 점이다.

7) 인도기일 전 인도 및 초과인도

(1) 인도기일 전 인도

계약에서 인도기일에 관한 합의가 있었다면 매도인은 그 합의된 인도기일에 계약물품을 인도하여야 한다. 그러나 상황에 따라서는 합의된 인도기일 전에 물픔을 인도하는 경우도 종종 발생한다.[186)]

합의된 인도기일 전 인도에 대해 CISG 제52조 (1)항에서는 "매도인이 합의된 인도기일 이전에 물품을 인도한 경우에 매수인은 이를 수령하거나 거절할 수 있다"고 규정하고 있다. 이때 매수인이 수령을 거절하는 이유는 본질적 계약위반을 구성해서가 아니라 조기 인도를 수령해보아야 이득이 될 것이 없을 때일 것이다.

인도기일 전 인도와 관련한 주요 내용을 정리하면 다음과 같다.

첫째, 어떤 이유에서든 일단 매수인이 인도기일 전에 인도된 물품을 수령거절한 때에는 매도인은 다시 인도기일에 맞춰 물품을 인도하여야 한다. 이때 인도기일 전에 인도된 물품은 매도인의 관리와 통제하에 다시 넘기기 전까지는 본 협약 제82조에 따라 매수인이 보관하는 등 합리적 조치를 취해야 한다.[187)]

둘째, 매수인은 CISG 제86조에 따라 물품보관의무와 더불어 매도인으로부터 합리적인 비용을 상환 받을 때까지 그 물품을 보유할 권리 역시 가지게 되므로 보관조치와 관련

186) 인도기일에 대한 기재가 "not later than July 1"로 되어 있을 때 June 20에 인도한 것은 인도기일 전 인도가 아니다. "between June 25 and July 1"로 기재된 경우 June 20의 인도가 이에 해당한다.

187) CISG 제86조 : "(1) 매수인이 물품을 수령한 후 그 물품을 거절하기 위하여 계약 또는 이 협약에 따른 권리를 행사하려고 하는 경우에는 매수인은 물품을 보관하기 위하여 그 상황에서 합리적인 조치를 취해야 한다. 매수인은 매도인으로부터 합리적인 비용을 상환 받을 때까지 그 물품을 보유할 수 있다. (2) 매수인에게 발송된 물품이 목적지에서 매수인의 처분에 놓아지고 매수인이 그 물품을 거절하는 권리를 행사는 경우에는 매수인은 매도인을 위하여 그 물품을 점유하여야 한다. 다만, 대금지급 및 불합리한 불편이나 경비의 소요 없이 점유할 수 있는 경우에 한한다. 이 항은 매도인이나 그를 위하여 물품을 관리하는 자가 목적지에 있는 경우에는 적용되지 아니한다. 매수인이 이 항에 따라 물품을 점유하는 경우에는 매수인의 권리와 의무에 대해서는 제(1)항이 적용된다."

하여 비용이 초래된 경우에는 이를 매도인에게 배상청구할 수 있다.

셋째, 인도기일 전 인도는 이행기 전에 계약을 이행한 것이므로 그 이유만으로 본질적 계약위반이 되는 경우는 거의 없다. 따라서 매수인은 물품의 수령을 거절할 수는 있지만 소위 이행기 전 인도를 이유로 계약을 해제할 수는 없다.

넷째, 매수인이 인도기일 전에 인도된 물품을 수령한 경우에는 인도기일과 관련하여 계약의 수정(modification of contract)을 초래한다. 따라서 매수인은 이에 맞추어 의무를 이행하여야 하므로 물품의 조기수령과 함께 매도인에게 대금을 지급해야 한다.

다섯째, 만일 매수인이 물품의 조기수령을 거절할 의사가 있었음에도 매수인이 본 협약 제39조에 따른 물품의 부적합통지를 하지 않는 한, 당해 조기 인도 물품은 매수인이 수령한 것으로 간주한다.[188] 이때 인도기일 전 물품수령으로 비용손해가 발생하였을 때에는 그 비용만큼 공제하여 지급하거나 또는 대금을 완납한 경우라면 그 손해만큼 배상을 청구할 수 있다.

여섯째, 매수인이 물품을 조기수령한 경우 본 협약 제38조에 따른 물품의 검사기간, 즉 '실행가능한 단기간 내'의 검사기간은 매수인의 검사준비 부족 등 그 객관적 사정상 연장될 수 있다. 왜냐하면 매수인은 계약에서 정한 인도기일에 앞서 물품을 검사할 의무가 없기 때문이다.[189]

(2) 물품의 초과인도

매도인은 계약에서 정한 수량만큼의 물품을 인도해야 하는 것이 원칙이다. 그러나 경우에 따라 매도인은 계약에서 정한 수량보다 많은 수량의 물품을 인도하는 경우가 있는데, 이러한 상황에 대해 CISG 제52조 (2)항에서는 "매도인은 계약에서 정한 것보다 더 많은 물품을 인도한 경우에 매수인은 초과분을 수령하거나 이를 거절할 수 있다......"라고 규정하고 있다.

따라서 매수인은 수량의 초과분(excess quantity)을 거절할 수도 있고 수령할 수도 있는 선택권을 갖는다.[190] 이때 수량의 초과분을 거절하기 위해서는 계약에서 정한 수량만큼은 수령한 후, 본 협약 제39조 (1)항에 따른 부적합의 통지를 하여야 한다.

---

188) C. Bianca & M. Bonell, *op. cit.*, p.381.

189) 매수인은 물품의 조기수령시 수령의 조건 중 하나로 물품검사기회의 연장에 관한 유보조건을 명시적으로 표명할 필요가 있다(Enderlein & Maskow, *op. cit.*, p.200).

190) 수량초과분을 모두 거절하거나 또는 모두 수령할 있고, 수량초과분 중 일부만 수령하고 나머지를 거절할 수도 있다(Albert H. Kritzer, *op. cit.*, p.448).

또한 수량의 초과분을 거절한 때에는 이에 대해 매도인이 임의 처분할 때까지 합리적인 보관조치를 취해야 함은 인도기일 전 인도의 경우와 마찬가지이다.[191)]

만일 매수인이 인도된 물품의 초과분의 전부를 인수하거나 또는 그 초과분의 일부를 수령한 때에는 계약대금의 비율(contract rate)에 따라 대금을 추가지급해야 한다.[192)] 초과분의 수령은 계약수정(modification of contract)의 효과만 있을 뿐이어서 손해배상의 문제는 발생하지 않는다.[193)]

초과인도는 인도기일 전 인도의 경우와 마찬가지로 초과인도가 그 자체로 본질적 계약위반에 이를 경우는 드물 것이다.[194)]

그러나 상황에 따라서는 초과인도가 본질적 계약위반이 되어 계약해제 사유가 될 수도 있다.

예를 들어 대금결제가 신용장 방식으로 이루어질 경우, 매도인은 수출을 이행한 후 대금결제를 받기 위해서는 신용장에서 요구하는 선적서류 일체를 완벽하게 구비하여 은행에 제시하여야만 하는데, 이때 해당 선적서류 일체는 신용장 조건과 내용에 반드시 일치해야만 은행으로부터 대금결제를 받을 수 있다.

이같은 엄격한 신용장조건하에서 매도인이 신용장에 정해된 수량을 초과하는 만큼의 물품을 선적하면 이는 물품과 관련된 모든 선적서류 일체에 영향을 주게 된다. 그에 따라 신용장상의 금액과 수량을 초과하는 선하증권, 보험증권 등이 발급될 것이며, 매도인이 직접 발행하는 상업송장 역시 초과된 수량과 금액을 반영하는 상업송장을 발행할 수밖에 없을 것이다. 그 결과 대금결제를 해야 하는 은행은 매도인으로부터 제시된 이들 제반 선적서류들이 신용장조건으로 규정된 물품금액 및 수량과 불일치하게 되어 대금지급을 거절하게 된다.[195)] 이같은 은행의 대금결제 거절의 사유에 대해 매수인이 추인하는 경우에는 매도인은 대금회수가 불가능하게 되고, 그에 따라 당해 신용장을 통한 대금지급거절은 추후 계약의 해제로까지 확대될 수 있다.[196)]

---

191) CISG 제86조.

192) CISG 제52조 (2)항.

193) Peter Schlechtriem, *op. cit.*, p. 453. 실무적으로 초과인도가 있는 경우 매수인은 초과분만큼의 추가결제를 할 수도 있고, 이후의 거래에서 상계하는 방식을 선택하고 해당거래를 종결할 수도 있다.

194) 이기수·신창섭, 「전게서」, p. 103.

195) 물론 대금을 지급하는 지급·인수·매입은행은 신용장 금액을 초과하지 않는 금액만큼만 대금결제 할 수도 있지만, 이 결정은 신용장의 모든 당사자들을 구속하게 된다. 그러나 이러한 상황에서는 은행은 거래를 단순히 종결하기 위해 대금지불을 거절할 가능성은 항상 내재되어 있다(제6차 개정 신용장통일규칙 제18조 (b)항 참조).

따라서 초과인도는 단순한 계약위반의 형태로 매도인이 쉽게 간과할 것은 아니라는 점을 유의해야 한다.

8) 손해배상청구권

매수인은 계약을 위반한 매도인에 대해 그로 인해 발생한 손해의 배상을 청구할 수 있다.

본 협약에서는 매수인의 손해배상청구권은 매도인의 구제방법으로도 함께 인정하고 있어 「매도인과 매수인의 의무에 공통된 조항」(Provisions Common to the Obligation of the Seller and of the Buyer)에 따로 규정을 두고 있다.

따라서 매도인의 손해배상청구권에 대한 상세한 설명은 이하 「매도인과 매수인의 의무에 공통된 조항」에서 다루기로 한다.

제4절 매도인의 구제방법

1. 매도인의 구제방법의 일반적 기준

매매계약을 체결하면 매도인과 매수인은 서로에게 일정한 채무를 부담하게 된다.

즉 매도인은 매수인에게 물품인도와 함께 소유권을 이전시켜주어야 할 의무가 있으며, 매수인은 매도인이 제공한 물품을 수령하고 매도인에게 대금을 지급할 의무가 있다. 따라서 매수인의 채무불이행이 발생하면 매도인은 이에 대해 적절한 구제방법을 강구할 수밖에 없다.

이하에서는 매수인의 채무불이행시 매도인이 강구할 수 있는 구제방법들에 대해 간략히 살펴보도록 한다.

196) 일반적으로 신용장 거래에서는 5% 이내의 수량 과부족은 인정하지만 이는 신용장이 수량을 포장단위(packing units) 또는 개별품목(individual items)으로 표시한 경우에는 적용되지 않는다. 신용장 결제방식에서의 이러한 엄격한 서류검토기준에 의해 대금회수가 어려워질 수 있는 위험에 대비하기 위해서 위 사례의 경우 매도인은 신용장에 명시된 신용장 금액, 수량 또는 단가와 관련하여 'about', 'approximately'와 같은 표현을 사용한 신용장의 발행을 요구해야 할 것이다. 이같은 신용장이 발행되면 신용장 금액, 수량, 단가의 상하 10%를 초과하지 않는 과부족을 허용하기 때문이다(제6차 개정 신용장통일규칙 제30조 (a)항, (b)항 참조).

1) 매도인의 구제방법

매도인이 매수인에게 물품의 인도와 소유권의 이전과 같은 자신의 계약상 의무를 성실히 이행하였음에도 불구하고, 매수인이 이에 대해 자신의 채무를 불이행하는 경우 매도인은 그에 상응하는 구제방법을 강구할 수 있다.

매수인이 자신의 채무를 불이행하는 상황은 크게 다음과 같다.

첫째, 물품의 수령이나 대금지급을 지체할 때

둘째, 물품을 수령했으나 대금지급을 거절할 때

셋째, 물품의 수령과 대금지급을 거절할 때

이상과 같은 상황에서 매도인은 다음과 같은 두 가지 형태의 구제방법을 선택적으로 강구할 수 있다. 하나는 소위 대물구제방법(real remedies)이다. 대물구제란 물품 그 자체와 관련된 구제방법을 의미하는 것으로 이하에서 설명할「유치권」,「운송정지권」, 그리고「재매각권」을 포함한다. 다른 하나는 소위 대인구제방법(personal remedies)으로써 금전적 구제방법을 말한다. 이하에서 설명할「대금지급청구권」,「손해배상청구권」을 의미한다.

구체적으로 매도인의 구제방법에 대해 살펴보기로 한다.

(1) 물품의 유치권

유치권(right of lien)이라 함은 물품의 소유권이 매수인에게 이전한 상태이나 매도인이 당해 물품을 현재 점유(possession)하고 있는 경우 대금을 지급받지 못한 매도인(unpaid seller)이 대금을 지급받을 때까지 물품을 보유할 수 있는 권리를 말한다.[197)]

유치권의 법률적 특징을 간략히 간추려 보면 다음과 같다.

첫째, 유치권은 매도인이 매수인의 대리인 또는 수탁자 또는 보관인으로서 물품을 점유하고 있을지라도 행사할 수 있으며, 약정된 물품의 일부만 인도(part delivery)한 경우에는 나머지 물품에 대해서는 유치권을 행사할 수 있다.[198)]

둘째, 유치권은 이미 소유권이 이전되어 버린 물품에 대해 그 물품과 관련하여 발생한 채권의 변제를 받을 때까지 당해 물품을 유치함으로써 매수인의 변제행위를 간접적으로 강제하는 담보물권이므로 반드시 물품의 점유를 전제로 한다.

---

197) 영국물품매매법 제39조 (1)항, 41조 (1)항 참조 ; 미국통일상법전 §2-703 (a)항 참조 ; 민법 제320조 참조(우리나라 민법상의 일반적 개념의 유치권과는 달리 대금을 받지 못한 매도인의 유치권은 상당히 제한적이고 특수한 형태의 유치권이라 할 수 있다.)

198) 영국물품매매법 제41조 (2)항, 42조 참조.

따라서 매도인이 매수인에게 물품을 운송할 목적으로 운송인, 매수인 또는 매수인의 대리인에게 물품을 인도한 경우에는 유치권은 소멸된다.

셋째, 유치권은 그 본질적 효력이 물품을 유치하는 것에 있으며, 반드시 채무를 불이행한 매수인의 계약이행을 촉구하기 위해 공평의 입장에서 타당시 되는 경우에만 목적물의 유치가 허용된다. 따라서 매도인이 유치권을 행사하고 있다 해도 매수인에게 이전된 소유권이 다시 매도인에게 환원되는 것은 아니며, 매도인은 유치하고 있는 물품을 매각할 수 있는 권한은 없다.[199)]

넷째, 유치권의 행사범위는 매매대금의 한도까지만 허용되기 때문에 추후 매수인이 대금을 지급할 때까지 당해 물품을 유치함으로써 발생한 비용이 있었다 할지라도 특별한 경우를 제외하고는[200)] 매수인에게 이 비용을 청구할 수 없다.[201)]

(2) 물품의 운송정지권

영미법계에서는 매수인이 현실적으로 지급불능 된 때 대금을 지급받지 못한 매도인은 물품이 운송 중에 있을 때 당해 물품의 운송을 정지시킴으로써 물품의 점유권을 회복하여 대금이 지급될 때까지 물품을 보유할 수 있다는 소위 운송정지권(right of stoppage in transit)을 인정하고 있다.[202)]

매도인의 운송정지권은 실제적으로 통제권을 잃은 자신의 물품이 매수인에게 인도되기 전에 그 물품의 점유권을 다시 회복하기 위한 주요한 구제수단이 된다.

운송정지권은 다음과 같은 요건이 충족되어야 그 권리의 행사가 가능하다.

첫째, 운송정지권은 매수인이 '파산'(insolvency)과 같은 현실적 지급불능상태에서만 행사가 가능하다. 따라서 단순히 매수인의 지급능력이 의심스럽다든지, 또는 대금지급의 해태 상황에서는 운송정지권을 행사할 수 없다.

둘째, 운송정지권은 물품의 운송과정에서만 행사가 가능하다.

여기서 물품의 운송과정이라 함은 계약물품이 매도인 또는 그의 대리인의 점유를 벗어나 매수인이나 그의 대리인의 점유상태에 도달하기 이전까지의 상태를 의미하는 것으로,[203)] 당해 계약물품은 반드시 중립적 입장의 운송인의 점유하에 있어야 한다.

---

199) 우리나라의 경우도 이와 다르지 않다. 다만 정당한 이유가 있을 때에는 법원의 허가를 얻어 유치물로써 직접 채권의 변제에 충당할 수 있다. 이것을 「간이변제충당권」이라 한다(민법 322조 (2)항).

200) 예컨대 차후 매수인으로부터 대금을 변제받을 때 상호합의에 의해 유치권 행사시 발생한 추가비용을 물품의 가격의 일부분으로 인정하는 때이다. ; A. G. Guest, *op. cit.*, p.1144.

201) *ibid.*

202) 영국물품매매법 제44조 ; 미국통일상법전 §2-705.

따라서 선하증권이 발급되지 않는 거래에서 매수인에게 운송할 목적으로 운송업자에게 물품을 인도한 경우는 일견 매수인에게 당해 물품을 인도한 것으로 간주되기 때문에 이와 같은 거래에서의 운송인은 운송정지권에서 인정되는 중립적 입장의 운송인이 아닌 것으로 해석하는 것이 일반적이다.

셋째, 운송정지권은 그 효과가 계약의 목적물인 물품 자체에만 적용되며, 그 목적은 매도인이 통제권을 잃은 당해 물품의 점유권을 다시 회복하여 판매대금이 지불될 때까지 유치권을 행사하기 위함에 있고, 궁극적으로는 매수인이 완전히 파산한 경우 공평의 권리행사의 일환으로 당해 물품에 대한 소유주로서 우선변제권(priority)을 행사하기 위함에 있다.

따라서 매도인이 운송정지권을 행사하였다 해도 당해 매매계약은 소멸되는 것이 아니며, 단지 대금지급을 받지 못한 매도인의 형평의 권리(equitable right) 확보로서만 간주될 뿐이다.[204] 그러므로 추후에 매수인으로부터 대금이 변제된다면 매도인은 당해 물품을 재인도할 의무가 있다.

넷째, 매도인으로부터 운송정지의 명령을 받은 운송업자는 반드시 운송 중인 물품을 매도인의 지시에 따라 매도인에게 재인도하여야 한다. 만일 운송정지를 통보받은 운송인이 매도인의 지시에 불응하고 당해 물품을 매수인 또는 그의 대리인에게 인도한 경우는 위탁물횡령(conversion)의 책임을 진다.

다섯째, 재인도에 수반되는 모든 비용은 매도인이 부담하여야 한다.[205] 예컨대 FOB 조건과 같이 운임후불조건으로 계약이 체결된 경우 매도인은 운송업자에게 운임을 지불해야 하고, 체선료, 하역비 등이 발생한 때에도 이에 대해 지급해야 한다. 만일 이 비용을 운송업자에게 지불하지 않게 되면 운송업자는 운송화물에 대한 유치권을 행사하게 되므로 매도인은 당해 물품에 대해 실질 적인 점유권을 주장할 수 없다.

여섯째, 매도인이 해상보험계약을 체결하고 운송에 수반되는 해상위험에 대해 부보하면 당해 해상보험은 정상적으로 매수인에게 인도되는 과정에서의 해상위험에 대한 것을 담보하는 것이지, 상황의 변동으로 물품이 매도인에게 되돌아올 때의 해상위험까지 담보하는 것은 아니다. 그 결과 운송정지권을 행사한 매도인은 자신에게 물품이 재인

---

203) 영국물품매매법 제45조 (1)항.

204) 운송정지권은 최초로 1690년 *Wiseman v. Vandeputt* 사건에서 보고된 개념이며 이는 1793년 *Lickbarrow v. Mason* 사건의 결과 영국의 귀족원(House of Lords)의 승인으로 인정된 권리로 이의 궁극적 목적은 매도인에게 형평법(Equity)상의 권리를 부여하는데 있었다.(A. G. Guest, *op. cit.*, pp.1160-1161).

205) 영국물품매매법 제46조 (4)항.

도 되는 과정에서 해상사고가 발생하면 무보험 상태로 해상위험에 노출될 수밖에 없다.

운송정지권을 행사하는 매도인은 자신에게 물품이 재인도 되는 과정에서 추가적인 해상보험계약을 체결할 필요가 있는데, 해상보험제도에서는 이와 같은 상황에서의 위험에 대해 피보험이익[206]을 인정하고 있고, 이른바 'seller's contingency insurance'의 형태로 부보가 가능하다.

일곱째, 일반적으로 선하증권과 같은 권리증권이 발급되는 계약의 경우, 매수인 또는 그의 대리인을 수하인으로 하는 선하증권이 발행되거나 또는 매도인의 지시식으로 발행된 선하증권이 매수인에게 양도되어 결정적으로 당해 물품의 소유권이 매수인에게 이전된 후 매수인이 매도인의 동의 없이 당해 권리증권이 대표하는 물품을 판매하거나 처분하였다 해도 운송정지권의 효력은 소멸되지 않는다.

여덟째, 그러나 권리증권이 매수인에게 인도된 후 매수인이 유가약인(valuable consideration)으로[207] 선의의 제3자에게 배서하여 이를 양도해버린 때에는 매도인은 당해 선의의 제3자에게 운송정지권을 확대 적용할 수 없다.[208]

(3) 재매각권

매도인이 매수인과 물품의 매매계약을 체결한 이상, 매도인은 원매수인(original buyer) 이외의 제2의 매수인(second buyer)에게 계약에 의해 특정된 당해 물품을 재매각할 수 없다. 만일 매도인이 원대수인을 제쳐두고 다른 제2의 매수인과 매매계약을 체결하고 물품을 매도한 때에는 원매매계약(original contract)은 계속 유효한 채로 남아 있기 때문에 원매수인은 매도인을 상대로 매매계약의 위반에 따른 손해배상청구를 할 수 있다.

대금을 지급받지 못한 매도인이 계약의 목적물에 대해 유치권이나 운송정지권을 행사하였다 해도 이는 원매매계약을 소멸시키는 효과는 없는 것이므로 이의 재매각(resale)은 상당한 법적 제약을 받는다.

---

206) 이를 contingent interest라 한다(영국해상보험법 section 7. (1) 참조). 예컨대 CIF계약에서는 피보험자가 매수인이 되므로 매수인 또는 그의 대리인에게 물품이 인도되면 피보험이익은 소멸된다. 매도인이 운송정지권을 행사하여 당해 물품을 되돌리는 과정에서 발생하는 위험을 담보받기 위해서는 또 다른 형태의 추가적인 보험계약이 필요하다.

207) 유가약인(valuable consideration)이라 함은 계약상 채무의 대가로 특정 행위를 하겠다든지, 또는 하지 않겠다든지 하는 법률관계의 설정이나 또는 약속인 약인의 한 형태이다. 수약자(promisee)는 약속자(promisor)의 유인으로 계약을 체결한 결과, 추후 약속자에 대해 자신의 권리를 주장할 수 있다. ; *Black's Law Dictionary*, pp.1550-1551 참조

208) 영국물품매매법 제47조 (2)항.

물론 매도인은 제2의 매수인에게 물품을 재매각할 권한은 부여되어 있지만, 원매수인과의 원매매계약을 파기하지 않은 상태로 다음과 같은 상황에서는 '예외적으로' 자신의 재매각권을 행사할 수 있다.

① 원매매계약의 체결시 원매수인의 채무불이행 상황이 발생할 경우 매도인은 제 2의 매수인에게 재판매할 수 있는 권리가 있음을 계약서에 명시적으로 유보해놓은 경우,[209]

② 시간의 경과에 따라 부패하거나 소멸되어 상업적 가치를 상실할 우려가 있는 물품(perishable goods)일 경우,[210]

③ 매도인이 운송정지권의 행사를 통해 물품에 대한 유치권을 행사하는 과정에서 매수인에게 채무의 이행을 위한 합리적인 부가기간을 설정하여 준 상태에서, 당해 합리적 부가기간 내에 채무의 변제가 이루어지지 않으면 물품을 재매각 하겠다고 매수인에게 최고(催告)한 경우,[211]

④ 매수인이 본질적 계약위반을 범한 경우에는 매도인은 당해 계약을 해제할 권리가 있으며 관련물품을 재매각 할 수 있다.[212] 물론 이 경우에도 합리적 부가기간의 설정과 최고의 요건은 필요하다.

⑤ 불특정물거래의 경우 아직 특정된 물품을 인도할 의무가 발생하지 않아 매도인이 여전히 해당 불특정물의 소유권자로 간주되는 상황에서는 당해 불특정물 이 계약에 충당되어 특정되기 전까지는 이를 제2의 매수인에게 재매각할 수 있다.[213]

이상과 같은 상황에서 매도인은 물품의 소유권을 회복하게 되며 그 결과 당해 물품을 제2의 매수인에게 재매각할 수 있는 권리를 취득하게 된다.

재매각권은 유치권이나 운송정지권과는 달리 원매수인과의 원매매계약이 해제된 것을 전제로 하기 때문에 일단 제2의 매수인에게 재매각한 결과 그 대가로 취득한 매매대금에 대해 매도인은 권리를 가진다. 그리고 재매각권은 원매수인에 대한 손해배상청구권과는 별개의 독립적 권리이기 때문에 재매각의 결과 손해가 발생한 때에는 원매수인을 상대로 계약위반에 근거한 손해배상을 청구할 권리를 행사할 수 있다.[214]

---

209) 영국물품매매법 제48조 (4)항.

210) 영국물품매매법 제48조 (3)항.

211) CISG 제64조 (1)항 (b)호.

212) CISG 제64조 (1)항 (a)호.

213) A. G. Guest, *op.cit.*, p. 723 ; 미국통일상법전 §2-704조 참조.

214) 영국물품매매법 제48조 (1)항 ; 재매각한 금액과 원매매계약의 차액뿐만 아니라 원매수인의

한편 매도인의 재매각권 행사의 결과로 관련 물품을 구입한 제2의 매수인은 구입한 물품에 대한 확정적인 권리를 취득하게 되어 추후 원매수인의 항변이 있더라도 이에 어떠한 침해도 받지 아니한다.[215]

2) 대금지급청구권과 손해배상청구권

(1) 대금지급청구권

영미법에 의하면 다음과 같은 경우 매도인은 매수인에게 대금지급을 청구할 수 있는 권리를 갖는다.

첫째, 대금지급을 위한 특정일이 도래했음에도 불구하고 매수인이 대금지급을 해태 또는 거절하는 경우에는 매도인은 물품의 소유권이 아직 채 이전되지 않고 또한 물품이 계약에 충당되지 않았다 할지라도 매수인에 대해 대급지급을 청구할 수 있다.[216]

둘째, 대금지급을 위한 특정일이 도래했음에도 매수인이 대금지급을 해태 또는 거절하는 경우에 매도인은 합리적인 노력을 하였으나 합리적인 가격으로 물품을 재매각할 수 없거나, 그러한 노력이 무익한 경우 또는 합리적인 기간 이내에 물품이 멸실 또는 훼손된 경우 매수인에 대해 대금지급을 청구할 수 있다.[217]

이상과 같은 상황에서 매수인이 자신의 채무를 지체한 경우라면 매도인은 그 지체된 기간에 해당하는 만큼의 추가적인 지연손해액을 청구할 수 있다. 만일 매도인이 합리적인 방법으로 합리적 노력을 기울여 당해 물품을 제2의 매수인에게 재매각 하였다면 재매각한 대금과 계약금액과의 차액에 대해 손해배상청구를 할 수 있으며, 그때 발생한 부수적 손해액이 있다면 이 역시 매수인을 상대로 손해배상의 청구를 할 수 있다.[218]

(2) 손해배상청구권

매수인이 자신의 채무를 불이행하는 경우 매도인이 앞서 살펴본 구제방법을 강구하였다 해도 그 사실이 매도인의 손해배상청구권리를 소멸시키는 것은 아니다. 손해배상청구권은 제반 구제방법과는 별개의 독립적 권리로 간주되기 때문이다.

계약위 반에 의해 발생한 부수적 손해(incidental damages)까지도 손해배상의 청구가 가능하다(미국통일상 법전 §2-706 (1)항.

215) 영국물품매매법 제48조 (2)항 ; 미국통일상법전 §2-706 (5)항.

216) 영국물품매매법 제49조 (2)항 참조.

217) 미국통일상법전 §2-709조 참조.

218) *ibid.*

손해배상청구권은 상대방의 채무불이행으로 인해 선량한 당사자(innocent party)가 입은 손실이나 피해를 금전적 배상을 통해 계약이 이행된 상태와 동일한 입장으로 되돌아 갈 수 있도록 해주는 보상원리를 견지하고 있기 때문에, 선량한 피해 당사자가 상대방의 계약위반의 결과로 입은 모든 손실이 합리적인 것으로 인정되는 한 그 손실액을 금전적 형태로 복구 받을 수 있다.[219]

손해배상청구권에 따른 손해배상의 결정은 이미 설명한 바 있는 손해배상의 일반원칙에 따라 이루어진다.[220]

(3) 대금지급청구권과 손해배상청구권의 비교

여기서 유의해야 할 점은 피해당사자 입장의 매도인의 경우에 있어 대금지급청구권과 손해배상청구권과의 근본적인 차이점은 대금지급청구권의 행사에는 손해배상청구권의 행사에 적용되는 다음과 같은 일반원칙이 적용되지 않는다는 데 있다.

첫째, 대금지급청구권의 행사를 위해 매도인은 계약의 조건에 의해 지급받아야 할 금액만을 증명하면 되는 것이지, 매수인의 채무불이행 결과 발생한 실질적인 손해액은 증명할 의무가 없고 손해액과의 상당인과관계 역시 대금지급청구를 위해 증명할 필요가 없다.

둘째, 매도인은 대금지급청구권 행사를 위해 부담해야 할 손실경감의무는 없고 단지 손해액을 줄이기 위한 합리적 노력을 기울일 '필요성'만 충족시키면 된다.[221] 다시 말해 매도인이 시장가격으로 당해 물품을 재매각하지 못했다는 사실이 매도인의 대금지급청구권을 침해하는 것은 아니라는 것이다.[222]

(4) 대금지급청구권과 손해배상청구권의 선택적 활용

한편 매도인은 재매각과 같은 손실경감의무나 물품보관의무의 책임 여부에 따라 자신의 대금지급청구권과 손해배상청구권을 다음과 같이 선택적으로 활용할 수 있다.

첫째, 매도인은 매수인이 물품을 인수하였으나 대금지금을 거절하고 있는 경우라면, 물품의 재매각이나 물품보관의무는 매수인에게 있으므로 매도인은 손해배상청구권보

---

219) A. G. Guest, *op. cit.*, pp.763-764.

220) *supra*, 「손해의 배상」 참조.

221) 예컨대 재매각을 위해 합리적 노력을 기울이는 행위가 이에 해당한다.

222) 매도인의 손실경감의무, 손해와 손실원인과의 상당인과관계 증명, 실질적 손해의 증명 등은 단지 손해배상청구에만 해당된다. *ibid.*

다는 대금지급청구권을 행사하는 것이 유리하다.[223]

둘째, 매수인이 물품의 수령을 거절하고 대금지급도 거절할 경우에는, 물품의 재매각 의무와 물품보관의 의무가 매도인에게 있으므로 매도인은 손해배상청구권을 행사하는 것이 유리하다. 왜냐 하면 매도인이 매수인에게 대금지급을 요구하기 위해서는 매수인이 대금을 지급할 때까지 매수인으로부터 인수거절 된 물품을 보관하기 위해 합리적인 조치를 취해야 할 의무가 있으므로, 이로 인해 발생하는 보관비용과 물품의 멸실 위험 등을 감수해야 하는 매도인의 사정을 감안해볼 때[224] 대금지급 청구권은 매우 비효율적이기 때문이다. 따라서 매도인으로서는 재매각시장이 존재한다면 매수인에게 대금지급청구권을 행사하기보다는 당해 수령거절 물품을 재매각하고 만일 재매각 후 손실이 발생하였다면 추후 매수인에게 손해배상청구권을 행사하는 것이 유리하다.

셋째, CIF 조건에서와 같이 선적서류상환불의 거래에서 매수인이 정당한 선적서류를 인수거절할 경우에는 물품에 대한 소유권은 아직 매수인에게 이전한 것이 아니므로 매도인은 대금지급청구권은 행사할 수 없고, 손해배상청구권을 행사하여야 한다.

3. CISG 상의 매도인의 구제방법

CISG에서는 매수인의 의무를 기본적으로 대금지급(payment of price)의무와 물품수령(taking delivery)의무로 크게 대별하여 규정하고 있다.

매수인의 이 두 의무는 매도인의 물품인도와 소유권의 이전의무에 상응하는 의무로서 매수인이 부담하는 의무 중 가장 핵심적인 의무이다.

본 협약은 매수인이 자신의 의구를 해태하거나 불이행할 경우 매도인은 다음과 같은 구제방법을 통해 손실을 보전(補塡)할 수 있다고 규정하고 있다.

1) 특정이행청구권

CISG 제62조는 매수인이 대금지급의무 또는 물품수령의무를 이행하지 않을 경우 매수인에게 대금의 지급, 물품의 수령 또는 기타의 의무이행을 청구할 수 있다고 규정하고 있다. 다만 매도인이 특정이행을 청구하기 위해서는 계약해제권의 행사 또는 부가기간의 설정 등과 같은 구제수단을 행사하지 않은 상태여야 한다.

---

223) P. S. Atiyah, *An Introduction to the Law of Contract*, 3rd ed., Oxford, Clarendon Press, 1988, p.366.

224) 이기수 · 신창섭, 「전게서」, p.110.

이 조항은 이미 앞서 살펴 본 매수인의 구제방법 중 CISG 제46조상의 매수인의 특정이행청구권과 상응하는 규정이다. 따라서 제46조의 단서조항과 마찬가지로 매도인의 특정이행청구권을 해당 법정지의 법원이 허용하지 않을 때에는 매도인은 이 구제수단을 원용할 수 없다.

이 조항의 적용과 관련하여 유의해야 할 것은 매수인이 물품을 수령하고 이를 인수하였음에도 대금지급을 해태하고 있다면 매도인은 당연히 대금지급의 특정이행청구권을 행사하여 대금지급을 강제이행할 수 있겠지만, 매수인이 물품을 수령하지 않거나, 아예 물품수령을 거절한 경우에도 대금지급의 이행을 강제하는 것이 과연 효율적일 수 있겠는가라는 점이다.

한 예로 매도인은 물품을 수령거절한 매수인에게 대금지급을 요구하기 위해서는 매수인이 대금을 지급할 때까지 당해 물품을 보관하기 위해 합리적인 조치를 취해야 할 의무가 있는데, 이로 인해 발생하는 보관비용과 물품의 멸실 위험 등을 감수해야 하는 매도인의 사정을 감안해볼 때[225] 대금지급 특정이행은 매우 비효율적이라 할 수 있다.

이러한 차원에서 매도인의 대금지급 특정이행에 대하여 영국에서는 매수인이 물품의 인수 및 대금지급의 해태 또는 거절상황에서는 손해배상청구를 하도록 하고[226], 물품의 소유권이 매수인에게 이전된 경우에만 매도인은 대금지급을 위한 소송을 제기하도록 하고 있다.[227]

미국의 경우에는 매수인이 물품을 인수하거나 또는 물품이 계약에 특정된 경우, 매도인이 합리적인 노력을 하였으나 합리적인 가격으로 물품의 재매각을 할 수 없을 때 또는 이러한 노력이 무익함을 합리적으로 시사하는 사정이 있을 때에는 매도인이 대금지급청구의 소를 제기할 수 있도록 하고 있지만,[228] 당해 물품을 용이하게 재매각할 수 있을 때에는 특별히 대금지급청구권 행사를 허용하는 규정을 따로 두지 않고 있다.

이같은 내용들을 종합해 볼 때 대금지급청구권은 소유권의 이전과 재매각시장, 그리고 손실경감의무와 물품보관의무 등의 사정을 고려하여 행사해야 함을 시사하고 있다.[229]

---

225) *ibid.*

226) 영국물품매매법 제50조 (1)항 : "Where the buyer wrongfully neglects or refuses to accept and pay for the goods, the seller may maintain an action against him for damages for non-acceptance."

227) 영국물품매매법 제49조 (1)항 : "Where, under a contract of sale, the property in the goods has passed to the buyer and he wrongfully neglects or refuses to pay for the goods according to the terms of the contract, the seller may maintain an action gainst him for the price of the goods."

228) 미국통일상법전 §2-709 (1)항.

따라서 매도인으로서는 재판매시장이 존재한다면 매수인에게 대금지급을 위한 특정이행을 강제하기보다는 CISG 제75조에 따라 당해 수령거절물품을 재매각하는 것이 자신의 손해를 경감하는 데 보다 훨씬 효과적일 것이다.230) 만일 재매각 후 손실이 발생하였다면 매도인은 이 손실에 대해 매수인에게 추후 손해배상청구권을 행사할 수 있다.231)

매도인은 매수인의 계약위반에 대해 구제조치를 강구하기 전까지는 계약물품을 재매각할 의무는 없다. 또한 매도인은 계약을 해제하기 전까지는 재매각할 권한도 없다. 따라서 일단 매도인이 계약의 해제를 선언하고 나서야 비로소 해당 물품을 재매각하고, 발생한 손해가 있는 경우 이를 손해로서 배상청구할 수 있다.232)

2) 합리적 부가기간의 설정권

계약위반의 피해당사자인 매도인에게 구제방안의 하나로 합리적 부가기간(additional period of time of reasonable length ; Nachfrist)설정 권리를 부여233)하고 있는 까닭은 크게 다음의 세 가지 목적을 달성하기 위함이다. 이는 앞서 살펴본 바와 같이 매수인의 부가기간설정권에도 그대로 적용된다.

(1) 합리적 부가기간의 의의와 목적

(가) 계약은 체결된 이상 계속 유지되어 엄격히 이행되어야 한다는 합목적성

매수인이 대금지급의무 또는 물품수령의무를 이행하지 않을 경우 이를 이유로 바로 계약을 해제하거나 손해배상을 청구하는 것은 계약유지 및 실질이행의 원칙에 배치된다고 볼 수 있다. 나아가 계약해제가 매도인에게는 항상 능사가 될 수만은 없다.

따라서 매도인은 이러한 구제수단을 통해 즉각적으로 매수인의 채무불이행에 대응하기 보다는 매수인에게 자신의 채무를 이행할 수 있는 기회를 부여하는 것이 보다 바람직할 것이다.

이러한 차원에서 CISG 제63조 (1)항에서는 “매도인은 매수인의 의무이행을 위하여

---

229) 대금지급청구권과 손해배상청구권의 선택적 활용 가능성에 대해서는 *supra*, 「매도인의 구제방법」 참조.

230) John O. Honnold(1999), *op. cit.*, p.379.

231) *ibid.*, pp.382-383.

232) C. Bianca & M. Bonell, *op. cit.*, p.452.

233) CISG에서 부가기간의 설정을 규정하고 있는 조항은 다음과 같다 ; 제47조(매도인의 일반적 구제 방법), 제49조 (1)(b)항(매도인의 인도불이행시), 제63조(매수인의 일반적 규제방법), 제64조 (1)(b)항 (매수인의 대금지급 또는 물품수령의무 불이행시).

합리적인 부가기간을 정할 수 있다."고 규정하고 있다.

이때 매도인이 부가기간을 부여하고 최고(催告)하는 과정에서 과연 강한 의미의 경고 메시지까지 담아야만 하는지는 생각해봐야 할 부분이다. 매도인이 물품의 인도를 지체할 때 제47조에 따른 Nachfrist notice와 매수인이 대금지급이나 물품수령을 지체할 때 제63조에 따른 Nachfrist notice와는 많은 경우 그 화급함(urgency)에 차이가 있을 수 있기 때문이다.

매도인의 입장에서 볼 때에는 계약을 당장 해제하기 보다는 계약을 계속 유효하게 유지함으로서 이미 인도한 물품을 매수인으로 하여금 수령하게하고 대금지급을 받는 것이 더욱 중요하다고 판단하는 경우가 많을 것이고, 경우에 따라 부가기간이 경과하면 그로부터 다시 부가기간을 추가로 부여할 수도 있기 때문에 해당 부가기간 내에 매수인이 엄격하게 계약을 이행하지 않으면 당장 계약을 해제하겠다는 형태의 협박성 경고보다는 채무이행기간의 상한선 정도를 정하고 이를 최고(催告)하는 것이 더 바람직 할 수도 있을 것이다.[234)]

(나) 금반언원칙에 따라 매수인에게 계약이행의 여지를 부여한다는 합목적성

CISG 제63조 (2)항에서는 "매도인은 자신이 설정한 합리적 부가기간 내에 매수인으로부터 채무이행을 하지 않겠다는 통지를 받지 않는 한, 그 부가기간 중에는 다른 구제수단을 사용할 수 없다."고 규정하고 있다.

즉 매도인은 일단 부가기간을 매도인에게 설정하게 되면 금반언(estoppel)[235)]원칙에 따라 당해 부가기간 내에는 매수인의 계약이행의 의지를 침해하는 여타의 조치를 취할 수 없으며, 매수인은 이 부가기간 중에 자신의 채무를 성실히 이행하도록 노력하여야 한다.

그러나 부가기간을 설정한 매도인에게 손해가 발생하면 이는 애당초 계약을 불이행한 매수인의 책임이므로 추후 매수인이 계약을 이행한다 하더라도 매도인은 매수인에게 이행지체에 따른 손실을 배상 청구할 수 있다.

---

234) "5월 31일까지 대금지급할 수 있도록 부가기간을 설정함"(We set an additional period of time of payment on your part until May 31.) 정도면 충분하다 ; Enderlein & Maskow, *op. cit.*, p. 238.

235) 금반언(estoppel)원칙이란 당사자 일방이 특정 행위나 말로 그 사실을 믿게끔 유도한 후 추후 이를 번복할 수 없다는 영미법상의 계약해석원칙을 말한다.

(다) 부가기간의 설정과 최고(催告)의 요건 충족 후 계약해제권 부여의 합목적성

매수인이 대금지급의무 또는 물품수령의무를 위반하였다 해도 이것이 매도인이 계약에서 기대하고 있는 권리를 실질적으로 침해했는지 여부가 불확실할 경우가 있다. 대부분의 국제물품매매계약의 경우 매수인이 대금지급이나 물품수령의 시점을 정확히 준수하지 않았다는 사실이 곧바로 본질적 계약위반으로 이어지는 것은 아니므로, 매도인의 판단에 비추어 실질적으로 어느 정도만큼은 기간의 유예(delay of grace)를 허용할 여지도 있을 수 있다.

매수인의 채무불이행이 지금 현재 매도인에게 본질적 계약위반을 구성하는지 여부가 불투명한 경우, 그리고 그 의무의 이행에 합리적 유예기간을 허용할 여지가 있는 경우, 매도인이 매수인에게 부가기간을 부여하고 채무의 이행을 최고(催告)하는 행위는 추후 해당 계약을 해제하는 데 절대적인 정당성을 담보해 줄 수 있다.

따라서 매수인이 부가기간이라는 채무이행의 합리적 유예기간이 경과하였음에도 불구하고 여전히 자신의 채무를 불이행할 경우 또는 당해 부가기간 중 매수인이 자신의 채무를 이행하지 않겠다고 선언할 경우, 매도인은 매수인의 채무불이행이 본질적 계약위반을 구성한다는 증명 없이 바로 계약을 해제할 수 있다.

계약위반의 피해당사자가 강구할 수 있는 가장 강력한 구제수단인 계약해제권을 매도인이 행사하기 위해서는 매수인의 계약위반이 본질적 계약위반에 해당한다는 사실을 반드시 증명하여야 하는데, 매수인에게 그 채무의 이행을 위한 합리적 유예기간을 부여하고 계약이행을 최고(催告)했음에도 불구하고 매수인이 이에 응하지 않는다는 사실이 인정된다면, 이에 상응하는 응분의 조치로서 매도인은 본질적 계약위반의 인과관계의 증명 없이 바로 계약을 해제해도 무방하다.[236]

그러나 여기서 유의할 것은 매도인이 부가기간 경과 후 본질적 계약위반의 증명 없이 바로 계약을 해제할 수 있음은 매수인이 대금지급의무 또는 물품수령의무를 이행하지 않거나 그 기간 내에 그러한 의무를 이행하지 않겠다고 선언한 경우에만 해당한다는 점이다.

따라서 대금지급의무와 물품수령의무 이외의 의무, 예컨대 매수인의 물품사양지정의무[237] 등의 위반의 경우에는 부가기간을 설정하고 최고하였다 하여도 바로 계약을 해제

236) CISG는 제64조 (1)항 (b)호를 통해 이같은 내용을 명백히 하고 있다 : "매도인은 다음의 경우에 계약을 해제할 수 있다...... (b) 매수인이 제63조 (1) 항에 따라 매도인이 정한 부가기간 내에 대금 지급 또는 물품수령의무를 이행하지 않거나 그 기간 내에 그러한 의무를 이행하지 않겠다고 선언 한 경우."

할 수는 없고, 이 의무의 위반이 본질적 계약위반에 이르렀음을 증명해야만 계약해제가 허용된다.[238]

(2) 합리적 부가기간과 최고(催告)의 적용방식

매수인의 부가기간설정권에서 살펴본 바와 같은 합리적 부가기간과 최고(催告)의 적용방식은 매도인의 부가기간설정권에도 그대로 적용된다. 이하에서는 매도인의 경우에 초점을 두고 몇 가지 중요 내용을 추가적으로 살펴보도록 한다.

첫째, 부가기간이 설정되면 매도인은 이 기간 중에는 본 협약 제75조 규정에 따른 재매각과 같은 대체거래를 할 수 없다. 그 결과 본 협약 제88조[239]에 따른 불합리한 지체가 발생할 수 있다. 다시 말해 매도인은 매수인이 대금지급을 해태하고 있는 상황에서 매수인에게 Nachfrist notice를 하게 되면 그 합리적 유예기간만큼 대체거래를 할 수 없는 불합리한 지체가 발생한다는 것이다. 이 불합리한 지체는 근원적으로 매수인의 채무불이행으로부터 초래된 것이지만, 이른바 손실경감활동의 일환으로 합리적 기간 안에 대체거래를 해야 하는 매도인의 입장에서 볼 때는 자신이 부여한 부가기간만큼 불합리한 지체를 하게 된다는 것이다. 그러나 실제로 제75조[240]에 따른 대체거래는 계약의 해제를 전제로 하고 있으며, 계약의 해제는 많은 경우 합리적 부가기간과 최고(催告)를 전제로 하고 있으므로 이로 인해 불합리한 지체가 초래된다 할지라도 매도인은 본 협약이 제시하는 규정에 따라 단계적으로 행동하는 것이 중요하다.[241]

둘째, 부가기간을 부여하는 Nachfrist notice는 본 협약 제27조에 따라 구두나 문서로도 가능한 발신주의를 채택한다. 그러나 여기서 주의할 것은 부가기간의 기산일은 예외적 기준으로서 매수인에게 Nachfrist notice가 도달된 시점부터 기산된다는 점이다. 예를 들어 매도인이 '오늘부터 1달 이내에'(within one month from today) 라는 부가기간을 부여했다 할지라도 이는 매도인이 통지한 그날부터 기산되는 것이 아니라 이 통지가 매수인에게 도달한 순간부터 적용된다. Nachfrist notice가 매수인에게 도달하지 않는

237) 매수인의 물품사양지정의무는 CISG 제65조에 규정되어 있다.

238) John O. Honnold(1991), *op. cit.*, §351.

239) CISG 제88조 : "(1)....물품을 보관하여야 하는 당사자는 상대방이 물품을 점유하거나 또는 대금이나 보관비용을 지급하는 데 불합리하게 지체하는 경우에는 상대방에게 매각의사를 합리적으로 통지하는 한, 적절한 방법으로 물품을 매각할 수 있다."

240) CISG 제75조 : "계약이 해제되는 경우, 계약해제 후 합리적 기간 내에, 합리적 방법으로 매수인이 대체물을 매수하거나 매도인이 물품을 재매각한 경우 손해배상을 청구하는 당사자는 계약대금과 대체거래대금과의 차액 및 그 외에 제74조에 따른 손해액을 배상받을 수 있다."

241) Enderlein & Maskow, *op. cit.*, pp.238-239.

한 부가기간은 결코 기산되지 않는다.[242]

셋째, 부가기간은 매수인이 계약에서 정한 의무의 최종일이 도래하여도 이를 불이행하는 때 부과되므로 매도인은 그 최종일 직후가 되어야 부가기간설정권을 행사할 수 있다.[243] 그러나 이행기 전 계약위반에서와 같이 매수인이 이행기 전에 계약이행을 거절할 경우에는 매도인은 부당한 지체가 없도록 의무의 최종이행일까지 기다리지 않고 자신의 부가기간설정권을 행사할 수 있다. 대신 부가기간의 기산은 의무 이행의 최종일로부터 한다.[244]

넷째, 이 부가기간 중 매도인은 계약을 해제할 수는 없지만 대금지급의 이행을 요구할 수는 있다. 부가기간 중 매도인은 매수인의 계약위반에 대한 구제조치를 강구할 수 없다고 규정한 본 협약 제63조 (2)항[245]은 매도인이 이 부가기간 중 계약을 해제할 수 없다[246]는 데 초점을 둔 조항이기 때문에 대금지급의 이행 요구와 같은 행위는 허용된다고 보아야 한다.[247]

이와 유사한 경우로 특히 매수인이 물품의 인도를 수령하지 않아 매도인이 물품의 수령을 종용하기 위해 부가기간을 설정한 경우에, 다른 이유에 근거한 계약불이행이 본질적 계약위반에 이른다면, 예컨대 대금결제를 요구하는 환어음을 제시한 경우 이를 지불거절하는 등의 계약불이행이 있을 때에는 매도인은 계약을 해제할 수 있다.[248]

---

242) C. Bianca & M. Bonell, *op. cit.*, pp.461-462.

243) *ibid.*, p.459.

244) Enderlein & Maskow, *op. cit.*, pp.237-238.

245) CISG 제63조 (2)항 : "매수인으로부터 그 부가기간 내에 이행을 하지 않겠다는 통지를 수령한 경우를 제외하고, 매도인은 그 기간 중 계약위반에 대한 구제를 구할 수 없다. 다만, 매도인은 이행지체에 대한 손해배상을 청구할 권리는 상실하지 아니한다."

246) 그러나 매도인은 이 부가기간 중 결코 계약을 해제할 수 없는 것은 아니다. CISG 제63조 (2)항의 단서조항에 따라 예외적으로 매수인으로부터 그 부가기간 내에 이행을 하지 않겠다는 통지를 받은 경우에는 매도인은 계약을 바로 해제할 수 있다(*supra*, 각주 416). CISG 제63조 (2)항 단서조항 참조.

247) Peter Schlechtriem, "Recent Developments in International Sales Law," *Israel Law Review*, vol. 18, 1993, p.321.

248) Albert H. Kritzer, *op. cit.*, p.506.

3) 계약해제권[249)]

(1) 대금지급의무와 물품수령의무의 거절

CISG는 제64조 (1)항은 크게 다음의 두 가지 근거에 따라 매도인은 계약을 해제할 수 있다고 규정하고 있다..

하나는, 매수인의 채무불이행이 본질적 계약위반에 이르는 경우와,

다른 하나는, 설정한 부가기간 내에 매수인이 대금지급의무 또는 물품수령의무를 이행하지 아니하거나 또는 부가기간 내에 이를 이행하지 않겠다는 선언을 한 경우이다.

이를 조금 더 세분하여 분류하면 매수인의 계약해제는 다음과 같은 경우 행사가 가능하다.

① 매수인이 대금지급을 거절할 때 (이것이 본질적 계약위반을 해당할 때).
② 매수인이 물품수령을 거절할 때 (이것이 본질적 계약위반에 해당할 때),
③ 매수인이 부가기간이 경과할 때까지도 위의 두 의무를 이행하지 않을 때 (본질적 계약위반의 증명이 필요 없음),
④ 매수인이 부과기간 중 위의 두 의무를 이행하지 않겠다고 선언했을 때 (본질적 계약위반의 증명이 필요 없음).

매도인의 계약해제는 매수인의 계약해제의 경우(제49조)와 마찬가지로 해제의 선언(declaration)에 의해서만 유효한데(제26조), 이 선언의 통지는 상황에 따라 적절한 방식으로 발송되면 족하다. 따라서 전달상의 지연이나 오류가 있어도 통지의 유효성은 충족된다(제27조의 발신주의).

또한 매도인은 계약을 해제하여도 손해배상(제74조, 제75조, 제76조)을 청구할 권리는 계속 보유할 수 있지만, 특정이행을 청구할 수 있는 권리는 상실한다.

한편 부가기간설정과 최고(催告)후 계약을 해제할 수 있는 'Nachfrist notice'의 경우는 매수인의 계약해제를 다룬 본 협약 제49조 (1)항 (b)호에 따르면 매도인의 '물품의 불인도'(non-delivery), 이 한 경우에만 국한되지만, 매도인의 계약해제를 다루고 있는 본 협약 제64조 (1)항은 매수인의 '대금지급거절'과 '물품수령거절', 이 두 가지 경우로 국한하고 있다. 계약해제를 위해 피해당사자가 Nachfrist notice를 했다 할지라도 이같이 그 범

249) CISG에서 계약해제권을 규정하고 있는 조항은 다음과 같다 ; 제49조(매도인의 본질적 계약위반의 경우 매수인의 구제방법), 제64조(매수인의 본질적 계약위반의 경우 매도인의 구제방법, 제51조 (2)항(매도인의 일부인도/일부부적합시), 제72조(이행기 전 계약위반), 제73조(할부인도계약).

위를 하나 또는 두 가지 이내로 제한하는 까닭은 사소한 이유로 계약을 쉽게 무효화 시켜서는 안 된다는 이른바 계약유지의 원칙이 크게 작용하고 있기 때문이다.

(2) 대금지급의무와 물품수령의무의 범위

대금지급의무에는 단지 대금의 결제뿐만 아니라 대금지급을 위한 절차로 계약에서 합의하거나 또는 무역 관련법규와 규칙 등에 규정된 절차를 따르는 것이 포함된다.[250)]

예컨대 매수인이 대금지급을 위해 규정된 절차를 따라야 하는 가장 대표적인 예는 대금결제방식을 신용장으로 하는 경우, 자신이 개설의뢰인(applicant)이 되어 매도인을 수익자(beneficiary)로 하여 개설은행에 신용장의 개설을 신청하는 일이다. 따라서 대금결제의 선결적 조치의 일환으로 매수인이 적기에 신용장의 개설신청을 하지 않는다든지 또는 이를 지체하게 되면 대금지급의무를 이행하지 않은 것으로 간주되어 추후 계약해제의 사유가 될 수 있다.

물품수령의무에는 물품을 실제로 수령할 의무뿐만 아니라 매도인의 물품인도를 위해 합리적으로 협력할 의무가 포함[251)]되므로 이러한 조치나 행위들을 해태하거나 이행하지 않는 경우에는 매도인은 계약을 해제할 수 있다는 것을 유의할 필요가 있다.

예컨대 매도인의 물품인도를 위해 합리적으로 협력할 의무 중 대표적인 것은 FOB계약에서 매수인은 이른바 적합선박(suitable ship)을 지정·수배하고 당해 선박과 해상운송계약을 체결한 후 매도인에게 선적을 위한 통지를 적기에 해주어야 할 의무인데 이를 제대로 이행하지 못한 경우에는 계약해제의 사유가 된다.

(3) 계약해제권의 행사시기

(가) 매수인이 대금결제를 한 경우

CISG 제64조 (2)항에서는 매도인의 계약해제권 시기에 대해 "매수인이 대금을 지급한 경우에는 매도인은 다음의 기간 내에 계약을 해제하지 않는 한 계약해제권을 상실한다. (a) 매수인의 이행지체의 경우, 매도인이 이행이 이루어진 것을 알기 전, (b) 매수인의 이행지체 이외의 위반인 경우, 다음의 시기로부터 합리적 기간 내 (ⅰ) 매도인이 그 위반을 알았거나 또는 알 수 있었던 때, (ⅱ) 매도인이 제63조 제(1)항에 따라 정한 부가기간이 경과한 때 또는 매수인이 그 부가기간 내에 의무를 이행하지 않겠다고 선언한

250) CISG 제54조에 규정된 매수인의 대금지급의무 중 하나이다.

251) CISG 제60조 : 매수인의 수령의무는 다음과 같다. (a) 매도인의 인도를 가능하게 하기 위하여 매수인에게 합리적으로 기대할 수 있는 모든 행위를 하는 것, (b) 물품을 수령하는 것.

때."로 규정하고 있다.

위 규정이 함의하고 있는 것은 비교적 간단하다. 매수인이 계약상 자신의 가장 중요한 의무인 대금결제의무를 이행하였음에도 불구하고, 예외적으로 매도인이 계약을 해제할 수 있는 상황을 규정하고 있기 때문이다. 이러한 예외적 기준은 다음과 같이 요약할 수 있다.

첫째, 매수인의 이행지체(late performance) 상황(제64조 (2)(a)항).

둘째, 이행지체 이외의 매수인의 계약위반 상황(제64조 (2)(b)(i)항).

셋째, 부가기간을 설정하고 최고(催告)하는 상황 (제64조 (2)(b)(ii)항).

이들에 대해 좀 더 자세히 살펴보면 다음과 같다.

① 매수인이 대금지급의무를 일단 이행하였으나, 매수인이

㉠ 물품수령을 지체한 경우, 또는

㉡ 기타 매수인의 의무이행[252]을 지체한 경우에,

매도인이 자신의 의무를 이행했다는 사실을 알기 전에 계약해제권을 행사해야만 한다. (본질적 계약위반 증명 필요).

② 매수인이 적기에 대금지급의무를 이행하였으나, 매수인이

㉠ 물품수령을 거절한 경우,

㉡ 기타 매수인의 의무이행을 거절할 경우,

이 사실을 알았던 때부터 합리적 기간 이내에 계약해제권을 행사해야 한다. (본질적 계약위반 증명 필요).

③ 매수인이 적기에 대금지급의무를 이행하였으나 매수인이

㉠ 물품의 수령을 지체한 경우,

㉡ 기타 매수인의 의무이행을 지체할 경우,

이러한 상황에서 부가기간을 설정해준 경우,

이 기간이 경과하면 그로부터 합리적 기간 이내에 계약해제권을 행사해야 한다. (본질적 계약위반 증명 불필요).

---

252) 기타의 매수인의 의무이행의 예는 대금지급을 위한 절차로 계약에서 합의하거나 또는 무역 관련법규와 규칙 등에 규정된 절차를 따르는 의무, 물품을 실제로 수령할 의무뿐만 아니라 매도인의 물품인도를 위해 합리적으로 협력할 의무를 말한다. *supra*, 「대금지급의무와 물품수령의무의 범위」 참조.

④ 위 부가기간 중 매수인이 의무불이행을 선언한 경우, 그로부터 합리적 기간 이내에 계약해제권을 행사해야 한다. (본질적 계약위반 증명 불필요).

한편 대금을 지급받은 매도인의 계약해제권을 다루고 있는 제64조 (2)항의 경우 실질적인 관점에서 볼 때, 매수인이 대금지급을 하고도 물품수령이나 기타 자신의 의무를 이행하지 못하고 있는 특수한 상황은 이례적일 수밖에 없다.[253] 더욱이 매도인이 매수인으로부터 대금을 지급받았음에도 매도인이 매수인을 상대로 계약을 해제하는 일은 흔치 않을 것이다. 왜냐 하면 매도인이 계약을 해제하면 이미 지급받은 대금을 매수인에게 돌려주어야 할 것이기 때문이다.

게다가 매도인은 이미 대금을 지급받은 상태이므로 매수인이 물품의 수령을 해태하고 있다 하더라도 손해가 발생할 일은 거의 없다. 오히려 물품수령을 해태하고 있는 매수인이 부담해야 할 비용이 더 많기 때문이다. 따라서 매수인은 매도인으로부터 이른바 물품의 수령을 최고(催告)하는 Nachfrist notice를 받은 경우에는 가능한 한 그 기간 내에 물품을 수령하려고 최선을 다할 것이다.

그럼에도 불구하고 대금을 지급받은 매도인이 해당 계약을 해제하는 경우는 아마도 계약물품에 대한 수요가 급증하는 등, 이를 효율적으로 파기함[254]으로써 더 나은 수익 기회를 포착하기 위함일 것이다. 이러한 의도의 매도인일 경우 Nachfrist notice를 행사할 때 부가기간을 불합리할 정도로 상당히 짧게 설정하여 부여할 공산이 크다.

이에 대해 본 협약은 제7조 (1)항에서 국제무역에서의 신의칙의 준수를 요구하고 있지만[255] 제64조 (2)항은 이와 같은 목적을 가진 매도인에 의해 남용될 소지는 충분하다.[256]

---

253) 이 상황의 가장 대표적인 예는 매수인이 수입허가를 받지 못해 보세구역으로부터 계약물품을 수령하지 못하고 있는 때이다.

254) 소위 법경제학 분야에서 다루는 '효율적 계약파기'(efficient breach of contract)의 한 형태이다. 계약을 파기함으로서 오는 이익(benefit)이 손실(cost) 보다 클 때 의도적으로 계약을 파기하게 된다.

255) CISG 제7조 : "In the interpretation of this Convention, regard is to be had to its international character and to the need to promote uniformity in its application and the observance of good faith in international trade."(본 협약의 해석에는 협약의 국제적 성격을 고려해야 함과 동시에 협약 적용에 있어서의 통일성 및 국제무역에서의 신의의 준수를 증진할 필요성을 고려한다).

256) 이러한 논지에 대해서는 John O. Honnold(1991), *op. cit.*, §354 참조. 그러나 만일 합리적 기간이 지나치게 짧은 경우는 궁극적으로 법원의 결정 사항이 되겠지만, 독일의 판례법에 따르면 매수인이 부가기간을 전혀 부여할 의사가 없는 것이 아닌 한, 법의 규정에 따라(*de jure*) 합리적 일수만큼 연장될 수 있다는 것이다. CISG가 도입한 부가기간은 그 이론적 근거와 적용의 기준을 독일법의 Nachfrist (326 BGB)에 두고 있는 이상, 이의 적용 역시 독일의 법과 판례를 참조하여 적용할 필요가 있기 때문이다. 이같은 취지의 다양한 주장에 대해서는 Albert

(나) 매수인이 대금결제를 하지 않은 경우

한편 본 협약 제64조 (2)항은 매수인이 '대금을 지급한 경우'에 매도인의 계약해제권 유효시한을 규정하고 있는 것이지 매수인이 '대금을 지급하지 않은 경우'의 계약해제권 유효시한까지 포함하는 것은 아니다.

본 조항이 매수인이 대금을 아예 지급하지도 않는 경우 계약해제권 행사시기에 제한을 두지 않는 것은 이미 앞서 살펴본 제49조 (2)항의 규정, 즉 매도인이 물품을 아예 인도조차 하지 않은 경우에 매수인에게 계약해제권의 행사시기에 대해 제한을 두지 않고 있는 것과 동일하다는 것을 알 수 있다.

이 조항은 본 협약 제49조 (2)항의 취지와 마찬가지로 계약의 완전불이행(total failure of consideration)에 해당하는 대금지급의 채무불이행에 대해서까지 매도인의 계약해제권행사에 이러저러한 제약과 요건을 두는 것은 이해관계의 형평상 불필요한 제약이 되기 때문이다.[257] 따라서 물품의 인도불이행이 있는 경우에는 매수인은 언제라도 계약을 해제할 수 있다.

대금의 결제가 지체되고 있는 상황에서 매도인이 선택할 수 있는 계약해제조치는 다음과 같은 세 가지 형태가 있다.

첫째, 아직 매수인이 물품을 인도받지 못한 상황에서 매수인의 대금결제의무가 물품의 인도와 동시이행관계에 있음에도 매수인이 자금경색 등의 사정으로 대금결제를 지체하고 있는 경우라면, 매도인은 현재 물품을 보유하고 있거나, 사실상 물품의 점유를 지배할 수 있는 상태에 있기 때문에 계약해제의 의사결정을 유예하고 대금결제가 이루어질 때까지 기다릴 수도 있을 것이다. 본 협약 제64조에 따르면 대금결제를 받지 못한 매도인의 계약해제권 행사에는 특별한 시간적 제약을 두고 있지 않기 때문이다. 따라서 추후 매수인이 대금결제를 결국 이행하지 못하면 그 시점에 계약을 해제하거나, 또는 대금결제를 이행하였다 해도 지체된 대금결제가 궁극적으로 본질적 계약위반에 해당될 때에는 그 시점으로부터 합리적 기간 이내에 계약을 해제할 수 있다.

둘째, 매도인은 해당 대금결제의 지체가 본질적 계약위반에 해당되는지 여부가 불확

H. Kritzer, *op. cit.*, p.398 참조.

257) 매도인이 계약해제 시기를 정할 때 상대적으로 이른 시기에 계약해제를 선언한다면 매수인의 채무불이행이 아직 채 본질적 계약위반에 이르지 않았다는 매수인의 반증이 있을 수 있고, 또 상대적으로 늦은 시기에 계약의 해제를 선언한다면 권리행사의 유효기간이 경과하였다는 매수인의 반증도 있을 수 있어 매도인의 계약해제권 행사는 진퇴양난의 기로에 설 수밖에 없다 : John O. Honnold(1991), *op. cit.*, §356.1 참조.

실하다거나, 또는 최종적으로 매수인에게 대금결제의 기회를 한 번 더 주고자 할 경우에는 합리적 부가기간을 설정하고 최고(催告)하는 행위 즉 Nachfrist notice를 한 후 이 기간이 경과한 후에도 대금결제가 이루어지지 않는다면 본 협약 제64조 (1)항 (b)호의 규정에 따라 계약을 해제할 수도 있다. 본 조항에서도 계약해제의 시기에 대해서는 별도의 규정을 두지 않고 있다. 따라서 이 경우에도 매수인은 언제라도 계약을 해제할 수 있다고 보아야 할 것이다.

셋째, 물품이 매도인으로부터 매수인에게 인도된 경우 매수인이 해당 물품을 인수였음에도 불구하고 대금결제가 지체 되고 있는 경우에는, 현재 매수인은 자신의 채무를 불이행한 상황이므로 이 채무불이행이 본질적 계약위반에 해당할 때에는 매수인은 이를 기다리지 않고 본 협약 제64조(1)항 (a)호에 따라 계약을 해제할 수 있다. 그러나 여기서 유의할 것은 계약이 해제되면 각 당사자의 채무는 해방되고 원상회복된다는 원칙이 적용되므로 매도인의 대금결제청구권은 소멸된다는 점이다. 더욱이 현재 계약물품은 매수인의 점유상태에 있기 때문에 만일 매수인이 지급불능상태(insolvency)에 빠진 경우에는 대부분 매수인의 채권자(creditors)들이 파산절차를 개시하는 등의 조치를 취할 것이므로 매도인은 자신의 물품을 되돌려 받기 어려운 상황에 빠질 수 있다. 나아가 당해 물품이 매수인에 의해 사용되거나 훼손되었을 경우, 또는 해당 물품의 시장 상황상 가격이 하락한 경우에는 물품을 다시 회복하여도 큰 실익이 없을 수 있다. 따라서 이와 같은 상황을 모두 종합해 본다면 물품을 인도하고 대금결제를 받지 못한 매도인은 계약을 해제하는 것 보다 손해배상을 청구하는 것이 더 유리할 수 있으므로 계약해제권의 행사는 상당히 제한적일 수밖에 없을 것이다.

4) 물품사양지정권

(1) 물품사양지정권의 의의와 목적

매매당사자간에 계약체결시 거래물품에 대해 금액, 수량, 품질 등 기본적인 사항만 정해두고 기타 상세한 사양(specification)이나 제품명세(description)들, 즉 물품의 형태, 용도, 규격, 치수, 구조, 재료, 성능 등에 대해서는 매수인이 소위 옵션의 형태로 물품사양의 지정권을 갖고 계약을 체결할 경우가 있다. 이러한 계약에서 매수인이 적기에 물품의 사양지정의 옵션을 행사하지 않으면 매도인의 계약이행이 지체되거나 불가능하게 된다. CISG 제65조는 계약체결 후 매수인이 물품의 사양을 지정해야할 자신의 의무를 회피함으로써 계약이 파경에 이르는 것을 막기 위해 제정된 조항이다.

CISG 제65조 (1)항에서는 "계약상 매수인이 물품의 형태, 규격 그 밖의 특징을 지정해야 하는 경우에, 매수인이 합의된 기일 또는 매도인으로부터 사양지정의 요구를 받은 때부터 합리적 기간 내에 그 지정을 하지 아니한 경우에는 매도인은 자신이 보유하고 있는 다른 권리를 상실하지 않은 채 매수인의 요구사항을 매도인 자신이 알고 있는 대로 지정할 수 있다."

이 규정에 따라 매도인은 물품사양지정에 대해 매수인으로부터 아무런 지시를 받지 못하면 스스로 사양을 지정할 수 있으며, 이로 인해 추후 손해배상청구권 등과 같은 구제방법을 상실하지는 않는다.

매도인은 매수인이 물품사양을 지정하지 않는 상황에서 합의된 기간이 지나서까지 수동적으로 기다리고 있기 보다는 매수인의 물품사양 요구사항을 과거 거래의 경험에 의해서든 또는 자신의 예측에 의해서든 스스로 결정하여 물품의 생산에 임하게 되면, 아예 물품생산이 이루어지지 않음으로 인해 야기될 수 있었던 손해산정의 어려움을 어느 정도 해결할 수 있을 뿐만 아니라, 추후 완성된 제품을 제3자에게 재판매함으로써 자신에게 부여된 손실경감의 의무를 이행함과 아울러 손해배상액을 확정할 수 있게 된다.[258]

(2) 물품사양지정권의 적용방식

한편 이 조항의 적용에 있어 유의해야 할 점은 다음과 같다.

첫째, 매도인이 스스로 물품의 사양을 지정하게 되면 이에 대한 상세한 사항(details)을 매수인에게 통지해주어야 한다는 점과 아울러 추후 매수인이 물품사양의 내용을 추가하거나 변경할 수 있도록 합리적 기간을 정해주어야 한다는 점이다.[259] 만일 매수인이 이 통지를 받은 후 그 합리적 기간 내에도 별다른 지시를 하지 않을 경우에는 매도인의 물품사양지정은 그 구속력을 갖는다.[260]

둘째, 매수인이 물품사양지정권을 행사하지 않아 매도인이 합리적 기간 내에 매수인에게 이의 지정을 요구하는 것은 마치 본 협약 제63조에 따른 합리적 부가기간의 부여와 유사한 최고(催告)의 형태를 취하지만 이는 전혀 다른 근거에서 나오는 것이다.[261] 따라서 매수인이 매도인의 요구를 수령한 후 합리적 기간 내에 물품사양지정권을 행사하지 못했다고 하여 매도인은 계약을 바로 해제할 수 있는 것은 아니다.

258) John O. Honnold(1999), *op. cit.*, pp.391-392.

259) CISG 제65조 (2)항.

260) CISG 제65조 (2)항.

261) C. Bianca & M. Bonnel, *op. cit.*, p.521.

셋째, 매수인이 매도인의 요구를 수령한 후 합리적 기간 안에 물품의 사양을 지정하지 못하면 매도인이 물품의 사양을 스스로 지정할 수 있고, 그 결과 매수인에게 구속력을 가짐에 따라 추후 이로 인해 발생하는 위험과 비용, 그리고 물품의 만족도 저하 등의 불이익은 고스란히 매수인의 부담이 된다.

이같은 논리는 국제무역거래에서 광범위하게 찾아 볼 수 있는데, 예컨대 FOB 계약조건의 경우 적합한 선박을 수배하여 이를 지정하고 선적시기를 정해 주어야 할 의무가 있는 매수인이 적기에 이를 수행하지 못하면, 손실경감의무를 규정하고 있는 CISG 제77조의 취지에 따라 매도인은 매수인의 손실을 최소화하기 위해 스스로 선박을 지정하고 자신이 정한 선적일에 선적을 이행할 수 있으며,[262] 그로 인해 매수인은 적기에 선박을 지정하지 못함으로써 발생한 모든 위험과 비용을 감수해야 한다.

이와 마찬가지로 매수인이 물품사양지정권을 적기에 활용하지 못하면 당해 거래에서 발생할 손실을 경감하기 위한 의무이행의 차원에서 매도인은 스스로 물품의 사양을 지정할 수 있으며, 자신의 권리를 포기하거나, 또는 자신의 의무를 이행하지 못한 매수인은 이에 대해 권리를 주장할 수 없을 뿐만 아니라 그에 따른 책임도 부담하여야 한다.

끝으로, 물품사양지정권을 합리적 기간 내에 행사하라는 매도인의 통지는 도달주의가 적용된다. 또한 추후 매도인이 물품사양을 스스로 정하였음을 통고하고 매수인에게 다른 지정을 할 수 있도록 합리적 기간을 정해주는 이 통지 역시 도달주의가 적용된다.

5) 손해배상청구권

매도인은 계약을 위반하여 자신의 채무를 제대로 이행하지 못한 매수인에 대해 그로 인해 발생한 손해의 배상을 청구할 수 있다.

본 협약에서 인정하고 있는 이같은 매도인의 손해배상청구권은 매수인의 구제방법으로도 함께 인정하고 있다.

따라서 매도인의 손해배상청구권에 대한 상세한 설명은 이하「매도인과 매수인의 의무에 공통된 조항」에서 함께 다루기로 한다.

---

262) *ibid.*

제5절 매도인과 매수인의 의무에 공통된 조항

CISG는 그 협약의 제3편 제5장에서 매도인과 매수인에게 공통적으로 적용되는 조항들을 규정하고 있다. 이에는 다음과 같은 조항들이 포함된다.

첫째, 이행기 전 계약위반과 할부인도계약을 별도로 규정해놓고 있다.

둘째, 손해배상에 관한 규정을 통해 손해배상의 범위와 방법을 규정하고, 손실경 감의 의무와 이자에 관한 규정을 두고 있다.

셋째, 불가항력에 의한 채무불이행의 경우 면책기준을 규정하고 있다.

넷째, 본질적 계약위반이 있을 경우 계약해제의 효과에 대해 규정하고 있다.

다섯째, 물품의 보관의무와 재매각의 요건에 대해 규정하고 있다.

이하에서 자세히 살펴보도록 한다.

1. 이행기 전 계약위반

이행기 전 계약위반(anticipatory breach)이란 계약상 의무의 이행 기한이 도래하기도 전에 계약당사자가 미래에 발생할 자신의 의무를 이행하지 않겠다는 의사를 표명할 때를 말하는 것으로, 이는 소위 기한 전 이행거절(anticipatory repudiation)의 형태가 된다.

예컨대 물품의 인도기일이 도래하기 전에 매수인이 파산한 경우 매도인은 여전히 물품의 인도의무가 있는지 또는 매도인이 파산 등의 이유로 물품의 수출을 이행하지 못한 경우에도 매수인은 자신의 계약상의 의무를 계속 일방적으로 부담해야 하는지의 문제가 발생할 수 있다.

이처럼 매매계약이 체결된 후 후발적 이행불능 상황이 발생하여 계약당사자 일방이 계약상 자신이 부담하는 채무를 이행할 수 없게 되거나 그 불이행 여부가 명백한 경우, 계약의 상대방에게도 그의 계약상 채무를 해제하거나 유예해주는 것이 오히려 계약의 형평의 원칙에 부합할 것이다.

국제물품매매에 관한 국제협약으로서 통일적 해석기준의 역할을 하는 CISG는 이러한 경우에 대해 영미법계 계약법상의 기한 전 이행거절의 법리를 받아들여[263] 계약당사자간의 이해의 균형을 꾀하고 있다.[264]

263) Peter Schlechtriem, *op. cit.*, p.534.

그러나 이와 같은 취지에도 불구하고 이행기 전 계약위반을 다루고 있는 제71조와 제72조는 제정 당시 개발도상국들에게 가장 비난을 많이 받고 있는 조항이었으며, 지금도 좀처럼 사라지지 않는 불신의 중심에 있다.[265)]

1) 의무이행정지의 요건

CISG 제71조 (1)항에서는 다음과 같이 규정하고 있다.

즉 "계약체결 후 다음의 사유로 계약상대방이 자신의 의무의 실질적 부분을 이행하지 아니할 것이 판명된 경우에는 계약당사자 일방은 자신의 의무이행을 정지시킬 수 있다.

(a) 계약상대방의 이행능력 또는 신용도의 중대한 결함

(b) 계약상대방의 계약이행준비 또는 계약이행에 있어서의 행위"

나아가 CISG 제71조 (3)항에서는 계속 다음과 같이 규정하고 있다.

즉 "의무의 이행을 정지하는 당사자는 물품의 발송 전후에 관계없이 상대방에게 즉시 그 정지를 통지하여야 하며, 상대방이 그 이행에 관하여 적절한 보장을 제공한 경우에는 이행을 계속하여야 한다."

이 규정을 놓고 볼 때, 이행기가 도래하기 전에 매매계약의 상대방에게 상기의 두 가지 사유가 발생하여 상대방이 그 의무를 이행하지 못할 것이 판명된(apparent) 경우에

---

264) 우리나라의 「동시이행의 항변권」은 이와 유사한 취지를 갖고 있다. 즉 쌍무계약에 의하여 각 당사자가 부담하는 채무는 서로 대가적 의미를 가지고 관련되어 있으므로, 그 채무의 이행에 있어서 자기의 채무는 이행하지 않고서 상대방의 이행만을 청구하는 것은 공평의 관념 및 신의칙에 반하는 것이므로 상대방은 자기의 채무를 거절할 수 있다 (민법 제536조 (1)항).

265) 그 이유로는 첫째, 본 조항들은 이행기 전에 계약의 이행 거절이 발생할 경우 개도국의 상인에게 지나치게 가혹하다는 것이다. 특히 계약의 이행을 정지한 경우 계약의 해제에 관한 사전통지를 피해당자자(주로 선진개발국의 상인)에게 예외적으로 면제해주는 사정을 내재하고 있는 것은 개도국 상인의 적절한 이행을 보장할 기회를 박탈한다는 것이다. 그나마 개도국 상인이 적절한 이행의 보장을 제공하였다 해도 그간의 계약이행정지로 말미암아 개도국 상인은 제3자와의 계약위반 등의 책임을 포함하여 상당한 손실이 초래된다는 것이다. 둘째, 본 조항들이 규정하고 있는 이행의 정지기준이 대단히 주관적이어서 선진개발국 상인이 엄청나게 남용할 가능성이 상존해 있다는 것이다. 특히 계약체결 후 시장상황의 변동으로 계약을 통한 이익이 감소할 우려가 있을 때 본 조항의 남용가능성은 더욱 커진다는 것이다. 셋째, 개도국의 경제적 불균형과 정치적 불안정성은 거래상대방인 선진개발국 상인에게 지속적이고 안정적인 거래상황을 부여할 수 없는 경우가 있을 수 있음에도 그때마다 선진개발국 상인들이 부당하게 계약을 정지 또는 해제한다면 이 또한 불공정한 거래가 된다는 것이다. 이같은 이유에 따라 본 협약의 이 두 조항은 개도국이 갖는 열위의 교섭력을 더욱더 고착시키게 될 것이라는 주장이 강력하게 피력되었다.(M. Gilbey Strub, "The Convention on the International Sale of Goods : Anticipatory Repudiation Provisions and Developing Countries," *The International & Comparative Law Quarterly*, vol. 38, 1989, pp.477-478).

는, 이행기까지 계약의 이행을 기다린다는 것은 무의미하므로 계약당사자 일방은 자신의 계약상 의무를 정지함으로써 즉시 계약관계로부터 벗어날 수 있음을 알 수 있다.

여기서 짚고 넘어갈 부분은 '의무의 이행정지'(suspension of performance of obligation)는 피해당사자가 매도인일 경우 자신이 보유하고 있는 계약물품을 제3자에게 재매각할 수 있는 권한까지 부여하는 것을 의미하는 것은 아니며, 피해당사자가 매수인일 경우 매도인의 계약물품 대신 다른 공급원으로부터 대체물품을 구입하는 권한까지 부여하는 것도 아니라는 점이다. 이들 권한은 본 협약 제75조가 규정한 계약해제의 경우에만 인정되는 것임을 유의하여야 한다.

당사자 일방이 계약상 자신의 의무를 정지하기 위해서는 다음과 같은 요건들이 충족되어야 한다.

(가) 의무의 실질적 부분의 불이행

위반당사자가 계약이행을 위해 부담해야 하는 의무의 실질적 부분의 불이행이 있어야 한다.

여기서 의무의 '실질적'(substantial) 부분이란 계약의 성질과 주변상황 그리고 거래의 성격에 따라 결정될 사실의 문제이지만, 미국의 통일상법전은 매도인의 계약위반이 계약의 가치를 '실질적으로' 침해(substantially impairs the value of contract)했다면 매수인은 계약을 해제할 수 있다고 규정하고 있음[266]에 비추어 볼 때 본 협약상의 계약해제 기준인 본질적 계약위반의 정도에까지 이르는 개념으로 판단해 볼 수도 있다.[267]

그러나 무엇보다도 계약해석의 일반원칙인 '계약의 실질이행의 원리'(doctrine of substantial performance)[268]를 적용해본다면 완전한 약인의 실패(total failure of consideration)를 야기할 정도만큼 엄격한(strict)의미의 계약의 완전불이행 정도는 아닌 것[269]으로 판단해 볼 수 있다.

266) 미국통일상법전 §2-601 참조.

267) 본질적 계약위반이 되어야 이행을 정지할 수 있다는 판례가 이를 뒷받침하고 있다(*Shuttle Packaging Systems v. Tsonakis*, Western Strict Court of Michigan, U.S, 17 Dec. 2001, 2001 Westlaw 34046276).

268) 계약을 완벽하고 엄격하게 이행하지 못하였다 하여도 계약 전체적으로 보아 실질적으로 이행이 된 경우라면 당해 계약은 이행된 것으로 본다는 원칙이다. 엄격한 이행과 실질적 이행의 격차만큼은 당사자가의 합의나 손해배상원칙으로 구제된다.

269) 반드시 본질적 계약위반의 정도에 이르러야 의무의 실질적 부분의 불이행이 되는 것은 아니라는 견해에 대해서는 이기수·신창섭, 「전게서」, p.123 참조.

(나) 의무의 실질적 부분의 불이행의 사유의 발생

계약당사자의 의무의 실질적 부분의 불이행을 야기하는 다음과 사유가 발생하여야 한다.

① 계약상대방의 이행능력 또는 신용도의 중대한 결함에 의한 의무의 실질적 부 분의 불이행

② 계약상대방의 계약이행준비 또는 계약이행에 있어서의 행위의 결과 발생한 의무의 실질적 부분의 불이행

여기서 '이행능력'(ability to perform)의 '중대한 결함'(serious deficiency)이란 계약상대방이 물리적으로나 법적으로 계약을 이행할 능력을 상실하거나 또는 그럴 우려가 있을 때를 말하는 것으로, 예를 들어 매도인의 생산공장 근로자의 파업이 발생하여 장기간 계속될 것으로 우려될 때의 상황이 이에 해당할 것이다.[270)]

'신용도'(creditworthiness)의 중대한 결함이란 지급불능 또는 지급정지 등과 같은 신용도의 결함이 심각한 상태를 말하는 것으로서 넓게는 매수인 뿐만 아니라 매수인에게 지급보증을 한 자, 또는 보증기관의 경제적 상황의 악화까지도 포함될 수 있다.[271)]

또한 계약상대방의 '계약이행준비에 있어서 발생한 의무의 실질적 부분의 불이행'이란 계약상대방이 계약이행을 준비하거나 완료하는데 필요한 허가·절차 등을 성취할 수 없는 후발적 상황이 발생한다든지 하여 계약이 이미 불이행 상태에 빠져있음을 말한다. 이에 대한 전적인 예는 본 협약상 최종적 계약의 이행을 위한 예비적 준비단계(preliminary steps)와 관련한 구정들, 즉 제32조(선박수배와 해상운송계약의 체결), 제34조(서류의 준비와 인도), 제54조(신용장개설 등과 같은 준비절차), 그리고 제65조(물품사양의 지정) 등이 여기에 해당한다.

이러한 계약이행의 준비단계의 불이행은 단지 미래에 있을 최종적 계약의 불이행에 대한 징후라기보다는 그 자체가 이미 계약의 불이행 상태이며, 그 심각성의 정도에 따라 계약해제로까지도 연결될 수 있다.[272)]

---

270) 매수인은 이와 같은 상황이 탈생하여 이행을 정지할 경우 선불이 예정된 경우 선불할 필요가 없으며, 은행으로 하여금 신용장을 개설하게 한다든지 또는 운송계약을 체결하거나 기타 무역관련 서류를 준비할 필요가 없다(C. Bianca & M. Bonell, *op. cit.*, p.559).

271) 매수인의 신용도에 중대한 결함이 생기면 매도인은 대금회수가 불가능해질 수 있다. 따라서 매도인은 매수인에게 제공할 목적의 물품조달을 중지하거나, 물품의 공급을 정지할 수 있다. (Enderlein & Maskow, *op. cit.*, p.287).

272) John O. Honnold(1991), *op. cit.*, §386.

끝으로, '계약이행에 있어서의 행위의 결과 발생한 의무의 실질적 부분의 불이행'이란, 예컨대 할부인도계약에 있어 약정된 횟수만큼의 할부선적 중 어느 한 회분 또는 그 이상의 할부선적을 이행하지 않는 행위가 대표적인 예가 된다. 이같은 할부선적 불이행 행위는 당해 전체 할부인도계약에 심각한 영향을 미치게 되므로 계약당사자는 해당 할부인도계약에서의 자신의 의무를 정지 · 해제할 수 있다.

(다) 불이행의 판명요건

계약의 상대방이 자신이 부담하는 의무를 이행하지 못할 것이 판명되어야 한다. 여기서 '판명되다'(becomes apparent)라는 의미는 국제무역거래에 참여하는 객관적 관점의 상인에게 더 이상 숨길 수 없는 상태를 말하는 것으로서, 이는 계약의 이행과 관련하여 계약의 상대방이 계약을 이행할 수 없을 것이라는 주관적 우려(subjective fear) 뿐만 아니라 동종 업계에 종사하는 합리적 상인의 관점에서 볼 때에도 의무의 불이행이 객관적으로 예측이 가능한 상태(objective foreseeability)를 말한다.[273]

따라서 '불이행의 판명'의 요건은 그 불이행이 명백한(clear) 정도에 이르러야 할 필요는 없으나 불이행의 개연성이 매우 크다는 사실을 보여주는 객관적 정황증거가 있는 정도면 충분하다.[274]

이때 그 판명의 시기는 계약의 체결 후이다. 그러나 계약체결 당시 계약상대방에게는 자신의 의무를 실질적으로 이행하지 못할 결함의 사유가 이미 존재하는 상태였지만 이에 대해 계약당사자 일방은 알고 있지 못했던 상황이었다면, 요컨대 계약체결 당시 존재했던 그 결함(deficiency)이 계약체결 후 더욱 악화(deterioration)된 상황이라면 이를 계약당사자 일방이 계약체결 당시 모르고 있었다 해도 본 조항의 적용에는 문제가 없다. 그러나 예외적으로 계약체결 전 또는 계약체결 당시 계약당사자 일방이 그 결함의 사실을 알고 있었다면 그는 본 조항을 원용하여 자신의 계약상 의무이행을 정지할 수 없다.

피해당사자가 의무이행의 정지라는 조치를 취하는 이유는 계약의 상대방에게 상기의 불이행 사유가 존재함이 '판명'되었음에도 불구하고, 상대방이 계약의 이행을 희망하거나, 또는 무엇보다도 피해당사자가 계약을 해제할 수 있는 근거가 아직 채 완벽하게 마련되어 있지 못할 때 그 전 단계로 우선 자신의 의무이행을 정지하겠다는 데 있다. 제72조의 계약해제는 제71조의 의무이행정지에 적용되는 요건보다 더 엄격한 기준을 요구하고 있기 때문이다.[275]

---

273) Alber H. Kritzer, *op. cit.*, p.560.

274) John O. Honnold(1999), *op. cit.*, pp.429-430.

(라) 의무정지의 통보요건

이행을 정지하는 당사자는 자신의 의무를 정지하겠다는 통지(notice of the suspension)를 계약의 상대방에게 '즉시' 통고해주어야 한다. 이때 계약의 상대방이 계약을 충실히 이행할 것이라는 적절한 보장을 약속하는 경우에는 이행을 계속하여야 한다. 이때 이행이 재개되는 경우 그 이행기일은 합리적 범위 내에서 연기된다.[276]

이상과 같은 전제조건이 충족되지 못하면 이행정지로 말미암아 발생한 계약위반의 책임은 이행을 정지한 당사자의 부담이 된다.

이행을 정지하는 당사자는 그의 이행정지가 정당화되지 않을 위험을 부담한 채 자신의 의무이행을 정지시키는 것임을 유의하여야 한다.[277]

(마) 적절한 보장

한편 적절한 보장(adequate assurance)이라 함은 단순히 이행을 보장한다는 약속 정도로는 불충분하지만, 추후에도 여전히 계약위반이 있을 것이라는 우려를 불식시킬 수 있는 합리적 보장책(reasonable security) 정도면 충분하다.[278]

예컨대 매수인의 신용도의 결함사유로 이행을 정지한 매도인에게 매수인이 신용장개설은행에 신용장의 개설을 의뢰하겠다는 내용이라든지, 또는 평판있는 은행의 보증을 제공하겠다든지, 또는 매도인에게 대금을 결제하기 전까지는 매도인에게 물품의 담보권을 보장하겠다는 등의 내용이면 충분할 것이다.[279] 또 매도인의 계약이행능력을 문제삼아 이행을 정지한 매수인에게는 생산공장의 파업이 해결되어 생산자들의 공장투입이 가능해졌다는 내용 또는 새로운 자재 공급원을 확보했다든지 하는 내용이면 충분하다. 그러나 무엇보다도 중요한 것은 문제를 해결하기 위한 각 당사자들의 신의칙에 입각한 협의일 것이다.[280]

이 같은 차원에서 볼 때 계약이행이 경미한 정도로 계약과 부적합한 경우라면 이행의 적절한 보장이 있었던 것으로 본다.[281] 이는 계약을 완벽하고 엄격하게 이행하지 못하

---

275) John O. Honnold(1991), *op. cit.*, §386.

276) Peter Schlechtriem, *op. cit.*, p.528 ; 이행이 정지되었던 기간만큼 연장될 것이다(Enderlein & Maskow, *op. cit.*, p.290.)

277) 이기수 · 신창섭, 「전게서」, p.124

278) *ibid.*, p.531.

279) Alber H. Kritzer, *op. cit.*, p.562.

280) John O. Honnold(1991), *op. cit.*, §392

281) John O. Honnold(1999), *op. cit.*, pp.434-435.

였다 하여도 계약 전체적으로 보아 실질적으로 이행이 된 경우라면 당해 계약은 이행된 것으로 보고 상대방은 자신의 의무를 정지해서는 안된다는 '계약의 실질이행의 원칙'(principle of substantial performance of contract)을 충족시킨 것이기 때문이다.

그럼에도 불구하고 계약의 상대방이 이같은 적절한 보장책을 제시하지 못하면 계약당사자 일방은 자신의 계약이행의무를 정지하고, 추후 이에 따른 손해가 발생하면 본 협약 제74조상의 손해배상의 일반원칙에 따라 계약의 상대방에게 손해의 배상을 청구할 수 있다.[282]

계약당사자 일방이 이행을 정지하면 ① 계약의 상대방이 자신의 의무를 이행할 때까지, ② 계약상대방의 적절한 보장이 있을 때까지, ③ 이행을 정지한 당사자가 계약해제를 선언할 때까지, 또는 ④ 기타 관련 법규 또는 계약에서 정한 제한기간(period of limitation)[283]이 종료될 때까지 이행의 정지는 계속된다.

2) 매수인에 대한 물품교부의 저지

많은 경우 매도인이 매수인의 이행기 전 계약위반 사유가 명백(evident)하게 발생하기 전에 이미 운송인에게 물품을 인도한 상황이 있을 수 있는데, 이러한 상황에 대해 CISG 제71조 (2)항에서는 다음과 같이 규정하고 있다.[284]

즉 "제1항의 사유가 명백하게 되기 전에 매도인이 물품을 발송한 경우에는, 매수인이 물품을 취득할 수 있는 증권을 소지하고 있더라도 매도인은 매수인에게 물품이 교부되는 것을 저지할 수 있다. 이 항은 매도인과 매수인간의 물품에 관한 권리에 대해서만 적용된다."

이 조항은 매수인이 선하증권(B/L) 또는 화물인도지시서(D/O)[285] 등과 같이 운송인

---

282) 이행정지의 손해배상기준과 계약해제의 손해배상기준은 차이가 있음을 유의하여야 한다. 이행정지의 경우는 제74조에 따라 손해배상을 받게 되지만, 만일 계약당사자 일방이 이행정지가 아니라 계약을 해제할 경우에는 그에게 대체거래를 통한 손실경감의무가 부과되므로 이의 일환으로 이행한 대체거래금액과 계약금액의 차이에 대해 제75조에 따라 손해를 배상받는다.

283) 「Convention on the Limitation Period in the International Sale of Goods」 제8조에 따르면 이 제한 기간은 4년이다.

284) CISG 제71조 (1)항은 매도인과 매수인 모두에게 적용되는 조항인 데 반해, 제71조 (2)항은 매도인에게만 적용되는 조항이다.

285) D/O는 물품의 보관자에 대해 해당 물품을 증권의 정당한 소지자에게 인도해야 한다는 것을 지시하는 증서로써 선박회사 또는 그 대리인이 선장에 대하여 화물의 인도를 지시하는 형태이다. 선하증권의 소지인은 선하증권을 선박이 도착하는 항만에서 운송인 또는 그 대리인에게 제시하고 화물의 인도를 청구하면 대리점에서는 D/O를 발행하게 된다. 최근에는 대리점이 선장을 대신하여 수하인으로부터 선하증권 원본을 회수하고 D/O를 발급하여 하역회사를 통하

으로부터 물품을 인도받을 수 있는 증권을 소지하고 있는 경우에도 매수인에게 물품이 인도되는 것을 저지할 수 있다고 명시하고 있다.

이 조항은 앞서 설명한 바 있는 '대금을 지급받지 못한 매도인'이 자신의 물품에 행사할 수 있는 대물구제방법 중 운송정지권(right of stoppage in transit)과 관련된 권리[286]로 해석된다.

매도인의 물품교부저지권은 실제적으로 통제권을 잃은 자신의 물품에 대해 당해 물품이 매수인에게 인도되기 전에 물품의 점유권을 다시 회복하기 위한 주요한 구제수단이 되며, 궁극적으로 매수인이 완전히 파산한 경우 공평의 권리행사의 일환으로 당해 물품에 대한 소유주로서 우선변제권(priority)을 행사하기 위함에 있다.

매도인으로부터 물품교부금지의 지시를 받은 운송업자는 반드시 매도인의 지시에 따라야 한다.[287] 다만 이 경우 선하증권이나 인도지시서 등과 같은 증권을 소지한 자에게 물품을 교부할 의무가 있는 운송인을 보호하기 위해서 매도인은 적절한 절차를 밟아 해당 증권을 운송인 또는 매도인에게 조건 없이 이양하도록 조치할 필요는 있다.[288] 선하증권을 소지한 '매수인의 물품인도청구권'과 대금결제를 받지 못한 '매도인의 물품교부저지권'이 충돌할 경우 운송인의 법적인 권리보호가 이루어져야 할 필요가 있기 때문이다.

그러나 매수인의 물품교부저지권의 행사에서 유의해야 할 것은 본 조항은 오지 매도인과 매수인의 관계에만 적용되는 조항이기 때문에 선하증권과 같은 권리증권이 매수인에게 일단 인도된 후 유가약인으로 선의의 제3자에게 양도된 때에는 매도인은 당해 선의의 제3자에게 물품교부저지권을 확대 적용할 수 없다는 점이다.[289]

물품교부저지권을 행사한 매도인은 매수인에게 즉시(immediately) 이 내용을 통지하여야 하며,[290] 매수인이 의무이행에 관해 적절한 보장을 한 때에는 당해 물품을 매수인

여 그 화물을 인도하도록 하고 있다. 컨테이너의 경우 D/O는 선사가 화물보관자인 CFS 또는 CY 운영업체에 대해 D/O 소지인에게 화물을 인도할 것을 지시하는 서류를 가리킨다. 보다 자세한 내용은, *supra*, 「수출과 수입절차」 참조.

286) 영국물품매매법 제44조, 제45조, 제46조 : 미국통일상법전 §2-705.

287) 만일 운송인이 매도인의 지시에 불응하고 당해 물품을 매수인 또는 그의 대리인에게 인도한 경우는 위탁물횡령(conversion)의 책임을 진다 .

288) John O. Honnold(1991), *op. cit.*, §390 참조.

289) 자세한 내용은, *supra*, 「대금지급을 받지 못한 매도인(unpaid seller)」 참조.

290) 독일의 프랑크푸르트 법원에서는 운송인에게 운송정지권을 행사하여 이행을 정지하려는 당사자가 이 통지요건을 지체하거나 또는 해태하는 경우에는 오히려 그가 계약을 위반하는 결과가 된다고 판시하였다(Albert H. Kritzer, *op. cit.*, p.562).

에게 다시 교부하여야 한다.

3) 이행기 전 계약해제

(1) CISG 제72조 (1)항의 의미

① 본질적 계약위반의 명백성

CISG 제72조 (1)항은 "계약의 이행기일 이전에 당사자 일방이 본질적 계약위반을 할 것이 명백한 경우에는 상대방은 계약을 해제할 수 있다."고 규정하고 있다.

이 조항에 있어 계약해제권의 핵심은 '이행기일 도래 전 본질적 계약위반의 명백성'이다. 실제로 계약의 상대방이 계약의 이행기일이 도래하기도 전에 본질적 계약위반을 할 것이 명백한(clear) 상황인지 여부는 쉽게 확정하기 어려운 문제이다.

그러나 일단은 본 협약 제49조(매수인의 계약해제권 행사)와 제64조(매도인의 계약해제권 행사)가 적용되는 명백한 계약위반이 있었다든지, 또는 제72조 (1)항이 규정한 대로 이행정지의 통보를 받은 후에도 의무이행의 적절한 보장을 제공하지 않을 때에는 그 자체로서 즉각 계약해제가 가능하다.

무엇보다도 '본질적 계약위반의 명백성'은 CISG 제72조 (3)항의 경우와 같이 계약당사자가 자신의 계약상 의무를 이행할 의사가 없음을 분명히 선언한 때, 또는 계약이행을 불가능하게 하는 사정이 개연성 내지 가능성의 단계를 넘어 객관적으로 확실하게 된 때[291]를 의미한다. 명백한(clear) 상황의 기준은 앞서 살펴본 이행정지에 적용되는 기준보다 더 엄격한 기준을 말하는 것으로써 계약의 이행기가 도래하기도 전에 계약을 해제할 수 있는 대단히 강력한 근거가 된다.

② CISG 제79조(면책)와의 비교

그러나 여기서 주의할 것은 '본질적 계약위반의 명백성'은 이행기 전 계약위반의 사유가 더욱 더 확실하게 된 때를 의미하지만, 또 다른 경우, 즉 본 협약 제79조에서 규정한 불가항력 사태로 이행기가 도래하기 전에 계약의 이행이 불가능해지는 상황(frustrating events)과는 구별할 필요가 있다.

본 협약 제79조에 따르면 "당사자는 그 의무의 불이행이 자신이 통제할 수 없는 장애에 기인하였다는 것과 계약체결시에 그 장애를 고려하거나 또는 그 장애나 그르 인한 결

291) 예를 들어 매도인이 매수인에게 판매하기로 한 물품을 제3자에게 재판매한다든지, 또는 관련 생산공장을 매각한다든지 하는 경우라면 충분히 객관적 기준이 될 것이다.

과를 회피하거나 극복하는 것이 합리적으로 기대될 수 없었다는 것을 증명하는 경우에는 그 의무불이행에 대하여 책임이 없다."고 규정하고 있다.

예를 들어 계약체결 후 매도인이 통제할 수 없는 불가항력적 사태로 생산공장이 화재로 전소되었다든지, 또는 정부의 수출금지조치가 부과된 경우에는 이 또한 '명백한' 본질적 계약위반의 근거가 되지만 이는 이른바 '계약의 프러스트레이션'(frustration of contract)을 야기하는 면책위험이 된다. 이같은 불가항력적 면책위험에 의한 이행기 전 계약불이행에 대해서는 위반당사자는 이른바「계약의 프러스트레이션」법리에 따라 면책되므로[292] 본 협약 제72조가 규정하고 있는 이행기전 계약해제는 계약의 프러스트레이션과는 구별되어야 할 것이다.

③ CISG 제77조(손실경감의무)의 적용유무

계약의 이행기가 도래하기 전에 계약상대방의 본질적 계약위반이 명백하여 피해당사자가 제72조에 따라 계약을 해제한 경우, 피해당사자는 본 협약 제77조에 따라 자신의 손실을 경감시키기 위해 계약의 이행기일 전이라도 합리적 조치를 취해야 할 의무가 있는지는 대단히 중요한 문제이다. 왜냐 하면 본 협약은 이행기 전 계약해제의 경우 피해당사자가 즉시 손실경감의무를 취해야 하는지에 대해서는 어떠한 규정도 마련해 놓고 있지 않기 때문이다.

일반적 관점에서 볼 때, 피해당사자가 상대방의 계약위반이 본질적 계약위반에 이르렀지만 계약을 해제하지 않고 계약의 특정이행을 요구하였다면 위반당사자는 피해당사자에게 손실을 경감시킬 의무를 종용하거나 요구할 수 없다. 그러나 계약을 해제한 경우에는 피해당사자는 손실경감의무의 일환으로 본 협약 제75조에 따라 합리적 기간 내에 지체 없이 재매각 또는 대체물의 구입과 같은 대체거래를 이행하여야 한다.

본 협약이 규정하고 있는 손해의 배상은 계약상대방의 '계약의 위반'(breach of contract)이 있을 때 적용되는 손해배상액의 산정이다.[293] 이때 계약의 위반은 계약상대방의 '의무의 불이행'(failure of obligation)에 기인한 것이므로 이행기 전 계약위반에서와 같이 계약상 '실질적 부분의 의무 불이행'이 확실하여 계약이 해제되는 경우도 포함하는 것은 당연할 것이다. 따라서 이행기 전 계약해제의 경우에도 피해당사자는 손실경감을 위한

292) 보다 자세한 내용은 *infra*, 본 절의「6. 면책」참조.

293) CISG 제74조 : "당사자 일방의 계약위반으로 인한 손해배상액은 이익의 상실을 포함하여 그 위반의 결과 상대방이 입은 손실과 동등한 금액으로 한다....."고 규정하여 손해배상의 근거는 계약위반에 있음을 명백히 하고 있다(Albert H. Kritzer, *op. cit.*, p. 568).

합리적 대체거래의 의무는 유효하게 적용된다고 보아야 할 것이다.

그러나 그렇다고 해서 피해당사자가 위반당사자를 위해 가장 유리한 구제수단을 택한다든지, 또는 무리하게 자기의 비용을 들여가면서까지 손실경감 활동을 해야 하는 것까지 의미하는 것은 아니다.

(2) CISG 제72조 (2)항의 의미

① 합리적 사전통지의 기능

한편 CISG 제72조 (2)항에서는 "시간이 허용하는 경우에는, 계약을 해제하려는 당사자는 상대방이 이행에 관한 적절한 보장을 제공할 수 있도록 상대방에게 합리적인 통지를 해주어야 한다."고 규정하여, 계약의 해제에 앞서 상대방으로 하여금 적절한 보장을 제공할 수 있는 기회를 일단은 먼저 부여하겠다는 의사를 통지하도록 하고 있다.

이 사전통지(advance notice)는 다음과 같은 구체적인 기능을 한다.

첫째, 피해당사자가 이행기 이전에 계약을 해제하기 위해서는 위반당사자가 이행의 적절한 보장을 제공할 수 있는 여지나 의향이 있는지 그 여부에 대해 응답의 기회를 주기 위해 시간이 허용하는 한, 합리적 차원의 사전통지를 선결조건으로 한다.

둘째, 이 사전통지는 경우에 따라 상대방의 계약불이행의 사유는 존재하지만 그것이 명백하지 않음에도 이를 이용하여 계약해제를 부당하게 남용하려는 계약당사자의 행태를 효과적으로 제어하는 기능도 수행한다. 따라서 계약상 자신의 위무를 이행하기 어려워진 위반당사자는 피해당사자가 통보해온 당해 사전통지에 대해 효과적인 보장책을 제시하지 못하면 추후 계약을 이행할 의사가 있음에도 불구하고 이행기가 도래하기도 전에 계약이 해제될 경우 적절한 대응책을 마련하기 어렵다.

셋째, 이행기 전 계약해제권을 부여하고 있는 본 조항에서 가장 문제가 되는 것은 계약당사자 일방이 자신의 계약상 의무를 이행하지 못할 수 있는 결함사유가 발생한 경우 이를 부당한 기한 전 이행거절(wrongful anticipatory repudiation of performance)[294]로 간주하고 계약의 상대방이 피해당사자가 되어 계약의 이행기한이 도래하기도 전에 계약을 해제하겠다고 부당하게 응수함(respond)으로써 당초의 계약이 완전히 파국으로 치닫게 되는 것이라 할 수 있다. 이러한 상황에서 피해당사자의 계약해제 전 사전통지는 의무불이행의 결함사유가 발생한 위반당사자와의 협상을 통해 계약조건을 사정에

---

294) 부당한 이행거절의 전적인 예는 흔치 않지만 계약의 이행기 전에 계약의 이행 의사가 전혀 없음을 표명하는 때이다.

맞도록 변경한다든지, 또는 새로운 계약조건을 합의할 수 있게끔 유도하는 순 기능을 수행할 수 있다.

넷째, 이 사전통지는 본 협약 제26조가 규정하고 있는 계약해제의 선언과는 별도로 통지하여야 함[295]을 유의하여야 한다. 따라서 이 사전통지는 제26조와 더불어 계약을 해제당하는 당사자에게 함께 통지되므로 실무적으로는 일견 계약해제에 앞선 최후통첩의 기능을 담당하는 기능도 수행한다. 물론 이같은 사전통지의무는 계약의 상대방이 자신의 의무를 이행하지 않겠다는 의사를 선언한 때에는 적용되지 않는다.[296]

② 합리적 사전통지에 대한 두 가지 관점

한편 사전통지와 관련하여 본 조항에서는 '시간이 허용하는 한'이라는 단서를 두고 있다. 이 문구만을 놓고 본다면 상황이 허락하지 않는 경우에는 사전통지가 면제되는지, 또는 사전통지를 자유롭게 알아서 하면 되는 것인지, 또는 그 통지가 지체되어도 되는 것인지의 의심을 갖게 한다. 실제로 이 조항은 'If time allows, the party intending to declare the contract avoided must give reasonable notice to the other party.....'로 규정하고 있어 사전통지는 시간이 허락 여부에 따른 선택요건(may give)이 아니라 반드시 이루어져야 하는 강제요건(must give)으로 구성되어 있다.

그러나 이 문구에는 다음과 같은 두 가지의 견해가 첨예하게 대립하고 있다.

사실 당초의 CISG가 제정될 즈음 본 조항과 관련하여 개도국 대표들이 줄기차게 주장해온 내용 중 하나는 이행기 전 계약해제를 하려는 당사자는 '반드시' 그와 같은 의사를 상대방에게 통보해주어야만 한다는 점이었다.[297] 다시 말해 그와 같은 사전통보가 있어야만 계약의 상대방은 적절한 보장책이라도 제공할 여지가 생긴다는 주장이었다. 이 주장은 '이행기 전 이행정지'와 '이행기 전 계약해제'간에 차별성이 없다는 선진개발국의 강한 반발에 부딪쳐 난항을 거듭하다 결국, 'If time allows'라는 문구의 삽입으로 타협점을 찾게 되었다.[298]

다만 사전통지의 의무는 본 조 (3)항에서 규정하고 있듯이 상대방이 자신의 의무를 더 이상 이행하지 않겠다고 선언한 경우에는 당해 사전통지는 면제될 수 있다고 그 예외적 상황을 따로 못박아두고 있다.

---

295) 이행기 전 계약해제를 위해서는 CISG 제72조 (2)항의 통지 외에 별도로 CISG 제26조의 계약해제 선언이 있어야 한다 (ICC, Award No. 8594, Sep. 1996, Unilex).

296) CISG 제72조 (3)항.

297) Albert H. Kritzer, *op. cit.*, p.72.

298) ibid.

그러나 본 조항을 실제로 적용할 때 다음과 같은 상황, 즉 ① 계약을 해제하려는 당사자가 판단해 볼 때 계약이행의 시기가 급박하게 도래할 즈음이어서 상대방으로부터 보장책이 제공되어 보았자 큰 실익이 없을 경우,299) 또는 ② 계약의 상대방이 자신의 의무불이행을 구실삼아 새로운 계약조건을 내걸고 이를 부당하게 조건부로 내세울 경우에는 별도의 사전통지 없이 즉각 계약의 해제가 가능하다는 관점이다.300)

이 관점은 본디 사전통보는 계약의 불이행 상황이 이행기 전에 발생하였지만 이를 극복하고 기꺼이 자신의 계약상 의무를 이행하겠다는 당사자를 보호하기 위한 조치임에도 불구하고, 그가 제시하는 적절한 보장책이 시간적으로 무의미하거나, 또는 이를 협상의 대상으로 악용하려는 경우에는 사전통지는 당연히 면제될 수 있다는 취지에서 비롯된다.

반면에 계약의 당사자가 통제할 수 없는 계약불이행이 발생하여 이행기한 내 의무의 이행이 불투명한 경우 사전통지의무의 자동적 면제사유를 예외적으로라도 허용하는 것은 결코 용납되어서는 안된다는 견해가 대립하고 있다. 특히 언어와 문화 그리고 거래의 기본적 윤리가 서로 다른 국가간의 국제거래에서는 더더욱 당사자간의 협의에 의한 의사소통이 중요하다는 차원에서 사전통지의무는 반드시 이행되어져야 한다는 것이다.

이 관점은 사전통지의 면제를 통한 자동적 계약해제는 예측불가능한 사건들이 항상 잠재되어 있는 국제거래에서 그 정당성을 발견할 수 없을 뿐만 아니라 그 예외적 기준을 남용할 우려가 대단히 높아 이로 인해 국제물품매매계약에서 동등하게 유지되어야 할 양 당사자의 교섭력의 균형이 와해될 우려가 크므로 사전통지는 반드시 예외 없이 모든 상황에서 엄격히 준수되어야 한다는 점을 강조하고 있다.301)

이들 두 관점의 격차는 궁극적으로 개도국과 선진개발국의 이해관계와 맞물려 있어 적절한 타협점을 찾기는 어렵다. 그러나 무엇보다도 중요한 것은 본 조항의 합당한 적용을 위해서는 사전통지는 합리적이어야 한다는 사실이며 이에는 이견이 없다는 사실이다.

사전통지는 이처럼 합리적일 것을 전제로 하므로 동종업계에 종사하는 평균적 상인이 통상 기울이는 주의의 수준에 따라 통상적 차원의 기간 내에 객관적 통지기능을 수행

299) 예컨대 계절성 물품 등과 같이 인도기일의 준수가 대단히 중요한 경우 매도인의 인도기일이 임박하여 사전통지가 있은 후 이에 대한 보장책이 제공되어도 의미가 없을 때이다.

300) Peter Schlechtriem, *Uniform Sales Law - The UN Convention on Contracts for the International Sale of Goods*, Vienna, 1986, p.95.

301) M. Gilbey Strub, *op. cit.*, pp.499-500.

한다면, 당사자간에 긴밀한 의사소통 과정의 하나로 서로의 신뢰를 해치지 않고 계약을 유지시킬 수 있다는 본 협약의 이념에 보다 더 긴밀하게 접근할 수 있을 것으로 판단된다.

2. 할부인도계약의 해제

(1) 할부인도계약에서의 선적불이행

① CISG 第73조의 구성

주어진 일정기간 동안 특정기일 내에 계약에서 정한 일정량의 물품을 계속 선적해나감으로써 물품을 인도하는 계약을 할부인도계약(instalment contract)이라 한다.

CISG 제73조 (1)항에서는 "물품의 일정량을 할부인도하는 계약에서 어느 할부부분에 관한 당사자 일방의 의무불이행이 당해 할부부분에 관하여 본질적 계약위반이 되는 경우에는 상대방은 당해 할부부분에 관하여 계약을 해제할 수 있다."라고 규정하고 있다.

이 조항이 규정하고 있는 해당 할부인도분은 그간 인도되었거나 또는 앞으로 인도될 각각의 할부인도분에 서로 영향을 미치지 않는 독립적인 별개의 일정량(separate lot)임을 함의하고 있다. 따라서 총 할부인도기간 중 어느 한 할부인도분이 선적불이행 되어 이것이 본질적 계약위반에 해당된 경우에는 그 불이행된 할부인도 부분만 계약을 해제할 수 있다는 규정이다.

그러나 CISG 제73조 (2)항에서는 "어느 할부분에 관한 당사자 일방의 의무불이행이 장래의 할부인도분에 대한 본질적 계약위반의 발생을 추단하는 데에 충분한 근거가 되는 경우에는, 계약의 상대방은 장래에 있을 계약에 대해서도 계약을 해제할 수 있다. 다만, 그 해제는 합리적인 기간 내에 이루어져야 한다."라고 규정하여 현재의 어느 할부인도분이 선적불이행 되어 계약해제가 된 경우 당해 할부계약의 연계성과 존속성을 고려해볼 때, 장차 미래에 있을 계약도 본질적 계약위반이 발생할 충분한 근거가 된다면 앞으로 있을 할부인도계약도 해제할 수 있다.

이에 한걸음 더 나아가 CISG 제73조 (3)항에서는 "어느 할부인도에 대하여 계약해제를 선언한 매수인은 이미 행하여진 할부인도 또는 장래의 할부인도가 그 상호의존관계로 인하여 계약체결시에 당사자간에 예상했던 목적으로 사용될 수 없는 경우에는, 이미 행하여진 인도 또는 장래의 인도에 대하여도 동시에 계약을 해제할 수 있다."고 규정함으로써 할부인도계약에서 선적불이행이 있었던 당해 할부인도분(제73조 (1)항), 장래의 할부인도분(제73조 (2)항) 그리고 이 둘을 포함하여 이미 행하여진 기존의 할부인도분 모두(제73조 (3)항)에 대해 각각 또는 동시에 계약해제가 가능함을 시사하고 있다.

② CISG 제73조와 UCP 600 제32조

그러나 이들 조항의 해석적용을 위해서는 다음과 같은 두 가지 점을 주의해야 한다.

하나는, 본 협약 제73조 (1)항과 (2)항은 매도인 또는 매수인이 위반당사자가 될 때 적용되는 조항인 데에 반해, 제73조 (3)항은 매도인의 위반의 경우에만 적용된다는 것이다. 특히 제73조 (1)항은 할부인도계약에 따른 계속적인 할부인도(successive deliveries)에 관한 조항이고, CISG 제73조 (2)항과 함께 이에 추가하여 매수인의 할부지급(instalment payments) 불이행이나 할부인도분 수령불이행을 포함하는 조항이다.

다른 하나는, 제73조 (1)항은 총 할부인도계약에서 각각의 할부인도분은 서로 영향을 미치지 않는 독립적인 별개의 일정량(separate lot)을 함의하고 있어 불이행된 할부인도분 그 자체만 계약을 해제할 수 있는 반면 제73조 (2)항과 (3)항은 불이행된 할부인도분과 이행된 다른 할부인도분 그리고 전체 할부인도계약의 상호의존관계를 중심으로 계약의 전체적인 맥락(context of the contract as a whole)에서 이를 평가하여 계약의 해제를 인정하는 조항이다.

이와 유사하게 「제6차 개정 신용장통일규칙(UCP 600)」제32조는 '할부어음발행 및 할부선적'(instalment drawings and shipments)을 규정하고 있는 조항인데, 이 조항에 따르면, "신용장상에 정해진 기간 내에 할부선적 및 할부어음발행이 이루어지지 않은 경우에는 인도가 이루어지지 않은 해당 할부인도분을 포함하여 그 이후의 모든 할부인도분에 대해서 신용장은 무효가 된다."고 규정하고 있다.

이 둘을 놓고 볼 때 제6차 개정 신용장통일규칙 제32조는 CISG 제73조 (1)항(해당 할부인도분 무효)과 (2)항의 규정(그 이후의 할부인도분 무효)과 그 맥락을 같이 하고 있음을 알 수 있다. 그러나 CISG 제73조 (3)항은 이에 한걸음 더 나아가 이미 이행된 할부인도분을 포함하여 전체 할부인도계약을 해제할 수 있음을 규정하고 있음에 비추어 볼 때, CISG 제73조는 한층 더 엄격한 조치(draconian measure)라고 평가해 볼 수 있다.

(2) 일부인도/일부부적합인도(CISG 제51조)과 할부인도(CISG 제73조)

이미 앞서「매수인의 구제방법」에서 설명한 바와 같이 일부인도/일부부적합인도와 관련하여 본 협약 제51조 (1)항에서는 "매도인이 물품의 일부만을 인도하거나 또는 인도된 물품의 일부만이 계약에 적합한 경우에 미인도 또는 부적합한 부분에 제46조부터 제50

조가 적용된다."고 규정하고 있음과 아울러 제51조 (2)항에서는 "매도인이 완전하게 또는 계약에 적합하게 인도하지 못한 것이 계약의 본질적 위반을 구성하는 때에는 매수인은 계약 전체를 해제할 수 있다."고 규정하고 있다.

따라서 매수인은 '수량'(quantity)과 '품질'(quality)에 관련하여 부적합한 부분이 본질적 계약위반에 이를 경우 계약을 해제할 수 있다.

이때 제51조 (1)항에 따라 매수인은 일부의 인도/부적합이 본질적 계약위반에 해당할 경우, 전체 계약 중 해당된 일부(part of the contract)에 대해 계약을 해제할 수 있다. 이 계약의 일부는 그 계약이 할부인도계약인 경우 어느 한 회의 할부인도분이 될 수도 있다. 따라서 매수인은 제51조에 따라 계약을 해제할 것인지 아니면 제73조 (1)항에 따라 계약을 해제할 것인지를 결정하여야 한다.[302)]

① CISG 제51조와 CISG 제73조의 비교

일부인도/일부부적합인도와 할부인도를 다룬 두 조항은 서로 긴밀한 관계가 있음은 부인할 수 없는 사실이다. 이 두 조항의 관계를 비교해보면 다음과 같다.

첫째, 일부인도/일부부적합 인도시 구제방법을 다룬 본 협약 제51조는 피해당사자인 매수인을 위한 조항이고, 할부인도계약을 다룬 제73조는 (1)항과 (2)항은 매수인과 매도인 모두에게 적용되며, (3)항은 매수인이 피해당사자일 때만 적용되는 조항이다.

둘째, 제51조는 수량이나 품질 면에서 인도된 물품의 일부가 문제가 되는 경우이므로 할부인도계약에도 적용가능하고, 일반적 형태의 매매계약인 단일인도계약(single delivery contract)에도 적용된다. 반면 제73조는 할부인도계약의 경우에만 적용되며 그 적용방식에 있어서도 당해 할부인도분(any instalment), 또는 미래에 이루어질 할부인도분(future instalment) 그리고 기존 또는 미래의 상호관련 있는 할부인도분(interdependent instalment)을 다루고 있다.

셋째, 해당 할부인도분의 개별적 계약해제를 다룬 제73조 (1)항을 적용하기 위해서는 피해당사자는 할부인도계약상의 각각의 할부인도분을 별도의 여러 계약들로 취급하여야만 한다. 반면 제51조는 전체계약 중 일부인도/일부부적합 된 부분에만 적용되기 때문에 계약에 적합한 부분과 계약에 적합하지 않은 부분, 이 두 가지 형태로 사실상 분리된 계약으로 간주한다.

넷째, 제51조 (1)항은 일부인도/일부부적합이 발생한 경우 여러 구제수단을 활용할

302) C. Bianca & M. Bonell, *op. cit.*, p.536.

수 있는 바, 그중의 하나인 '부가기간의 설정권' 이른바 Nachfrist 방식을 활용할 수 있다. 따라서 이 부가기간 중에 매도인은 추완(追完)하지 못하면 매수인은 본질적 계약위반의 증명 없이 일부인도/일부부적합 부분에 대해 바로 계약을 해제할 수 있다.

반면 제73조 (1)항은 Nachfrist 방식을 원용할 수 없기 때문에 계약위반이 발생한 해당 할부인도분의 본질적 계약위반 구성여부를 증명하여야만 계약해제가 가능하다. 따라서 할부인도계약에서 일부 할부인도불이행이 있을 경우 이에 의한 본질적 계약위반의 증명의 성공가능성 여부가 불투명할 때 제51조 (1)항을 원용하는 것이 더욱 확실한 수단이 된다.[303)]

다섯째, 제51조 (2)항은 동 조인 제51조 (1)항과는 달리 Nachfrist 방식을 명시하지 않고, 다만 불완전 또는 부적합 인도가 전체계약의 근본적 계약위반을 구성할 때에 한하여(only if) 계약전체를 해제할 수 있다고 규정하고 있다.

이때 증명의 방식은 계약 일부의 불완전이행이 실질적(substantially)으로 전체 계약에 영향을 주게 된 나머지 결과적으로 전체 계약의 근본적 계약위반을 구성하는 손실을 야기하였음을 보이는 형태가 될 것이다.[304)] 할부인도계약의 전체 해제가 가능한 제73조 (3)항도 이와 같은 방식으로 적용된다.

② CISG 제73조(할부인도계약) 각 세부 항들의 연계성 증명방식

제73조 (1)항, (2)항, (3)항 모두는 제51조 (1)항과는 달리 '부가기간의 설정권', 이른바 Nachfrist 방식에 관한 구제수단을 명시하지 않고 있다.

따라서 본 협약 제73조하에서 계약을 해제하기 위해서는 선적불이행 된 해당 할부인도분의 본질적 계약위반 여부를 증명하여야 한다. 그러나 선적불이행 된 할부인도분이 본질적 계약위반에 해당하는지 여부는 실제로는 제73조 (1)항에만 한정되며, (2)항은 미래의 할부인도분이므로 현실적으로 이를 증명할 수 없고, (3)항은 (2)항에 한걸음 더 나아가 이미 정상적으로 이루어진 이전의 할부선적분에 대한 것까지 포함하고 있으므로 이미 이루어진 그 할부인도분들에 대한 본질적 계약위반의 증명은 불가능하다.

그 결과 할부인도계약을 다룬 제73조는 그 (1)항의 증명을 기초로 (2)항과 (3)항으로 그에 따른 계약해제의 근거가 순차적으로 연결되는 형태이다.

---

303) Christopher Kee in "Remedies for breach of contract where only part of the contract has been performed: Comparison between Provisions of CISG (Articles 51, 73) and Counterpart Provisions of the Principles of European Contract Law", *Vindobona Journal of International Commercial Law and Arbitration*, vol. 6, July 2002, p. 282.

304) John O. Honnold(1999), *op. cit.*, p.345.

즉 제73조 (2)항은 '.....당사자 일방의 의무불이행이 장래의 할부인도에 대한 본질적 계약위반의 발생을 추단하는 데에 충분한 근거가 되는 경우....'에는 계약의 상대방은 장차 이어질 미래의 할부인도분 계약을 해제할 수 있다고 규정하고 있고, 제73조 (3)항에서는 '이미 행하여진 인도 또는 장래의 인도가 그 인도와의 상호의존관계로 인하여 계약체결시에 당사자간에 예상했던 목적으로 사용될 수 없는 경우....'에는 매수인은 이미 이행된 할부인도분과 미래의 할부인도분 계약을 동시에 해제할 수 있다고 규정하고 있다.

그러나 이들 조항을 놓고 볼 때 실제로 제73조 (2)항의 '추단의 충분한 근거'(good grounds to conclude)와 (3)항의 '상호의존관계'(interdependence)는 어떤 상태를 의미하는지 모호할 수밖에 없다.

물론 할부인도계약에서의 계약해제권의 행사 요건은 어느 한 할부인도분의 계약불이행의 심각성(seriousness)에 있기 보다는 그 불이행이 장차 미래에 이어질 할부계약분에 영향을 주어 그 미래의 할부인도계약이 근본적 계약위반에 이르게 될 것이라는 우려(fear)에 얼마나 큰 영향을 주고 있는지 여부에 있다고도 볼 수 있다.[305)]

일단, 제73조 (3)항의 각 할부인도분의 상호의존관계(interdependence)의 의미는 미국통일상법전 §2-105(6)상에 규정된 '상업적 단위'(commercial unit)의 개념이 이를 잘 설명해줄 수 있다. 즉 상업적 단위란 상업적 용례로 볼 때 매매의 목적상 한 단위가 전체를 이루는 완전체여서 이의 분할은 그 상업적 단위의 개성·가치·용법에 중대한 침해를 주게 되어 상업적으로 무가치한 것이 되는 것을 말한다. 예컨대 상업적 단위는 시장에서 그렇게 판매되거나 사용되어야만 하는 기계류와 같은 한 단위 품목(single article)이 될 수도 있고, 가구나 용품류 등의 한 완전 구성 세트(set of article)가 될 수도 있으며, 포장단위 또는 선적단위 한 로트분의 수량(carload quantity)이 될 수도 있다.

또한 여러 기계류가 유기적으로 결합되어 하나의 기능을 발휘하는 설비 장치를 수출하는 일종의 플랜트 수출의 경우에는 각종 설비의 건설과 운영에 필요한 장비, 기계 등이 패키지(package) 형태로 결합되어 기간에 맞춰 단계별로 수출되어야 하는데 이 경우 어느 한 할부인도분의 선적불이행은 유기적 관계의 설비장치로서 상호의존관계라는 전체적인 관점에서 볼 때 충분히 본질적 계약위반의 근거가 될 수 있을 것이다.

그러나 어떠한 형태가 되었든 제73조 (2)항의 '추단의 충분한 근거'와 (3)항의 '상호의존관계'를 증명하기 위해서는 반드시 그 (1)항과의 연계성을 증명하지 않고서는 불가능하다.

---

305) *infra*, 「이행기 전 계약위반(CISG 제71조·제72조)과 할부인도계약(CISG 제73조)」 이하 참조.

(2)항과 (3)항의 (1)항과의 연계성을 증명하기 위해서는 비록 제73조 자체에는 규정되어 있지 않지만 이른바 Nachfrist 방식을 원용할 필요가 있다.

다시 말해 제73조 (1)항이 규정한 어느 한 할부인도분의 불이행이 발생하면 제73조 (2)항에는 규정되어 있지 않지만, 만일 실제로 매수인이 매도인에게 해당 할부인도분의 선적을 위한 이행의 합리적 유예기간을 설정하고 최고(催告)하였다면, 그리고 추후 매도인이 이 기간 내에도 해당 할부선적분을 인도하지 못하거나 또는 인도하지 않겠다고 선언한다면, 이 사실 자체만으로도 장래의 할부인도분마저 인도하지 못할 것이라는 충분한 객관적 정황증거가 될 수 있고, 나아가 이 사실은 추후 전체 할부인도계약에 본질적 계약위반이 발생할 것이라는 '추단의 충분한 근거'가 될 것이기 때문이다. 또한 이같은 Nachfrist 방식의 논리는 동 조 (3)항의 '상호의존관계'의 증명에도 유효하게 적용될 수 있을 것이다.

결국 본 협약 제73조상에는 Nachfrist 방식, 즉 '부가기간의 설정권'에 관한 명시적 규정은 없다 할지라도, 실제로 채권자인 피해당사자가 채무자에게 부가기간을 설정하고 이 기간 중 계약이행을 최고(催告)하는 이른바 Nachfrist 방식을 원용한다면 해당 할부인도분 선적불이행은 장래에 이루어질 미래 할부계약의 본질적 계약위반의 추단과 이미 행해진 할부인도분간의 상호의존성 증명에 충분한 근거가 될 것이다.[306)]

(3) 이행기전 계약위반(CISG 제71조/제72조)과 할부인도계약(CISG 제73조)

본 협약 제71조/제72조와 제73조 (2)항/(3)항의 공통점이 있다면 그것은 이들 조항 모두 미래에 벌어질 계약불이행에 대해 계약해제권을 부여하고 있다는 점이다.

따라서 할부인도계약을 다룬 제73조의 구체적인 해석적용을 위해서는 이행기 전 계약위반을 다룬 제71조와 제72조를 통한 보충적 해석이 필요하다.

(가) 제71조/제72조와 제73조의 계약불이행 발생의 개연성

이행기 전 이행정지와 이행기 전 계약해제를 규정한 제71조와 제72조 그리고 할부인도계약의 계약해제를 다룬 제73조는 모두 미래에 발생할 계약불이행을 다루기에 그 발생의 개연성, 즉 발생확률의 확실성의 크기가 당해 조항의 존립근거가 된다.

첫째, 이행기 전 이행정지를 다룬 제71조에 따르면 당사자 일방의 계약상 의무이행의 정지가 가능해지기 위해서는 이행정지 사유가 '분명하게 판명된 때'(it becomes apparent)

---

306) 유럽의 스위스에서 다룬 한 사건에서도 이 같은 취지가 판시되었다. ; Commercial Court, Zürich, Switzerland, 5 February 1997, No. HG 95 0347.

이다.

둘째, 그리고 해당 사유로 이행기 전에 계약을 해제할 수 있기 위해서는 제72조가 규정하고 있는 바와 같이 이행기 전에 본질적 계약위반이 '명백하게 된 때'(it is clear)이다.

셋째, 반면에 할부인도계약에서 계약의 상대방이 미래에 이어질 할부인도분 계약을 해제할 수 있기 위해서는 제73조 (2)항에서 규정하고 있는 바와 같이, 당사자 일방의 의무불이행이 장래의 할부인도에 대한 본질적 계약위반의 발생을 '추단하는 데에 충분한 근거'(good grounds to conclude)가 되는 경우이다.

이 세 가지 발생확률에 관한 표현은 그 발생확률의 확실성(certainty)과 밀접한 관계가 있다. 세 가지 발생확률 중 가장 확실성이 높아야 할 단계는 제72조의 'clear' 요건이며, '가장 낮은 단계의 요건은 제71조의 'apparent' 이고 제73조 (2)항의 'good ground'는 중간 단계의 요건이다.[307)]

위의 기준에 따라 할부인도계약에서의 미래의 할부인도분 계약의 해제요건인 'good grounds'는 이행기 전 이행정지를 위한 요건 'apparent' 보다는 강화된 형태이지만, 이행기 전 계약해제의 요건 'clear' 보다는 덜 엄격하고 더 주관적 기준(less strict and more subjective standard)[308)]이라 할 수 있다.

따라서 이같은 기준에 따르면 할부인도계약에서의 미래의 할부인도분 계약의 해제기준은 그 본질적 계약위반의 요건이 이행기 전 계약해제의 요건처럼 '명백히' 충족되지 않아도 계약의 해제가 가능하다는 것을 함의한다.

그 이유는 할부인도계약에서의 계약해제권의 행사 요건은 어느 한 할부인도분의 계약불이행의 심각성(seriousness)에 있기 보다는 그 불이행이 장차 미래에 이어질 할부계약분에 영향을 주어 그 미래의 할부인도계약이 근본적 계약위반에 이르게 될 것이라는 우려(fear)[309)]에 얼마나 강하게 작용하는지 여부에 달려있기 때문이다.

하나 이상의 여러 할부인도 불이행이 수차례 발생한 경우, 각각의 할부인도불이행은 그 자체로서는 하나하나 본질적 계약위반에 이르지는 않지만 이들 불이행을 전체적으로 놓고 보면 추후 미래의 할루계약분의 본질적 계약위반 발생 우려를 강하게 증폭시킬

307) Robert Koch in "The Concept of Fundamental Breach of Contract under the United Nations Convention on Contracts for the International Sale of Goods (CISG)," *Pace Review of the Convention on Contracts for the International Sale of Goods (CISG) 1998*, Kluwer Law International, 1999, p.310.

308) *ibid.*

309) *Secretariat Commentary on 1978 Draft Art. 64 (draft counterpart of CISG Art. 73)*, Comment 2 참조.

것이다.[310] 이 경우 계약해제는 합당한 조치가 될 것이다.

(나) 제71조/제72조와 제73조의 선택적 활용

① 적용상의 공통점

본 협약 제71조 (1)항에 따르면 이행기 전 이행의무의 정지가 가능하기 위해서는 계약체결 후 다음의 사유로 계약상대방이 자신의 의무의 실질적 부분을 이행하지 아니할 것이 판명된 경우이다. 즉

㉠ 계약상대방의 이행능력 또는 신용도의 중대한 결함
㉡ 계약상대방의 계약이행준비 또는 계약이행에 있어서의 행위

위의 결함사유 중 매도인이든 매수인이든 관계없이 하나 이상의 할부인도분의 선적불이행은 바로 제71조 (1)항 (b)호의 '계약이행에 있어서의 행위'라는 실질적 이행정지의 사유에 해당한다. 따라서 제71조를 제73조에 함께 적용하면 할부인도계약의 피해당사자는 계약해제의 권한뿐만 아니라 자신의 의무의행을 정지시킬 수 있는 권한도 보유할 수 있다는 것을 알 수 있다.

이에 따라 할부인도계약하의 피해당사자는 각각의 개별적 할부인도분을 해제할 권리뿐만 아니라 이 계약해제권과는 별도로 자신의 의무이행을 정지할 수 있는 권리도 함께 보유한다.[311]

할부인도계약의 피해당사자는 이 두 가지 권리 중 하나를 선택적으로 활용할 수 있다.

② 적용상의 차이점

본 협약 제72조에 따라 계약을 해제하기 위해서는 피해당사자는 상대방이 이행에 관하여 적절한 보장(adequate assurance)을 제공할 수 있도록 합리적 통지를 해주어야 하지만, 제73조에 따라 계약을 해제하는 피해당사자에게는 그와 같은 합리적 통지의 의무가 없다.

이는 제72조는 계약의 이행을 촉구하기 위해 상대방에게 적절한 보장의 확답기회를 주기 위해 '부가기간의 설정권', 즉 Nachfrist 방식을 도입하고 있는 데 반해, 제73조는 이 Nachfrist 방식에 관해 명시적 규정을 두고 있지 않다는 것과 그 맥락을 같이 하고 있다.

따라서 제73조에 따라 피해당사자는 별도의 부가기간 설정과 최고(催告)의 요건 없이

---

310) *ibid.*

311) Supreme Court, Austria, 12 February 1998, No. 2 Ob 328/97t.

자신의 할부인도계약을 해제할 수 있다.

물론 제72조와 제73조에 따라 계약해제를 할 때에도 본 협약 제26조에 의한 계약해제의 통보는 반드시 이루어져야 할 것이다.

3. 손해의 배상

1) 손해배상의 일반원칙

본 협약 제74조에서는 손해배상의 일반원칙을 다음과 같이 제시하고 있다.[312)]

즉 "당사자 일방의 계약위반으로 인한 손해배상액은 이익의 상실을 포함하여 그 위반의 결과 상대방이 입은 손실과 동등한 금액으로 한다. 그 손해배상액은 위반당사자가 계약체결시에 알았거나 알 수 있었던 사실과 사정에 비추어, 계약위반의 가능한 결과로서 발생할 것을 예견하였거나 예견할 수 있어야 했었던 손실을 초과할 수 없다."고 규정하고 있다.

이 조항을 통해 볼 때 본 협약이 꾀하는 손해배상의 일반 원칙을 다음과 같이 요약할 수 있다.

첫째, 계약의 체결 및 이행과정에서 당사자 일방의 계약위반으로 인하여 상대방이 손해를 입게 되는 경우, 손해배상의 일반원칙은 피해당사자를 해당 계약위반이 없었다면 있었을 위치 또는 상태로 회복시켜 주는 것이다.

둘째, 이때 그 보전의 금액은 이익의 상실을 포함하여 계약위반의 결과 피해당사자가 입은 손실과 동등한 금액 만큼이다.

셋째, 피해당사자가 배상받을 수 있는 손해는 계약위반의 결과로 예견하였거나 또는 예견할 수 있어야 했었던 손실액으로서 그 예견가능성을 전제로 한다. 이때 예견의 주체는 위반당사자이며, 예견의 시기는 계약체결 시점이다.[313)]

넷째, 여기서 예견할 수 있었음의 의미는 위반당사자의 판단으로도 계약의 위반이 있으면 그와 같은 손해가 당연히 발생할 것이라는 일반적 사실을 인식할 수 있는 합리성 기

---

312) CISG 제74조 손해배상에 관한 보다 자세한 설명은 *supra*, 「제 2 절 계약불이행 구제의 일반원칙 중 2. 손해의 배상」 참조.

313) 예를 들어 비교적 사소한 물품부적합으로 여겨졌던 하자가 매수인의 생산공장의 가동중지라는 대규모 손실을 야기한 경우, 매도인은 당연히 이에 대해 손해배상의 책임을 지지만, 그와 같은 사소한 하자가 엄청난 결과를 불러올지에 대해서는 계약체결 당시 예측할 수는 없었을 것이다. CISG 제74조의 예측가능성 요건은 이러한 경우 손해배상액 산정에 있어 손해액의 금액조정의 여지를 제공하고 있다(John O. Honnold(1991), *op. cit.*, §406).

준과 위반당사자와 동등한 위치에 있는 사람들이라면 그와 같은 손실이 발생할 것이라는 사실을 당연히 알고 있었을 것이라는 당위성 기준을 포함한다.

다섯째, 본 협약이 추구하는 손실액의 기준은 본질적으로 위반당사자의 계약위반이 없었다고 가정한다면 도저히 발생하지 않았으리라고 판단되는 구체적 관계가 성립하는 손해이며, 동시에 이와 같은 구체적 관계를 배제하더라도 위반당사자의 계약위반이 있으면 의당 그와 같은 손해가 발생할 것이라는 일반적 관계가 성립하는 손해를 의미한다. 손해와 손실원인간의 상당인과관계는 손해배상의 기본원칙이다.

2) 대체거래와 손해의 산정

CISG 제75조와 제76조는 매도인 또는 매수인에 의해 계약이 해제된 경우 손해배상액의 산정방법에 대한 규정이다. 본 협약 제49조에 따라 계약이 해제되면 피해당사자인 매수인은 물품을 인수할 필요 없이 이미 수령한 물품을 반환처리하게 되며, 제64조에 따라 계약이 해제되면 피해당사자인 매도인은 매수인에게 물품을 인도할 필요가 없어진다.

우선 제75조는 계약이 해제된 후 손해의 산정에 대해 다음과 같이 규정하고 있다.

즉 "계약이 해제된 경우, 합리적인 방법으로 그리고 계약해제 후 합리적인 기간 내에 매수인이 대체물을 구입하거나 또는 매도인이 물품을 재매각한 경우에는 손해배상을 청구하는 당사자는 계약대금과 대체거래대금과의 차액 및 그 외에 제74조에 의한 손해액을 배상받을 수 있다."

이 조항은 매도인과 매수인 모두에게 적용되는 조항의 하나로 계약이 해제된 후 '매수인의 경우 대체물(goods in replacement)을 구입'하거나, 또는 '매도인의 경우 재매각(resale)'한 경우에는 단순히 원래의 계약금액(contract price)과 대체거래금액(price in the substitute transaction)의 차액을 그 일차적인 산정금액으로 한다고 규정하고 있다.

이 조항의 의의와 적용방식의 유의점을 살펴보면 다음과 같다.

첫째, 이 조항은 손해의 산정시 물품의 시장가격(market price) 또는 시가(current price)를 증명하는 복잡한 절차를 간소화 했다는 데 그 의의가 있다. 특히 계약물품이 매수인의 특정목적을 충족시키기 위해 특별히 제작되었다든지 또는 기타의 이유로 독특하여 이하의 본 협약 제76조하의 시가 또는 시장가격을 설정할 수 없을 때 제75조는 손해액 산정의 중요한 기준이 된다.[314]

---

314) 제75조에 따라 실손해액(actual loss)을 산정하는 방법을 구체적 산정방식(concrete method)이라 하고 시장가격에 의해 손해액을 산정하는 방법을 추상적 산정방식(abstract method)이라

둘째, 대체거래는 합리적인 방법으로, 그리고 계약해제 후 합리적 기간 내에 합리적 노력을 기울여 행해야 한다. 여기서 합리적 방법과 합리적 노력이라 함은 거래되는 물품이나 관련 시장상황에 따라 결정되는 사실의 문제이지만,[315] 구체적으로는 매수인은 가능한 한 저렴하게 구입하려고 노력하고, 매도인은 가능한 한 높은 가격으로 재판매하려고 노력하는 행동[316]를 포함한다.[317] 한편 합리적 기간의 판단 역시 상당히 판단하기 애매한 사실의 문제이지만 당사자간의 분쟁의 소지를 줄이기 위해서는 피해당사자는 계약해제를 통지할 때 그 통지의 내용에 대체거래의 실행시기에 관한 입장을 적시해 놓는 것이 바람직 할 것이다. 만일 그와 같은 대체거래 일정에 대한 내용을 적시하지 못하였다면 계약해제 통지 후 최초로 이루어지는 대체거래가 합리적 기간 내 대체거래를 입증하는 근거가 될 수 있다.[318] 물론 대체거래를 위한 합리적 기간의 기산점은 계약해제 후부터이다.

셋째, 매도인이나 매수인이 피해당사자가 되어 손실을 경감하기 위한 노력의 일환으로 대체거래를 하였다 해도 손실이 전부 보전될 수는 없고, 많은 경우 보관료, 운송비, 검사비 등 추가적인 비용이 소요된다. 이러한 비용 등은 제74조(손해배상의 일반원칙)의 적용을 통해 배상받을 수 있다.

넷째, 매수인만을 놓고 볼 때 매도인이 물품의 인도불이행시 대체물시장이 존재할 경우 영국과 미국의 두 법규간에는 차이가 있음을 유의할 필요가 있다.

즉 영국은 물품매매법 제51조 (3)항의 시장가격규칙(market price rule)에 따라, 매도인이 물품인도불이행을 한 경우 손해배상액은 대체물시장이 존재하는 경우 손해배상액은 시장가격(market price) 또는 시가(current price)와 계약가격과의 차액이 된다. 이때 시장가격 또는 시가의 기준은 계약물품이 인도되었어야 했던 시점이며, 만일 인도시기를 정하지 않은 경우에는 매수인이 인도수령을 거절한 시점이 된다고 규정하고 있다.

반면 미국은 통일상법전 §2-702 (2)항과 §2-706(매도인의 재매각), 그리고 §2-712(매

고 분류하기도 한다(G. Treitel, *Remedies for Breach of Contract, A Comparative Account*, Oxford, Clarendon, 1988, pp. 115-122).

315) 매도인 또는 매수인이 재판매하거나 대체물을 구입할 때 현명하고 신중한 상인으로 행동하고, 당해 거래시장에서의 통상적 관행을 준수하였다면 충분하다 ; ICC Award No. 8128, 1995, Unilex.

316) 이 행동이 의미하는 바는 피해당사자가 손해를 경감하기 위해 열심히 대체거래에 임했다는 것을 말한다. 대체거래는 이하에서 설명할 CISG 제77조(손실경감의무)상 손해배상청구권자가 취해야 할 대표적인 손실경감 활동 중 하나이다.

317) Supreme Court, Queensland, Australia, 17 November, 2000, [2000] QSC 421.

318) John O. Honnold(1991), *op. cit.*, §401.1 참조.

수인의 재구매)에 따라, 매수인이 대체거래에 따른 가격과(cost of cover price)과 계약가격(contract price)과의 차액을 손해배상액의 기준으로 한다고 규정하고 있다. 이때 대체거래의 당사자는 신의칙에 입각하여 불합리한 지체 없이 합리적으로 대체물을 매각 또는 구입하여야 한다고 규정하고 있다. CISG 제75조는 대체로 미국의 규정을 수용한 것으로 판단된다.

대체물의 구입이나 재판매 등을 할 수 없거나 또는 대체거래가 있었으나 그것이 합리적인 방법으로 또는 합리적인 기간 내에 이루어질 수 없었던 때에는 본 조항의 적용을 받지 않고 CISG 제76조의 적용을 받는다. 이 경우는 아래에서 설명한다.

3) 시가와 손해의 산정

(1) 손해산정의 원칙

본 협약 제76조 (1)항에서는 "계약이 해제되고 물품의 시가가 존재하는 경우, 손해배상을 청구하는 당사자가 제75조에 따라 구입 또는 재매각하지 아니하였다면 계약대금과 계약해제 시점의 시가와의 차액 및 그 외에 제74조에 따른 손해액을 배상받을 수 있다. 다만, 손해배상을 청구하는 당사자가 물품을 수령한 후에 계약을 해제한 때에는 계약해제 시점의 시가를 대신하여 물품수령 시점의 시가를 적용한다."고 규정하고 있다.

이 조항은 계약을 해제하였지만 피해당사자가 대체거래를 하지 않았거나, 제75조에 따라 합리적 방법으로 합리적 기간 내에 대체거래를 못한 경우에 적용되는 규정이다. 단 이 조항을 적용하기 위해서는 해당 물품의 현시가가 존재해야 한다.

따라서 본 조항은 그 정황상 ① 이행기 전 계약위반에 입각해 계약을 해제한 경우, ② 매수인이 신용장의 개설 등 대금결제에 필요한 행위를 하지 못했거나 또는 물품의 인도 당시 대금결제를 하지 않을 때, ③ 매도인이 심각한 하자물품을 제공하여 매수인이 이를 거절함으로써 계약을 해제할 때 적용될 수 있는 조항이다.[319)]

손해배상금액은 계약대금과 계약해제 시점의 시가와의 차액이며, 역시 추가적인 비용이 소요됐다면 이 손해 역시 제74조에 입각하여 배상받을 수 있다. 그러나 만일 손해배상을 청구하는 당사자가 물품을 수령한 뒤에 계약을 해제한 경우에는 시가는 물품수령 시점이 기준이 됨을 유의하여야 할 것이다. 이는 매수인이 물품을 수령한 후 시장가격이 변화하는 것을 틈타 배상받을 손해를 극대화하려는 시도를 저지하기 위함이다.[320)]

319) *ibid.*, §412.

물론 이같은 행위를 한 매수인은 CISG 제77조가 규율하고 있는 손해경감의무를 위반한 것으로 간주된다.[321]

손해배상을 청구하려는 당사자의 입장에서 볼 때 계약해제의 시점을 언제로 할 것인가의 선택은, 특히 매도인이 이행지체나 불완전이행을 한 경우에는 더욱 더 결정하기 어려운 문제이다.

특히 매수인의 경우 물품을 받지 못한 상태에서 부가기간을 설정하게 되면, 물품 자체를 지배할 수 없으니 대체거래드 할 수 없을 뿐만 아니라, 이 부가기간 동안 계약해제도 할 수 없으므로 계약해제시점의 결정과 관련한 위험은 고스란히 매수인의 몫이 됨을 유의하여야 할 것이다.

(2) 시가의 판단기준

시가(current price)는 반드시 공식적으로 인용되는 가격이 존재해야 하는 것은 아니지만, 동종의 물품의 매매가 반복적으로 이루어진 결과 특정 거래지역에서 확립되어 있는 것이라면 충분하다.[322]

시가에 의한 손해배상기준은 계약을 해제하는 당사자가 시장가격의 하락으로 인한 손해를 상대방이 부담하게 하는 것을 막는 기능을 한다.

시가는 동종의 물품과 동일한 거래조건으로 적용되는 시장가격이어야 한다. 따라서 매매계약에 있어 Incoterms상의 가격조건이 시장가격 기준이 된 시가와 가격조건이 다르다면 이에 대한 적절할 조정이 이루어진 후 손해의 산정을 해야 할 것이다.[323]

한편 시가가 결정되는 지역에 관해 제76조 (2)항에서는 다음과 같이 규정하고 있다.

즉 "동조 (1)항의 적용상, 시가는 물품이 인도되었어야 했던 장소에서 통상 인정되는 가격을 말하지만, 만일 그 장소에서 시가가 없는 경우에는 물품운송비용의 차액을 적절히 고려하여 합리적 대체장소 역할을 할 수 있는 다른 장소에서의 가격을 말한다."

이 조항을 통해 볼 때 시가는 물품인도장소에서의 통상적 수용가격(prevailing price)임을 알 수 있다. 다시 말해 물품을 인도하기로 한 장소에서 상인들에 의해 통상적으로 인정되어 수용되고 있는 가격을 말한다.

물품을 인도하기로 한 장소는 본 협약 제31조에 따라 매도인이 매수인에게 물품을 운

320) Peter Schlechtriem, *op. cit.*, pp.578- 580.

321) *ibid.*

322) 이기수 · 신창섭, 「전게서」, pp.134-135.

323) Peter Schlechtriem, *op. cit*, p.582.

송하기 위해 제1운송인에게 교부하는 장소가 되는데, 이 장소는 바로 매도인이 소재한 수출지 내의 항구 또는 내륙의 컨테이너 운송기지일 경우이다.

이 장소는 매도인이 계약을 해제하는 경우에는 그 시장가격을 산정하기 용이하겠지만 매수인이 계약을 해제하는 경우에는 매수인 입장에서는 매우 불편한 장소가 된다. 따라서 매수인이 계약을 해제할 경우에는 가능한 한 대체거래를 함으로써 오히려 제75조의 손해산정기준을 따르는 것이 바람직할 것이다.[324]

끝으로, 물품이 인도되기로 합의했던 장소에 물품의 시가가 존재하지 않는 경우에는 시가가 존재하는 대체장소를 선정해야 하는데, 이때 그 장소까지의 운송비용을 적절히 감안한다.

4. 손실경감의무

1) 손실경감의무의 본질

CISG 제77조는 "계약위반을 주장하는 당사자는 이익의 상실을 포함하여 그 위반으로 인한 손실을 경감하기 위하여 그 상황에서 합리적인 조치를 취해야 한다. 만일 그 조치를 취하지 않은 경우에는, 위반당사자는 경감되었어야 했던 손실액만큼 손해배상액에서의 감액을 청구할 수 있다."고 규정하고 있다.

이 조항은 계약위반에 입각하여 손해의 배상을 요구하는 당사자는 손실의 경감을 위해 합리적인 조치를 취할 것을 요구하고 있다.[325]

손실경감의무의 위반은 경감되었을 손해액만큼의 배상의 축소(reduction in damages)로 이어진다.[326] 이 의미는 해상보험계약에서 손실의 경감을 위해 피보험자가 취해야 할 보험약관상의 의무와는 달리 매매계약에서의 손실경감의무는 상대방의 계약의 위반에 의해 손해배상을 청구하기 위해 피해당사자가 반드시 이행해야 하는 법적 의무는 아니라는 것을 함의한다 .

CISG가 본 조항에서 규정하고 있는 손실경감의무는 법률상의 구속요건이라기 보다

---

324) *ibid.*

325) 손실경감의무를 규정한 제77조는 물품의 보관의무를 규정한 제85조부터 제88조와 더불어 위반당사자에게 이미 위험이 이전되었으나 피해당사자가 해당 물품을 점유하고 있거나 기타 특별한 상황에서 피해당사자에게 부과되는 의무를 규정한 조항이다.

326) *ibid.* ; "A violation of this duty leads to a corresponding reduction in damages under Article 77 sentence 2."

는 위반된 계약에서 채권자로서의 지위를 갖는 피해당사자가 자기의 이익을 위하여 취해야 하는 법적인 요구사항(legal requirement)으로 간주되기 때문에 일견 간접의무에 해당한다. 따라서 손실경감의무의 불이행이 있게 되면 법률상의 제재는 따르지 않고 손해배상액의 축소라는 일정한 불이익을 받게 된다.

손해배상책임을 인정하기 위해서는 과실이 있을 것을 요구하는 대륙법계 계약법에서는 과실상계(set off) 등의 법리에 의해서 통상적으로 손해의 경감이 이루어지지만, 계약위반이 과실 없이 이루어진 경으에도 위반당사자에게 손해배상책임을 인정하는 영미법계 계약법에서는 피해당사자에게 형평(equity)의 원칙에 따라서 손실경감의무를 부담시키는 방법으로 손해의 경감이 이루어진다.[327]

국제적 통일규범인 CISG는 위반당사자의 과실 유무를 묻지 않는 무과실책임주의를 채택하고 있기 때문에 CISG 제77조는 영미법계 계약법의 입장을 수용하여 피해당사자에게 손실경감의무를 인정하고 있다.[328]

손해경감의무의 취지는 비록 계약의 위반이 있었다 할지라도 피해당자자인 채권자에 의해 부당하게 손실이 추가적 또는 연쇄적으로 확대된 경우에 이 손실까지도 위반당사자에게 채무자라는 이유만으로 배상하도록 하는 것은 형평의 원칙상 지나치게 가혹하기 때문에 이를 방지하는 데 있다고 볼 수 있다.

그러나 그렇다고 해서 피해당사자가 위반당사자를 위해 가장 유리한 구제수단을 택한다든지, 또는 무리하게 자기의 비용을 들여가면서까지 손실경감 활동을 해야 할 의무는 없다.

2) 손실경감의무의 적용방식

손실경감의무는 상대방의 계약위반이 있은 후 피해당사자의 손실경감활동을 종용하고 있지만, 이행기 전 계약위반과 같이 실제 계약위반행위가 있기 전 뿐만 아니라 현재 도래한 의무의 불이행에도 적용된다. 다음의 세 가지 가상사례를 통해 손실경감의무의 적용방식에 대해 구체적으로 살펴보도록 한다.

327) 이기수·신창섭, 「전게서」, p.137.

328) 손실경감의무는 일반적인 상관행을 반영한 것이며, 막을 수 있었던 손해의 발생을 방지함으로써 국 제상거래 활동의 장기적 이익을 도모한다 ; *ibid.*, p.138.

◈ 사례 A

매도인과 매수인간에 $50,000에 달하는 기계장비 100개를 12월 1일까지 인도하는 계약을 체결함. 7월 1일 매도인은 매수인에게 당해 기계장비의 가격이 연갈까지 계속 상승할 것이 확실히 예상되므로 $60,000으로 매수인이 계약금액을 올려주지 않는 한 당해 기계장비를 인도할 수 없다는 통지를 함. 이에 대해 매수인은 당초의 계약가격으로 인도할 것을 요구하는 답신을 통지함. 당시 7월 1일로부터 합리적 기간 내에 12월 1일 인도가 가능한 대체물을 만일 매수인이 구입하였다면 이때의 가격은 $56,000이었음. 매수인은 대체거래를 하지 않고 대기하다 매도인이 결국 인도하지 않은 12월 1일 $61,000에 이듬해 3월 1일을 인도기일로 하는 대체거래를 한 후 매도인에게 손해배상을 청구함. 이때 12월 1일에서 3월 1일로 인도가 지체되어 추가적인 손실액이 $3,000 발생함.329)

이 경우 매도인의 계약위반 결과 매수인이 배상받을 수 있는 금액은 $14,000($11,000+$3,000)이 아니고 $6,000으로 제한된다. 7월 1일 합리적 기간 내에 대체거래를 하였다면 회피할 수 있었을 금액($56,000-$50,000=$6,000)에 한정되기 때문이다.

◈ 사례 B

6월 1일 매도인과 매수인은 한 가마에 $50인 목화 1,000가마를 $50,000에 인도하는 계약을 체결함. 계약체결 후 당해 물품의 가격은 계속 하락하여 다음 달 7월 1일에는 가마당 $40이 되었음. 이에 따라 중간 판매상이었던 매수인은 계약의 이행을 거절하고 매도인에게 가격이 더 떨어지기 전에 다른 판매처에 재판매 할 것을 요청함. 이에 대해 매도인은 매수인이 계속 계약을 이행하여 당초 계약조건대로 대금을 지급해주기를 요청하였지만 매수인은 다시 계약의 이행거절을 통보함. 8월 1일 합의된 인도기일이 도래하자 목화의 시장가격은 가마당 $30으로 하락함. 매수인은 결국 물품의 수령을 거절하고 대금지급을 하지 않음. 매도인은 이에 따라 계약을 해제하고 가마당 $30에 이를 재매각하고($30,000), 매수인에게 당초의 계약금액($50,000)과 대체거래($30,000)의 차액인 $20,000의 손해배상을 청구함. 매수인은 이에 대해 7월 1일 자신의 서신 내용 중 가마당 $40에 매도인이 재판매하였다면 회피할 수 있었던 금액인 $40,000과의 차액이 $10,000를 배상하겠다고 주장함.330)

329) Albert H. Kritzer, *op. cit.*, p.608.

위의 가상사례 B에서는 매수인의 재매각 주장은 받아들여질 수 없을 것이다. 매도인은 이 같은 경우 이행기 전 계약위반을 규정한 제72조 (1)항에 따라 계약을 해제할 수 있는 권리가 있지만, 그렇다고 해서 위 가상사례 B의 경우처럼 매수인의 이행기 전 계약이행거절을 반드시 받아주어야 할 의무는 없다. 결론적으로 상대방의 이행기 전 계약이행거절이 있을 때 피해당사자는 이를 받아 이행기가 도래하기 전에 손실을 경감시킬 목적으로 손실경감활동을 서둘러 해야 할 의무는 없다.

이상에서 볼 때 이행기 전 계약위반과 같은 경우 이행기에 본질적 계약위반에 이를 것이라고 추단하여 이행기가 도래하기도 전에 손실경감활동을 강요하는 것은 오히려 피해당사자에게 지나치게 부담을 주기 때문에 이는 계약이행의 형평의 원칙상 손실경감의무가 인정되지 않는다.[331]

그러나 사례 A의 경우는 계약이행기까지 손실경감활동 차원에서 합리적 방법으로 재매각할 수 있는 기회가 있었다는 차원에서 손실경감의무가 부여되는 것이라 보겠다. 사례 A의 경우 피해당사자인 매수인은 이행기가 도래할 때까지 매도인의 이행을 기다린 후 이를 대체구입하기 보다는 7월 1일 매도인의 이행기 전 계약이행거절(anticipatory repudiation)을 통보받은 후 CISG 제71조 (3)항에 따라 즉시 매도인에게 이행의 정지를 통보하고 매도인이 12월 1일까지 계약을 이행하겠다는 내용의 적절한 보장책을 내놓으라는 요구를 하는 것이 더 바람직하다. 만일 매수인이 정한 기간 내에 매도인이 적절한 보장책을 강구하지 못한다면 그 시점에 매수인은 대체거래를 통해 대체물을 구입하여 이때 발생한 손해액 일체를 보상받거나[332], 또는 CISG 제72조에 따라 계약을 해제하는 것이 더 효율적일 것이다[333].

5. 이자의 지급

CISG 제78조에서는 "당사자가 대금을 지급하지 않거나 또는 그 밖의 연체된 금액을 지급하지 않은 경우에는 상대방은 제74조에 따른 손해배상청구권을 침해받지 않고 그 금액에 대한 이자를 청구할 수 있다."고 규정하고 있다.

본 조항은 이자와 손해를 별개의 개념으로 파악하고 있는 대륙법계 계약법의 입장을

330) John O. Honnold(1991), *op. cit.*, §419.1 참조.
331) John O. Honnold(1999), *op. cit.*, p.459.
332) Albert H. Kritzer, *op. cit.*, pp.608-609.
333) John O. Honnold(1991), *op. cit.*, §419.2 참조.

수용한 것이다. 따라서 계약위반의 피해당사자는 계약위반에 따른 손해배상청구권을 갖는 것에 추가하여 본 협약 제78조의 규정에 따라 이자의 청구권을 갖는다.

이자는 우리 민법상의 규정[334]에서와 같이 계약에 따라 받아야 할 금액이 있으나 이를 받지 못한 때부터 그 이자를 청구할 수 있다. 또한 손해가 발생한 때에도 손해의 배상이 있을 때까지 발생한 이자에 대해서도 역시 청구할 수 있다.[335]

여기서 유의해야 할 것은 본 협약 제79조가 규정하고 있는 면책(exemptions) 사유가 발생하였다 해도 이 규정은 손해배상의무를 면책시키는 데 한정되어 있기 때문에 손해의 배상의무와 이자지급의 의무를 별개의 의무로 취급하고 있는 본 협약 제78조에 따라 면책이 본 협약 제79조에 의해 인정되더라도 계약을 불이행한 당사자는 상대방에게 이자를 지급하여야 한다는 점이다.

한편 제78조는 이자율에 대해서는 별도의 규정을 두고 있지 않다. 따라서 매매당사자간에는 본 협약이 적용되나 이자율에 대해서는 규정하고 있지 않으므로 이자율은 국제사법에 의해 준거법으로 지정되는 국내법의 이자에 관한 규정이 적용된다.[336]

6. 면책

불가항력 사태에 의한 계약의 불이행과 계약당사자의 면책 그리고 계약효력의 소멸은 복잡한 법률적 판단을 요구하는 분야이다. 보다 자세한 설명은「계약의 Frustration」을 다루는 다음 장에서 별도로 다루기로 한다. 이하에서는 본 협약 제 79조가 규정하고 있는 내용만을 위주로 설명하도록 한다.

1) 계약의 불이행과 면책요건

계약이 체결된 후 주변 상황의 근본적 변화에 의해 만일 당해 후발적 불가항력 상황이 미리 예견되었거나, 또는 이미 그러한 상황에 직면하였다면 애당초 계약을 체결하지 않았을 만큼 사정이 변화되었다면 계약당사자의 의지와는 상관없이 불가항력으로 각 당사자의 계약상 의무의 이행이 불가능해질 수 있다.

문제는 이와 같은 상황이 발생하면 이른바 신의와 형평의 원칙상 계약의 효력을 해제시켜 당초의 계약내용으로부터 당사자들을 해방시켜 줄 것인지, 또는 불가항력 사태로

334) 매수인은 목적물의 인도를 받은 날로부터 대금의 이자를 지급하여야 한다. 민법 제587조 참조.
335) Peter Schlechtriem, *op. cit.*, p.594.
336) *ibid.*, pp.595-597.

자신의 의무를 이행하지 못한 당사자는 여전히 상대방에게 계약불이행에 따른 책임을 부담시킬지가 문제가 된다.

이러한 상황에 대해 본 협약 제79조 (1)항은 다음과 같이 규정하고 있다.

"당사자 일방은 그 의무의 불이행이 자신이 통제할 수 없는 장애에 기인하였다는 것과 계약체결시에 그 장애를 고려하거나 또는 그 장애나 그로 인한 결과를 회피하거나 극복하는 것이 합리적으로 기대될 수 없었다는 것을 증명하는 경우에는 그 의무불이행에 대하여 책임이 없다."고 규정하고 있다.

본 조항이 의무불이행의 원인으로 제시하고 있는 '자신이 통제할 수 없는 장애'(impediment beyond his control)의 의미는 불가항력을 말한다.[337] 불가항력(force-majeure)이라 함은 천재지변을 포함하여 인간이 지배 내지 통제할 수 없는 제반 사건을 의미한다.

무역계약에 있어 불가항력의 개념은 일일이 나열하기가 불가능할 만큼 다양한데, 대체적으로 전쟁, 스트라이크, 수출입봉쇄, 수출입금지조치, 선박의 나포·징발 등과 같은 정부의 간섭과 태풍·지진·화산의 폭발 등과 같은 자연적 재해를 통칭한다.

계약당사자의 의지와는 상관없이 전개 또는 발생한 불가항력적 장애는 다음과 같은 세 가지 요건[338]이 충족되어야 비로소 의무불이행에 대한 책임으로부터 면책된다.

첫째, 계약의 당사자가 통제 내지 지배할 수 없는 계약이행의 장애여야 한다.

둘째, 불가항력 사태는 매매계약의 체결 당시 그 발생이 고려되거나 합리적으로 예측할 수 없는 것이어야 한다.

셋째, 계약의 당사자는 사태발생시 합리적으로 이를 회피하거나 극복할 수 없는 상황이어야 한다.

이같은 요건의 증명은 계약을 불이행한 당사자의 책임소관이 된다.

2) 제3자에 기인한 계약불이행

계약의 당사자가 계약의 전부 또는 일부를 이행하기 위해 이행보조자를 사용한 때, 당해 이행보조자의 계약불이행이 불가항력적 장애에 의해 발생한 경우에 대해 CISG 제79조 (2)항에서는 (a) 계약을 불이행한 당사자 자신이 본 79조 (1)항에 의해서 면책되고, (b) 그가 사용한 제3자(이행보조자)에 대해서 본 제79조 (1)항을 적용했을 때 그 제3자

337) 예측할 수 없고(unforeseeable), 극복할 수 없고(insurmountable), 저항할 수 없는(irresistible) 상황을 말한다.

338) ICC, Publication No. 421 참조.

역시 면책되는 경우에 한하여 그 당사자는 면책된다고 규정하고 있다.

다시 말해 계약의 본인(principal)인 당사자가 자신의 계약을 이행하기 위해 대리인(agent) 또는 사용인(employee) 등과 같은 이행보조자를 사용하는 경우 계약당사자 본인뿐만 아니라 이행보조자 모두에 대하여 본 협약 제79조 (1)항의 면책요건이 충족된 때에만 계약당사자는 면책된다.

여기서 이행보조자라 함은 정식의 고용계약을 체결한 자 뿐만 아니라 사실상 본인이 보조자로 사용하고 있으면서 직접 또는 간접으로 본인의 통제와 감독하에 있는 자[339)]를 지칭한다고 볼 수 있다.

우리 민법 제391조[340)], 즉 이행보조자의 고의·과실에 관한 규정에서 보듯이 이행보조자의 계약불이행은 본인으로서의 지위를 갖는 계약당사자의 책임이 된다. 따라서 본 협약 제79조 (1)항의 면책사유에 의해 이행보조자의 계약불이행이 있다 할지라도 본인이 궁극적으로는 계약을 이행해야 하는 책임이 있기에 본인인 자신에게도 제79조 (1)항의 면책사유가 적용되어야 비로소 계약당사자 본인의 책임이 해제된다.

3) 불가항력적 장애의 통지의무

본 협약 제79조 (4)항에 따르면 "계약불이행 당사자는 장애가 존재한다는 것과 그 장애가 자신의 계약이행능력에 미치는 영향을 상대방에게 통지하여야 한다. 계약불이행 당사자가 장애를 알았거나 알았어야 했던 때로부터 합리적인 기간 내에 상대방이 그 통지를 수령하지 못한 때에는 계약불이행 당사자는 이같은 불수령으로 인한 손해에 대하여 책임이 있다."

불가항력적 장애가 발생하여 계약을 불이행할 수밖에 없다는 상황은 반드시 상대방에게 통지되어야 한다. 이때 통지는 형평의 원칙상 계약불이행 당사자가 통지의 부도달을 책임지는 도달주의(time-of-receipt rule)를 채택하고 있다.

통지의 부도달로 계약의 상대방이 통지불수령(non-receipt)에 기인한 손해가 발생한 경우 이를 책임진다는 의미는 제대로 통지가 이루어지지 못함으로 인해 계약의 상대방에게 손실이 '부가적으로 초래하였다면' 이 손해액을 책임진다는 것을 말하는 것이지, 불가항력 사태로 본 79조에 따라 면책된 계약상의 책임을 다시 부담한다는 것은 아님을 유

339) 대법원 1993.5.14. 선고 93도 344 판결.

340) 민법 제391조 : "채무자의 법정대리인이 채무자를 위하여 이행하거나 채무자가 타인을 사용하여 이행하는 경우에는 법정대리인 또는 피용자의 고의나 과실은 채무자의 고의나 과실로 본다."

의하여야 한다.

4) 계약불이행 당사자의 면책범위

계약의 불이행 당사자는 본 협약 제79조의 면책요건이 충족되어 계약의 불이행에 대해 책임이 면제되었다 해도 단지 손해배상책임만을 면제받은 것일 뿐, 계약상대방이 다른 구제수단을 통해 구제받기를 요구할 때에는 그 구제수단에까지 면책되는 것은 아니다.[341)]

즉 계약의 상대방은 손해배상청구권은 행사할 수 없지만, 피해당사자로서 대금감액권이나 계약해제권 등은 유효하게 행사할 수 있다. 그러나 불가항력 사태로 계약을 이행할 수 없게 된 당사자에게 계약을 강제로 이행시키는 것은 불합리하므로 불가항력 사태가 계속 진행되고 있는 상황에서는 특정이행의 요구는 할 수 없을 것이다.[342)]

한편 여기서 유의할 것은 계약불이행 당사자는 '항구적으로'(permanently) 계약의 손해배상책임으로부터 면책되는 것이 아니라 불가항력 사태가 존재하는 기간 동안 '일시적으로'(temporarily) 면책된다는 점이다. 따라서 불가항력적 사태가 종결되면 계약불이행 당사자는 다시 자신의 계약상 의무를 이행하여야 한다.

5) 계약당사자의 작위 또는 부작위와 면책

본 협약 제80조는 또 하나의 계약불이행 사유를 규정하고 있는데, 본 조항에 따르면, "계약의 당사자 일방은 상대방의 계약불이행이 당사자 일방 자신의 작위 또는 부작위에 일정 부분 기인하는 한, 상대방의 계약불이행을 주장할 수 없다."고 못 박고 있다.

따라서 상대방의 계약불이행을 발생케 한 사유에 계약당사자 일방 자신의 작위 또는 부작위(act or omission)가 일정부분 이상 기여하고 있다면 더 이상 상대방에게 계약불이행의 책임을 모두 전가할 수 없다.[343)]

이 조항의 해석적용에 있어 반드시 유의해야 할 것은 피해당사자의 작위 또는 부작위가 일부 기여한 상태에서 계약이 불이행된 경우, 위반당사자는 피해당사자의 작위 또는 부작위가 전체 계약불이행에 기여한 만큼 면책이 되며 이를 공제한 나머지 부분의 계약불이행에 대해서는 손해배상의 책임을 진다는 점이다.[344)]

---

341) CISG 제79조 (5)항.

342) John O. Honnold, *op. cit.*, p.494.

343) 한 예로 매도인의 계약불이행의 원인이 매수인이 수입허가를 취득하지 못한 사실에 기인한 경우가 이에 해당할 것이다.

344) Peter Schlechtriem(1986), *cp. cit.*, p.105 ("The obligor is excused only to the extent of the

이는 영미법계의 비교과실(comparative negligence)의 법리가 적용된 조항이라 볼 수 있다. 즉 피해당사자에게도 계약불이행에 일정 부분 책임이 있을 경우에는 그 책임의 크기를 퍼센트 단위로 측정하여 그 비율만큼 손해배상액을 경감한다는 원리가 적용될 수 있음을 함의하고 있다는 것이다.[345]

피해당사자의 책임의 크기를 어느 정도 참작할 것인가는 궁극적으로 법원의 자유재량에 속한다.[346]

7. 계약해제의 효과

계약의 해제란 이미 설명한 바 있듯이[347] 당사자 일방의 의사표시에 의하여 유효하게 성립한 계약을 소급적으로 소멸시켜 처음부터 계약이 체결되지 않은 상태로 회복시키는 것을 말한다.

본질적 계약위반 등의 사유로 계약이 해제되면 계약의 피해당사자에게는 계약상의 법적 의무로부터의 해방·원상회복·손해배상이라는 세 가지 효과가 발생한다.

이하에서는 본 협약 CISG 제81조가 규정하고 있는 계약해제의 효과에 대해 설명하도록 한다.

1) 계약의무로부터의 해방

본 협약 제81조 (1)항은 "계약의 해제는 손해배상의무를 제외하고 당사자 쌍방을 계약상의 의무로부터 면하게 한다. 해제는 계약상의 분쟁해결조항 또는 해제의 결과 발생하는 당사자의 권리와 의무를 규율하는 그 밖의 계약조항에 영향을 미치지 아니한다."

이 조항에 따라 계약의 양 당사자는 손해배상의 책임을 제외하고는 계약상의 의무로부터 해방된다. 즉 매도인은 더 이상 물품을 인도할 의무가 없고, 매수인은 물품의 수령이나 대금의 지급의무가 해제된다.

그러나 계약이 해제된 경우라 할지라도 위반당사자는 계약위반으로 인한 손해배상의

---

hindrance caused by the obligee. The obligee need not be responsible, in the sense of Article 79, for the impairment he caused.").

345) 우리나라에서도 이와 유사하게 과실상계의 원칙을 도입하고 있다. 민법 제396조 : "채무불이행에 관하여 채권자에게 과실이 있는 때에는 법원은 손해배상의 책임 및 그 금액을 정함에 이를 참작하여야 한다."

346) 대판 1972.12.26. 72다1037.

347) *supra*, 「제2절 계약불이행의 구제의 일반원칙」 참조.

의무로부터 면제되지는 않는다. 또한 중재조항과 같은 분쟁해결조항이나 손해배상의 예정과 위약금 조항, 원상회복의무 또는 물품보관의무 등의 조항은 그대로 효력을 유지한다.

2) 원상회복의무

(가) 원상회복의무의 동시이행관계

본 협약 제81조 (2)항은 계약이 해제된 후 당사자들의 원상회복의무를 규정하고 있다. 즉 "계약의 전부 또는 일부를 이행한 당사자는 자신이 계약상 제공 또는 지급한 것의 반환을 청구할 수 있다. 당사자 쌍방이 반환하여야 하는 경우에는 동시에 반환하여야 한다."

그러나 이와는 달리 미국의 통일상법전에서는 계약이 해제된 경우에 매도인이 물품을 인도하고 아직 대금을 받지 못한 경우, 매도인은 물품가격과 부수적 손해액을 포함한 금전적 손해배상청구권만을 행사할 수 있도록 규정하고 있을 뿐, 특별히 물품 자체의 반환을 요구할 수 있는 규정은 따로 두고 있지는 않다[348]는 점을 유의할 필요가 있다.

또한 영국의 물품매매법[349]을 보더라도, 물품의 소유권이 매수인에게 이전되고 매수인이 부당하게 대금지급을 해태하거나 거절하는 경우, 또는 물품의 인수 여부에 관계없이 특정일에 대금지급을 약정하였으나 그 특정일에 대금지급을 해태하거나 거절한 경우에 매도인은 대금지급청구를 할 수 있다는 규정을 두고 있을 뿐, 따로 물품의 반환청구에 대해서는 규정을 두고 있지 않다.

우리나라 민법은 독일 민법이나 프랑스 민법과는 달리 불법행위로 인한 손해배상의 경우 금전배상을 원칙으로 하므로, 불법행위의 효과로서 원상회복이 일반적으로 인정되지는 않는다.[350] 다만, 민법 제548조에서 계약해제의 효과로서의 원상회복은 물건 교부가 있었으면 현물을 반환하여야 하고, 금전을 받은 경우에는 수령시부터 이자를 붙여서 반환하여야 하며, 노무 또는 물건의 이용이 급부로 되어 있었던 경우에는 당해 급부를 수령한 당시의 객관적 가격을 배상하여야 한다고 규정하고 있다. 계약의 해제로 인한

348) 미국통일상법전 §2-709 (1)항 : "When the buyer fails to pay the price as it becomes due the seller may recover, together with any incidental damages under the next section, the price (a) of goods accepted...."

349) 영국물품매매법 제 49조 참조.

350) 그러나 명예훼손의 경우(민법 764조), 신용침해의 경우(부정경쟁방지법 6조), 광해배상(鑛害賠償)의 경우(광업법 93조 1항 단서)에는 원상회복의무를 인정한다.

원상회복은 그 밖의 손해배상의 청구에 영향을 미치지 아니한다.[351]

따라서 원상회복시 매도인의 인도물품 반환청구권은 이른바 거래안정을 위한 특별규정이란 점이라 고려해 본다면, 계약이 해제되면 그 계약의 이행으로 변동이 생겼던 물권(物權)은 당연히 그 계약이 없었던 원상태로 복귀한다는 대륙법계의 법제를 수용한 결과라 볼 수 있다.

(나) 매수인의 원상회복청구권의 제약

한편 매수인의 원상회복청구권과 관련하여 본 협약 제82조 (1)항은 다음과 같은 제약조건을 제시하고 있다.

즉 "매수인이 물품을 수령한 상태와 실질적으로 동일한 상태로 그 물품을 반환할 수 없을 때에는 매수인은 계약을 해제하거나 매도인에게 대체물을 청구할 권리를 상실한다."고 규정하고 있다.

물론 이같은 상황이라 할지라도 매수인은 여전히 손해배상청구권이나 대금감액권 등과 같은 구제수단을 강구할 수 있다.[352]

본 82조 (2)항에서는 물품을 반환할 수 없거나 수령한 상태와 실질적으로(substantially) 동일한 상태로 반환할 수 없는 것이 예외적으로 다음과 같은 이유에 기인했을 경우에는 매수인은 계약을 해제하거나 또는 대체물의 인도를 청구할 수 있다고 규정하고 있다.

(a) 매수인의 작위 또는 부작위에 기인하지 아니하거나,

(b) CISG 제38조가 정한 검사를 행한 결과 물품의 전부 또는 일부가 멸실 또는 훼손되거나,

(c) 매수인이 부적합을 발견하거나 또는 발견했어야 했던 시점 이전에 물품의 전부 또는 일부가 정상적인 거래과정에서 매각되거나 통상의 용법에 따라 소 비 또는 변형된 경우.

(다) 원상회복과 계약서상의 소유권유보특약

당사자간에 매매계약체결시 계약서상에 다음과 같은 특약을 삽입한 경우 원상회복의무를 규정한 본 협약 제81조 (2)항의 적용이 불가능해질 수 있다.

즉, "매수인이 물품인도를 수령한 후 30일이 이내에 대금을 지급하지 않으면 매도인은 별도의 추가적 통지 없이 해당 물품의 소유권을 갖는다."라는 특약이 계약에 합의되었는

---

351) 민법 제551조.

352) CISG 제83조.

데 매수인이 이 특약을 지키지 못한 때이다.[353)]

이 경우 당사자간에 인도한 물품의 반환 등 원상회복이 있기 위해서는 본 협약 제26조에 따른 계약해제의 선언이 있어야 하며, 이에 따라 계약이 해제되면 이에 입각하여 매도인은 원상회복을 받을 권리가 생기는데, 그러한 계약해제의 선언이 없었다면 매수인은 물품의 반환을 거절할 수 있는지가 문제의 관건이 된다.

본 협약 제4조에 따르면 "이 협약은 매매계약의 성립 및 그 계약으로부터 발생하는 매도인과 매수인의 권리와 의무만을 규율한다. 이 협약에 별도의 명시규정이 있는 경우를 제외하고, 이 협약은 다음과 같은 사항에 관련이 없다.

(a) 계약이나 그 조항 또는 관행의 유효성

(b) 매매된 물품의 소유권에 관하여 계약이 미치는 효력."이라고 규정하고 있다.

따라서 매도인은 계약서에 삽입된 특약에 따라 자신의 소유권이 유효함을 주장할 수 있고 매수인은 계약에 합의된 조건에 따라 계약이 해제되지 않았음에도 불구하고 당해 물품을 매도인에게 반환하여야 한다. 결국 본 협약의 이같은 원칙에 따라 매매계약 체결시 당사자간에 매매계약서상에 특약의 형태로 대금의 완납을 조건으로 하는 소위 소유권유보조항(reservation of title clause)을 특약의 형태로 합의한 경우에는 매도인은 당해 물품의 소유권자로서 계약을 해제하지 않더라도 자신의 물품의 반환청구를 할 수 있을 것이다.

(라) 원상회복과 계약당사자의 파산

한걸음 더 나아가 계약의 당사자가 파산한 경우 원상회복은 어떻게 이루어질 수 있는지 살펴볼 필요가 있다.

본 협약 제82조 (2)항만을 놓고 볼 때 양 당사자가 원상회복(restitution)을 할 때는 동시이행관계에 있기 때문에,[354)] 예컨대 매수인이 파산한 경우, 물품을 이미 인도한 매도인은 계약의 해제를 통하여 자신의 인도물품을 반환 청구할 수 있다는 점에서 대금결제를 받지 못한 매도인(unpaid seller)에게 유용한 규정이다. 또한 매도인이 파산한 경우 매수인은 원상회복을 통해 대금회수의 권리를 확보할 수 있기에 매수인에게도 유용한 규정임은 사실이다.

---

353) John O. Honnold(1999), *op. cit.*, pp. 563-564 ; Albert H. Kritzer, *op. cit.*, pp.664-665.

354) 그러나 여기서 유의할 것은 매수인이 계약을 해제하지 않고 '대체물의 인도'와 같은 특정이행을 청구한 경우에는 원상회복을 위한 동시이행관계는 성립하지 않는다.(Peter Schlechtriem(1986), *op. cit.*, p.107).

다만 이러한 경우에 대부분 파산한 매수인의 채권자들은 자신들의 국내법상의 규정에 따라 파산절차를 개시하는 등의 조치를 취할 것이지만, 이에 관해 CISG는 위에서 살펴본 제4조의 규정에 따라 단지 매수인과 매도인간의 권리와 의무만을 규율할 뿐 계약이 물품의 소유권에 미치는 효력 등은 규율하지 않는다는 입장이기 때문에 구체적으로 매도인이 인도한 물품의 소유권을 누가 갖는지의 문제는 CISG가 규율하지 않고 각 체약국의 국내법에 그 해결이 맡겨진다.[355]

이같은 논리는 매도인이 파산하여 원상회복을 주장하는 매수인의 경우 채권의 우선순위 결정에도 마찬가지로 적용된다. 그러나 이러한 사실이 있다는 것이 당사자들의 원상회복 요구권리의 유효성에 영향을 주는 것은 아니지만[356] 이와 같이 본 협약과 국내법의 적용간의 법적인 문제점들로 인해 원상회복의 요구는 원래의 취지를 달성할 수 없는 경우가 많다는 점을 주지할 필요가 있다. 요컨대 본 협약의 제반 규정에 따른 거래할지라도 소유권에 관한 전반적 문제들은 국내법에 적용되므로 원상회복의 요구권리는 개인적 권리(personal right)로 그치게 되어 결국 소유권에 관계한 제3자들에게 대항력을 갖지 못할 공산이 크다.[357]

(마) 당사자들의 원상회복의 범위

본 협약 제84조 (1)항에서는 "매도인은 대금을 반환하여야 하는 경우에 대금이 지급된 날로부터 그에 대한 이자도 지급하여야 한다."

그리고 본 조 (2)항에서는 "매수인은 다음의 경우에는 물품의 전부 또는 일부로부터 발생한 모든 이익을 매도인에게 지급하여야 한다. (a) 매수인이 물품의 전부 또는 일부를 반환하여야 하는 경우, (b) 물품의 전부 또는 일부를 반환할 수 없거나 수령한 상태와 실질적으로 동일한 상태로 전부 또는 일부를 반환할 수 없음에도 불구하고, 대수인이 계약을 해제하거나 매도인에게 대체물의 인도를 청구한 때."라고 규정하고 있다.

이 두 규정을 놓고 볼 때 원상회복이 이루어질 경우, 당사자 상호간의 거래를 통해 누릴 수 있었던 다음과 같은 이득분은 모두 반납해야 한다는 취지이다.

첫째, 매도인은 매수인에게 대금을 반환(refund)해야 할 것인데, 이때 자신이 대금지

---

355) Winship, "Domesticating International Commercial Law : Revising UCC Article 2 in light of the UN Sales Convention," *Loyola Law Review*, vol. 37, 1991, p. 68 ; 이기수·신창섭, 「전게서」, p. 146.

356) Albert H. Kritzer, *op. cit.*, p. 664.

357) Knapp, "Remedies for Breach under the CISG", *Commercial Damages : A Guide to Remedies in Business Litigation*, Matthew Bender, 1989, pp. 43-52.

급 받았던 날로부터 당해 물품대금의 소유를 통해 발생한 이득, 즉 이자 역시 매수인에게 반환하여야 한다는 것이며,[358)]

둘째, 매수인이 매도인에게 물품을 반환(restitution)해야 할 것인데, 자기가 구입한 물품을 당초 수령한 상태와 실질적으로 동일한 상태로 전부 또는 일부를 반환할 수 있는지 여부와 관계없이 그 물품을 소유함으로써 발생한 사용·수익의 결과물, 즉 이득(benefit)도 역시 매도인에게 반환하여야 한다는 것이다.

(바) 원상회복시 비용과 위험의 부담

본 협약 제82조에서는 계약이 해제되어 원상회복이 이루어질 경우 발생하는 비용과 운송 등의 과정에 수반될 수 있는 위험에 대해 어느 당사자가 부담하는지에 관해서는 특별히 따로 규정을 마련해 놓고 있지 않다. 그러나 본 협약의 전체적인 맥락상, 위반당사자가 본인의 물품이나 대금을 원상회복시킬 때 소요되는 비용과 위험, 그리고 피해당사자로부터 물품이나 대금을 원상회복 받을 때 소요되는 모든 비용과 위험은 계약을 위반하여 계약을 해제하게끔 원인제공을 한 위반당사자가 부담한다고 보아야 할 것이다.

예컨대 계약을 해제한 매수인이 위반당사자인 매도인에게 물품을 반환할 때 소요되는 운송비와 그리고 물품멸실 등의 위험은 매수인이 통상적인 방법으로 적절히 송부하는 한, 모두 위반당사자인 매도인의 부담이다.

8. 물품의 보관

본 협약이 물품의 보관에 관한 조항을 따로 두고 있는 까닭은 계약당사자간에 계약위반이나 의무의 불이행이 있는 경우 이른바 물품 소유권의 소재가 불분명하여 관리가 소홀해진 결과, 물품의 추가적 손실이 발생할 경우 이를 방지하기 위해서 계약의 목적물인 물품의 관리 및 보관을 누구의 소관으로 하는 것이 합리적인가를 규정해두기 위함에 있다.

이러한 목적을 달성하기 위해 가장 합리적인 방법은 계약위반의 귀책사유가 누구에게 있는지 여부와는 관계없이, 어떤 당사자가 해당 물품을 보관하고 관리하는 데 가장 효율적이고 비용절약적인가 하는 데 있다.

358) CISG 제78조상에 규정된 이자, 즉 대금 또는 그 밖의 연체된 금액에 대한 이자는 손해배상청구권을 행사할 때 피해당사자가 의당 받았어야 할 대금을 받지 못해 발생한 원금에 대한 것으로, 이는 얻을 수 있었던 이자소득의 손실분이라는 차원에서 그 손실금에 붙는 기간 개념의 추가손실을 말한다. 따라서 원상회복을 규정한 CISG 제84조 (1)항의 이자와는 다른 개념이다.

물품보관의무와 관련하여 유의해야 할 것은 앞서 살펴본 손실경감의무와 마찬가지로 물품보관의무는 간접의무에 해당하기 때문에 물품보관의무의 불이행이 있게 되면 법률상의 제재는 따르지 않고 손해배상액의 축소라는 일정한 불이익을 받게 된다는 점이다. 매도인 또는 매수인이 자신에게 주어진 물품보관의무를 다하지 않음으로서 발생한 손해가 있다면 그 만큼 추후 자신의 손해배상금에서 상계(set-off)된다.

이하에서는 이 같은 목적을 달성하기 위해 마련된 CISG의 제반 조항(제85조, 제86조, 제87조)을 살펴보도록 한다.

1) CISG 제85조 : 매도인의 물품보관

CISG 제85조에 따르면 "매수인이 물품수령을 지체하거나 또는 대금지급과 물품인도가 동시에 이루어져야 함에도 매수인이 대금을 지급하지 않은 경우, 그리고 이같은 경우에 매도인이 물품을 점유하거나 그 밖의 방법으로 물품의 처분을 지배할 수 있을 때에는 매도인은 물품을 보관하기 위하여 그 상황에서 합리적인 조치를 취하여야 한다. 매도인은 매수인으로부터 합리적인 비용을 상환 받을 때까지 그 물품을 보유할 수 있다." 고 규정하고 있다.

이 조항은 매도인이 물품의 보관을 해야 한다는 취지인데, 이에는 다음과 같은 두가지 전제가 필요하다.

하나는. 매도인이 물품을 현재 보유하고 있는 상태를 포함하여 실제 그 처분을 지배할 수 있어야 한다는 것이고,

둘째, 매수인이 자신의 계약상 채무를 이행하지 않는 시점에 물품의 위험은 매수인에게 이전된 상태여야 한다는 것이다.

본 협약에 따르면 제67조와 제69조 (1)의 규정에 의해 계약물품이 제1운송인(first carrier)에게 인도되었다면 그 시점에, 또는 매수인이 직접 물품을 수령하기로 하였지만 적기에 이를 수령하지 않고 계약을 위반한 시점에 당해 물품의 위험은 매수인에게 이전된다.[359]

이 조항은 위험은 매수인에게 이전된 상황에서 매도인이 점유 등으로 물품을 지배할 수 있어야 하므로 제1운송인에게 물품을 인도하는 경우는 해당되지 않고 매수인이 직접

359) CISG 제67조에 따르면 매매계약에 물품의 운송이 수반되는 경우 물품의 위험은 물품이 제1운송인 (first carrier)에게 인도되면 매수인에게 인도된 것으로 본다고 규정되어 있고, CISG 제69조 (1)항 에 따르면 물품을 매수인이 직접수령하는 경우 물품을 적기에 수령하지 않고 계약을 위반한 때에는 그 계약을 위반한 시점에 위험이 매수인에게 이전한다고 규정하고 있다.

물품을 수령하는 경우에 해당한다. 따라서 이 조항은 매수인이 매도인의 영업소에서 물품을 인도받는 계약하에서 인도기일에 물품을 수령하지 않는 상황을 상정하고 있다. 소위 추심채무의 경우이다. 추심채무의 경우에는 매수인이 계약의 목적물을 수령해 가지 않는 한, 확정기한이 도래하였다는 사실만으로는 매도인은 물품의 인도와 관련한 모든 책임에서 자유로울 수만은 없다.

다음의 가상사례를 통해 좀 더 자세히 살펴보도록 한다.

◈ 사례 A

매매계약상 매수인은 매도인의 창고에서 10월 중 물품을 수령하기로 계약을 체결함. 매도인은 10월 1일, 매수인의 처분이 가능하도록 자신의 창고에 물품을 적치하고 인도의 완료를 통보함.[360] 매수인은 11월 1일이 되어도 물품을 수령하지 않아 자신의 물품수령의무를 위반하게 되었고, 그 시점으로 물품의 위험은 매수인에게 이전하게 됨.[361] 매도인은 바로 그날 해당 물품을 다른 창고로 이동하여 적치하였는데, 이 창고는 해당 물품을 보관하기에 적절치 못한 여건이었음. 11월 5일 이행지체가 되었긴 하였지만 매수인이 물품을 수령하던 차, 보관상의 문제로 당해 물품에 손상이 발생하였음을 발견함.[362]

위 사례의 경우 비록 10월 31일 인도가 완료되고, 11월 1일부로 물품의 위험이 매수인에게 이전되었다 해도 매도인은 11월 1일부터 11월 15일 사이에 발생한 물품의 손상에 대해 책임을 져야 한다. 이는 본 협약 제85조의 적용에 따라 매도인이 물품보관의무를 위반하였기 때문이다.

쌍무계약에서와 같이 거래당사자간의 계약이행이 동시이행의 관계가 있을 때에는 기한의 도래와 동시에 지체의 책임이 발생하는 것은 아니고, 상대방으로부터 이행의 제공을 받으면서도 자신의 의무를 이행하지 않는 경우에 비로소 지체책임이 발생한다. 이때 물품의 위험도 이전한다.

위 상황에서는 물품의 위험을 이전받아 그 멸실이나 훼손의 위험을 책임져야 할 당사자는 매수인이지만, 그럼에도 불구하고 당해 물품을 매도인이 현재보유하고 있거나 처

360) CISG 제31조 (b)항과 (c)항에 따라 인도의무를 이행하였다.

361) CISG 제69조 (1)항.

362) Albert H. Kritzer, *op. cit.*, p.684.

분의 지배권을 행사할 수 있는 위치에 있다면 의당 매도인이 당해 물품을 보관하는 것이 매수인이 이를 행하는 것보다 훨씬 더 효율적이고 비용절약적일 것이다. 본 협약이 제85조를 통해 매도인에게 물품보관의 의무를 부과하는 것은 이와 같은 논리에 따른 것이다.

만일 보관을 위한 비용이 초래된 경우라면 이는 당연히 매도인으로부터 구상받으면 될 것이다.

◈ 사례 B

CIF 조건으로 체결된 계약에서 매도인이 제공한 선적서류 일체가 계약조건과 내용에 일치함에도 불구하고 매수인은 부당하게(wrongfully) 매도인의 환어음에 대해 결제를 거부함. 그 결과 선하증권을 비롯하여 물품과 관련된 서류 일체가 매수인에게 교부되지 못한 채 매도인이 소지하게 됨(이 사례 B는 다음의 사례 D와 비교할 필요가 있음).

위 가상사례의 경우 본 협약 제85조에 따라 매도인은 물품의 처분을 통제할 수 있는 위치에 있고, 나아가 선하증권의 보유로 해당 계약물품의 유치권을 행사할 수 있는 법적 권한을 보유하고 있음으로 수입국 목적항에 물품이 양륙되면 이를 보관할 의무가 있다. 물론 매도인은 손해의 배상을 통해 추후 매수인으로부터 보관에 소요되는 모든 합리적 비용을 상환 받을 수 있다.

2) CISG 제86조 : 매수인의 물품보관의무

본 협약 제86조 (1)항에서는 "매수인이 물품을 수령한 후 그 물품을 거절하기 위해 계약 또는 이 협약에 따른 권리를 행사하려고 하는 경우, 매수인은 물품을 보관하기 위하여 그 상황에서 합리적인 조치를 취하여야 한다. 매수인은 매도인으로부터 합리적인 비용을 상환 받을 때까지 그 물품을 보유할 수 있다."

그리고 본 조 (2)항에서는 "매수인에게 이미 발송된 물품이 목적지에서 매수인이 처분할 수 있는 상태에 놓여지고, 매수인이 그 물품을 거절하는 권리를 행사하는 경우에 매수인은 매도인을 대신하여 그 물품을 점유하여야 한다. 다만, 이를 위해 매수인이 대금을 지급해야 하거나 또는 다른 불합리한 불편이나 비용을 초래하는 경우에는 그러하지 아니한다. 이 조항은 매도인이나 그를 위하여 물품을 관리하는 자가 목적지에 있는 경우에는 적용되지 아니한다. 매수인이 이 조항에 따라 물품을 점유하는 경우에는 매수인의 권리와 의무에 대하여는 제 (1)항이 적용된다."고 규정하고 있다.

이 조항은 매수인의 물품보관의무를 다루고 있는데, 역시 그 핵심은 매수인이 물품을 보유 또는 점유하고 있을 때이다.

본 조의 (1)항은 매수인이 '물품을 수령하여 이를 점유하고 있는 상태'에서 이를 거절할 사유가 있어 당해 물품을 거절할 때, 현재 점유하고 있는 물품을 매도인에게 반송할 의무는 없지만 선의의 관리자로서 보관해야 한다는 취지이다.

반면에 본 조 (2)항은 물품이 매수인에게 발송되어 아직 실제로 물건을 인도받지 못해 '처분권은 있으나 점유는 하지 못한 상태'에서 물품인수거절권을 행사할 때이다. 이러한 경우 매수인은 일단 물품을 인도받아 자신의 권리행사를 완료할 때까지 물품을 보관하는 것이 매도인이 물품을 거두어 스스로 보관하는 것보다 효율적이다. 단 매수인에게 이 같은 의무를 부담시키기 위해서는 매수인에게 불합리한 불편이나 비용을 부담시켜서는 안 될 것이며, 동시에 매도인을 대리하는 자가 수입국 목적지에 없는 상황이어야 할 것이다.

◈ 사례 C

매수인이 물품을 수령한 후 물품이 계약에 일치하지 않음을 발견한 후 매수인은 이의 인수를 거절함.

위의 경우는 지금까지 살펴본 바와 같이 본 협약 제86조 (1)항에 따라 매수인은 물품을 보관하기 위해 합리적인 조치를 취하여야 한다. 물론 매수인은 추후 매도인으로부터 합리적인 비용을 상환 받을 때까지 당해 물품을 보유할 수 있다.

◈ 사례 D

사례 B의 경우와 마찬가지로 매매계약이 CIF 조건으로 체결됨. 매도인은 선적과 함께 대금결제를 받기 위해 매수인에게 선적서류 일체와 환어음을 제시함. 매수인은 제시받은 선적서류상에 계약의 조건과 내용에 일치하지 않는 불일치 사항이 발견되어 정당하게(properly) 대금의 결제를 거절함.[363)]

위 같은 상황에서는 매수인은 물품을 수령하여 이를 점유할 의무가 없다. 다시 말해 대금결제를 거부하는 시점에 물품이 목적항에 도착하였다 해도, 또는 물품이 아직 채 도착하지 않았다 해도 매수인은 서류의 하자로 대금의 결제를 거절하는 순간 본 협약 제86조 (2)항은 더 이상 매수인에게 적용되지 않는다는 것이다.

CIF 조건의 계약에서와 같이 선적서류상환불(cash against documents) 거래에서 서류가 계약의 조건과 내용에 일치하지 않아 매수인이 이의 수리를 거절할 경우에는 제86조 (2)항에 따른 물품보관의무는 매수인에게 부과되지 않는다. 이는 물품의 소유권 내용 중 담보권(security)이 다시 매도인에게 귀속되었기 때문이다. 그러나 신용장 거래에서와 같이 서류의 제시와 함께 매도인 국가 소재의 은행에서 이미 대금결제가 이루어진 경우에는 제86조 (2)항에 따른 물품보관의무는 당연히 매수인에게 적용된다.[364]

3) CISG 제87조 : 제3자 창고의 보관

계약의 당사자 일방이 물품의 보관의무를 부담하게 될 때 자가운영의 창고에 보관할 수도 있지만 보통 제3자가 운영하는 창고에 보관하는 것이 더 일반적일 것이다.

제3자의 창고를 이용할 때는 다만 그 보관비용이 합리적이어야 할 것이다. 물론 이때 소요되는 보관비용은 계약을 위반한 상대방이 부담한다.[365]

9. 물품의 매각권: CISG 제88조

1) 자조매각권의 행사

본 협약 제88조 (1)항은 제86조와 제87조에 따라 각각 물품을 보관할 의무가 있는 자로 하여금 특별한 경우 보관물품을 자조매각(self-help sale)할 수 있는 권한을 부여하고 있다.

첫째, 상대방이 물품을 점유하거나 반환받거나 또는 대금이나 보관비용을 지급하는데 불합리한 지체(unreasonable delay)가 있는 경우,

둘째, 이러한 자조매각을 위해서는 매각 전에 이미 상대방에게 매각의사에 관한 합리적인 통지를 한 상태여야 하며,

---

363) Albert H. Kritzer, *op. cit.*, p. 687.

364) Enderlein & Maskow, *op. cit.*, p. 688.

365) CISG 제87조.

셋째, 자조매각은 적절한 방법으로(by any appropriate means) 이루어져야 한다. 매각방법의 적절성은 각국의 국내사정에 따라 달라질 수 있으므로 자국의 국내법에 따른다.

이 조항의 해석적용에 있어 유의해야 할 것은 이 조항은 자조매각의 선택권을 규정한 것이지(may sell them), 자조매각의 의무를 규정한 것이 아니므로 매각하지 않았다고 해서 물품을 보관해야 하는 당사자가 어떤 불이익을 당하는 것은 아니라는 점이다.[366)]

2) 긴급매각의무의 이행

한편 제88조 (2)항에서는 본 조 (1)항에 한 걸음 더 나아가 물품의 보관을 해야 하는 당사자에게 긴급매각의 의무를 부여하고 있다.

즉 "물품이 급속히 훼손되기 쉽거나 그 보관에 불합리한 경비가 초래되는 경우에는 제86조 또는 제87조에 따라 물품을 보관하여야하는 당사자는 물품을 매각하기 위하여 합리적인 조치를 취하여야 한다. 이 경우 가능한 한도에서 상대방에게 매각의사가 통보되어야 한다."고 규정하고 있다.

이 조항은 시간의 경과에 따라 급속히 부패하거나 소멸되어 상업적 가치를 상실할 우려가 있는 물품, 이른바 perishable goods일 경우 긴급매각을 허용하는 조항이다. 또한 보관에 있어서 불합리하게 많은 비용이 초래되는 경우에도 합리적인 조치의 일환으로 긴급매각을 허용하고 있다.

이 긴급매각을 위해서는 상대방에게 그 매각의사를 가능한 한도에서(to the extent possible) 통보해야 하는데, 이때 가능한 한도에서 통보해야 한다는 의미는 매각 전에 이미 통보가 이루어지지 않아도 긴급매각의 성격상 경우에 따라서는 사전에 매각의사를 통지하지 않고 우선적으로 매각할 수 있음을 함의한다.

우리나라 상법 제67조에서도 이와 유사한 취지의 규정을 두고 있다. 즉,

첫째, 상인간의 매매에 있어서 매수인이 목적물의 수령을 거부하거나 이를 수령할 수 없는 때에는 매도인은 그 물건을 공탁하거나 상당한 기간을 정하여 최고(催告)한 후 경매할 수 있다. 이 경우에는 지체 없이 매수인에 대하여 그 통지를 발송 하여야 한다.

둘째, 전 항의 경우에 매수인에 대하여 최고를 할 수 없거나 목적물이 멸실 또는 훼손될 염려가 있는 때에는 최고 없이 경매할 수 있다.

한편 긴급매각의무는 제85조 및 제86조의 물품보관의무와는 달리 단순한 간접의무가

366) 이기수·신창섭, 「전게서」, p.151 참조.

아니라 본 협약상 직접의무에 해당하므로 이를 위반한 경우에는 그 위반으로 인해 발생한 손실에 대해 배상의무가 발생함[367]을 유의하여야 한다.

끝으로 자조매각권의 행사 또는 긴급매각의무의 이행으로 물품을 매각한 당사자는 물품을 보관하고 이를 매각하는 데 소요된 비용은 추후 손해배상금의 산정시 정산되며, 차액이 발생할 경우 그 이득분은 상대방에게 반환하여야 한다.[368]

367) Peter Schlechtriem, *op. cit.*, p.683 참조.

368) CISG 제88조 (3)항 참조.

제 4 장

계약의 Frustration

계약의 Frustration

제4장

제1절 Frustration의 개념과 본질

1. Frustrarion의 개념과 요건

1) Frustration의 일반적 정의

매매계약의 이행에 있어 "계약은 체결되면 반드시 준수되어야 한다' *Pacta sunt servanda* 라는 계약의 일반원칙은 매매당사자간의 거래질서의 확립과 계약의 안전성 확보를 위해 절대적 중요성을 가진다.

계약을 불이행하는 계약의 당사자는 그에 대해 책임을 지고, 피해당사자도 계약을 불이행한 위반당사자에게 여러 근거에 따라 손실을 전보받을 수 있음도 이와 같은 절대적인 계약신성의 원칙(principle of sanctity of contract)이 지배하고 있기 때문이다.

그러나 경우에 따라 계약이 체결된 후 후발적으로 발생하는 주변 상황의 근본적 변화에 의해 만일 당해 후발적 돌발 상황이 미리 예견되었거나 또는 이미 그러한 상황에 직면하였다면 애당초 계약을 체결하지 않았을 만큼 사정이 변화되었다면, 계약당사자의 의지와는 상관없이 불가항력적으로 각 당사자의 계약상 의무의 이행이 불가능해질 수 있다.

이와 같은 상황이 발생하면 관련 조항이 특정법규에 명시적으로 규정되어 있든 또는 그렇지 않든 여부와 상관없이 신의와 형평의 원칙상 계약의 효력을 자동적으로 해제시켜 당초의 계약내용으로부터 당사자들을 해방시켜 줄 필요가 있다.

이와 같은 논리는 이미 중세기말부터 논의되기 시작한 것이지만, 두 차례의 세계대전을 전후하여 사회·경제적 상황의 급격한 변화가 국제무역환경에 직접적으로 영향을 주기 시작하면서 본격적으로 발전되어 왔다.

계약은 반드시 체결된 대로 이행되어야 한다는 계약신성의 원칙은 이른바 계약이행에 있어서의 엄격이행의 법리(doctrine of strict performance)로 구체화 되어 무역계를 지배해오고 있지만, 이같은 불가항력적 상황이 발생하면 어떠한 경우에 어떠한 법적·이론적 근거로 그 예외적 상황을 인정해야 하는지, 그 예외의 근거에 대해서는 전 세계적으로 통일적인 일반규칙이 존재하지 않으며, 또 관습법상 확립된 체계가 서 있는 것도 아니다.

따라서 각 법제마다, 그리고 판례나 학설마다 계약의 효력에 영향을 미치게 하는 이같은 불가항력적 상황이 무엇인지, 그리고 그 상황의 정도는 어느 정도를 의미하는 지에 대해서는 나라별로, 법체제별로 그 접근하는 방식에 있어 다양한 차이를 보이고 있다.

예컨대 영국의「물리적 이행불능」및「사업목적 좌절의 원리」, 미국의「상업적 실행불가능성 원리」, 프랑스의「불예견론」, 독일의「행위기초론」등이 그 것이다.

그러나 다양한 법제 및 이론들이 존재한다 하더라도 이들 법제 및 이론들은 계약목적을 달성할 수 없는 불가항력적 상황이 발생하면 거의 대부분 다음과 같은 입장을 취하고 있다.

즉 "계약이 체결된 후 발생하는 후발적 상황에 의해 계약의 당사자 중 누구의 귀책사유(고의·과실) 없이 계약의 이행이 불가능해지거나, 계약의 이행이 계약체결시의 당사자의 의도와는 전혀 다른 것으로 변질되어 계약의 목적이 좌절된 경우, 그 결과 당초의 계약 내용을 계속 유효하게 함으로써 당사자들을 구속하는 것이 신의·형평의 개념상 극히 가혹하게 된 경우에는 당해 계약은 당초의 계약목적을 달성할 수 없는 것으로 간주되어 자동 소멸·해제된다."

이를 이른바「계약의 Frustration 법리」(the doctrine of frustration of contract)라 한다.

계약의 Frustration 이라는 개념을 간략히 해석해본다면 일종의 '계약목적의 달성불능에 의한 계약효력의 자동적 소멸'이라 정의해 볼 수 있다

계약의 Frustration은 국내거래에서도 종종 적용되나, 특히 국제거래에 있어서는 국내거래에 비해 예견할 수 없는 불확실한 정치적·경제적 사정변화가 더 많이 잠재해 있기 때문에 계약의 Frustration 법리는 국제물품매매계약에서 더욱 그 중요성이 크다고 볼 수 있다.

계약의 Frustration 법리는 근본적으로 계약이행에 있어 당사자들 간에 위험의 분배를

공평하게 한다는 공정의 원칙을 그 밑바탕으로 하고 있기에[1] 엄격한 계약이행의 원칙에서의 단순한 이탈이라기보다는 필요에 의해 진화·확립된 실질적이고 특수한 계약이행의 법리[2]라 할 수 있다.

2) 계약의 이행불능의 유형

계약의 이행불능(impossibility)은 광의로 해석할 때 크게 다음과 같이 세가지 유형별로 분류된다.[3]

(1) 이행불능의 시기에 따른 분류

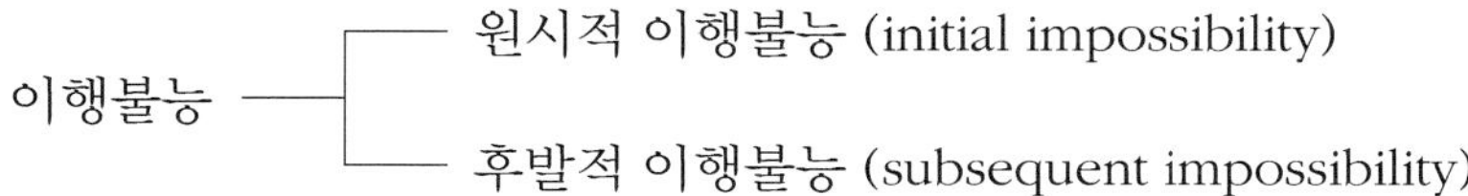

원시적 이행불능(initial impossibility)이란 계약성립시 이미 계약의 목적물이 멸실되었다든지 또는 실질적으로나 법률적으로 계약의 이행자체가 불가능하게 된 상태를 말한다.

원시적 이행불능은 매매당사자간의 채권·채무가 성립하기 이전에 이미 이행이 불능으로 된 경우이기 때문에 계약은 당연히 무효이다. 다만 채무자가 그 불능을 알았거나 알 수 있었던 경우에는 계약체결상의 과실(*culpa in contrahendo*)[4]로서 채무자가 상대방이 그 계약의 유효를 믿었음으로 인해 입은 손해, 예컨대 신뢰이익을 배상하여야 할 문제만 발생할 뿐이다.

원시적 이행불능인지의 여부는 비단 아래에서 설명할 물리적 불능에만 국한되는 것은 아니고, 권리 내지 의무 등과 관련한 이행의 실제성 또는 적법성 등을 포함하기 때문에 거래계의 거래관념을 고려할 필요가 있다.[5]

---

1) Paul L. Joskow, "Commercial Impossibility, The Uranium Market and the Westinghouse Case," *The Journal of Legal Studies*, vol. 6, 1977, p. 153.

2) G. H. Treitel, *The Law of Contract*, 5th ed., London, Sweet & Maxwell, 1979, p. 682.

3) *Black's Law Dictionary*, 6th ed., St. Paul, Minn., West Publishing Co., 1990, pp. 755-756의 분류를 적의 수정함.

4) 이는 계약의 일방이 계약상의 자신의 채무이행 차원에서 특정행위를 한 후에 계약이 취소됨으로 발생하는 계약 상대방에 대한 배상책임을 의미한다.(*Black's Law Dictionary*, p. 379) 좀 더 구체적으로는 계약의 성립과정 중에 당사자의 일방이 그 책임있는 사유로 인하여 상대방에게 손해를 가할 때에 그 당사자의 귀책사유로서의 고의 또는 과실을 말한다.(민법 제535조 참조).

한편 후발적 이행불능(subsequent impossibility)이라 함은 계약의 성립 시에는 이행 가능한 상태였으나 특정한 후발적 상황의 발생으로 그 이행이 불가능해지는 상태를 말한다.

후발적 이행불능은 계약의 이행이 비현실적이고 비실제적일 때, 또 계약체결 시 그 상황이 발생할 것을 예견할 수 없을 때의 이행불능을 말하므로 계약체결 시 당사자간에 특별히 달리 합의하지 않는 한, 일견 이행불능의 차원에서 구제될 수 있는 것이 보통이다.[6]

(2) 이행불능의 귀책사유에 의한 분류

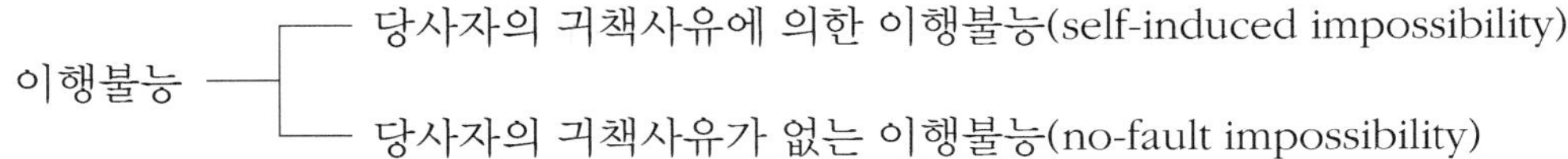

계약의 당사자중 어느 일방의 행위·부작위에 의해 책임있는 사유로 그 계약의 이행이 불가능해 질 경우 이는 명백한 채무불이행에 의한 계약위반의 형태가 된다. 이때에는 위반당사자는 일정한 원칙에 따라 상대방에게 손해를 배상할 의무를 부담한다.

그러나 양당사자의 귀책사유 없이 계약을 이행할 수 없는 상황이 발생할 때에는 계약당사자의 의무는 해제될 수 있다.

(3) 이행불능의 성격에 의한 분류

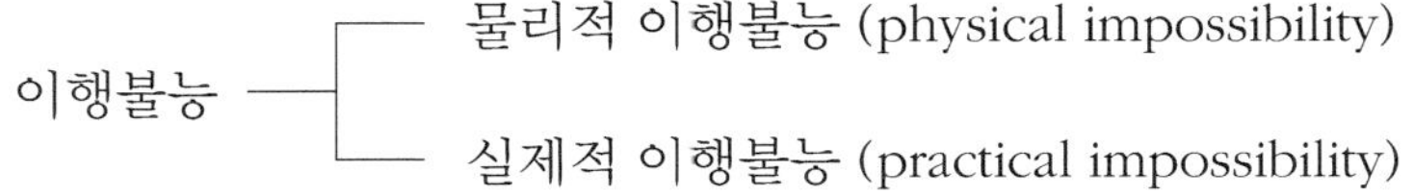

물리적 이행불능(physical impossibility)이란 계약체결 후 목적물이 멸실, 훼손 또는 파괴됨으로써 계약의 이행이 물리적으로 불가능하게 되는 경우를 말한다.

계약의 당사자가 처음부터 계약목적물의 계속적인 존속을 인정하여 그 계약목적물의

---

5) 따라서 계약체결 당시 당초에 계약이 이행불능이었다 하더라도 일률적으로 원시적 이행불능으로 처리할 수 있는 것은 아니다. 왜냐하면 계약 당초에는 불능한 상태였으나 계약의 이행기가 도래할 때까지 권리나 의무 등의 회복으로 그 이행기에는 이행할 수 있는 가능성이 있을 수 있기 때문이다.

6) Andrew F. Lowenfeld, *International Private Trade*, 2nd ed., Matthew Bender, 1977, pp. 64-65.

존속이 계약의 기초가 됨을 전제로 계약을 체결한 때에는 당사자의 책임 없는 사유로 그 목적물이 멸실, 파괴 또는 훼손되어 이행불능 된 경우 양 당사자는 계약상 의무의 불이행은 면책된다.

실제적 이행불능(practical impossibility)이란 계약목적물의 파괴, 훼손 또는 멸실에 의한 이행불능 이외에 이행자체는 물리적으로 가능하다 할지라도 계약 당초에 당사자간에 의도했던 것과는 달리 상황이 근본적으로 변화되어 계약의 기초가 상실된 경우, 그 결과 원래 예상했던 계약의 이행과 실제 계약의 이행이 전혀 다른 것으로 변질된 상태를 말한다.[7] 이러한 상황에서는 계약은 소멸된 것으로 본다.[8]

이상에서 살펴본 이행불능의 분류에서 계약의 Frustration 법리의 전제조건이 되는 상황은 후발적 이행불능이면서 그 자체가 당사자의 귀책사유가 없는 이행불능이면서 물리적 이행불능 또는 실제적 이행불능이어야 함을 알 수 있다.

3) 계약의 Frustration의 요건

"계약의 체결에 의해 발생한 당사자의 채무는 그것이 불법이 아닌 한, 설사 후발적으로 예기치 못했던 사고의 결과에 의해 채무의 이행이 과중한 부담으로 되거나 또는 심지어 불가능하게 되었다 해도 별도의 특약이 없는 한, 당사자는 채무불이행의 면책을 주장할 수 없다."[9]

이는 계약의 엄격이행의 원칙(the principle of strict performance of contract)의 중추적 관점이다.

이같은 엄격한 계약이행의 원칙에서 Frustration이라고 하는「계약목적의 달성 불능에 의한 계약효력의 자동적 소멸」의 법리가 예외적으로 적용되기 위해서는 다음과 같은 요건이 반드시 전제되어야 한다.

첫째, 계약의 효력을 자동적으로 소멸시키는 Frustration의 상황은 계약체결 후 후발적으로 발생하는 이행불능상황이어야 한다.

앞서 설명한 바와 같이 원시적 이행불능은 그 자체로써 계약을 무효화 시키지만 그것

---

7) 이러한 상황에 대한 법언을 *non haec in foedera veni* 라 한다. 즉, "It was not this that I promised to do. (그것은 내가 이행하기로 약속했던 것이 아니다)."

8) A.G. Guest, *Anson's Law contract,* 25th ed., London, Oxford Univ. Press, 1979, p.509.

9) 이는 전통적인 영미법의 일반원칙이다. 좀 더 자세한 내용은 William P. Anson, *Principle of the English Law of Contract*, 23th ed., Oxford, Clarendon Press, 1969, p. 338 ; A.G. Guest, *op. cit.*, p.494 이하 참조.

이 계약의 Frustration을 의미하는 것은 아니다. 계약의 엄격이행의 원칙에서 정당하게 인정될 수 있는 예외적 기준은 계약체결 후에 예기치 못하게 발생하는 후발적 이행불능에 의한 상황이다.

둘째, 후발적 이행불능상황은 계약의 당사자가 계약의 성립 시 예견할 수 없었던 돌발적 상황이어야 하며 이는 어느 누구의 귀책사유가 없는 불가항력적 상황이어야 한다. 당사자 일방이 스스로 자초하거나, 또는 그에 대해 책임이 있을 때에는 계약의 Frustration을 구성시킬 수 없다.

셋째, 당사자의 귀책사유 없이 발생한 후발적 이행불능상황은 그 자체가 당초의 계약의 기초 또는 목적을 상실시킬 수 있을 만큼 근본적으로 다른 사정을 창출시키는 것이어야 한다. 즉 이와 같은 상황에서의 계약이행은 근본적으로 다르게 변질된 계약을 이행하는 것과 같은 상황으로 인정되어야 한다는 것이다.

넷째, 당사자의 귀책사유 없이 발생한 후발적 이행불능상황이 근본적으로 다른 계약으로 변질된 경우, 이의 계약이행이 단순히 계약이행의 곤란, 불편, 경비의 증가 등과 같은 손해부담의 단순한 차원이 아니라 이의 이행이 당사자에게 신의·형평의 개념상 극히 가혹하리라 인정될 만큼 그 정도(degree)가 대단하고 계약의 전체 기간에 해당될 만큼 광범위하여야 한다.

다섯째, 이상과 같은 복합적 상황이 계약당사자의 합리적 노력으로 극복될 수 있거나 또는 합리적 기간의 경과로 다시 회복될 수 있을 때에는 결과적으로 계약의 Frustration 상황이라 볼 수 없다. 즉 발생한 후발적 사건이 계약을 자동소멸 시키기 위해서는 반드시 당사자 간의 합리적 노력으로도 극복할 수 없고, 이행을 위한 합리적 기간도 경과했음을 전제로 한다.

2. 계약의 Frustration 법리의 이론적 근거

1) Frustration 법리에 관한 이론

계약의 엄격이행의 원칙 내지 계약의 신성의 원칙으로부터 계약의 Frustration이라는 예외적 상황을 정당화 시킬 수 있는 이론적이고 법적인 근거는 판례상으로나 학설상으로 통일적인 기준이 존재하는 것은 아니다.

그러나 다음과 같은 이론들이 가장 유력한 기준으로 평가되고 있다.[10)]

---

10) G. H. Treitel, *The Law of Contract,* 5th ed., London, Stevens & Sons, 1979, p.680 이하 참조

(1) 묵시적 조건이론

묵시적 조건이론(theory of the implied term)이란 계약의 성질상 또는 계약이 체결된 상황상 계약의 당사자가 일정한 계약의 목적물 혹은 상태의 계속적인 존재나 존속이 계약이행의 전제가 된다는 것을 알고 있었던 경우에는, 비록 명시적인 규정은 없었다 할지라도 양 당사자의 의사에는 예기치 못한 상황의 발생으로 계약의 목적물 또는 상태가 멸실, 훼손 또는 중단된다면 계약은 당연히 소멸한다는 묵시적 조건에 의해 계약의 Frustration이 발생한다는 논리를 말한다.[11)]

(2) 계약기초의 상실이론

계약기초의 상실이론(theory of the disappearance of the foundation)이란 계약 체결 후 당사자가 통제할 수 없는 후발적 상황의 발생에 의해 계약목적물이 멸실되거나, 또는 장기간에 걸친 장애나 지연으로 계약의 본질적인 기초가 상실되어 그 계약을 이행하는 것이 당초에 예상했던 계약의 이행과 실질적으로 전혀 다른 것으로 변질되어버린 경우에는 당해 계약은 소멸되는 것으로 인정한다는 이론이다. 이 이론은 계약소멸의 관건으로 계약기초의 상실을 강조한다.[12)]

(3) 사정변경이론

사정변경이론(theory of change in circumstances)이란 계약의 양 당사자의 책임없는 사유로 인하여 발생한 이행불능의 상황이 당초 당사자들이 합리적으로 예견한 계약상의 권리 및 의무의 성질을 본질적으로 변경시킬 때, 원래의 계약내용으로 당사자를 구속하는 것이 신의·형평의 논리상 극히 불합리할 경우 당해 계약의 효력은 자동적으로 소멸된다는 견해이다.[13)]

; Hans Smit, "Frustration of Contract : A Comparative Attempt at Consolidation," *Columbia Law Review*, vol. 53, 1958, p. 289 이하 참조 ; 허은숙, "국제무역계약에서의 Frustration에 관한 연구", 서강대학교대학원, 1986, pp. 23-31 참조.

11) *Taylor v. Caldwell* [1863] 3 B.&S. 826, 833 사건에서 처음 도입된 이 견해는 가장 전통적인 견해로서 영국에서는 법원으로부터 많은 지지를 받고 있다. (John Edward Murray, *On Contracts : A Revision of Grismore on Contracts*, New York, The Bobbs-Merrill Co. Inc., 1974, p. 390) ; 이하에서 설명될 미국의 제2차 계약법 리스테이트먼트에서도 기초적 전제(basic assumption)라는 개념을 도입하여 이 이론을 긍정하고 있다.

12) *The Tamplin* (1916) 2 A.C. 397, 404 사건에서 처음 도입된 이론이다.

13) *Davis Contractors Ltd. v. Fareham Urban District Council* [1956] A.C. 696, 729 ; *National Carriers Ltd. v. Panalpina (Northern) Ltd.* [1981] A.C. 675 참조 ; 소위 "*Non haec in foedera*

이 사정변경이론은 후발적 이행불능상황에 의한 당사자의 권리와 의무의 본질적 변화를 Frustration의 관건으로 보는 데 그 특징이 있다. 따라서 단순히 계약이행을 함에 애로요인이 발생했다든지 또는 당초 예상한 경비보다 많은 액수가 소요된다든지 하는 때에는 사정변경이 된 것이 아니라 간주한다.

(4) 합리적 해결이론

합리적 해결이론(theory of just and reasonable solution)이란 계약이 소멸과 관련하여 당사자의 주관적인 의사와는 관계없이 법원이 후발적으로 발생한 상황을 충분히 고려하여 당사자에게 정당하고 합리적인 해결을 부여한다는 실제적 견해를 말한다.[14)]

이 이론은 법원에 상당히 많은 재량권을 부여하고 있으며, 경우에 따라 법원은 계약의 엄격성을 더욱 더 강조할 수도 있다.

(5) 계약해석이론

계약해석이론(theory of construction of contract)은 계약체결 시 계약의 성질과 그 주변의 상황을 고려하여 계약의 조건을 해석해 봄으로써 Frustration 상황을 판단하고자 하는 견해이다.[15)]

(6) 공통착오이론

공통착오이론(theory of common mistake)이란 계약을 체결하는 당사자들이 계약체결 시에 일정한 기초적인 사실의 존재를 가정하고 있다고 전제하고, 차후 이와 같은 기초적 사실이 존재하지 않는다고 판명되면 계약당사자들의 계약상의 의무는 해제된다는 이론이다.[16)]

(7) 약인의 불성취이론

계약의 Frustration을 설명함에 있어 약인의 불성취이론(theory of failure of consideration)의 핵심은 계약이 이행불능에 의해 약속자(promisor)의 이행이 면책됨에

---

veni"의 상황이다. (각주 7) 참조).

14) John D. Calamari & Joseph M. Perillo, *The Law Contracts,* 7th ed., St. Paul, Minn., West Publishing Co., 1978. §13.

15) G.H. Treitel, op. cit., pp.682-683 ; William R. Anson, *op. cit.*, p.340.

16) Edwin W. Patterson, "Constructive Conditions in Contracts", *Columbia Law Review*, vol. 42, 1942, p.947.

도 불구하고 수약자(promisee)가 이행을 요구하는 경우, 이와 같은 상황에서는 약인의 불성취 또는 실패(failure)에 의해 계약의 이행이 불가능해진다는 것이다.

(8) 등가관계의 파괴이론

등가관계의 파괴이론(theory of disturbed balance)은 공평하고 자의적으로 체결된 계약은 두 개의 대응하는 약인, 예컨대 물품의 제공과 대금의 지급이라는 등가성을 가지는데 만일 이 등가관계가 심하게 파괴된다면, 다시 말해 어떠한 사유로 인해 계약의 일방에 의한 계약이행이 상대방에게 이익을 주지 않는다든지 또는 이행할 당사자에게 심한 부담을 준다면, 이는 결과적으로 계약이행의 불능을 초래한다는 이론이다.[17)]

2) 각 법제의 Frustration의 법리

(1) 영국의 법제

영국에 있어 계약의 엄격한 이행원칙은 19세기 중반까지 지배적인 계약의 법리이자 기본원칙이었다. 이 원칙하에서 계약당사자의 채무이행은 절대적이었으며, 심지어 그 이행이 불가능하게 되었다 해도 별도의 특약 또는 반대합의가 없었다면 채무불이행의 면책은 인정되지 않았다.[18)]

그러나 19세기 중반이후 이와 같은 계약의 엄격이행원칙의 예외를 인정하는 판례법이 형성되면서 Frustration의 법리가 점차 정착되기 시작하였다.

판례에 의해 확립된 Frustration 법리를 살펴보면 다음과 같다.

첫째, 물리적 이행불능의 원리이다.

계약체결 후 계약의 목적물이 멸실·훼손됨으로써 계약의 이행이 불가능하게 된 때 계약의 Frustration이 발생한다는 이 원리는 이미 언급한 Frustration 이론 중「묵시적 조건이론」이라는 법적 추정을 처음 도입한 1863년의 한 판례[19)]에서 비롯된 개념이다.

---

17) *ibid.*, p.949.

18) *Paradine v. Jane* [1647] K.B. Aleyn 26, 82 Eng. Rep. 897.

19) *Taylor v. Caldwell, supra*, 각주11) 참조. (이 사건의 원고는 음악회를 열기위하여 피고로부터 음악당을 임차하는 계약을 체결하였다. 그런데 약정된 기일이 되기 전인 6일전에 음악당은 원인을 알 수 없는 화재로 전소하여 음악회의 개최가 불가능하게 되었는데, 이에 대해 원고는 피고에게 계약의 위반을 이유로 손해배상을 청구하였다. 이 사건을 담당한 법원은 만약 당사자가 처음부터 계약의 이행이 어떤 특정물의 계속적인 존속에 의존하는 것임을 알고 있었고, 그에 따라 그 물건의 존속이 계약의 기초임을 알았다면 그 계약은 절대적인 것으로 해석될 수 없고, 그러한 경우에는 계약위반에 앞서 당사자의 책임없는 사유로 그 물건이 멸실되어 이행이 불능

둘째, 해상사업목적 좌절의 원리이다.

계약의 Frustration을 발생시키는 또 하나의 원리는 해상법에 있어서의 사업목적달성 불능의 원리이다. 해상법이 규율하는 초기의 판례들은 대부분 용선계약(contract of charterparty)[20]을 수행함에 계약당사자의 책임 없는 사유로 계약의 이행이 지연되거나 불가능해질 때 당사자들을 계약상의 의무로부터 면제시키는 내용을 골자로 하고 있다.

해상법상에 그 근거를 두고 있는 이 Frustration 법리는 후발적으로 발생한 이행불능 사태로 인해 지나치게 과다한 비용이 지출되거나[21] 또는 더 이상 해상사업을 영위하는 것이 불가능할 때, 즉 해상사업의 목적을 추구하는 것이 본질적으로 좌절될 때[22] 계약의 효력은 소멸된다는 것이다.

셋째, 물리적 이행불능 원리와 해상사업목적 좌절의 원리의 확장에 의한 계약목적달성불능의 원리다.

20세기에 들어 영국에서는 단순히 계약목적물의 물리적인 파괴뿐만 아니라 계약목적의 달성이 불가능한 경우를 융합하는 움직임이 생기게 되어 점차 상위개념으로서의 Frustration 법리로 정착되기 시작했다.

이러한 계기가 마련된 것은 에드워드 7세의 대관식 행사(coronation)가 발생했던 일련의 사건들[23]이었으며, 이후 세계 제1차 대전을 거치면서 통일적인 Frustration 법리가

으로 된 때에는 계약의 당사자는 의무를 면한다고 하는 묵시적 조건에 따라야 한다고 판시하면서 원고의 청구를 기각하였다. 허은숙, 「전게논문」, pp.17-18.

20) 용선계약이란 하주와 선주 사이에 대량화물의 운송을 위해 선박을 임차하는 계약을 말한다.

21) 1850년의 *Moss v. Smith* [1850] 9. C.B. 사건에서 선박이 사고를 당하여 이를 수리하게 되었는데, 수리를 하는 것이 물리적으르 가능하다 할지라도 막대한 비용이 소요된다면 이는 비현실적인 것이 되어 그 자체로서 이행의 불능상황이라는 취지가 판시되었다.

22) 1874년의 *Jackson v. Union Marine Insurance Co.* [1874] L.R. 10. C.P. 125 사건에서는 선박이 좌초되어 이를 복구하는데 8개월이나 소요되는 상황은 상업적인 면에서 당사자의 상거래는 종결된 것이며, 만일 8개월 후 계약을 이행한다는 것은 새로운 계약을 이행하는 결과가 된다는 취지가 판시되었다.

23) *Krell v. Henry* [1903] 2 K.B. 740 ; *Chandler v. Webster* [1904] 1 K.B. 493 ; *Grifith v. Brymer* [1903] 19 T.L.R. 434 등이 그것이다. 이중 대표적인 *Krell v. Henry* 판례를 간략히 살펴보면 1903년 에드워드 7세의 대관식행렬을 관람할 목적으로 이 행렬이 통과하는 도로변에 있는 건물의 방을 임차하기로 한 계약이 체결되었다. 계약체결 시 교환된 편지에는 특별히 「대관식 관람」이라는 목적을 명시하지는 않았으나 모든 사정으로 볼 때 당해 계약의 목적이 대관식행렬의 관람에 있었다는 것은 분명하였다. 그러나 행사 2일전 에드워드 7세의 병으로 대관식이 취소되었고 이에 원고가 임차료 잔액을 청구하자 이에 맞서 피고는 계약 시 선불한 금액의 반환을 청구하는 반대의 소를 제기하였다. 이에 대해 법원에서는 당사자 쌍방이 대관식행렬을 관람한다는 것을 계약의 기초로 생각하고 있었다는 것은 의심할 여지가 없다고 인정하고 계약의 목적 또는 기반이 이행기에 소멸하여 계약목적이 좌절되었기에 임차료의 잔액에 대한 당사자의 채무

형성되었다.[24)]

그 결과 계약목적물의 파괴 등으로 당사자의 계약이행이 물리적으로 불가능해지는 이행불능 상황뿐만 아니라, 이행자체는 물리적으로 가능하지만 연기됨으로써 당초에 계약당사자가 체결하였던 계약의 본질적 목적이 좌절되어 계약 자체가 실질적으로 무의미해지는 계약목적달성불능의 상황 역시 계약의 Frustration에 포함된다.

이는 미국의 실현불가능성(impracticability of performance)과 대륙법계의 사정변경원칙(clausula rebus sic stantibus)과 그 맥을 같이하게 된다.

이처럼 영국에서는 Frustration 법리 적용은 법원에 의해 확인된 판례법에 주로 의존하면서 Frustration 법리에 대해 통일적인 명문규정은 제정치 못하고 다만 물품매매법(Sale of Goods Act) 제7조에 제한적인 규정을 둠과 아울러 Frustration이 인정될 경우 발생한 신뢰이익의 배상문제를 규율하기 위한「Law Reform (Frustrated Contracts) Act, 1943」만을 제정해 두고 있다.

(2) 미국에서의 법제

미국에서도 영국과 마찬가지로 계약의 엄격한 이행원칙은 지배적인 계약의 법리였다. 그러나 이러한 계약의 엄격이행원칙은 미국에서는 제정법 형태는 아니지만 계약법 리스테이트먼트(Restatement)에 Frustration 법리에 대한 상세한 명문규정을 두고 있다.

(가) 제2차 계약법 리스테이트먼트(1979)의 규정

제1차 계약법 리스테이트먼트에서는 단지 이행의 불능과 Frustration을 구별하는 규정을 두고 있었으나, 제2차 계약법 리스테이트먼트에서는 이행의 불능개념을 이행의 실현불가능성(impracticability of performance)과 목적달성불능(frustration of purpose)이라는 개념으로 대체하여 포괄적으로 규정하고 있다.

이에 대해 좀 더 구체적으로 살펴보도록 한다.

첫째,「이행의 실현불가능성」이라 함은 계약의 당사자중 어느 일방에게 극도의 곤란, 즉 이행을 위한 불합리한 경비, 침해, 손실 등을 주어 계약의 이행이 비현실적인 것으로 되어 이의 실행이 불가능해진 상태를 의미한다.

예를 들어 전쟁, 거래의 정지, 농산물 흉작, 주 공급원의 고갈, 예측하지 못한 조업정지 등으로 계약의 이행이 불가능해지거나 또는 가능하다 하여도 물품의 가격이 극도로 현

·채권관계는 소멸되었다고 판시하였다. (허은숙,「전게논문」, pp.22-23 참조).

24) A.G. Guest, *op. cit.*, p. 497.

저하게 증가되어 버린 경우이다.[25]

이와 같은「이행의 실행불가능성」은 반드시「객관적 실행불가능성(objective impracticability)」이어야 한다. 다시 말해 그 실행불가능성은 어느 누가 판단하더라도 그 계약의 이행이 불가능한 상태여야 하며, 경우에 따라 물리적으로 또는 기술적으로 실현이 가능하다 할지라도 경제적으로 무의미하다거나 법률적으로 허용되지 않는 상태여야 한다.

계약에 있어서「이행의 실현불가능성」은 반드시 확정적이어야 하고, 이행을 위한 대안적 방법의 동원이 불가능해야 한다. 따라서 일시적으로(temporarily) 이행이 불가능한 때에는 단지 이행의무가 연기될 뿐이며, 부분적으로(partially) 실현불가능 한 경우에는 그 부분만이 소멸된다.[26]

대안적 방법의 동원이 불가능하다는 의미는 이행을 위한 대안적 방법이 존재할 때, 그 중 가능한 실제적인 방법이 있으면 그 방법으로 이행해야 한다는 것을 말한다.[27] 이는 궁극적으로 계약의 당사자는 이행상의 장애를 극복하기 위해서는 합리적인 노력을 기울여야 하는 것이「실현불가능성」의 전제조건이 된다고 하겠다.[28]

둘째, 목적달성불능이라 함은 계약의 주된 목적이 좌절됨을 의미한다.

다시 말해 계약당사자간에 계약의 주된 목적이 없었다면 계약을 애당초 체결하지 않았을 만큼 이 계약의 목적이 계약의 본질적 기초가 된다는 사실을 계약의 당사자가 서로 인식하고 있는 상태에서 당해 계약의 주된 목적이 좌절되면 거래자체가 아무런 의미를 갖지 않는 상태를 말한다.[29]

계약의 체결 당시 우발적인 사건이나 상황이 발생하지 않을 것이라는 예상이 계약당사자의 계약체결의 기본적인 전제요건[30]이긴 하나, 차후에 발생하는 우발적 사고 또는 상황을 예견할 수 있는 합리적 상인이라면 그러한 우발적 사건으로부터 자신을 보호할 면책조항을 미리 계약의 체결 시에 규정하는 것이 현명하리라는 해석이 가능해진다.

왜냐하면 경우에 따라 그와 같은 예측이 가능할 수 있었음에도 그에 대한 보호목적의

25) 제2차 계약법 리스테이트먼트 §261 (d)항.

26) *ibid.*, §261 (e)항. 물론 연기된 후 이행하는 것이 당초의 계약이행과 근본적으로 다르게 되는 경우에는 계약은 소멸한다고 본다.

27) *ibid.*. §261 (f)항.

28) *ibid.*, §261 (d)항.

29) *ibid.*, §261 (a)항. 이러한 목적달성불능은 본질적이어야 하고, 전체적 또는 거의 전체적인 상황이어야 한다.

30) 제2차 계약법 리스테이트먼트 §261조~§266에 걸쳐 나타나는 이 개념은 “basic assumption"이라는 용어로 표현되고 있다. 이 개념은 이미 언급한 영국의 계약기초의 상실이론과 그 맥을 같이 한다고 볼 수 있다. ; Patterson, *op. cit.*, p.310).

면책조항을 계약체결 당시 명시하지 않는다는 것은 추후에 발생할 수 있는 위험을 스스로 인수하겠다는 의도로 판단될 수도 있기 때문이다.[31]

결국 미국의「실현불가능성」과「목적달성불능」의 개념은 자신을 계약으로부터 보호한다는 차원에서 예견 가능한 후발적 이행불능상황에 대한 당사자의 합리적 극복노력과 합리적 예견능력을 Frustration 성립의 관건으로 하고, 이 합리적 극복노력과 예견능력의 범주를 벗어난 상황일 때에만 계약의 Frustration 법리가 적용된다는 것을 함의하고 있다.

(나) 미국통일상법전의 규정

미국의 통일상법전에서는 명시적으로 계약의 Frustration의 개념을 규정하고 있지는 않지만, 계약의 실현불가능성이라는 개념을 준용하고 있다.[32]

이에 따르면 계약의 기본전제로써 ① 계약 시에 예측하지 못했던 우발적인 사건이 발생했을 것, ② 계약 또는 상관습에서 그러한 사건이 발생한 경우에 위험의 배분에 대한 아무런 약정이 없을 것, 그리고 ③ 그 사건의 발생에 의해 계약을 이행함이 실현불가능할 때 등의 요건을 갖추었을 때 계약상의 채무이행의 면책을 인정한다.[33]

이 조항은 비록 Frustration에 대해 명시적으로 언급을 하고 있지는 않으나 동 법전의 Section 1-103조에서「이 법전의 특정규정에 의해 명백히 배제되지 않는 한 상관습법 및 보통법, 형평법···· 등의 원리는 이 법전의 규정을 보충한다.」고 규정함으로써[34] 미국에 있어 Frustration 법리는 계약의 엄격이행원리에 보충적으로 작용하고 있음을 알 수 있다.

(3) 대륙법계의 사정변경원칙

영미법계상의 Frustration 법리는 대륙법계에서는 사정변경의 원칙으로 다루어지고

---

31) *Eastern Airline, Inc. v. Gulf Oil Corporation*, 415 F. Supp. CS.D. Fla. [1975] 판례에서는 Gulf Oil사는 Eastern 항공사에 장기간에 걸친 연료공급계약을 체결하였는데 주 공급선인 OPEC의 원유가격인상으로 수입가격이 4배 이상 등귀하자 Eastern 항공사에 가격의 인상을 요구하면서 기존의 계약은 원유가격 상승으로 인해 상업적으로 실현불가능하게 되었다고 주장하였다. 이에 대해 법원에서는 Gulf Oil 사는 OPEC 국가들이 자신의 자원인 원유를 정치적 무기화할 수 있는 가능성이 있기에 그러한 사태가 발생하리라는 것을 계약의 체결 시 합리적으로 예견할 수 있었어야 함에도 그러한 위험성에 대해 계약의 체결 시 명시적으로 대응책을 규정하지 못했다는 것은 당해 위험을 인수하겠다는 의도로 파악할 수밖에 없을 것이라는 취지를 판시한 바 있다.

32) 미국통일상법전 Section 2-615조 참조.

33) Paul L. Joskow, *op.cit.*, pp.156-159.

34) 강이수, "국제거래에 있어서의 불가항력과 면책문제", 논문집15, 숭전대학고, 1985, p.5.

있다.

사정변경의 원칙 *clausula rebus sic stantibus*[35] 이란 계약이 체결된 후 계약의 기초가 된 사정이 당사자 쌍방이 예견할 수 없었고, 또 당사자의 책임으로도 돌릴 수 없는 사유로 변경되어 그 결과 당초의 계약내용으로 당사자를 구속하는 것이 신의 · 형평의 개념상 극히 가혹하게 된 경우에는 계약의 해제 또는 변경이 인정된다는 원칙이다.

이 원칙은 이미 중세 말부터 논의되기 시작하였으나 19세기에 이르기까지 계약의 엄격이행원칙 또는 계약신성의 원칙이 거래질서를 지배함에 따라 논외의 사항이 되기도 하였으나 20세기에 들어 두 차례의 세계대전을 전 · 후로 발생한 화폐가치의 급격한 변동과 사회 · 경제적 사정의 급변으로 새로이 논의 · 발전되어오고 있다.[36]

사정변경원칙을 뒷받침하고 있는 대표적 이론으로는 프랑스의「불예견론」과 독일의「행위기초론」을 들 수 있다.

「불예견론」이란 우연적이거나 불가항력적이라 할 수 있는 사정의 변경에 의하여 그 이행이 계약체결 당시에 채무자가 기대하고 있었던 것보다 훨씬 더 부담이 되는 경우에 그 채무자에게 계약의 해제 또는 변경을 허용할 수 있다는 이론이다.

「행위기초론」이란 일정한 사정의 존재를 기초로 하여 성립한「행위기초」위에서 계약의 당사자는 그에 따른 법률행위를 하기 때문에, 만일 이 행위기초가 상실될 경우에는 그 위에서 행하여진 법률행위의 효력 역시 영향을 받게 된다는 이론이다. 특히 당사자 쌍방의 예견여부를 불문하고, 계약체결 시 그 존재 또는 존속에 객관적으로 전제되어있는 일정한 사정, 즉「객관적 행위기초」가 상실될 때 계약의 존속의 의미와 목적은 상실한다는 논리이다.

(4) 우리나라의 법제

우리나라 민법은 이행불능과 관련하여「채무자에게 책임 있는 사유로 이행이 불능하게 된 경우」를 이행불능이라고 규정하고 있어[37] 지금까지 설명해온 영국 · 미국 그리고 독일 · 프랑스의 경우와는 차이를 보인다.

그러나 민법 제390조, 즉「채무불이행과 손해배상」을 규정하고 있는 조항에서 Frustration 상황의 개념을 찾아볼 수 있다.

---

35) 이는 "사정이 만일 그대로 있었더라면" 이라는 뜻의 법언이다.

36) 김준호,「사례연구 민법강의」, 법문사, 1990, pp.754-755.

37) 민법, 제546조 [이행불능과 해제] ; 채무자에게 책임있는 사유로 이행이 불능하게 된 때에는 채권자는 계약을 해제할 수 있다.

민법 제390조에 따르면, "채무자가 채무의 내용에 좇은 이행을 하지 아니한 때에는 채권자는 손해배상을 청수할 수 있다. 그러나 채무자의 고의나 과실 없이 이행할 수 없게 된 때에는 그러하지 아니하다."라고 규정함으로써 「채무자의 고의나 과실 없이 채무를 이행할 수 없게 된 때」에는 자신의 채무로부터 면책될 수 있음을 시사하고 있다.

우리나라의 학설에 의하면 단순히 물리적으로 계약의 이행이 불능인 경우뿐만 아니라 물리적으로는 가능하더라도 사회생활에 있어서의 경험법칙 또는 거래상의 관념에 비추어 채무자의 이행을 기대할 수 없는 경우에도 역시 이행의 면책을 인정한다.[38)]

그러나 우리나라의 학설이 대체로 이와 같이 사정변경의 법리를 인정하고 있는 반면에 대법원은 일괄하여 사정변경의 원칙은 현행법상 용인되지 않는다는 견해에 입각하여 계약체결 시와 이행시의 상황이 현저하게 균형을 잃을지라도 사정변경의 원칙을 내세워 매매계약을 해제할 수 없다는 입장[39)]을 견지하고 있다.

제2절 Frustration의 유형[40)]

1. 계약 목적물의 멸실

1) 계약목적물의 물리적 멸실

(1) 특정물의 물리적 멸실

계약이 체결된 후 계약내용에 따른 의무의 이행은 계약의 목적물이 계약의 이행기에 존재하고 있어야 한다. 왜냐하면 특정물의 계속적인 존속 내지 존재는 계약이행의 전제조건인 것이고, 당해 목적물이 멸실될 경우에는 이른바 약인의 실패(failure of consideration)

38) 곽윤식, 「채권총론」, 박영사, 1978, p.129.

39) 김준호, 「전게서」, p.756 참조.

40) Frustration이 성립하는지 여부는 발생한 후발적 이행불능의 상황이 계약의 자동적 소멸을 위한 필요하고도 충분한 요건을 갖추었는지에 대한 판단을 요하는 부분이기에 실질적으로 어떠한 유형이 포함되느냐 하는 문제는 소위 사실의 문제(question of facts)라 할 수 있다. 더욱이 Frustration은 판례의 축적과 그 흐름에 따라 형성된 법리이기 때문에 해당 상황을 구체적으로 분류한다는 것은 대단히 방대한 작업이라 하겠다. 따라서 이하에서는 가장 전형적인 계약의 Frustration 유형만을 선별적으로 설명하도록 한다.

로 인정되어 당사자들의 계약의 이행은 해제된다는 계약의 묵시적 조건이 인정되기 때문이다.

따라서 계약의 특정물이 물리적으로 멸실되어 버렸다면 Frustration의 법리가 적용되기 위한 필요조건이 충족된 것으로 간주된다.

특정물(ascertained goods)의 물리적 멸실과 계약의 Frustration과의 관계에 대해 영국의 물품매매법과 미국의 통일상법전의 관련 규정을 살펴보면 다음과 같다.

(가) 영국물품매매법의 규정[41)]

영국의 물품매매법에서는 "특정물품을 판매하기로 계약하고 그 후 매도인이나 매수인 중 어느 당사자의 과실 없이 계약물품이 매수인에게 위험이 이전되기 전에 소멸되었을 경우 당해 계약은 무효가 된다."라고 규정하고 있다.

이 규정에 따르면 특정물의 매매에 있어 계약의 Frustration이 인정되기 위해서는 몇 가지 전제 조건이 충족되어야 함을 알 수 있다.

첫째, 당해 규정의 적용 대상은 일단 특정물의 거래일 것. 따라서 불특정물의 매매에는 당해 규정이 적용되지 아니한다.

둘째, 계약의 특정물이 소멸될 것을 전제로 할 것.

셋째, 위험이 아직 매수인에게 이전되지 않았을 것.

(나) 미국통일상법전의 규정[42)]

미국의 통일상법전에서는 "계약체결 시 특정물을 계약의 이행요건으로 하는 경우에 손실의 위험이 매수인에게 이전되기 전에 계약당사자의 과실이 없이 계약의 특정물이 손상을 입었을 때.....(a) 그 손실이 전체적인 것이라면 당해 계약은 무효가 된다."고 규정하고 있다.

미국통일상법전의 규정은 영국물품매매법의 규정과 동일하나, 단지 물품의 소멸(perish)의 개념이 계약전반에 영향을 주는 손실(loss)의 개념으로 규정되어 있을 뿐이다.

이 두 규정을 상호 보충적으로 해석한다면 다음과 같은 요건의 도출이 가능해진다.

첫째, 특정물의 소멸 또는 멸실은 계약 전체에 영향을 주는 손실의 개념으로 파악할 수 있다.

둘째, 특정물의 소멸 또는 멸실이 있었다 할지라도 그것이 계약의 전반적인 효력을 소

---

41) 영국물품매매법 제7조.

42) 미국통일상법전 §2-613조.

멸시킬 수 없는 경우에는 계약 전체에 대해서는 Frustration이 성립하지 않는다.[43] 나아가 계약 전체에 Frustration이 성립하기 위해서는 그 특정물의 소멸이나 멸실이 반드시 계약전체의 손실을 야기시킬 만큼 절대적이어야 한다.

셋째, 위험이 매수인에게 이전된 후라면 계약물품이 멸실되었다 하더라도 그 계약은 Frustration이 되지 않는다.

넷째, 계약당사자 어느 누구의 귀책사유가 없는 후발적 이행불능 상황이 발생하여야 한다.

(다) 특정물의 위험이전의 의미

특정물의 거래에서 위험의 이전 여부는 계약의 Frustration의 결정에 있어 대단히 중요한 기준이 된다. 왜냐하면 특정물의 멸실 위험이 매도인으로부터 매수인에게 이전하였다는 사실은 매도인이 계약을 이행하였다는 개념으로 간주되기 때문이다.

이러한 위험의 이전 과정을 통해 계약의 일방으로부터 계약의 상대방으로 계약이 충실히 이행되었다면, 추후 후발적으로 발생하는 상황은 그 위험을 이전받은 당사자가 해결하면 된다는 의미이다.

따라서 물품의 인도과정을 통해 일단 상대방에게 위험이 이전되면 그 위험의 부담이 채권자부담의 원칙을 따르든지 또는 채무자부담의 원칙을 따르든지 관계없이 당해 거래에 후발적으로 발생하는 거래위험은 이를 이전받은 당사자의 소관이 되며,[44] 그가 현명한 상인이라면 보험이라는 위험전가 방법을 통해 손실을 전보받으면 되는 것이다. 즉 위험의 이전은 계약의 엄격이행을 전제로 계약의 이행 여부를 판단하는 데 결정적 기준이 된다.

계약의 Frustration 법리는 누가 당해 거래의 위험을 부담하는 가와 관련 없이 일단 Frustration 상황이 발생하면 당사자의 의무이행과 권리행사가 자동 소멸되어 계약이 애당초 없었던 것으로 환원되는 법리이기 때문에, 당사자 간에 남아있는 기존의 채무·채권은 강요할 수도 없고 강행되지도 아니한다. 따라서 일단 위험이 이전되면 이는 곧 Frustration 법리와의 결별을 의미하며, 차후 발생하는 문제는 위험의 부담원칙으로 해결될 뿐이다.

---

43) 예를 들어 할부매매계약과 같은 가분계약(divisible or severable contract)의 경우에는 단지 그 파손과 관련한 할부계약분만이 Frustration이 된다. ; *Barrow Lane & Ballard, Ltd. v. Phillips & Co., Ltd.* [1929] 1. K.B. 574.

44) 이는 결국 계약이 이행되었다라는 뜻이 된다.

(라) 특정물의 멸실과 위험이전과의 관계

한편 위험이 이전되기도 전에 예측할 수 없었던 후발적 이행불능 사태가 발생하여 계약의 목적물이 멸실되었다면 과연 계약의 Frustration이 성립하느냐는 문제가 있을 수 있다.

이 문제를 해결하는 전제는 거래되는 물품이 특정물인지 아니면 불특정물인지 그 여부에 달려있다.

본질적으로 특정물은 거래되는 계약목적물의 개성과 종류를 지정하여 특정화시킨 것이기 때문에 같은 종류에 속하면 족한 불특정물과는 달리 당해 특정물을 대체하는 목적물이 도저히 조달될 수 없는 것이라든지, 또는 조달하거나 복구할 수 있다 할지라도 그것이 극도로 장기간을 요한다든지 또는 극도로 증가된 비용을 초래한다면 계약상 채무의 이행자는 그 채무이행의 면지가 인정되어 계약의 Frustration이 성립한다.

그러나 관련 거래계를 지배하는 관습이나 관념상 계약 당사자가 합리적인 노력을 경주하여 합리적 기간 내에 계약 이행이 가능한 경우라면, 또는 계약당사자간에 별도로 합의하여 계약이행의 계속성을 유지하기로 하였다면 계약의 Frustration은 인정될 수 없을 것이다.

요컨대 계약이행의 차원에서 위험이 상대방에게 이전된 경우라면 추후 당해 물품에 후발적 이행불능 상황이 발생한다 하더라도 계약이행에 따른 책임은 매수인의 위험부담의 논리로 해결되어진다.

아직 위험이 상대방으로 이전하지 않은 상태에서 후발적 이행불능 상황이 발생하여 벌어진 특정물의 멸실은 여전히 물품멸실의 위험을 보유하고 있는 매도인의 위험부담 논리로 해결되어지면 그만이다. 그러나 그 위험부담의 정도가 신의·형평의 개념상 계약의 이행을 강행하기에 가혹하리만큼 계약전체의 손실로 인정되면 이 경우에 한해서만 계약의 Frustration이 성립된다는 것이다.

(2) 불특정물의 물리적 멸실

특정물이 멸실되는 경우에는 이상에서 살펴본 바와 같이 상당히 제한적이긴 하지만 Frustration이 성립할 여지는 충분하다. 다시 말해 위험이 매도인으로부터 매수인에게 이전하기 전에 후발적인 돌발사건에 의해 당사자의 귀책사유가 없는 특정물의 멸실이 초래되었다면, 매도인의 계약이행은 계약의 Frustration 법리가 적용되어 면책될 수 있다는 것이다. 그러나 거래되는 물품이 불특정물일 때는 Frustration이 발생할 여지는 더욱더 축소된다.

불특정물(unascertained goods ; unidentified goods)이란 특정물과는 달리 계약이행의 목적으로써 인도되는 목적물의 개성에 착안하지 않고 거래하는 물품을 의미한다. 즉, 인도될 물품을 구체적으로 확정시켜 놓지 않고 일정한 종류(class)에 속하는 물건의 일정량이면 어느 것이라도 상관이 없다는 전제하의 불확정 상태의 종류물품(generic goods)을 말한다.

불특정물매매 또는 종류물 매매계약은 비록 매도인이 계약체결 후 후발적 사건에 의해 당해 불특정물이 멸실되었다 해도, 그리고 그것이 자신이 귀책사유도 없고 전혀 예측치 못하였던 상황이라 할지라도 계약의 Frustration 법리에 따른 계약효력의 자동적 소멸이 인정되지 않는다는 것이 대체적인 판례의 흐름이다.[45]

그 이유는 불특정물은 아직 특정되기 전이기 때문에, 다시 말해 매매당사자간에 계약의 목적물에 대한 개성을 집중 또는 지정하지 않은 상태이기 때문에, 그 이행을 위한 동일한 목적물이 거래계에 무한히 존재하기 때문이다. 따라서 매도인이 소유하고 있는 종류의 물건이 모두 소실하여도 거래계에 그 종류의 물건이 존재하는 한, 매도인은 이를 조달하여 계약을 이행하여야 한다. 결국 불특정물은 소위 '특정'되기 전까지는 이행불능의 법리나 계약의 Frustration 법리를 고려할 수 없다는 것이다.[46]

그러나 불특정물이라 하더라도 항상 Frustration 법리의 사각지대에 놓여있는 것은 아니다. 예외적인 경우의 예시를 위해 다음과 같은 두 가지 가상적 사례를 빌어 설명해 본다.[47]

하나는 "A는 쌀의 도매업자로 B에게 쌀 1가마를 인도하는 계약을 체결하였다. 그런데 인도하기로 약정한 전날 원인 모를 화재로 창고에 저장 중이었던 쌀이 전부 소실되었다. 이 경우 A의 쌀의 인도의무는 소멸하는가?"

다른 하나는 "A는 쌀의 도매업자로 (a), (b), (c) 세 개의 창고에 각각 품질이 다른 쌀을 100가마 분량씩 저장하고 있다. A는 B와 (a)창고에 있는 쌀 50가마를 인도하는 계약을 체결하였다. 그런데 인도하기로 약정한 전날 원인 모를 화재로 (a)창고에 저장 중이었던 쌀이 전부 소실되었다. 이 경우 A의 쌀의 인도의무는 소멸하는가?"

예시한 첫 번째 사례에 있어 A는 B에게 단순히 쌀 1가마를 인도한다는 계약을 체결하였기 때문에 매수인 B는 그 쌀 1가마가 A의 창고 내에 있는 것이든 아니든 상관없이 A로부터 약정된 날에 쌀 1가마만 인도받으면 만족할 것이라 판단할 수 있다. 더욱이 창고의

45) 다양한 판례에 대해서는 A.G. Guest, *Benjamin's Sale of Goods,* 3rd ed., Sweet & Maxwell, London, 1987, pp.260-261 참조.

46) 우리나라의 경우도 이와 크게 다르지 아니하다. (민법 제374조, 제390조 참조).

47) 김준호, 「전게서」, pp.485-486의 내용을 적의 수정함.

화재가 A의 귀책사유가 없이 발생하긴 하였으나 '특정'이 되기 전에 이미 소실하였다.

결국 이 계약은 전형적인「불특정물계약」이라 하겠다. 따라서 A와 B사이에 별도의 합의가 없는 한, 원칙적으로 A는 다른 곳에서 쌀을 구입해서라도 쌀 1가마를 B에게 인도할 채무가 여전히 남아 있다고 보아야 할 것이다.

그러나 두 번째 사례에 있어 B는 A의 소유인 (a), (b), (c) 세 개의 창고에 저장중인 쌀 중에서 (a)창고의 쌀의 개성을 중시하여 (a)창고의 쌀을 50가마 사기로 하였으므로 단순히 (a)창고의 100가마 중 50가마라는 점에서 불특정물 계약이긴 하나 그 50가마를 (a)창고에 한정하고 있다는 점에서 이른바「제한(한정) 종류물매매계약」의 형태가 된다. 다시 말해 특정 공급원으로부터만 획득될 것을 전제로 하고 있는 제한종류물 거래라 하겠다. 이같은 경우에는 A와 B사이에 별도의 합의가 없는 한, A의 B에 대한 쌀 50가마의 인도의무는 목적물의 멸실로 인해 소멸한다고 본다. 즉 계약의 Frustration이 성립한다 하겠다.

결론적으로 불특정물 거래는 그것이 특정되기 전까지는 계약의 Frustration 법리가 적용될 여지가 없으나, 불특정물거래라 할지라도 소위 제한(또는 한정)종류물 거래는 언급한 특정물거래의 Frustration 상황과 유사하게 예외적으로 Frustration의 법리가 적용된다 하겠다.

2) 계약목적물의 상업적 가치상실

계약목적물의 멸실은 완전한 물리적 멸실과 계약목적물의 상업적 가치상실로 분류된다.

계약목적물의 상업적 가치상실이라 함은 계약이행을 위해 요구되는 목적물이 현실적으로 존재한다 해도 계약목적을 달성할 수 없을 만큼 상업적 가치가 상실된 경우를 의미한다.[48] 계약목적물의 상업적 가치가 상실되면 당해 계약은 계약목적물의 물리적 멸실과 동일한 논리로 Frustration 법리가 적용된다.

상업적 가치상실의 형태는 크게 다음과 같이 나누어 볼 수 있다.

첫째, 성질의 변화

둘째, 선박 등의 나포, 압류, 징발에 의한 회복의 불능상태

물품의 상태가 심하게 부패되거나 성질이 변화한 경우, 목적물이 존재한다하여도 그 상업적 가치는 상실된 것이므로 계약목적물의 멸실로 처리된다.

48) G.H. Treitel, *op.cit.*, p.655.

한편 용선계약과 같은 경우 선박이 나포·압류·징발되면 선박이라는 상업적 가치가 있는 계약의 목적물이 이용불능 상태에 놓이기 때문에 이 역시 멸실의 개념으로 인정된다.

그러나 계약목적물이 상업적으로 이용될 수 없다 하여도 그것이 일시적일 경우, 예컨대 선박의 나포·압류·징발 등이 일시적이었다가 다시 회복이 가능할 경우에는 특정 기간 내에 계약은 이행되어야 한다. 즉 상업상의 멸실이 계약의 Frustration으로 인정되기 위해서는 계약의 전 기간에 걸쳐 상황이 지속되는 경우에 한하여 적용된다는 점을 유의할 필요가 있다..

경우에 따라 일시적인 가치의 상실이 있을 경우에도 계약의 Frustration은 성립될 수 있으나, 이는 일시적인 상업상의 가치상실이 계약의 이행에 미치는 정도를 고려하여 결정될 문제이다. 다시 말해 가치의 상실기간이 계약의 전 기간에 걸쳐 발생한 것이 아니라 할지라도 상실된 기간이 계약의 전체 기간에서 차지하는 비율이 높아 궁극적으로 계약의 본질을 변경시키는 것이라면, 비록 전체 계약기간에 걸친 것이 아니라 할지라도 계약의 Frustration은 성립될 수 있다.[49]

2. 후발적 위법성

계약이 체결된 후 법의 제정이나 개정 또는 정부의 제반 무역관련 조치, 전쟁 등의 후발적 상황이 발생하면, 계약의 이행자체가 위법적 거래가 되어 계약의 Frustration이 성립하는 경우가 있다.

이하에서는 후발적 상황의 발생으로 계약의 이행이 위법성(illegality)을 갖게 되어 계약을 수행할 수 없는 경우에 대해 살펴보도록 한다.

1) 전쟁의 발발

당사자들이 계약을 체결한 후 전쟁이 발발하여 계약을 이행하는 것이 위법적일 때 당해 계약은 무효화 될 수 있다.

여기서 유의할 점은 전쟁의 돌발적 발발로 계약의 Frustration이 성립하는지 여부를 결정하는 중요한 기준은 전쟁의 발발 그 자체가 아니라 전쟁의 발발로 인해 계약의 이행

49) 이와 같이 용선계약에서 그 기간의 정도를 Frustration 성립의 관건으로 하는 이유는 일반적으로 용선계약의 계약기간이 적어도 1년 이상의 장기간에 걸쳐 체결되는 경우가 많기 때문이다. ; *ibid.*, p.656.

자체가 국가 공공정책의 원칙상 위법적 행위가 된다는 데 있다. 다시 말해 계약 체결 후 발생한 전쟁의 상황이 계약이행에 직접적으로 영향을 주는지 또는 간접적으로 영향을 주는지에 대한 문제이다.

예를 들어 A국과 B국의 무역업자 간에 계약이 체결된 후 후발적 상황에 의해 A국과 B국간에 적대적 전쟁행위가 있는 경우, 이때의 계약의 이행은 소위 적과의 교역에 해당하므로 이는 국가의 공공정책상 용납될 수 없는 것이기에 전쟁이라는 상황이 계약에 직접적으로 영향을 주게 된다.

그러나 A국과 B국의 무역업자 간에 계약이 체결된 후 B국과 C국간에 전쟁이 발발한 때에는 A국 무역업자의 B국과의 무역거래는 그 자체만으로 위법적인 것은 아니며,[50] 이는 단순히 전쟁이라는 상황이 간접적으로 계약에 영향을 주는 경우에 해당한다. 따라서 전자의 경우는 비록 계약서상에 '전쟁이 발발해도 계약은 이행된다'는 명시적 합의를 두고 있다 할지라도[51] 당해 계약은 자동적으로 소멸되며, 후자의 경우에는 정부의 차후 조치가 가해지지 않는다면 그 자체로서 계약이 무효화되는 것은 아니다.

또 한 예로 전쟁의 발발이 계약의 일부에만 영향을 미치고, 다른 대체적인 이행수단이 가능할 때에는 계약은 소멸하지 않는다. 예컨대 전쟁에 의해 직접적인 영향을 받고 있는 수개의 양륙항과 영향을 받지 않는 다른 양륙항이 존재할 경우, 그리고 매도인에게 양륙항의 선택권이 부여되어 있는 경우라면, 매도인은 전쟁의 영향권 밖에 있는 항구에 물품을 양륙할 의무는 여전히 남아 있다.[52]

2) 정부의 수출입금지조치

계약의 체결 후 정부가 정치·경제상의 이유로 수출입금지조치를 발동한 경우 계약의 이행은 그 자체가 위법적 행위가 될 수 있기 때문에 계약은 자동 소멸될 수밖에 없는 상황이 될 때가 있다.

그러나 여기서 주의할 것은 정부기관의 모든 수출입금지조치가 절대적으로 계약을 위법으로 만드는 것은 아니라는 점이다. 왜냐 하면 때때로 정부기관의 이같은 조치는 단순한 계약이행의 연장으로 간주되는 경우가 있기 때문이다.[53] 이는 곧 정부의 수출입금

50) 그러나 만일 A국이 C국과 동맹관계에 있다면 이때의 B국과의 거래는 동맹관계를 고려할 때 적과의 거래가 되어 위법성을 갖게 된다.

51) *Pacific Phosphate Co. Ltd. v. Empire Transport Co. Ltd.* [1920] 36 T.L.R 750 ; *Fibrosa Spolka Akcyjna v. Fairbairn Lawson Combe Barbour Ltd.* [1943] A.C. 32

52) *Hindley & Co. Ltd. v. General Fibre Co. Ltd.* [1940] 2 K.B. 517.

지조치는 관련된 계약의 조건, 특히 계약이행을 위한「기간」의 개념을 고려해서 판단해야 할 문제라는 것이다.

좀 더 구체적으로 부연하면 정부의 수출입과 관련된 제반조치가 계약의 이행을 위한 기간 전체에 확정적으로 걸쳐 있어야 계약의 Frustration이 성립될 전제조건이 충족된다는 것이다. 따라서 정부의 제반조치가 전체 계약의 이행기와 관련하여 일시적인 잠정적 조치의 성격을 갖고 있다면 계약 당사자의 의무는 소멸되지 아니한다.54)

일반적인 관점에서 볼 때 대부분의 정부조치는 일단 그것이 발령되었다 해도 즉각 그 효력을 갖는 것이 아니라 특정기간 만큼의 간격(loophole)을 허용하는 것이 보통이므로, 계약의 당사자는 1차적으로 허용된 그 기간 내에 계약을 이행하도록 합리적으로 노력해야 할 의무가 있다.55)

그럼에도 불구하고 만일 정부의 조치가 특정기간 만큼의 간격을 허용하지 않고 즉각적으로 효력을 발한다 할지라도, 단지 그 결과가 계약이행의 단순한 지체만을 초래한 경우일 때는 계약의 당사자는 당해 계약을 Frustration으로 처리하기 전에 계약의 이행기간까지 또는 그 이행기간 이후 합리적 기간까지 일단은 기다릴 필요가 있다. 물론 이러한 조치가 계약이행기를 지나 상당기간 계속될 것으로 판단되어 만약 이러한 조치가 해제되고 나서 계약을 이행한다는 것이 원래의 계약이행과는 전혀 다른 계약을 이행하는 것으로 변질된다고 인정될 때에는, 무한정의 지연 내지 연기는 국제거래관례상 그대로 방치할 수 없는 것이므로 당해 계약은 Frustration의 법리가 적용된다.

3) 수출입허가 또는 쿼터제도

계약이 체결된 후 정부의 수출입허가제나 쿼터제도의 변경 내지 강화 등으로 계약의

---

53) Clive M. Schmitthoff, *Export Trade*, 9th ed., Stevens & Sons, London, 1990, pp.186-184 참조.

54) *Andrew Miller v. Taylor* [1916] K.B. (402) 판례에서는 계약의 체결 후 정부의 수출금지조치가 발령되었으나 그 효력은 단지 15일간만 실시되었을 뿐이었다. 이에 대해 법원은 문제의 수출금지조치는 계약을 소멸시킬 만큼 효력이 전 기간에 걸친 것이 아니고, 단지 일시 정시시켰을 뿐이므로 매도인은 계약을 이행하지 못한 데 대해 책임이 있다고 판시하였다.

55) *Ross T. Smyth & Co. Ltd. (Liverpool) v. W.N. Lindsay Ltd. (Leith)* [1953] 1 W.L.R. (1280) 판례에서는 계약에 약정된 선적기일에 즈음하여 수출금지조치를 발령하였던 바, 그 발령과 효력 발생시기 간에는 약 10일간의 간격이 있었다. 그럼에도 매도인이 계약의 Frustration을 이유로 선적을 이행하지 않아 문제가 되었는데, 법원에서는 정부의 수출금지조치가 갑작스러운 것이 아니고 그 조치와 시행 사이에는 10일간의 기간이 허용되었기에 매도인이 합리적으로 노력하였다면 계약의 이행이 가능했을 것이므로 이를 이행치 못한 매도인은 책임을 면치 못한다고 판시하였다.

내용대로 정상적인 수출입이 불가능해 질 때, 수출입금지조치의 발령과 같이 계약의 Frustration이 성립될 수 있다. 그러나 이와 같은 경우에도 상당히 제한적인 차원에서 Frustration의 법리가 적용된다.

수출입허가제도 또는 쿼터의 할당에 따른 계약의 Frustration 결정 여부는 다음과 같은 사항을 고려한다.

첫째, 계약당사자간에 계약체결 시 추후 발생한 수출입허가제나 쿼터의 할당에 대해 미처 예견하지 못해 계약서상에 아무런 규정을 두지 못한 때,

이와 같은 상황에서 수출허가(export licence) 또는 수입허가(import licence), 그리고 경우에 따라 쿼터할당에 책임이 있는 당사자는 이를 취득 내지 획득하지 못한 때에는 일견 계약의 불이행으로 간주된다. 물론 책임의 당사자가 이를 취득 내지 획득하기 위해 합리적 조치의 일환으로 정당한 노력을 다했음에도 그 목적을 달성하지 못하였음을 증명할 수 있다면 Frustration이 성립할 수도 있으나, 사실상 이는 입증이 곤란한 사실의 문제(question of facts)이기 때문에, 많은 경우 수출입허가 또는 쿼터할당에 관한 책임의 당사자는 손해배상책임을 면하기 어렵다.[56)]

둘째, 계약당사자간에 계약체결 시 추후의 수출입허가제나 쿼터의 할당 문제를 고려하여 계약서상에 이를 조건부로 하는 규정을 형식적으로나마 삽입한 때, 예컨대 "subject to licence" 또는 "subject to quota"와 같은 문구를 삽입한 때, 이와 같은 상황에서 책임의 당사자는 첫 번째 경우와는 달리 비교적 안전판을 확보한 것이라 판단할 수 있다.

그러나 이와 같은 경우라 할지라도 책임의 당사자는 수출입허가 또는 쿼터의 할당을 받기 위해 가능한 한 모든 최선의 노력을 다할 것이 묵시되어 있다. 따라서 비록 계약서상에 이 같은 조건부 약정을 미리 두었다 해도 계약의 성공적 이행을 위해 책임 있는 관련 당사자는 가능한 모든 합리적 조치를 강구할 의무가 있다 하겠다.[57)]

셋째, 수출입금지조치, 수출입허가제, 또는 쿼터 등과 같은 불가항력적인 정부의 조치가 있다 해도 계약의 당사자 모두는 이의 합리적 해결을 위해 반드시 공동으로 협력할 의

---

56) *Peter Cassidy Seed Co. Ltd. v. Osuustukkukauppa I. L.* [1957] 1 W.L.R. (273) 판례에서는 매도인이 수출허가를 취득하기 위해 모든 합리적 조치를 취했음에도 당해 수출허가를 취득하지 못하였다. 이에 대해 법원에서는 매도인의 수출허가 취득은 절대적 의무였다고 판시함으로써 매도인에게 손해배상의 책임을 지우고 있다. ; *Mitchell Cotts & Co. Ltd. v. Hairco. Ltd.* [1943] 2 All. E.R. (552) 판례에서는 수입허가서를 취득할 책임이 있는 매수인이 수입허가서를 취득하지 못한 것은 순전히 매수인의 책임이라고 판시하였다.

57) *Malik Co. v. Central European Trading Agency Ltd.* [1974] 2 Lld.L.Rep. (279,283) 판례에서 매도인이 수출허가서 취득을 조건으로 하는 계약을 체결한 후 나중에 이의 취득과 관련하여 최선의 노력을 다하지 않은 매도인은 매수인에게 채무불이행의 책임을 져야 했다.

무가 있다.

일반적으로 위와 같은 정부의 조치는 결과적으로 계약상 책임 있는 한 당사자의 위험 부담으로 귀착되지만, 계약의 상대방이 당해 조치에 대해 책임이 없다 하여 단지 방관만 한다든지 또는 합리적 협력의 노력을 기울여주지 않았다면, 비록 그가 계약의 이행에 책임이 없는 당사자라 할지라도 추후 어느 일방의 계약의 불이행에 대한 자신의 권리주장은 그 타당성을 잃을 경우가 있다.[58]

3. 주변사정의 본질적 변화

계약체결 후 주변사정의 본질적인 변화가 후발적으로 발생한 경우 당해 계약의 효력은 자동 소멸될 수 있다.

주변사정의 본질적인 변화라 함은 계약의 체결 후 이행기가 도래하기 전에 예기치 않은 상황이 발생함으로써 계약의 당사자가 계약체결 당시에 그러한 상황을 예측할 수 있었다든지, 그러한 상황하에 놓여져 있었다면 애당초 계약을 성립시키지 않았을 만큼 계약의 이행 자체에 영향을 주는 근본적이고 급작스러운 변화를 의미한다. 다시 말해 상황이 너무나 급격하게 본질적으로 변화한 결과, 계약을 계속 유효하게 놓아둔다 하더라도 그것이 당사자가 원래 체결한 것과는 전혀 다른 새로운 계약으로 변질될 때를 말한다.

따라서 이와 같은 상황에서는 당해 계약은 Frustration 법리가 적용되어 그 효력이 자동 소멸된다.

계약의 Frustration이 성립되는 주변사정의 본질적 변화의 구체적 형태는 어떠한 것이 있는가 하는 문제는 판단하기 대단히 어려운 사실의 문제이다.[59] 예컨대 계약을 이행하

58) *Kyprianou v. Cyprus Textiles Ltd.* [1958] 2 Lld.L.Rep. 60 참조.

59) 심지어 유사한 사안을 놓고서도 상이한 판결이 있다. 즉 *Carapanoyoti & Co. Ltd v. E.T. Green Ltd.* [1959] 1 Q.B. (131) 사건에서는 10월이나 11월 중에 Sudan항에서 선적하여 Belfast까지 운송하는 CIF조건으로 매매계약을 체결하였는데, 계약 당시의 통상항로로 간주되었던 Suez운하가 계약체결 후 봉쇄되는 사태가 발생하였다. 이에 따라 매도인은 계약물품을 선적하지 않아 문제가 발생하였는데, 이를 담당한 법원에서는 계약의 이행시점에서 이용가능한 항로가 있다 해도 계약 당시 예견하였던 항로를 이용하는 경우보다 더 비싼 비용을 치러야 한다는 것은 계약체결 당시의 당사자간의 의도와 전혀 다른 것이 되는 상황이므로 계약의 Frustration을 인정하는 취지의 판시를 내렸다. 그러나 이와 같은 판결의 내용은 3년 후 *Tsakiroglou & Co. Ltd. v. Noblee Thorl G.m.b.H* [1962] A.C. (93)사건에서 번복되었다. 이 사건에서도 Suez운하가 봉쇄되었는데 법원에서는 Suez운하가 봉쇄되어도 이를 대체하는 희망봉(Cape of Good Hope) 우회항로가 존재하는 한, 당해 항로가 2배 이상의 시간과 비용이 소요된다 할지라도 이는 계약의 본질적인 측면을 변경시키는 것은 아니라는 취지의 판시를 내렸다. 보다 자세한 내용은 F.

는 과정에서 전혀 예기치 못했던 가격의 등락, 외환시세의 급작스러운 변동, 이행의 장애, 또는 이와 유사한 제반 불가항력적 사태 등이 주변사정의 본질적 변화에 해당하지만, 이러한 상황들의 발생 자체만으로는 계약의 Frustration이 성립하지는 않는다. 주위사정에 비추어 계약의 근본적이고 본질적인 목적 내지 기초가 완전히 상실된다든지 또는 변경되는 결과가 초래될 때, 그 경우에만 제한적으로 계약은 Frustration 법리가 적용된다는 것이다.

제3절 불가항력 조항과 계약의 Frustration

1. 불가항력조항의 의의와 형태

1) 불가항력조항의 개념

일반적으로 불가항력(force-majeure)이라 함은 천재지변을 포함하여 인간이 지배 내지 통제할 수 없는 제반 사건을 의미한다.

무역계약에 있어 불가항력의 개념은 일일이 나열하기가 불가능할 만큼 다양할 수 있으나 대체적으로 전쟁, 스트라이크, 수출입봉쇄, 수출입금지조치, 선박의 나포 · 징발 등과 같은 정부의 간섭, 태풍 지진 · 화산의 폭발 등과 같은 자연적 재해를 통칭한다.

과거에는 불가항력의 개념은 주로 천재지변(Act of God)만을 주로 지칭하였으나 오늘날과 같이 국내외의 상황변화가 예측하기 어려우리만큼 변화무쌍한 상황하에서는 무역에 영향을 직접적으로 미칠 수 있는 정치 · 경제 · 사회 · 법률 · 외교정책 등을 포함하는 개념이라 할 수 있다.

이와 같이 무역계약의 당사자의 의지와는 상관없이 전개 또는 발생하는 제반 상황은 반드시 다음과 같은 세 가지 요건[60]이 충족되어야 비로소 관련 무역계약의 효력을 소멸시키는 Frustration 사유로써의 불가항력적 상황이 된다.

첫째, 계약의 당사자가 통제 내지 지배할 수 없는 계약이행의 장애여야 한다.

Lowenfeld, *op. cit.*, pp.54-64 ; 박대위, 「무역사례 I」, 법문사, 1983, pp. 151-152 참조.
60) ICC, Publication No. 421 참조 ; CISG 제79조 (1)항 참조.

둘째, 그와 같은 사태는 매매계약의 체결 당시 합리적으로 예측할 수 없는 것이어야 한다.

셋째, 계약의 당사자는 사태발생 시 합리적으로 이를 회피하거나 극복할 수 없는 상황이어야 한다.

이상의 요건을 통해 볼 때 계약의 당사자가 합리적으로 예측할 수 있었고, 그 사태를 극복할 수 있어 실질적으로 통제할 수 있는 상황이라면 이는 불가항력이라고 간주되지 않는다. 예를 들어 자금부족으로 인한 공급의 불능, 계산의 착오, 당사자의 태만, 과실, 고의 등이 이에 해당될 것이다.

2) 불가항력조항의 의의

계약은 계약의 엄격이행의 원칙에 따라 반드시 이행되어야 한다. 계약의 엄격이행의 원칙은 설사 계약체결 후 계약당사자가 예측하지 못했던 상황의 발생으로 그 계약의 이행이 불가능하게 되었을 경우에도 이를 불문하고 당위적으로 적용되는 것이 일반적이다.

사실 매매계약은 소위 사적자치의 원칙에 따라 계약의 체결 여부 및 계약조건의 결정 여하는 전적으로 계약의 당사자에게 일임된다. 따라서 계약의 당사자는 언급한 불가항력적 사태에 의해 계약의 이행이 불가능해질 때를 대비하여, 계약의 체결 시 미리 그와 같은 사태를 예견하여 추후 자신에게 부과된 계약상의 의무를 면제받기 위해서라도 사적자치원칙에 입각하여 명시적으로 특약을 삽입할 필요가 있다. 이와 같이 계약조건의 하나로 계약서에 삽입된 특약 형태의 명시적 조항을 불가항력조항(force-majeure clause)이라 한다.

구체적으로 불가항력 조항의 주된 효과 내지 목적은 계약당사자간에 특약의 형태로 불가항력조항을 삽입함으로써 추후 예기치 못한 후발적 상황이 발생할 경우 당사자간의 분쟁을 미연에 예방함에 있다.

그러나 무엇보다도 유의해야 할 것은 불가항력조항을 계약서에 삽입하였다 해도, 그리고 그에 해당하는 불가항력적 사태가 발생하였다 해도, 당해 계약은 자동적으로 해제되거나 소멸되는 것은 아니라는 점이다. 다시 말해 불가항력적 사태가 발생한 경우라도 여전히 계약의 당사자에게는 계약의 이행을 위해 합리적으로 협력할 의무가 있다는 것이며, 그러한 합리적 협동 노력에도 불구하고 계약의 목적이 좌절되는 경우에 비로소 당해 불가항력조항의 효과가 인정되는 것이라 하겠다.

불가항력조항의 효과는 크게 다음과 같은 세 가지를 포함한다.

첫째, 계약에 의해 부과된 당사자의 채무이행기의 연장
둘째, 계약의 자동적 해제 또는 정지
셋째, 계약의 해제 또는 채무의 이행유예를 위한 선택권 부여

3) 불가항력조항의 형태와 요건

계약당사자의 입장에서 볼 때 불가항력에 해당하는 모든 상황을 가능하면 전부 계약서에 삽입하는 것이 가장 바람직할 수도 있다. 그러나 실제적인 관점에서 볼 때 불가항력이란 그 범주와 종류를 일일이 나열할 수 없을 만큼 포괄적이고 다양하기 때문에, 불가항력 상황 모두를 계약서에 삽입하기란 그리 용이한 일이 아니다. 그렇다고 해서 계약의 당사자는 불가항력조항의 구성요소를 간단하게 표현하는 것, 예컨대「통상적인 불가항력 상황」과 같은 축약적 용어로 계약서에 삽입하는 것도 그다지 바람직하지 못하다.

따라서 계약의 당사자들은 불가항력 조항의 작성과 삽입에 있어 가능한 한 합리적으로 당해 조항을 명문화시킬 필요가 있다.

불가항력조항의 작성과 삽입은 다음과 같은 측면을 고려하는 것이 바람직할 것이다.

첫째, 불가항력적 사태의 발생은 계약을 자동적으로 해제시키는 효과뿐만 아니라 단순히 계약상의 채무이행기를 연장시키는 효과도 있기 때문에, 불가항력적 사유가 발생한 경우 특정기간, 예컨대 30일 이라는 기간을 설정하여 그 기간의 경과 후에도 불가항력적 사태가 계속된다면 계약이 해제된다는 취지의 내용을 명확히 해둘 필요가 있다.

둘째, 단순히「통상적인 불가항력 상황」등과 같은 방법으로 불가항력조항을 구성하기 보다는 가능한 한 구체적인 사유를 열거하는 것이 더욱 더 바람직하다. 그러나 주의할 것은 계약의 해석원칙에 있어 '나열한 특정한 사유 이외의 사유는 고려하고 있는 사유로 보지 않는다.[61]'는 일종의 축소해석 내지 객관적 해석의 원칙이 지배하므로 구체적 사유를 열거한 뒤에는 관례적으로나마 '기타 계약당사자가 지배할 수 없는 모든 사유(any other causes or circumstances beyond the control of the parties hereto)' 또는 이와 유사한 개괄적인 문언을 부기하는 것이 바람직하다.

셋째, 계약당사자가 삽입한 불가항력조항이 유효한 것이 되기 위해서는 그것이 확정적이고 확실해야 한다. 따라서 계약의 당사자간에 명확한 의미를 설정하지 않아 이의 해

61) *expressio unius est exclusio alterius* 라고 한다. 이는 "The expression of one thing is the exclusion of another.(특정의 사항을 표시하는 것은 다른 사항을 배제하는 것이다)"를 의미하는 영미법의 계약해석원칙이다. ; *Biack's Law Dictionary*, p.581.

석이 애매모호한 경우에는 진정한 의미의 불가항력조항으로 볼 수 없다.[62] 계약의 해석에 있어 불명확한 약관이나 조건은 이의 작성자에게 불리하게 해석되기 때문이다.[63]

넷째, 계약당사자가 설정하여 삽입한 불가항력조항이 자의적(恣意的) 또는 고의적으로 자신의 계약상의 책임을 면제시키거나 제한하는 성격일 때, 또는 상대방에게 불리한 계약해제의 결과를 유도할 때,[64] 이는 엄밀히 말해 거래에 있어서의 신의칙에 반하는 공정성을 잃은 조항이 되므로 이는 법적으로 무효가 된다.[65]

계약에 의해 부과된 당사자의 계약이행의무를 불가능하게 만드는 후발적 불가항력사태가 예기치 못하게 발생한 경우, 극히 예외적인 상황에서만 제한적으로 적용되는 계약의 Frustration은 계약의 엄격이행의 해석원칙에 따라 법원으로부터 그 면책이 인정되지 않는 때가 많기 때문에, 계약당사자간에 법에 의존하기 보다는 소위 사적자치의 원칙의 일환으로 당사자 스스로 해결하자는 의도가 바로 불가항력조항의 본질이다.

그러나 사적자치의 원칙하에 계약당사자가 설정한 불가항력조항이 자신의 의무와 책임을 현저히 제한한다든지, 또는 지나치게 광범위하게 자신의 면책범위를 확장시킴으로써 계약상대방에게 불리한 결과를 초래할 때에는 계약의 특약으로서의 효력을 상실할 수 있다는 점을 유의하여야 한다.

62) *George Wills & Sons Ltd. v. R.S. Cunningham, Sons & Co. Ltd.* [1924] 2 K.B. (220,221) 판례에서는 「예견할 수 없는 상황이 발생한 경우 면책된다.」라는 취지를 단지 'u.c.e' 즉 'unforeseen circumstances excepted'의 약자로만 표기하여 차후에 문제가 되었다. 법원에서는 이는 진정한 의미의 불가항력조항이 아니라고 해석하였다.

63) 이를 계약해석에 있어 불명확조항해석의 원칙(rule of contra proferentem)이라 한다.

64) *Brauer & Co. (Great Britain) Ltd. v. James Clark (Brush Materials Ltd.* [1952] 2 All E.R. (497, 501) 사례에서는 매도인이 수출허가서를 취득하는 조건으로 계약이 체결되어 관련 수출허가서를 취득하지 못하면 계약이 해제되게끔 조항이 구성되었는데, 차후 당해 수출허가서를 취득함에 원 계약금액보다 20%~30%에 달하는 가격의 상승이 초래되자, 계약의 내용을 들어 면책을 주장하여 문제가 되었다. 법원에서는 당해 조항은 매도인의 책임을 면제하거나 제한하는 공정성 잃은 조항이라는 판단 아래 매도인은 더 이상 당해 조항에 의존할 수 없다는 취지의 판시를 내린 바 있다.

65) 우리나라의 경우 1987년 7월 1일부터 시행된 「약관규제법」에서 이를 명시적으로 규정하고 있다.(약관규제법 제62조 (1)항, 제7조, 제14조 참조).

제4절 계약의 Frustration의 효과

1. 일반원칙

영미법계에 있어 판례에 의해 오랜 기간 동안 축적되어온 계약의 Frustration 법리는 그 효과를 다룸에 있어 다음과 같은 두 가지 형태의 원칙으로 대별된다.

그 하나는, 체결된 계약에 Frustration의 법리가 적용되면 그 시점으로부터 장차 이행될 계약상의 채무는 자동적으로 소멸된다는 원칙이다.

이 원칙에 따르면 계약의 Frustration이 선언된 시점 이후에 이행되어야 할 계약상의 채무는 모두 소멸하지만, 이미 이행기가 도래해버린 채무는 그대로 유효하다. 그리고 Frustration의 발생 이전에 취득된 계약당사자의 법적권리 및 이미 지불된 금전관계 등은 영향을 받지 않은 채 유효하다.[66)]

따라서 Frustration의 발생 이전에 이미 선불된 금액이 있다면 이를 반환할 필요는 없으며, 같은 취지로 Frustration 발생 이전에 이행해야 할 채무가 있었다면 이 역시 변제되어야 한다는 것이다.

요컨대 이 원칙은 계약의 Frustration 효과는 단지 계약의 Frustration 성립 이후 장래의 계약상의 채무만을 소멸시킬 뿐이라는 것을 강조하는 기준이다..

둘째, 언급한 원칙은 Frustration 성립 이전 이미 계약의 이행차원에서 선불금을 지불한 당사자 또는 계약상의 채무가 여전히 남아있는 당사자에게는 아무런 반대급부의 수령 없이 계속 유효하다는 관점에서 불공평하다는 지적에 따라 다음과 같은 수정적 원칙이 제시되었다.[67)]

---

66) *Appleby v. Myers* [1867] L.R. 2 C.P. (651) 판례에서는 원고는 피고의 건물에 기계장비를 설치해 주는 계약을 체결했는데, 대금의 지불은 설비의 장치완료 후에 하기로 합의되었다. 그러나 공사가 완료되기 전 화재로 인해 건물뿐만 아니라 설치 중이었던 기계가 전소해버려 당해 계약은 Frustration으로 인정되었다. 이 때 대금의 지불채무와 관련하여 법원에서는 지불기일이 도래하기 전에 계약이 Frustration 되었기 때문에 원고는 그 때까지 지출한 제반 비용에 대해 아무런 권리가 없으므로 이를 청구할 수 없다고 판시하였다.
Chandler v. Webster [1904] 1 K.B. (493) 판례에서는 대관식 행렬의 관람을 위해 방을 141파운드에 즉시불로 임차하는 계약을 채결하였는데, 원고는 100파운드만을 지불한 상태에서 행사가 중단되어 당해 계약은 Frustration되었다. 이에 대해 원고는 이미 지불한 100파운드의 임차료를 반환해 달라는 요구를 하였으나 법원에서는 원고는 100파운드의 반환을 청구할 수 없을 뿐만 아니라 잔액인 41파운드도 Frustration이 발생하기 이전에 지불기일이 도래한 채무였기 때문에 이 역시 피고에게 지불해야 한다고 판결하였다.

즉 계약이 Frustration된 시점을 중심으로 약인[68]의 완전 실효(total failure of consideration)[69]가 있는 경우, 예컨대 이미 계약조건의 이행차원에서 대금의 일부 또는 전부를 선불한 당사자가 상대방으로부터 그에 대한 대가인 반대급부를 전혀 받지 못한 경우에는 준계약(quasi-contract)[70]의 성립에 따라 상대방이 취득한 부당이익(unjust enrichment)의 반환을 인정한다는 것이다.

이 원칙에 따르면 선불금을 지급한 당사자가 상대방으로부터 계약상의 아무런 변제를 받지 못하는 상황인 약인의 완전실효가 있는 때에는 상대방이 지불받은 선불금은 부당이득이 되며, 이는 계약이 소멸된 결과 당해 선불금은 계약이전의 상태로 되돌아가는 원상회복[71]의 차원에서 다시 반환되어야 한다는 것을 의미한다.

이 원칙은 앞서의 첫 번째 원칙에 비해 그 불합리한 요소를 상당부분 해소시켜 주고 있긴 하나, 그 적용의 방식에 있어 약인이 전면적으로 완전실효 된 경우만을 대상으로 하

67) 언급한 *Chandler v. Webster* 판례를 뒤집은 1943년의 한 판례로부터 비롯되었다. 즉 *Fibrosa Spolka Akcyjna v. Fairbairn Lawson Combe Barbour Ltd.* [1943] 1 K.B. (493) 판례에서는 4,800파운드 중 1,600파운드를 전불조건으로 하는 계약조건하에서 원고는 1,000파운드만을 피고에게 지불했다. 전쟁의 발발로 Frustration이 발생한 후, 원고 측은 전불한 1,000파운드의 반환을 청구하자 문제가 발생하였는데 법원에서는 이미 1,000파운드를 지급한 원고는 피고로부터 아무런 반대급부를 받지 못한 소위 약인의 완전실효 상황이므로 피고가 수령한 1,000파운드는 부당이득이 되기 때문에 피고는 원고에게 선불받은 1,000파운드를 반환하라는 판시를 내렸다.

68) 약인(consideration)이란 약속자(promisor)의 특정 약속에 대한 대가로써 수약자(promisee)가 제공하는 행위나 약속을 뜻한다. 다시 말해서 수약자가 약속자에게 경제적 가치가 있는 물건을 주거나 이로운 행위를 하게 되는 경우이다. 따라서 계약의 성립과 더불어 법률적으로 어떤 대가를 주거나 행하기로 한 약속은 약인의 형태가 된다. ; *Black's Law Dictionary*, pp. 306-307

69) 약인의 완전실효, 또는 전면적 불성취라 함은 구속력 있는 계약의 성립을 위해 당사자간에 대가를 교환하기로 약속한 경우, 그 약속의 이행이 전혀 이루어지지 않은 상태를 의미한다. 예컨대 어느 일방이 상대방의 약속이행을 보장받기 위해 일정한 대가를 공여하였지만 상대방으로부터 아무런 반대급부를 수령하지 못한 경우를 포함한다.

70) 일반적으로 계약은 당사자간의 합의에 의해 성립되는 것이지만, 특별한 경우에는 당사자간의 합의와 관계없이 법에 의해 채권·채무 관계가 발생하기도 한다. 후자의 경우를 통칭 준계약(quasi-contract)이라 하는데, 준계약은 법이 주로 부당이득을 방지할 목적으로 특정 당사자간에 창설하는 관계이며, 부당하게 이득을 본 것의 가액반환을 청구하는 권리 및 반환할 채무를 발생케 한다. 준계약은 당사자간의 합의 또는 계약으로부터 유래하는 것은 아니지만, 계약에 의한 채권·채무 관계와 유사한 채권·채무 관계이다. 준계약은 계약이 존재하지 않는 곳에 계약의 존재를 법이 의제하는 것이기 때문에 법정계약(constructive contract ; contract implied by law)이라고도 한다.
따라서 계약이 Frustration된 경우 준계약에 의거, 어느 일방으로부터 상당한 노무를 제공받은 자의 부당이익을 방지할 목적으로 법은 전자에게 이의 반환청구권을 인정한다.

71) 원상회복(restitution)이란 계약당사자가 주고받은 계약상의 대가를 되돌려주고 계약이전의 상태로 복귀하는 것을 말한다. 언급한 준계약의 경우에 부당이득의 원상회복이 인정된다.

고 있기 때문에 약인의 부분적 실효(partial failure of consideration) 즉, 선불금을 지급한 당사자가 상대방으로부터 그에 대한 대가로 상대방의 채무 중 일부를 변제받은 경우, 다시 말해 상대방으로부터 일부급부를 받은 경우에는 선불한 대금의 반환이 인정되지 않는다. 같은 의미로 이 원칙은 계약당사자가 계약의 이행을 전제로 하여 지불한 비용, 즉 신뢰이익의 배상을 인정하지 않는다.

2. 각국의 관련 법제

이와 같이 판례법에 의해 확인된 계약의 Frustration의 효과에 대한 법리는 엄밀한 의미로 형평성과 공정성의 관점에서 여러 문제점을 내포하고 있기 때문에 영국을 비롯하여 미국 등의 국가에서는 이를 보완하고 보충할 수 있는 법제를 마련해 두고 있다.

우리나라의 경우에는 이를 다루는 직접적인 규정은 없으나 부당이득의 반환과 관련된 규정을 통해 어느 정도 이의 해결이 가능하다.

1) **영국의 법제** : Law Reform (Frustrated Contracts) Act, 1943

계약의 Frustration의 효과에 대한 판례의 흐름이 여러 문제점을 드러냄에 따라 영국에서는 Law Reform (Frustrated Contracts) Act를 1943년에 제정·발효시킴으로써 계약이 Frustration된 경우 당사자간의 채권과 채무관계를 보다 더 형평에 맞게 조정하였다.

이 법규에 따르면 약인의 완전실효가 있는 경우에만 원상회복이 가능하였던 결정내용은 약인이 전면적으로 완전히 실효되지 않은 경우에도 그 원상회복이 가능하도록 규정하고 있다. 나아가 계약의 Frustration 성립 시점 이전에 계약의 이행을 위한 취지에서 당사자간에 지출한 비용이 있을 때에도 이의 회복이 가능하도록 규정하고 있다.

이 법규의 주요내용을 간략히 살펴보면 다음과 같다.

첫째, 계약상의 각 당사자의 채무가 소멸되기 전(즉 계약이 Frustration 되기 전) 계약의 이행과정에서 이미 어느 일방이 지급한 선불금이 있는 경우, 그 결과 지급을 받은 상대방이 당해 금전의 활용 목적으로 이를 수령한 때에는, 대금을 이미 지급해버린 당사자는 상대방으로부터 당해 금전을 반환받을 수 있다. 또한 계약의 이행을 위해 지급할 금전이 있는 경우에는 그 지급의 채무는 정지된다.

이때 반환받을 수 있는 상황은 법원이 정당하다고 인정되는 때이며, 반환되는 금액은 상대방이 지출한 비용이 있는 경우 이를 초과할 수 없다.[72] 여기서 비용이라 함은 계약의 상대방이 계약의 소멸 전까지 계약의 이행목적으로 적절하게 지출하였거나, 소요된 금액을 말한다.

둘째, 금전적 지급 이외의 것, 예컨대 재산 또는 노무 등을 계약의 어느 일방이 계약의 소멸 전에 제공한 경우, 그리고 그 결과 계약의 상대방이 계약의 Frustration으로 이익을 받게 된 때에는 계약의 상대방이 받은 이익을 초과하지 않는 범위 내에서 계약의 일방이 이미 제공한 재산 또는 노무 등의 가치를 반환받을 수 있다.[73)]

이상의 핵심적 규정을 통해 볼 때 영국의 Law Reform (Frustrated Contracts) Act, 1943은 계약이 Frustration된 경우 소위 제공노무상당금액의 청구권과 제공물 상당금액의 청구권 원리[74)]를 도입·실현하고 있음을 알 수 있으며, 청구하여 반환될 수 있는 가치는 금전을 지급한 경우에는 상대방이 그 금전의 수령과 함께 자신 역시 계약의 이행을 위해 적절하게 지출한 비용을 공제한 만큼이 되고, 금전이외에 가치 있는 재산이나 노무, 서비스 등을 제공한 때에는 상대방이 받은 이익을 초과하지 않은 범위 내에서 어느 일방이 이미 제공한 재산이나 노무 등의 가치, 즉 실질적으로 이를 제공한 계약 당사자의 궁극적 손실액만큼이 됨을 알 수 있다.

그러나 이 법은 다음과 같은 점에서 그 제한적 요소를 가지고 있다 하겠다.

첫째, 이 법규는 계약이 Frustration된 경우에 각 당사자들의 채무·채권 관계를 원상회복시킨다는 데 그 주안점을 두고 있기 때문에 계약의 체결을 상정한 상태에서 계약의 당사자가 이미 계약의 이행차원에서 지출한 비용, 즉 신뢰이익은 고려하지 않는다.

둘째, 매매계약의 이행차원에서 이미 관련 물품의 위험이 매도인으로부터 매수인에게 이전된 때에는, 비록 차후 계약이 Frustration되었다 할지라도 이 법규의 적용은 배제된다.

셋째, 일련의 보험계약, 용선계약, 기타 해상운송계약에는 이 법규가 적용되지 아니한다.

2) 미국의 법제

미국에서도 영국에서와 같이 계약의 Frustration이 인정되는 경우, 계약의 어느 일방이 자신의 의무를 이행하는 과정에서 급부를 제공한 때에는 상대방에 대해 그에 따른 부

---

72) 「Law Reform (Frustrated Contracts) Act」 1조 (2)항.

73) 「Law Reform (Frustrated Contracts) Act」 1조 (3)항.

74) 일반적으로 법에 의해 의제된 계약, 즉 준계약에서 상대방의 노무 및 재료, 금전의 제공에 의해 어느 누구도 부당이득을 가질 수 없다는 형평법상의 원칙을 말한다. 좀 더 구체적으로 영미법계에서는 전자는 *quantum meruit*, 후자는 *quantum valebant*로 구별되고 있다.

당이득반환청구를 할 수 있도록 인정하고 있다.

미국의 제1차 계약법 리스테이트먼트 468조에서는 이행불능의 경우에 준계약에 입각하여 부당이득의 반환청구권을 인정하고 있으며, 제2차 계약법 리스테이트먼트 272조에서도 법원은 당사자들의 신뢰이익을 포함하여 정당한 조건에 따라 이의 구제수단을 강구할 수 있다고 규정하고 있다.

나아가 제2차 계약법 리스테이트먼트 377조에서는 "후발적 이행불능, 목적달성불능, 조건의 불성취 또는 수익자의 포기로 인해 이행의 의무가 발생되지 않았거나 이행의무로부터 면책된 당사자는 일부이행 또는 신뢰의 방법에 의해 계약의 어느 일방이 상대방에게 이익을 준 경우에는 그 당사자는 이에 대해 원상회복을 위한 청구권을 갖는다"고 규정하고 있다.

이상에서 볼 때 미국에서는 신뢰이익의 원상회복과 관련하여 이를 반환되어질 수 있는 부당이익의 개념으로 확장하고 있음을 알 수 있다.[75)]

3) 우리나라의 법제

우리나라의 경우 계약의 Frustration과 관련한 규정은 두고 있지 않으나, 공평(equity)과 정의(justice)의 관점에서 민법 제741조에 부당이득(unjust enrichment)에 관한 포괄적 일반규정을 두고 있다.

부당이득법리라 함은 법률상 원인 없이 타인의 재산 또는 노무로 인하여 이득을 얻고 이로 인하여 타인에게 손해를 가한 자에게 그 이익을 반환시키는 법리를 말한다.[76)]

부당이득은 다음과 같은 4가지 요건이 충족되어야 성립한다.

첫째, 상대방의 재산 또는 노무에 의하여 어느 일방이 이익을 얻은 상태여야 한다. 여기서 이익을 얻는다는 개념은 재산이 적극적인 관점에서 증가하는 경우뿐만 아니라, 당연히 발생하였을 재산의 감소를 면하는 경우도 포함한다.

둘째, 그러한 이익의 획득으로 인해 결과적으로 어느 일방에게는 손실의 형태가 되어야 한다. 여기서 손실이라는 개념은 이익에 대응하는 개념으로써 적극적인 의미에서 재산의 감소뿐만 아니라, 소극적 의미에서 당연히 발생하였을 재산의 증가 기회를 잃은 경우도 포함한다.

원칙적으로 부당이익법리는 어느 일방으로부터 상대방으로의 공평하지 못한 재산적

---

75) J. D. Calamari & J. M. Perillo, *op.cit.*, Section 13-17 참조.
76) 민법 제741조.

가치가 귀속되는 것을 조절하는 제도[77]를 의미하는 것이기 때문에, 어떤 일방이 지출한 재산적 가치 또는 노무가치가 상대방에게 이익을 주는 경우라도, 그 결과적 형태로 그 재산 또는 노무가 지출한 당사자에게 어떠한 손해도 야기시키는 것이 아닐 때에는 부당이익의 개념이 성립하지 않는다.[78]

셋째, 어느 일방의 손실과 상대방의 이익은 상호간에 인과관계가 있어야 한다. 따라서 만일 어느 일방에게 손실이 있었고, 상대방에 이득이 있었다 할지라도 그들 사이에 인과관계가 없다면, 이는 결국 손실과 이익 사이에 아무런 관련이 없음을 의미하는 것으로 부당이익은 성립하지 않는다.

넷째, 부당이익이 성립하기 위해서는 상대방의 이익이 법률상의 원인 없이 발생한 것이어야 한다.

예컨대 계약이 Frustration되어 당사자간의 채무·채권 관계가 소멸하였음에도 계약의 한 당사자가 어느 일방의 계약이행 차원에서의 금전 또는 재산 및 노무를 이미 제공한 때에는 법률상 원인이 소멸한 경우이므로 상대방의 이익은 법률상원인 없이 발생한 부당이익이 된다.

이상과 같은 요건에 의해 부당이익이 성립한 때에는 형평 내지 공평의 관점에서 이익을 취한 당사자, 즉 수익자는 이익을 제공한 당사자, 즉 손실자에게 당해 이익을 반환하여야 한다.[79] 이 때 그 반환의 범위는 손실자의 손실을 최대액으로 한다. 이는 부당이득의 본질상 손실자의 손실의 범위 내에서만 부당이득이 성립하기 때문이다. 따라서 이득이 손실을 넘는 경우에는 초과이득 부분은 반환할 필요가 없다. 그러나 손실보다 적은 때에는 현실의 이득액 만을 반환하면 된다.

77) *Black's Law Dictionary,* pp. 1535-1536.

78) 김준호, 「전게서」, p. 852 참조.

79) 민법, 제741조.

찾아보기

가

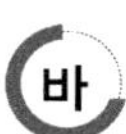

차

타

하

A

B

C

D

E

저자 약력

■ 김 기 선

- 서강대학교 경영학과 졸업(경영학학사)
- 서강대학교 대학원 무역학과 졸업(경영학석사)
- 서강대학교 대학원 무역학과 졸업(경영학박사)
- 행정고시(국제통상직) 출제 및 선정위원
- 7급 국가고시(관세직) 출제 및 선정위원
- 관세사 출제 및 선정위원
- 대한상사중재원 중재인
- 한국지역발전학회 회장
- 한국무역상무학회 이사
- Southeast Missouri State University, Visiting Scholar
- IBC 선정 2013, 2016 World Top 100 Educator

현) 군산대학교 무역학과 교수

● 국제무역관계법

초　판 1쇄 인쇄 ── 2024년 2월 25일
초　판 1쇄 발행 ── 2024년 2월 29일
지은이 ── 김 기 선
펴낸이 ── 전 두 표
펴낸곳 ── 도서출판 두남
서울시 강동구 성내로 6길 34-16 두남빌딩
신 고 : 제25100-1988-9호
TEL : 02) 478-2066, 2077
FAX : 02) 478-2068
E-mail : dnbooks@dunam.co.kr
http://www.dunam.co.kr

● 정가 22,000원

ISBN 978-89-6414-989-8　93320